U0821583

协和医学院系列规划教材
医院领导力及管理系列教材

医院管理工具

（供卫生管理、医疗管理专业使用）

主　编　刘庭芳

副主编　熊　伟　孙　湛　蒋　艳

编　者　（以姓氏笔画为序）

冯　丹（解放军总医院医学创新研究部医院管理研究所）
刘庭芳（北京协和医学院卫生健康管理政策学院）
孙　湛（复旦大学附属中山医院）
张　丹（清华大学医院管理研究院）
李　林（解放军总医院医院管理研究所）
李　涛（北京协和医学院卫生健康管理政策学院）
段丽娟（四川大学附属华西医院）
郝宏恕（清华大学医院管理研究院）
夏　萍（广东省中医院）
高　天（山东第一医科大学附属中心医院）
高　岩（解放军总医院第一医学中心）
曾艺鹏（复旦大学附属浦东医院）
蒋　艳（四川大学附属华西医院）
熊　伟（浙江大学管理学院）

中国协和医科大学出版社

北　京

内容简介

本教材是"医院领导力及管理系列教材"之一，主要阐述了如何在新形势下全面提升医疗管理水平和医疗照护质量，掌握现代多维管理工具的科学理论知识和实际操作方法，并了解全球医院多维管理工具的最新发展与动态，构建和谐医患关系。本教材创新性地将各种医院管理工具，以"问题解决"为主线串联起来，并以此为主线系统导出整体架构。同时强调理论联系实际，书中各章的典型案例，介绍了工具的具体应用过程，为读者分析和解决实际问题提供指南。本教材主要供卫生管理、医疗管理专业教学使用，也可供临床及相关专业人员参考使用。

图书在版编目（CIP）数据

医院管理工具 / 刘庭芳主编. —北京：中国协和医科大学出版社，2022.7
（医院领导力及管理系列教材）
ISBN 978-7-5679-1934-1

Ⅰ.①医…　Ⅱ.①刘…　Ⅲ.①医院—管理—教材　Ⅳ.①R197.32

中国版本图书馆CIP数据核字（2022）第112531号

医院领导力及管理系列教材
医院管理工具

主　　编：刘庭芳
责任编辑：高淑英
封面设计：邱晓俐
责任校对：张　麓
责任印制：张　岱

出版发行：中国协和医科大学出版社
（北京市东城区东单三条9号　邮编100730　电话010-65260431）
网　　址：www.pumcp.com
经　　销：新华书店总店北京发行所
印　　刷：三河市龙大印装有限公司

开　　本：787mm×1092mm　1/16
印　　张：25.25
字　　数：470千字
版　　次：2022年7月第1版
印　　次：2024年4月第2次印刷
定　　价：129.00元

ISBN 978-7-5679-1934-1

医院领导力及管理系列教材

建设指导委员会

Introduction

出版说明

随着我国医药卫生体制改革的深入，卫生事业对医院的要求在不断提高。医疗管理工作是医院建立正常医疗秩序、提高医疗服务质量的重要保证。医院的管理系统非常复杂，发展极其迅速，且面临不断深化的改革要求，这对医疗管理人才提出了更高的要求。目前，我国医院的管理干部，大部分为医务人员转型而来，虽具有精深的专业知识，但仍缺乏系统、全面的管理知识。随着公立医院整体进入转型发展期，我国亟须培养高素质的职业化卫生管理及医疗管理人才队伍。

教材作为承载知识的重要载体，对于培养高素质人才发挥着重要作用。党的十八大以来，党中央高度重视和关心教材建设。在我国高等教育体系中，教材建设是提高高校教学水平、丰富教学内容以及促进教学方法改革的基础性工作；是发展高等教育，培养综合型人才、创新型人才的基础。

为适应卫生管理及医疗管理的新要求，培养适应新时代卫生管理及医疗管理的相关人才，中国协和医科大学出版社深入贯彻《关于推动公立医院高质量发展的意见》《关于建立现代医院管理制度的指导意见》及《关于加强公立医院运营管理的指导意见》等文件精神，在中国医学科学院北京协和医学院的支持下，开创性地组织了本套医院领导力及管理系列教材的编写工作。编委会集结了二百余名业内知名专家、学者、教授及一线教学老师，在鲜可借鉴同专业方向教材编写经验的情况下，对医疗管理理论、方法、人才培养机制等进行探索研究，悉心编撰。

本套教材涵盖卫生管理、医疗管理专业课程共计17门，定位清晰、特色鲜明，具有如下特点：

一、建设成体系的卫生管理、医疗管理专业教材，引领学科发展步伐

本套教材作为成体系的卫生管理、医疗管理专业教材，充分研究论证相关专业方向人才素质要求、学科体系构成、课程体系设计和教材体系规划，代表了卫生管理、医疗管理学科的发展方向。

二、引入国际最新理念和方法，与时俱进

教材紧密结合卫生管理及医疗管理专业培养目标、高等医学教育教学改革的需要和卫生管理及医疗管理专业人才的需求，引入国际最新医院管理理念及方法，内容与时俱进、开拓创新。

三、融入经典管理案例，突出实践性教学

教材内容对接医疗管理职业标准和岗位要求，将国际最新案例融入其中，重视培养学生理论联系实际、实践操作和独立思考的能力。

四、纸数融合，使学习更便捷更轻松

教材采用纸数融合形式出版，即在纸质教材内容之上，配套数字化资源，通过图片、动画、视频、课件等多种媒体形式将内容进行呈现，以优化教学内容，丰富教学资源。读者可以直接扫描书中二维码，阅读与教材内容相关联的课程资源，从而丰富学习体验，使学习更加便捷。

希望本套教材的出版，能够推进高质量卫生管理及医疗管理专业人才的培养，促进我国卫生管理、医疗管理学科或领域的教材建设与教育发展，为引领我国医疗卫生机构管理走向科学化、规范化、标准化与现代化作出积极贡献。

Preface
前　言

随着我国社会经济的高速发展和医疗照护模式的重大转变，患者对医疗照护质量的要求亦不断提高，在新形势下全面提升医疗管理水平和医疗照护质量，构建和谐医患关系，是全社会共同关心的一件大事。医院属于特殊行业，其业务构成颇为复杂，且当前面临着诸多如提升患者满意度、缓解医患矛盾、优化照护流程、合理管控成本、保障患者安全等严峻的挑战。因此，全面学习与应用好现代管理工具的理论及操作技能，不断全面提升医院科学管理的整体水平已经成为刻不容缓的战略使命。

本教材定位为培养跨界的高级医疗管理人才，通过对本教材的学习，使研究生或医院实务工作者掌握现代多维管理工具的科学理论知识和实际操作方法，并了解全球医院多维管理工具的最新发展与动态。

本教材凝聚了各位编者多年从事医院管理和方法工具理论研究、教学和实践的成果与经验，具有如下特色。

一、创新性

本教材创新性地将各种医院管理工具，以“问题解决”为主线串联起来，并以此为主线系统导出整体架构：解析型问题解决、设计型问题解决、组合型问题解决，这种基于“问题解决”主线的顶层架构设计，在国际国内尚属罕见。

二、实践性

本教材强调理论联系实际，书中各章的典型案例，介绍了工具的具体应用过程，为读者分析和解决实际问题提供指南。

三、系统性

本教材体系完整缜密，内容完备丰富，按顶层设计系统地论述了各医院管理工具的理论框架和方法论，介绍各管理工具的新发展、新观点及新技术；同时，通过第一章绪论中的各章导读与各章中的本章小结前后相呼应。

本教材的读者不仅针对医疗管理专业的学生，还针对医院管理领域的相关从业人员、学习和研究者，以及对医院管理感兴趣的人士都可以简便、快速、系统地获取相关知识和信息。通过本教材的学习，能够了解如何将医院管理理论及工具合理高效地运用于实践，在比较短的时期内提升自己的管理能力。因此，本教材可以较大限度地满足不同类型读者的需求：医院管理的初学者，可通过本教材了解医院管理工具的理论和实践发展的概要情况；医院管理领域的研究者，可通过本教材获得一张知识地图，了解医院管理工具的重大进展；医院管理领域的实践者可通过本教材知晓医院管理的工具，得到一个医院管理的工具箱。

本教材的完成，要衷心感谢《医院管理工具》编委会全体成员的通力合作，应该说，本教材包含了全体团队成员的心血，在此致以衷心的感谢！

由于写作时间紧迫，加之医院管理工具知识发展迅速，书中难免会有疏漏和不当之处，恳请读者批评和指正。

编　者

2022年5月

Contents

目　录

第二篇 解析型问题解决工具

第三篇 设计型问题解决工具

第一章　绪　　论

学习目标

1. 掌握　管理学与管理工具的历史沿革和发展脉络。
2. 熟悉　质量管理工具发展的特点。
3. 了解　本书整体架构和诸章导论。

第一节　管理学与管理工具历史沿革

管理自形成理论与工具以来，历经了近一个世纪的演变。本节以其在管理学体系中的意义及对管理实践的指导价值为出发点，对管理理论与工具的历史沿革进行了回顾，梳理了近百年来管理理论与工具的发展脉络；同时，聚焦质量管理理论与工具，厘清质量管理发展的过程和特点。编者认为，管理理论与工具包含质量管理理论与工具，发生了4次质变，历史沿革大致经历了科学管理、行为科学、管理丛林和现代管理4个阶段。我国医院导入了各种管理工具，本书基于问题解决思路，设计顶层架构，即以问题解决为主线将管理工具串联起来，并以此主线系统地导出全书整体架构，最后，聚焦具有典型代表意义的品管圈，介绍我国医院导入管理工具的历史沿革。

一、科学管理

资产阶级工业革命胜利后，工业化生产逐步替代手工操作，管理的实践与理论迅速发展。20世纪初至30年代，形成了以泰勒（Taylor）、法约尔（Fayol）、韦伯（Weber）等人研究成果，为代表的古典科学管理理论与工具。泰勒被誉为“科学管理之父”，他首创“科学管理——泰勒制”，核心是提高劳动效率，提出了“第一流的工人”“差别计件工资制”“例外管理”“计划与执行相分开”等管理理念，1895年出版了《计件工资制》，1911年出版了《科学管理原理》，从而首开管理理论与工具研究之先河，并在美国开启了科学管理运动。法约尔关注提高组织效率，提出“管理功能说”“管理职能五要素”“一般管理十四条原则”等，他的管理理论与工具体现在《工业管理与一般管理》一书中。韦伯主张建立一种高度结构化的、非人格化的、正式的“理想行政组织体系”。这些管理理论与工具追求效率的优化、调查研究的科学方法、一般管理的原则等，以科学管理代替经验管理，形成了管理学的一般理论和工具，今天仍被认为是企业管理的有效法宝。

伴随着科学管理运动，质量管理的实践与理论也迅速发展。运用各种检测设备，严格检验所有产品，保证产品质量。质量检验依次由操作员工、工长和检验员执行。19世纪末前，手工作坊组织中，各操作员检验各自生产的所有产品。1890年后，分工协作下大规模运作模式出现，同类工作常由同组的操作员工完成，质量检验由工长负责。之后，因为运作规模复杂，多数组织设立全职检验部门，质量检验由专职检验员负责。检验员收集和反馈质量信息，避免问题再次发生。三种权力分离是全职检验的特征之一，制定标准、运作、检验，各司其职。但从系统角度看，质量检验缺乏对流程的质量管控，当质量问题发生时，木已成舟，流程间相互推诿，责任难定。而全数检验方法，对于破坏性检验不合理，检验成本增加，交付时间延迟。为降低检验造成的损失成本，有关组织设计了百分比抽样方法，批量越大，检验越严格，这就导致大批严小批宽，同质不同法的矛盾。

1929年道奇（Dodge）和罗米克（Romig）共同发表了论文《挑选型抽样检查法》，最早提出对批量产品进行计数抽样的“计划表”。1944年，他们又共同发表了《抽样检验表》，提出了计数抽样表和计数抽样方法。第二次世界大战期间，道奇和罗米克的管理理论与工具得到了广泛应用。

美国贝尔实验室（AT&T Bell Laboratories）的工程师休哈特被誉为“统计质量控制”之父，他运用统计技术计算流程的控制界限，监控流程，及早发现问题征兆，判定流程是否受控和具备能力，减少对检验的依赖，弥补事后检验的不足。1924年，休哈特首次建议使用控制图，具体来说，由5M1E等不可避免的随机因素引起的质量波动，难以通过技术消除，流程仅受随机因素影响，表明流程处于受控状态；反之流程受系统性因素影响，处于失控状态。他认为，在流程出现不符合迹象时，应立即分析改进，避免生产出缺陷产品，而非事后检查。1931年，他出版了《工业产品质量的经济控制》，1939年，他又完成了《质量控制中的统计方法》，其中PDCA循环的观点得到戴明等人的推广应用。1940年代，美国军方制定了最初的三部战时质量管理标准Z1.1《质量管理指南》、Z1.2《数据分析用控制图》、Z1.3《生产流程中质量管理控制图法》，在军需品供应商中强制推行。

以泰勒为代表的古典科学管理理论和工具，以及伴随其发展的质量检验和统计质量控制的出现具有划时代的意义。从此，科学代替随意，理性代替经验，管理学和质量管理学也作为一门科学开始登上历史的舞台。

但这些管理理论与工具的缺点在于忽略了人在组织中的作用，并且没有考虑到环境的变化。当然，对人的因素，特别是人的心理因素考虑较少，因此，人的心理因素成为下阶段行为科学理论与工具研究的重点。

二、行为科学

20世纪30年代，美国经济危机引发世界经济大危机，而科学管理过分重视“理性”，使得工人的抵触情绪加强，工人与资本家之间的矛盾加深，在此背景下，管理研究者重点研究微观层面人的心理、人的行为，由此重视人际关系的行为科学理论和工具应运而生。行为科学理论和工具以梅奥（Mayo）为代表，以霍桑实验为基础，着重研究人的心理、个体行为、团体行为、组织行为等对高效率实现组织目标的影响作用。霍桑效应引起了管理研究者对人的行为的兴趣，促进了行为科学理论和工具的大发展。

这一时期有代表性的研究成果有：马斯洛（Maslow）的需求层次理论（要求管理者因地制宜、随机制宜地对待员工的各种需求）、赫茨伯格（Herzberg）的双因素理论（要求管理者正确把握“保健因素”和“激励因素”，善于抓住使员工满意的因素）、麦格雷戈（McGregor）的X理论–Y理论（沿此领域，学者们又相继提出“复杂人”“生态人”“智慧人”“知识人”等人性假设理论）、波特（Porter）–劳勒（Lawler）模式（要求管理者仔细评价员工薪酬结构，将努力–成绩–报酬–满足这一连锁关系整合到管理系统中）、费根堡姆（Feigenbaum）的全面质量控制（TQC）（始于顾客，终于顾客）等。行为科学理论与工具在一定程度上克服了古典科学管理理论与工具的缺陷，时至今日，以人为本的人本管理思想仍被高度关注。

1951年，费根堡姆提出TQC的概念，推出《全面质量控制》，认为要避免仅关注个别（运营）部门的活动，全体员工应具备质量意识，质量管理应全员参与，全员承担质量保证的责任。TQC组织协调市场研究、设计、运营、售后相关职能部门的研发质量、维护质量、质量改进等质量活动，生产经济合理、质量可靠的产品，以高度满足顾客要求。朱兰（Juran）出版了《质量控制手册》，提出朱兰质量三部曲，之后，戴明提出基于统计方法的持续改进思想，注重高层经营者的决心和参与，质量问题通过运营和管理体系解决，其理论是TQM的主要理论基础之一。20世纪50年代，日本科学技术联盟（JUSE）邀请戴明到日本指导TQC，日本的经营者开始参与质量改进工作。

行为科学理论和工具的核心是研究人的行为以及行为背后的动机，突出了人在工作中的作用，它的贡献在于：对于“社会人”的假定，挑战了传统的“经济人”假设，认为工人是有价值的资源，重视组织的动态性、组织中的人际关系，提出了非正式组织的观点，但个人行为的复杂性，使对行为的判断变得十分困难，行为科学注重感情逻辑，而忽视效率逻辑；注重精神激励，而忽视物质激励，成为其自身无法超越的缺陷。行为科学所强调的“社会人”也不是有个性、有创新能力的个人，而是“人的类”——小群体组织，结果将团体提升到个人之上，使个人创造能力受到组织的制约，使行为科学不能理性地分析社会经济技术发展对企业的影响。

三、管理丛林

当时各类科学家对管理理论和工具的兴趣有了极大的增长，他们为了各种目的，标新立异，导致管理理论和工具的雨后春笋般生长。美国管理学家孔茨（Koontz）于1961年12月在美国《管理学杂志》上发表了《管理理论的丛林》一文，他当时划分了6个主要学派：管理过程学派、经理学派、人类行为学派、社会系统学派、决策理论过程学派、数学学派。1980年，孔茨又在《管理学会评论》上发表《再论管理理论的丛林》一文，指出经过这一段时间以后，管理理论的丛林不但存在，而且更加茂密，至少产生了11个学派：社会系统学派、决策理论学派、系统管理学派、经验主义学派、权变理论学派、数学（管理科学）学派、组织行为学派、经理角色学派、经营管理理论学派、社会技术系统学派、人际关系学派。

20世纪60年代，市场竞争激烈，顾客关注产品安全可靠、经济美观和耐用，人们发现质量管理体系是整体运营体系中的一个子系统，需要运用系统分析的观点分析质量问题。1960年，日本开始质量月活动，鼓励基层员工参与管理和质量改进，这也是TQC的延续。1962年，石川馨（Ishikawa Kaoru）提出品管圈（quality control circle，QCC），被誉为品管圈之父。1965年，日本将这些全员参与的质量改善，称为全公司质量管理（company wide quality control，CWQC），它的特点是垂直组织的指导与横向职能相互协作，通过垂直组织运作、横向职能委员会推动，破除本位主义。20世纪70年代，日本企业通过CWQC，开展群众性质量管理活动，提高了产品竞争力。

随着科学技术的飞速发展和经济水平的不断提高，市场由“卖方市场”转变为“买方市场”，顾客的需求特征从量化、规模化转变为质化和个性化，他们对产品的质量、样式等提出了更高的要求，而质量保证的重点，被迫向如何生产何种产品方向移行，从事规划及设计的技术人员，需倾耳听取开始主张多样化价值观的顾客要求。因此，设计开发阶段的质量管理活动受到重点关注，赤尾洋二（Akao）提出了质量功能展开（QFD），之后，针对创新性问题，又出现了课题达成型品管圈（QCC）、六西格玛设计（DFSS）等工具以及其他工具，例如，试验设计（DOE）、失效模式与效应分析（FMEA）、发明性问题解决理论（TRIZ）也得到应用。

四、现代管理

现代管理理论与工具的发展主要体现在四个基本方向：动态化、全球化、信息化和柔性化。动态化意味着持续不断的非线性环境变革，如权变理论、复杂性管理、混沌管理和创业管理等都属于动态化管理的发展方向。全球化意味着管理者必须把自己定位于世界公民的位置，而不能只局限于某一特定国界去考虑如何造就组织的竞争优势。全球化不但表现在全球性贸易的繁荣和活跃，还表现在不同政治体制、不同思想观点的频繁碰撞，以及不同文化背景下管理体制、管理工具的交融、渗透和整合。信息化是管理发展的第三个基本方向，互联网的广泛应用改变了传统的时空概念，“地球村”成为了一种社会现象。信息化技术的发展对传统的计划模式、组织结构设计、领导方法、控制手段的影响是全方位的，电子数据处理、管理信息系统、决策支持系统、全面质量管理、业务流程再造、电子商务等理论和工具成为了管理者指导管理创新的重要依据。一种强调“软性”管理因素的柔性化管理成为第四个基本发展方向。能够体现出柔性化发展方向的管理理论包括：人本管理、团队管理、文化多元化、管理伦理、社会公正等。

20世纪80年代，克劳士比（Crosby）提出零缺陷理念，推行质量免费，高质量、高利润的管理思想，改变高质量、高成本的认知。1985年，美国为消除技术性贸易壁垒，增强国际技术经济合作，关注标准化质量管理和全球一体化。1979年，国际标准化组织（ISO）成立了质量保证技术委员会（TC176）。TC176负责质量管理国际标准的制定。1987年，TC176更名为质量管理和质量保证技术委员会，同年3月，TC176发布了ISO9000系列标准，规范了质量管理活动。该系列标准评估的是组织对流程的控制能力而非产品质量。ISO9000系列标准统一了质量管理领域的概念，质量管理程序得到规范化、标准化。

20世纪80年代，为了应对日本产品的挑战，美国人提出通过质量革命，提高产品质量以振兴经济，认为“第三次世界大战”是一场“没有枪支和血腥的商业战争”。1980年6月24日，美国国家广播公司（NBC）播出“如果日本能，为什么我们不能？”的电视节目，戴明的质量管理理念被美国人重新认识，美国人开始向日本人学习质量管理。1987年，总统里根为表彰商务部长马可姆·波多里奇（Malcolm Baldrige）对国家质量改进法案的贡献，签发了美国100—107号公共法案《国家质量改进法》，设立马可姆·波多里奇国家质量奖（MBNQA），将质量视为国家优先战略，唤起美国人对质量的关注。通过国家质量奖奖励在质量管理方面表现卓越的美国制造业和服务业组织。

波多里奇国家质量奖是世界上最具影响力的质量奖，在20世纪90年代帮助美国恢复经济。国家质量奖的评比始于1988年，由美国商务部国家标准与技术研究院（NIST）负责，费根堡姆被美国商务部长任命为国家质量奖的首届理事会成员。欧洲方面，欧洲质量奖（EQA）由欧洲委员会副主席马丁·本格曼先生倡议，由欧洲委员会、欧洲质量组织（EOQ）和欧洲质量基金组织共同发起，奖励质量运营卓越的营利性组织，目的是在欧洲推动质量改进运动，提高欧洲组织的竞争力。1992年以来，该奖项已成为欧洲最负盛名的质量奖。中国方面，于1978年引入TQC，全国质量奖设立于2001年，由中国质量协会主办。2013年，设立中国质量奖，由国家市场监督管理总局组织实施。

近年来，质量管理朝智能化、网络化、信息化方向发展。为打破职能化管理模式，组织利用信息技术一体化整合工作流、物流、信息流，实现产品生命周期全流程的质量管理。

现代管理科学中“理性”与“人性”的矛盾一直没有得到解决，直到20世纪80年代末企业文化理论的出现。该理论既吸取了泰勒科学管理理性的一面，又注重了行为科学感性的一面，通过树立企业的整体价值观，以形成强大的企业凝聚力，把硬性管理技术和软性管理艺术结合起来，从而在管理中将理性精神与人本主义结合起来，管理由“物本管理”演变为“人本管理”。

人是管理的主体，也是管理理论中最重要的影响因素，不同的管理理论是在不同人性假设的基础上建立起来的。没有“经济人”假设，泰勒就不会提出科学管理，没有“社会人”假设，梅奥就不会提出人际关系理论。人性观是管理理论的依据，也是构建管理理论的逻辑起点，管理思想的发展，清晰地展示了人性假设与管理模式之间的必然联系。管理理论的人性假设经历了“经济人”“社会人”“自我实现人”“复杂人”“道德人”的历史演变。早期的管理思想以“经济人”假设为基础，认为一切人的行为的动机是追求经济利益，工作的动机就是为了获取经济报酬。因此，在工作中只要进行适当的经济刺激，就会取得很好的管理效果。梅奥通过著名的霍桑实验，提出了“社会人”假设。该思想认为人决不是受金钱驱使的“经济人”，社会地位对其行为方式起着决定作用。马斯洛基于社会中人的自尊和自我实现等高层次需要，提出了“自我实现人”的假设，认为人都有发挥自己潜力，充分发挥自己才能的需要。随着社会的发展和人类的进步，人们除了利己等特性外，在做出经济行为时，会有道德的自我约束，越来越考虑到社会的整体利益和他人利益。

以上按时间维度，总结了管理理论和工具（含质量管理理论与工具）的历史沿革，本书根据我国医疗行业导入和推广管理工具的过程和特点，基于问题解决思路，设计全书顶层架构，即以问题解决为主线将管理工具串联起来，分为：解析型问题解决工具、设计型问题解决工具、组合型问题解决工具。同时，聚焦具有代表意义的品管圈，梳理我国医院应用管理工具的历史沿革。

1962年，石川馨博士提倡“以现场领班为中心，组成一个圈，共同学习品管手法，使现场工作成为品质管制的核心”，自此开启了日本品管圈活动。经过若干年发展，品管圈活动逐步扩展到许多领域，在各行各业落地开花，并进一步扩展至全球。在亚洲地区，1967年，中国台湾地区的第一个品管圈在顺风工业成立，并开始举办品管圈竞赛，推动了更多组织运用品管圈。我国大陆地区是从1978年开始引入品管圈，推行全面质量管理的。1978年9月，诞生了我国大陆地区第一个QCC小组。1979年9月，国家经济委员会在北京召开了第一次全国QCC小组代表会议。

21世纪初，中国大陆地区的医疗机构出现真正意义上的QCC应用案例。海南卫生系统的政策制定者在刘庭芳的建议下，提出QCC在全省医疗系统的“全覆盖”目标，仅5年间，产出2000例成果。随后，上海医疗界借鉴海南的成功范例和相对成熟的经验，开始分阶段性地推广QCC工具，逐步有所产出。2011年，刘庭芳受国家卫生行政部门委托，通过理论与实证研究，探索了该工具在我国医疗机构中普遍应用的可能性与合理性。此课题研究产出了丰富成果，包括55万字的《中国医院品管圈操作手册》及30篇学术论文、系列培训教材。

2013年，刘庭芳等发起成立了中国医院品管圈联盟（后更名为中国医院品质管理联盟），并开始举办全国医院品管圈大赛，自此点燃了医疗行业对品管圈活动的热情，使品管圈快速成为在医疗机构运用最广泛的品质管理工具之一。在理论创新层面，刘庭芳基于PDSA理论在创新型QC小组和课题达成型品管圈的基础上研发出了课题研究型品管圈，并进行了广泛应用与实证。“课题达成型品管圈”充分发挥品管圈的特点，解决了许多小而实的课题，“课题研究型品管圈”解决问题难度大、涉及部门多、辐射范围广，但对于新项目开发和新服务设计等比较复杂的课题，需要运用更多的创新方法，进一步提升科学性和系统性；另外，作为创新性问题需要达成的3个目标之一的“魅力性质量的创造”，在实现过程和具体方法上也显得不足；这也呼唤着人们探索新的理论和方法。

熊伟与刘庭芳基于数十年来对质量功能展开（QFD）与品管圈（QCC）的理论研究和实践积累，提出了一种面向顾客（患者）及相关方价值实现的系统化创新的品管圈新模式—QFD创新型品管圈。它既传承品管圈（课题达成型和课题研究型）的步骤明确、可操作性强、PDCA循环等特点，又发挥QFD的顾客（患者）满意导向、系统化创新方法、量化打造魅力质量等优势，为顾客（患者）满意定量实现和产品（服务）创新提供了实用的工具。新模式期望能系统化地解决品管圈发展面临的新问题，帮助我国医疗机构管理者打破传统思维，追求卓越质量，它不仅是QFD和QCC研究的理论创新，也有望将中国“品管圈”事业推上新的高度，成为中国品管圈今后发展的方向之一。

2018年，“首届国际医疗质量与安全高峰论坛&全球QCC大赛”在海南博鳌举办，标志着我国医疗机构QCC活动逐步走向世界，受到国际关注。

历经近十几年的推广、研究与引导，我国医院品管圈活动的开展已经形成规模，成为受众广、效果佳、应用普遍度高的管理工具，并受到了国际医疗品质协会（ISQua）的高度关注与评价，国际著名质量专家、亚洲质量功能展开协会会长新藤久和教授表示“中国医院行业的品管圈达到了非常高的水平，感觉无论是内容还是发表技巧上可能都超过了原创的日本”。与此同时，品管圈活动的开展，更得到了我国卫生行政部门和医疗机构管理者的肯定与大力支持，广大一线医务人员自下而上积极主动参与质量持续改进活动，推动了中国医疗质量管理的创新和医院组织文化的变革。

（熊　伟　刘庭芳）

第二节　诸篇章导论

本节简要说明各章的管理工具是什么、有什么作用、用在哪里，并与各章中的“本章小节”相呼应，从而帮助读者理解各管理工具的概要，了解工具的逻辑关联性，为读者提供系统思维和工具集成化应用技能。

第二章介绍了医院行业广泛使用的品管圈（QCC）。品管圈是在PDCA循环理论基础上发展而成的质量持续改进工具，它是由同一工作场所，工作性质相同、相近或相关的基层人员，针对所选定之部门内部的问题，自发组成改善团队，按照一定的活动程序运用科学统计工具及各种品管手法，来解决工作现场、管理、文化等方面所发生的问题及课题的活动。具体可将品管圈活动具体划分为四个阶段、十个步骤，并运用新旧七大品质管理手法进行质量持续改进。医院品管圈可运用于医院的各个部门和系统，无论是临床和医技部门，还是行政后勤部门都可以运用品管圈活动进行质量持续改进。

第三章介绍了精益管理。精益管理的哲学思维强调关注顾客、尊重员工、消除浪费。精益医疗管理已逐步成为医院改进服务、提升质量、减少差错、降低成本、提升员工能力的质量管理思维和组织管理方式。多元化的患者就医需求、全球医疗费用的快速增长、医院运营管理优质高效的考核等发展因素促使越来越多的医院管理者关注、学习和应用精益的工具和方法论，探索精益医疗管理体系，向精益医院转型。精益管理强调通过运用A3报告、5S管理、价值流图、可视化管理、标准化作业等精益工具开展全员持续改进活动，实践PDCA循环，达到更好的满足顾客需求、培养员工解决问题的思维和能力、获得卓越组织绩效的目标。

精益的工具和方法已经广泛应用在医院临床、护理、药学、检验（实验室）、后勤服务的流程管理中。从具体的改善范围看，不仅有针对某类病种的就诊流程优化、科室内部的5S管理、库存管理、标准化作业指导书等科室内的单点改善，例如应用精益管理提高手术室的接台效率，缩短门诊病人候药时间；还有大量跨职能部门合作的服务流程改善，如门诊病人就诊流程。从管理的范畴来看，精益管理除了应用微观的具体的流程改善上，在宏观上，国内外已经将精益管理作为医院的战略管理、文化管理、人才培养的策略和方法，探索构建医院高质量运营管理体系。

第四章介绍了六西格玛管理工具。六西格玛是一种管理策略，是一套系统地提高领导力和业务绩效的灵活高效的管理体系，旨在持续改进业务流程。六西格玛用于过程改进的典型步骤是DMAIC，即D——定义、M——测量、A——分析、I——改善、C——控制，消除过程缺陷或无价值作业，从而提高质量和服务、降低成本、缩短运转周期，提高企业竞争力；用于过程设计的典型步骤是DMADV，即D——定义、M——测量、A——分析、D——设计、V——验证，按照规范的流程、运用科学的方法准确理解与把握顾客需求，对产品或流程进行稳健设计，使其在低成本下实现6σ质量水平。

六西格玛作为重要的管理思想和管理实践，其作用和价值是显而易见的。医疗行业实施六西格玛管理，能够使医院获得持续的成功发展、使患者获得更大的价值、加快医院改进速度、使医院成为一个学习型组织、促使医院迅速变革调整和构建新的组织结构等。六西格玛管理适用于任何水平的任何企业或组织，在医疗领域来说，它能够帮助不同发展阶段、不同状况的医疗机构提高效益。从有形产品质量的改进到医疗服务水平的提高，从医疗缺陷/纠纷的降低到医院运营和服务周期时间的缩短，从资产使用效率的提高到医疗团队效率的改进，从现有流程的改善到全新流程的设计，从专注于医院管理内部到放眼整个医疗供应链，六西格玛可以完全超出传统产品质量的范畴，而成为医疗机构提升服务质效的管理战略和工作方式。

第五章介绍了由5S发展而来的6S管理。5S因其5个步骤的日语罗马文拼写均以“S”开头，而被日本人冠以5S管理，我国也有称为“五常法”。5S指的是在生产现场中对人员、机器、材料、方法等生产要素进行有效管理，倡导从小事做起，力求使每位员工都养成事事“精心、精细”的习惯。5S引进中国后，由于本土化和企业发展的需要，海尔集团等部分知名企业在5S的5个管理要素基础上增加了“安全（safety）”要素，扩展为6S管理，即整理（seiri）、整顿（seiton）、清扫（seiso）、清洁（setketsu）、素养（shitsuke）、安全（safety），目的是更加突显“安全管理”的重要性。

6S管理实现了由活动演变为管理体系的创新、管理方法的创新，与企业实际相结合的创新。6S管理，既要求对生产现场“环境”全局进行综合考虑，又强调要与现场实际相结合制定具有可操作性的计划与措施，使规范化管理切实可行，更将现场工作的“人”的质量安全意识和工作素养的提高作为6S管理的核心和精髓。企业管理者多年的实践和探索表明，6S是一套符合中国国情的工厂现场管理方法，具有普适性，无论是高层管理者，还是一线人员都可以实践6S管理，通过认真对待工作中的每一件小事，培养严谨的工作态度，律己尽责；也可以应用于日常生活，养成井井有条的良好生活习惯，自觉行动。6S管理持久推行的成效，看似是形成了整洁的工作环境显性改变，更为难得的是在潜移默化中培塑了员工的文明修养和积极向上的组织文化这一隐性的观念转变。

第六章介绍了流程管理，是将一组业务活动从输入转化为输出的过程的管理方法。是以持续的提高组织业务绩效为目的的系统化方法，在各级组织管理和业务活动过程被广泛应用。

流程管理在资源整合、提升质量、规避风险方面发挥重要作用，特别是在建设流程型医院方面，破解管理“瓶颈”，把医疗服务与医疗技术两大主线得到融会贯通，从而提高质量效率、提升患者满意度。

第七章介绍了根本原因分析（RCA）管理工具，它是一种结构化的问题处理方法，它用来深入挖掘问题的根本原因并加以解决，而不是仅仅关注问题的表征。根本原因分析是一个系统化的问题处理过程，包括确定和分析问题原因，找出问题解决办法，并制定问题预防措施。在组织管理领域内，根本原因分析能够帮助利益相关者发现组织问题的症结，并找出根本性的解决方案，它是问题解决过程的一部分，也是组织持续改进的一部分。

随着全面质量管理朝着不同的方向发展，产生了系统性问题解决的各类管理方法。在医疗机构，根本原因分析作为问题解决的方法之一，在医院全面质量管理的各个领域得以推广，并广泛应用于医院各类不良事件分析、处置和预防。

第八章介绍了临床路径管理。在我国《临床路径管理指导原则（试行）》中将临床路径（clinieal pathway，CP）定义为：一种跨学科、综合、深化的整体医疗护理工作模式，指由医师、护士和其他人员对一定的诊断和手术作出的最适当的、有顺序的、有时间性的照护计划，以减少康复的延迟及资源的浪费，使服务对象获得最佳的照护品质。CP是一种设计好的诊治计划，融入了质量保证、循证医学、质量改进等先进理念和管理思想，对医疗服务过程、服务内容、医疗效果以及服务满意度等进行分析与持续改进。其核心在于通过标准化、规范化、程序化的诊疗模式，降低医疗成本、促进合理用药、提高医疗质量、减少医疗差错。CP作为现代医院管理的一个重要抓手，涉及医疗、护理、药学、财务、行政管理、信息等多部门工作。作为科学的管理工具，它同时为管理和临床工作提供辅助决策功能。

临床路径在国内起步较晚，通过不断健全管理制度、工作模式、运行机制、质量评估和持续改进的体系，探索符合成本–效益的最佳医疗护理模式。

第九章介绍了医疗失效模式和效应分析（health failure mode and effects analysis，HFMEA），它是一种在医疗领域识别和分析系统失误的前瞻性风险管理工具。在分析中，用流程图逐步分解，寻找潜在失效模式，使用危害评分矩阵直观呈现每种潜在失效模式的严重度和可能性，结合决策树分析，聚焦于最需要改善的部分，进而形成针对潜在失效模式的改进措施和行动方案。使用医疗实效模式与效应分析，可以在医院的不良事件发生前进行改善，有效节省成本，持续提高医疗质量，"防患于未然"，适用于改善医疗机构高风险的照护流程，包括医师、护理、医技、行政等方面，涉及流程步骤功能、作业人员、作业使用的设备、器材、操作方式、作业规范等各类因素。通过这个机制持续的运转，可以帮助医院不断提高医疗质量和管理水平。同时，还可以增进团队成员之间的沟通，培育前瞻性思维和医院文化。

第十章介绍了质量功能展开（quality function deployment，QFD），它是一种把患者或利益相关方不同层次、不同角度的需求转化为医疗服务设计要求、环节特性、流程要求、控制要求的多层次演绎分析方法，已成为国际上先进有效的质量管理与创新方法。QFD能确保患者或利益相关方的满意度和价值实现，逐渐成为定量实现患者（顾客）满意和产品（服务）创新，打造核心竞争力的最重要工具之一。

近年来，QFD在中国蓬勃发展，受到中国诸多医院的关注，可以应用于各级医院的医、护、药、技、后勤等部门科室，挂号、住院、VIP病房等医护环节，各病种及医院职能管理。

第十一章介绍了平衡计分卡（balanced scorecard，BSC），作为一种战略执行及战略绩效管理工具，它提出了创建战略中心型组织的框架和核心原则，将组织的愿景围绕财务、客户、内部流程以及学习与成长四个维度转化为一套全面的战略绩效目标和措施或指标，以及战略规划和行动，从而帮助组织实现将战略转化为行动。

平衡计分卡可以帮助组织实现短期和长期目标、财务和非财务指标、滞后和领先指标、外部和内部绩效衡量指标以及个人和组织目标之间的平衡，实现组织的可持续发展，被认为是20世纪最重要的管理创新之一。21世纪初，平衡计分卡开始得到中国医院管理界的关注，目前已被广泛应用于医院战略管理及院级、科室级及个人级绩效管理，几乎涵盖了医疗管理、护理管理、社区卫生服务、人力资源、科研教学管理、后勤管理、设备管理、医院文化、医院品牌等医院管理全部领域。

（刘庭芳 熊 伟）

第一篇

组合型问题解决工具

Part 1

第二章　医院品管圈

学习目标

1. 掌握　品管圈的基本概念及其分类。

2. 熟悉　问题解决型和课题研究型品管圈的实施步骤；国内外品管圈的应用现状与发展趋势。

3. 了解　我国医院品管圈的发展过程与现状；问题解决型品管圈的基本思路；问题解决型品管圈十大步骤；品管圈的常用工具及其手法。

第一节　品管圈的理论基础

一、品管圈的基本概念与特点

（一）基本概念

品管圈的英文全称是Quality Control Circle（QCC），也叫QC小组。关于品管圈的定义有很多，也较为相似。日本科学技术联盟给品管圈的定义为："品管圈是由同一现场的人员，自动自发地进行质量管理活动而组成的小组，此小组是全公司质量管理活动的一环，在自我启发及相互启发的原则下，活用各种统计手法，以全员参加的方式，持续不断地对工作现场进行改善与管理"。中国台湾财团法人医院评鉴暨医疗品质策进会（以下简称为"医策会"）将医品圈（healthcare quality improvement circle，HQIC）定义为："集合医疗卫生机构基层人员工作性质相似者，以7~12人组成一圈，选定品质改善的主题，圈员自我启发与相互启发，脑力激荡、团队合作创佳绩，降低成本，提升品质"。

在原有定义的基础上，刘庭芳教授通过研究和实践提出的课题研究型品管圈是结合中国医疗行业的特殊性，将自下而上和自上而下相结合，将品管圈活动扩展到跨科室、跨部门、跨机构和跨区域，并增加了课题查新和模式构建等步骤，进一步提高了品管圈的应用范围与场景。

（二）活动特点

品管圈强调：参与者属于同一工作现场；参与过程需要团队活动、自助参与、科学进行、基层为主、自下而上；参与结果是解决问题和课题研究，进而提高员工积极性和工作质量。因此，品管圈具有群众性、目的性、自主性、民主性、科学性、经济性、激励性和改进性，具体体现在：

（1）群众性：同一工作场所，工作性质相同或相关的基层人员都能参加品管圈活动。

（2）目的性：针对所选定的部门内部的问题。

（3）自主性：以自动自发的精神，结合群体智慧。

（4）民主性：参与者各抒己见、畅所欲言，发挥个人才能，实现预期目标。

（5）科学性：遵循固定程序，运用科学统计工具及各种品管手法。

（6）经济性：投入少，见效快，方法易掌握，经济效益明显。

（7）激励性：充分发挥员工的自主性和能动性，对其成效给予肯定和奖励，不断提高员工的工作积极性和组织凝聚力。

（8）改进性：遵循PDCA循环，不断提高工作质量。

（三）理论基础

20世纪50年代，品管圈思想在美国戴明（Deming）教授的统计方法学课程和朱兰（Juran）教授的质量管理课程中初现雏形。20世纪60年代，日本品质管理大师石川馨博士将品管圈思想引入日本的工业制造业，正式创建了品管圈活动。

品管圈是由质量改善的PDCA循环理论，又称戴明环发展而来。PDCA循环理论，阐明了管理环节P（plan）——制订计划和标准；D（do）——实施计划的内容；C（check）——检查计划执行的效果；A（action）——对检查结果进行总结和处理。戴明循环的核心强调质量改进不是一蹴而就的，而是一个持续改善、不断循环的过程，详见图2-1。这个PDCA循环的大循环或小循环实际就是持续改善的载体，品管圈活动的躯壳。小的QCC活动带动大的QCC活动，一步一步，不断改进。这既是持续质量改进（continue quality improvement，COI）的体现，也是全面质量管理（total quality management，TQM）的要求。因此，PDCA每一个步骤都是为质量安全服务进步的，在滚球理论中属于遏制下滑的要素。一次又一次的PDCA循环，最终实现质量与安全的持续进步与改善提升。

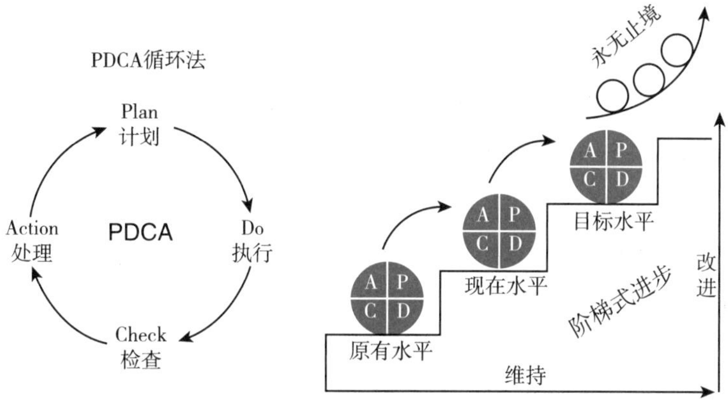

图2-1　PDCA循环图

朱兰随后又提出了“质量三部曲”，即质量策划、质量控制和质量改进，并形成独特的质量环模型，该模型思想在品管圈质量管理中得到广泛的应用。主要包括以下内容：①质量策划：质量策划从认知质量差距开始。如果看不到差距，就无法确定目标。为了定位差距，使问题更加清晰，就要追溯生产和制造过程，从满意度角度来看问题，从而发现质量差距。②质量控制：朱兰将质量控制定义为在各项工作过程中可以依据一定的方法来按照最初设计的方案达成既定目标，并强调质量控制不是一个简单的优化过程，而是更侧重于原定计划的实施。③质量改进：质量改进是指通过改进工作流程、方法实现质量管理水平的突破。此外，朱兰还提出质量改进的四步骤，强调在产品生命期的所有阶段实施质量管理，详见图2-2。

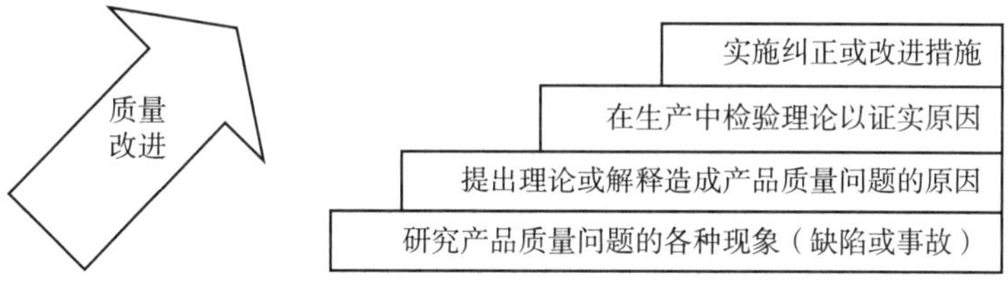

图2-2　朱兰质量改进四步骤

二、品管圈的起源与发展沿革

质量管理（quality control，QC）思想与实践早在3000多年前就已经在中国出现，只不过当时基本上属于经验式管理。真正把质量管理当成科学管理的一个部分，在各企业中由专人负责质量管理的工作，则是近百年来的事情。质量管理的发展，按照解决质量问题所依据的手段及方式来划分，大致经历以下3个阶段：质量检验阶段、统计质量控制阶段和全面质量管理阶段。

1950年7月，戴明博士访问日本，在“QC八日讲座”中，讲解抽样检验、管制图等统计方面的品质管理基本概念。1957年4月，朱兰教授访问日本，主持“QC经营讲座”。他们的讲解使日本的经营者与技术专家具备了品质管理的基础。1945—1950年，日本品质管制处于研究、调查时代；1950—1954年，经营者、技术专家引入并运用统计的技巧；1955—1960年，日本的品质管制迈入“以组织力量加强品质管制的时代”。

20世纪60年代，品管圈活动首先在日本工业企业（钢铁厂）展开，通过具体的数据和图表来改善工作行为，之后不断延伸和扩展，并在电子产业迅速发展。1962年，在日本的《现场与QC》杂志创刊号中，质量管理大师石川馨博士以近20年的理论突破和实践经验为基础，提倡以班长、领班为中心，组织工作现场的员工成立品管圈，以工作团队来解决工作现场的问题，同时降低生产成本、提高质量。日本的品管圈活动自此开始，石川馨博士也被誉为QCC之父。在之后的10年内，品管圈逐渐发展成为多数日本企业解决问题、持续改进最为普遍和通用的模式。而后形成了标准化的记录和发表形式，整理、明确了解决问题的步骤，也就是所谓的QC STORY（改善历程）。1963年5月在日本仙台举行了“第一届品管圈大会”，而后一直延续，每年一届地展示问题解决活动取得的成效。因最初推行时重点在于品质控制，故称为“Quality Control Circle”，即品质控制圈；现在虽然QCC活动范围已不单限于品质控制，还包括诸如工作效率、管理水平、采购品质、技术开发、成本控制、工业安全等问题，但在日本仍沿称QCC。经过数年发展，品管圈已逐渐成为多数日本企业解决问题和持续改进的最为普遍的模式。1970年9月，日本仅登记在册的就有超过3万个圈组，参与总人数近5百万人，为日本企业界创造了数亿美元以上的利益，管理者无需花费太多的时间就可以解决很多突发问题，降低变异性并预防复发。

早期的改善活动集中关注单一问题的解决，直到20世纪90年代初期，改善活动为各种形态的组织机构所关注，新需求出现，QC STORY被区分为问题解决和课题达成。20世纪90年代中期，第十届国际质量大会（international conference on quality）正式提出将“新业务的应对与处理”“大幅度改善现状”和“魅力性品质创造”三种具备差异化要求的改善活动定义为创新型QC STORY，后经过实践和应用，发展为课题研究型QC STORY。

基于品管圈在日本的成功经验和其潜在的发展潜能，品管圈活动逐步扩展到其他领域，在各行各业落地开花，并逐渐引起了美国、德国、英国、中东地区、南美洲地区的关注。美国于1974年引入品管圈，英国于1978年开始应用品管圈。根据日本科学技术联盟的统计，1997年全世界已有近80个国家和地区推行了品管圈活动。在亚洲地区，1968年3月，中国台湾地区的第一个品管圈在顺风工业成立。1970年8月，先锋企管中心举办第一届品管圈成果发展大会，推动更多组织运用品管圈，重视质量管理和改善。1975年5月成立品管圈总部，并与日本、韩国携手举办国际品管圈大赛，三地每3年轮流举办1次，通过比赛展示来自三地优秀的品管圈活动，寻求国际舞台上的质量管理经验交流。我国大陆地区是从1978年开始引入品管圈，推行全面质量管理。1978年9月，诞生了中国大陆第一个QCC小组。1979年9月，国家经济委员会在北京召开了全国第一次质量管理小组代表会议。之后，中国质量协会在总结开展品管圈活动经验基础上，组织编写并出版《QCC小组活动指南》《QCC小组基础教程》《成功案例分析》《经典经验汇编》等书籍，为品管圈小组活动提供指导。1970—1985年，《质量杂志》上发表的有关品管圈（品管圈实施、品管圈展示及品管圈日本工厂游学启示等）的论文数量在所有质量管理工具中居于第二位。

基于工业届品管圈取得的良好效果，医疗界逐步认识到品质管理工具的适用性，开始在医疗领域开展品管圈，从而把品管圈活动推入到一个新的阶段。日本仙台医疗中心在医疗和临床护理中深入开展品管圈活动，并把品管圈应用到医疗相关辅助员工工作中，以提高工作质量。英国某项研究对来自34个品管圈的340个圈员进行医师骨质疏松风险因素的意识调查，分别在实施教育干预（即品管圈活动）前、后各测1次，通过广义估计方程，发现品管圈活动显著提高了医师对于风险因素状态的肯定度，增加了高风险病患的骨无机密度检测。伊朗的一项研究随机选择哈马丹省的两家紧急医疗服务机构，对作为实验组的医疗机构进行干预，推行品管圈活动，结果显示两个机构的员工工作满意度与高质量工作时长在统计上显著不同，推行品管圈活动的机构明显优于对照组机构。在德国，同样有研究探讨以品管圈为具体实施工具能否践行持续质量管理的核心理念，研究以院内感染率为主题，分别选取四家医院推行品管圈、选取4家医院不做任何干预，进行了为期10个月的对照试验，结果表明基于品管圈的持续质量改善方法能够有效防止院内感染，并达到持续改进的效果。

三、我国医院品管圈的起步与发展

（一）中国台湾地区医院品管圈活动的发展与演进历程

1966年，中国台湾地区开始引入品管圈活动，多家企业相继开展活动，并于1970年8月举办第一届品管圈成果发表大会。随着对品质管理的重视，品管圈逐步从产业界延伸至医疗服务业，1994年后，台湾地区多家医院开始参加全台湾性质的品管圈竞赛活动，对于推动医院质量提高及流程改善有显著成效。

1999年，台湾医策会开始策划医疗领域的品管圈竞赛活动，又称医品圈（Healthcare Quality Improvement Circle，简称HQIC），该竞赛活动的主要目的是鼓励基层医务人员组建品管圈，选择某一改善主题，以PDCA循环为基础，通过统计数据及品质管理工具等，持续改善医疗机构的质量及流程。2000年4月，“第一届医品圈发表暨竞赛活动办法”正式发布，并开始举办医品圈活动。

随着医疗机构品管圈活动的不断发展与壮大，医品圈竞赛活动的内容及形式也不断更新。2002年，在第三届医品圈发表暨竞赛活动中设立“质量改善组”，鼓励使用非品管圈手法的品质改善专案也参与正式竞赛。2006年，第七届活动改名为“全面医疗质量提升竞赛活动”，将活动范围扩大到“整合性全人医疗照护”“患者安全”及“实证医学”等相关主题，鼓励在机构内推广质量管理，形成品质改善文化。2007年，台湾医策会将竞赛架构确定为：“主题类”“系统类”及“实证医学应用类”。2008年，第九届将活动名称改为“医疗品质奖”（Healthcare Quality Improvement Campaign，HQIC）。2010年，在第十一届的主题类活动中增加“持续质量改善奖”和“创意奖”。2013年开始，为应对医疗机构推动模拟医学训练的困境，台湾医策会在医疗品质奖活动中增加“拟真情境类”，以协助推动相关政策。同时，面临全球智慧医疗的大趋势及越来越多的医疗机构应用信息技术的现状，医策会在2013年举办“智慧医院优秀案例征选活动”，并在2014年将其纳入医疗品质奖的“智慧医疗类”竞赛，以期通过竞赛活动使各医疗机构、医疗团队加强学习及训练，进而推动中国台湾地区智慧医疗的发展。

综上所述，台湾医策会通过医品圈竞赛活动带动台湾医疗界不断改善医疗环境，以品质提升创造医疗价值，为台湾居民打造更优质的就医环境与健康照护。

（二）中国大陆地区医院品管圈发展与演进历程

20世纪70年代末，我国大陆地区相关企业率先引入品管圈。1993年，少数医院尝试将品管圈应用于护理部和药剂科。2001年之后，许多医疗机构开始逐步推行品管圈管理模式以提升医疗服务质量。2005年，在时任海南省医院协会会长、清华大学继续教育学院医药卫生研究中心学术主任刘庭芳教授的建议下，海南省率先在全省二级以上医疗机构开展品管圈活动，全省推广运用取得明显成效。2009年，海南省医院协会在海口举办了国内首次（仅有海南省医务人员参加）医院品管圈大赛。至2009年，海南省总计开展了超过1000个圈组，数量为当时全国各个省份开展的医院品管圈总量的两倍。2011年，国家卫生行政部门将“应用现代管理方法和工具改进医疗质量”列入到医院评审标准。2016年，国家卫生计生委发布《医疗质量管理办法》，通过顶层设计，进一步建立完善医疗质量管理长效机制，品管圈质量管理工具被收录其中，成为全国医院实现医疗质量管理目标和持续改进的遵循。2017年，西藏自治区产出了该区首例品管圈成果，代表着我国的医疗机构品管圈活动已经实现了地域上的“全覆盖”。

在品管圈活动的推广方面，从无到有，从知之甚少到发展壮大，我国清华大学医院管理研究院刘庭芳教授发挥了不可磨灭的作用。基于海南省的品管圈活动取得的突出成果，2010年，刘庭芳教授受国家卫生计生委的委托，开展《品管圈在我国医院适宜性应用研究》课题，形成《中国医院品管圈操作手册》及系列培训教材，推动了品管圈活动在大陆地区医疗机构的应用。2013年，在国家卫生和计划生育委员会医政医管局的指导下，由清华大学主办，清华大学医院管理研究院、中国医院院长杂志社共同承办的“首届全国医院品管圈大赛”成功举办，该大赛通过多种形式展示了医院品管圈活动的开展过程及效果。同年，在卫生行政部门的指导下，刘庭芳教授在6000人院长大会上发起成立“中国医院品管圈联盟”，开始负责统筹我国QCC相关活动的计划、组织、培训、研究、推广及国际交流与合作，引领全国医院品管圈理论与实证研究，并不断推陈出新、创新发展。2017年2月，中国医院品管圈联盟正式更名为中国医院品质管理联盟，昭示着联盟从单一的品管圈转向多维品质管理工具综合推进的新阶段。截至2021年7月，全国医院品管圈大赛已成功举办八届，从多学科、多专业、多层次视角将品管圈应用于实践，并不断向医疗纵深领域推进，涵盖护理、医疗、医技、行政、后勤等部门，使更多的医院体会到品管圈对医疗质量持续增进的功效，已成为我国推进医疗质量改进的重要力量。2017年，中国与国际医疗品质协会合作启动暨全国医疗质量改进活动获奖案例报告会成功举办。同年10月，在英国伦敦举办的第34届国际医疗品质大会上，刘庭芳教授作为中国医院品质管理联盟主席率领5个优秀圈组参会，并作学术报告，介绍以QCC为代表的中国医疗质量改进活动的进展。同时，ISQua官方网站正式公布，刘庭芳教授入选ISQua全球百名权威专家库成员。2018年，“首届国际医院品管圈大赛暨医疗安全与质量管理高峰论坛”在海南博鳌举办，标志着我国医疗机构品管圈活动逐步走向世界，受到国际关注，成为受众广、效果佳、应用普遍度高的管理工具。2019年4月，刘庭芳教授当选IAQS（国际医疗质量与安全科学院）院士。2019年10月，第36届国际医疗品质大会在南非首都开普敦召开，全球首届医疗品质提升大赛（the first international quality improvement competition）同期举办，山东大学齐鲁医院课题研究型品管圈“肺福之言圈”——《基于ERAS肺癌患者气道管理360模式构建》获得了第一名的殊荣，也是大赛唯一的一等奖。2020年，“中国医院品质管理高峰论坛暨第八届全国医院品管圈大赛”在北京顺利举行。2021年，品管圈将被引入中国疾病控制中心系统（表2-1）。

表2-1　我国大陆地区医院品管圈发展历程

年份	大事件
1993	有少数医院尝试将品管圈应用于护理部门
2004	海南省医院协会在全国率先开始有计划、有组织的在省内推行医院品管圈活动
2005	海南省卫生厅接受时任海南省医院协会会长、清华大学继续教育学院医药卫生研究中心学术主任刘庭芳教授的建议，在全国率先开展品管圈工具应用

续 表

年份	大事件
2008	将品管圈开展情况纳入到海南省医院评审标准
2009	海南省医院协会在海口举办了国内首次（仅有海南省医务人员参加）医院品管圈大赛
2011	国家卫生行政部门将“应用现代管理方法和工具改进医疗质量”列入到医院评审评价标准
2011	受卫生部医管司委托，由时任清华大学继续教育学院顾问、医药卫生研究中心学术主任的刘庭芳教授主持开展的我国大陆地区关于QCC理论与实证研究的首个科研课题结题
2011	卫生行政部门发布《医院评审标准实施细则（2011年版）》，首次对医疗机构提出应用管理工具进行质量改进的要求
2012	刘庭芳、刘勇主编的55万字的《中国医院品管圈操作手册》与25万字的《中国医院追踪方法学操作手册》正式出版发行，刘庭芳在两岸核心期刊发表的学术研究论文30余篇，以及大量有组织的培训活动，不断将医院品管圈活动引入高速发展期
2012	国家卫生部医管司委托清华大学继续教育学院在北京举办了全国首届医院品管圈培训班
2013	国家卫生部医管司委托清华大学主办、清华大学医院管理研究院承办的首届“全国医院品管圈大赛”在北京举办
2013	清华大学医院管理研究院创始人刘庭芳教授发起成立了“中国医院品管圈联盟”
2013	由刘庭芳编写的“现代医院三维工具合成化理论与应用”通过国内外专家评审，并正式列入清华大学医管硕士研究生培养方案与课程体系
2014	“第二届全国医院品管圈大赛”在上海顺利举办
2015	由刘庭芳主持的“品管圈在我国医院的适宜性应用研究”课题获得“中国医院科技创新奖”二等奖
2015	“第三届全国医院品管圈大赛”在深圳顺利举办
2015	由刘庭芳指导开展的我国大陆地区首例课题研究型医疗品管圈在深圳市中医院成功结题，并荣获“第三届全国医院品管圈大赛总分第一名优异成绩
2016	QCC写入我国《医疗质量管理办法》
2016	“第四届全国医院品管圈大赛”首设课题研究型专场，并由刘庭芳研发出两岸第一个课题研究型医院品管圈评价指标体系（之后成为国际大赛评分标准）
2016	“第四届全国医院品管圈大赛”上，国际医疗品质协会（ISQua）首席执行官Peter Lachman在视频致辞中提到，中国医院QCC活动的大范围开展对中国来说是一个里程碑式的事件，也必将对全世界的医疗卫生事业做出巨大贡献，刘庭芳教授不仅是品管圈活动的先驱者，也是医院第三方评价制度的坚决拥护者
2017	“中国医院品管圈联盟与国际医疗品质协会战略合作项目启动仪式暨全国医疗质量改进活动获奖案例报告会”在清华大学近春园举行
2017	“中国医院品管圈联盟”正式更名为“中国医院品质管理联盟”
2017	“第五届全国医院品管圈大赛”上，刘庭芳提出三点倡议：统一QCC培训教材、统一QCC的培训队伍、将QCC等多维管理工具应用纳入医学本科生的教材中
2017	西藏自治区产出了该区首例QCC成果，代表着我国的医疗机构QCC活动已经实现了地域上的“全覆盖”

续　表

年份	大事件
2017	刘庭芳入选ISQua百名权威专家库成员
2017	我国医院QCC活动成果走向世界，刘庭芳应邀参加第34届ISQua伦敦国际卫生保健质量峰会并做学术报告，再次提出三点倡议，倡议ISQua举办国际医疗品质管理工具大赛，代表团其他相关成员进行了3项分报告和4组壁报展示，获国际医疗品质管理学界高度评价，首席执行官Peter Lachman在评价中提到，中国的医疗品质改善的进展与成效令人震惊，同时，他也对刘庭芳教授取得的巨大成就和杰出贡献表示尊敬和祝贺，尤其是中国在如此短的时间内，如此快速地推进医疗品质的提升，经验非常值得各国学习
2018	由中国医院品质管理联盟、清华大学医院管理研院，ISQua共同举办的首届国际医院品管圈大赛暨医疗安全与质量管理高峰论坛在博鳌顺利召开，进一步提升了全球影响力，QCC成为我国医疗质量改进的标志性工具
2018	“第六届全国医院品管圈大赛”在山东青岛顺利举行
2018	复旦大学医学院、南方医科大学将QCC编入医学本科生教材
2018	刘庭芳应邀赴爱尔兰ISQua总部录制医疗质量管理工具国际课程，之后，代表ISQua在我国南方医科大学对医学本科生首次正式开课
2019	复旦大学附属中山医院成为我国首家国家级多维管理工具应用示范医院
2019	“第七届全国医院品管圈大赛”在郑州顺利举行，本届大赛首次设置平衡计分卡专场
2019	刘庭芳教授当选IAQS（国际医疗质量与安全科学院）院士
2019	第36届国际医疗品质大会在南非首都开普敦召开，首届国际医疗质量提升大赛同期举办，大赛采纳了中国医院品管圈大赛的评分标准
2020	“中国医院品质管理高峰论坛暨第八届全国医院品管圈大赛”在北京顺利举行
2021	品管圈将被引入中国疾病控制机构

四、品管圈活动的目的与作用

（一）品管圈活动的目的

1. 培养员工积极改善的意识以及解决问题的能力。
2. 强化员工对团体归属感及工作成就感。
3. 促使组织政策目标能有效达成并持续落实。
4. 引导员工参与质量经营促进管理水平提高。
5. 协助组织训练员工及发掘人才。

（二）品管圈的作用

1. 改进质量　通过解决工作中的问题，改进工作质量。

2. 激发学习动力 通过提高兴趣激发员工学习动力，培养员工积极的工作态度。

3. 提高员工能力 提高员工知识和技能，主动防范危机，提高员工解决问题的能力。

4. 增强团队意识 提升组织凝聚力和员工的目标意识，进而提高工作绩效。

5. 提高顾客（患者）的满意度 通过持续改善工作质量，进而提高顾客（患者）的满意度。

五、品管圈的分类与QC STORY判定

（一）问题解决型与课题研究型品管圈

医院品管圈通常划分为问题解决型和课题研究型品管圈。问题解决型和课题研究型品管圈在思维方式、推进方法等诸多方面均有所区别，适用范围也自然有所差异（图2-3）。

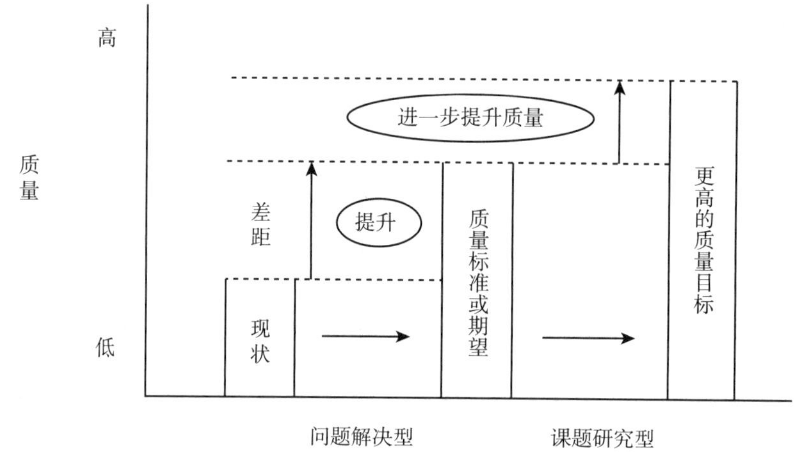

图2-3　课题研究型与问题解决型品管圈概念辨析

问题解决型品管圈是品管圈的最初形态，主要针对既有的、延续的工作中现状与标准出现的差距，以既有的工作方法为前提予以解决，在实施中追寻原因，对现状工作做出部分改进。问题解决型品管圈通常解决的是问题点层面的问题，课题研究型通常解决的是体系或者系统层面的问题。

课题研究型品管圈是建立在成熟的品管理念和新品管手法基础上的产物。主要是针对新的、无既往经验的工作，在新的期望与目标产生后，圈员不以既有的工作方法为前提，而是运用新的思维方式与品管手法，通过探讨对策、手段，创造出新的工作方法达成新的期望值，最终实现“新规业务（操作）的应对”“现状突破”“预测防止”和“魅力性品质的创造”（图2-4）。

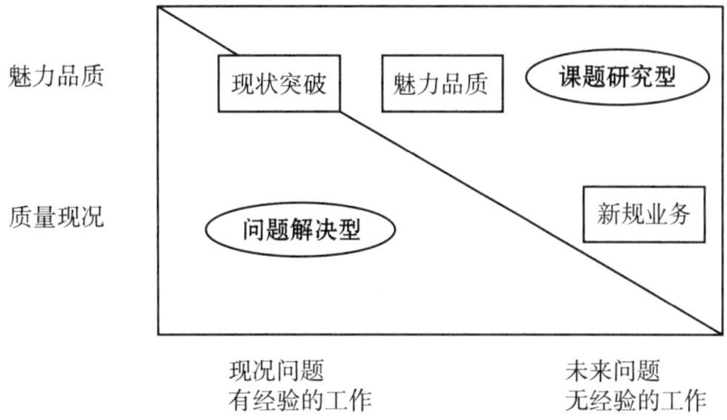

图2-4　课题研究型与问题解决型品管圈的适用领域

品管圈活动的基本步骤、基本依据一般都是按照PDCA循环进行。在实际应用中，课题研究型品管圈和问题解决型品管圈的流程中主要在课题明确化、目标设定和最适方策研究三个步骤有所不同，其他的步骤两种类型基本相似，详见图2-5。

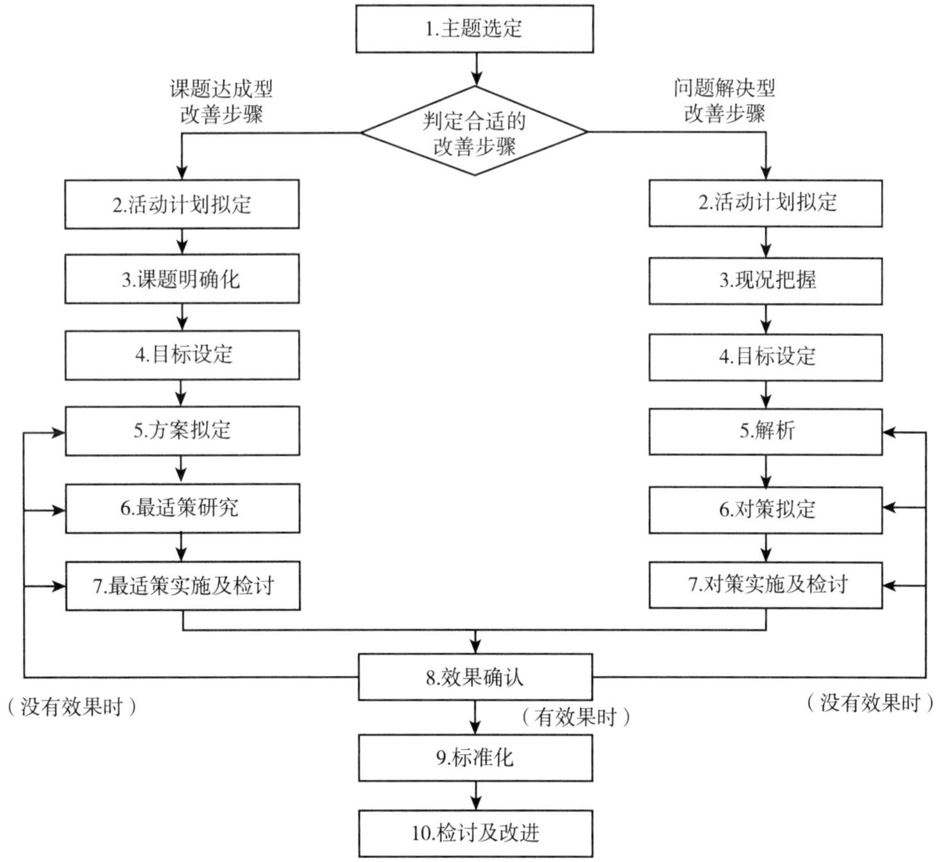

图2-5　课题研究型与问题解决型品管圈活动步骤对照

（二）QC STORY判定

QC是Quality Control（品质管制）的缩写，采用QCC以QC方式解决工作中的问题以数据为基础证实问题解决的方法，称为QC STORY。因此，QC STORY也可以理解成品质管制活动。QC STORY分为两种类型，一种是问题解决型，一种是课题研究型。石川馨博士早在1962年就已提出QC STORY的概念，当时的改善活动集中关注单一问题的解决。在品管圈的应用和推广过程中，QCC改善活动引起各种形态的组织机构的关注，新需求不断涌现，人们发现有一些问题不能用已有的QC STORY模式解决。问题解决型和课题研究型品管圈并无孰优孰劣之分，在实际应用过程中根据具体适用情况进行选择，具体可以根据QC STORY判定表进行筛选（表2-2）。

表2-2　品管圈活动类型判定表

课题研究型	关系程度		问题解决型
1.无既往工作经验，欲顺利完成首次面临的工作（新规业务的应对）			1.欲解决原来已在实施的工作中所发现的问题
2.欲大幅度突破现状（现况突破）			2.欲维持、提升现况水准
3.欲挑战魅力性质量，魅力性水平（魅力性质量的创造）			3.欲保障质量现状、当前水平
4.欲提前解决可预见的课题			4.欲防止再发生已出现的问题
5.通过新方案、新对策、新想法的探究与实施可达成目标			5.探究问题的真因，通过消除或解决真因，可获得问题的解决
判定结果	合计分数		判定结果

注：1.关系程度三段评价：大=5；中=3；小=1；2.圈员人数，实到人数，各自评价给分合计后确定

（三）整合型品管圈

在问题解决型品管圈和课题研究型品管圈的基础上，日本又进一步发展出整合型（all-in-one）品管圈，其改善步骤流程图，如图2-6所示。在医疗领域，整合型品管圈强调重视患者，以患者导向的思维，追求魅力品质。整合型品管圈问题解决的程序分为3种：Why型、How型、What+How型。Why型是找到现状与应有品质差异的原因，然后进行改善；How型是用新观念去打破现状，扩大业务规模，预测及防止不良事件的发生；What+How型是明确顾客需求，把握达到顾客满意的应有状态，然后进行改善。

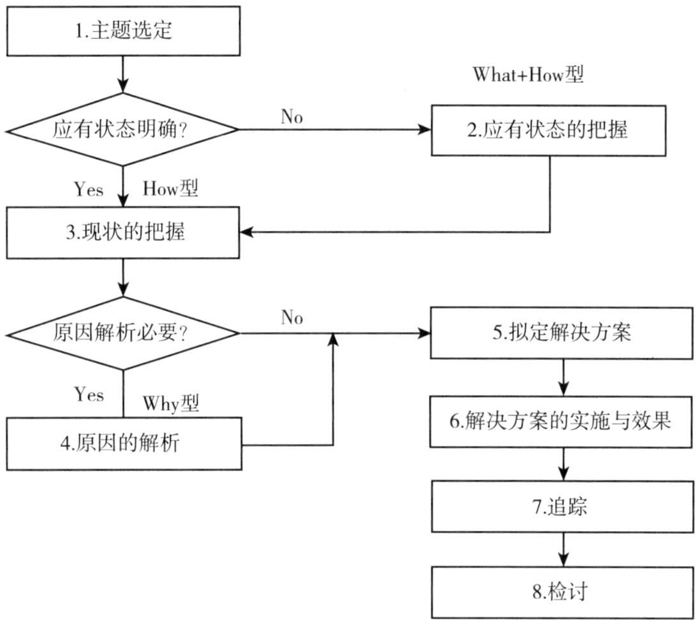

图2-6　整合型品管圈改善步骤流程图

六、品管圈的新旧七大手法

在融合了PDCA循环的理念后，品管圈将行动划分为4个阶段、10个步骤，同时还采取了七大品质管理手法，成功地将理念、行动与管理方法融为一体。其中4个阶段和10个步骤之间关系密切，共通联动，不可分割；而七大品质管理手法在实践过程中又产生出新旧之分，凸显了品管圈活动与时俱进的特点。值得一提的是，虽有新旧之分，但并不意味着新七大品管圈手法会取代旧七大品管圈手法，因为前者着重于问题发生前的计划与构想，后者着重于问题发生后的改善，两者其实是一种相辅相成的协作关系（表2-3~表2-5）。

表2-3　新旧品管圈七大手法对比

手法	名称	作用
旧七大品管圈手法	①查检表	收集、整理资料
	②排列图	确定主导因素
	③散点图	展示变量之间的线性关系
	④因果图	寻找引发结果的原因
	⑤层别法	从不同角度层面发现问题
	⑥直方图	展示过程的分布情况
	⑦管制图	识别波动的来源

续 表

<table>
<tr><th>手法</th><th>名称</th><th>作用</th></tr>
<tr><td rowspan="7">新七大品管圈手法</td><td>①关联图</td><td>理清复杂因素间的关系</td></tr>
<tr><td>②系统图</td><td>系统地寻求实现目标的手段</td></tr>
<tr><td>③亲和图</td><td>从庞杂的语言数据中汲取信息</td></tr>
<tr><td>④矩阵图</td><td>多角度考察存在的问题，变量关系</td></tr>
<tr><td>⑤PDPC法</td><td>预测设计中可能出现的障碍和结果</td></tr>
<tr><td>⑥箭头图</td><td>合理制定进度计划</td></tr>
<tr><td>⑦矩阵数据解析法</td><td>多变量转化成少变量数据分析</td></tr>
</table>

表2-4 旧七大品管圈手法

<table>
<tr><th>手法</th><th>图形</th><th>用途</th></tr>
<tr><td>特性要因图</td><td>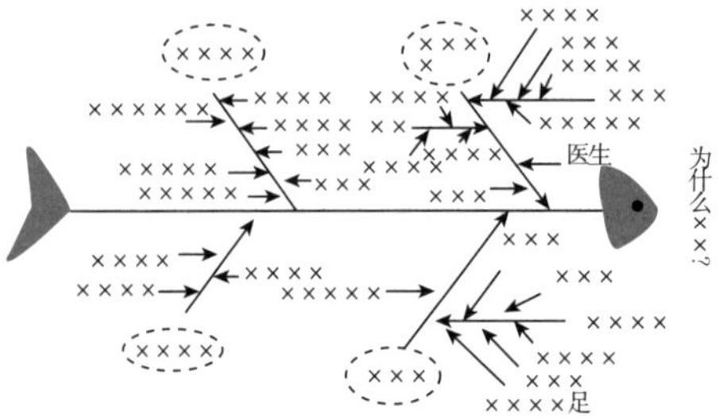
</td><td>寻找引发问题的原因</td></tr>
<tr><td>柏拉图</td><td>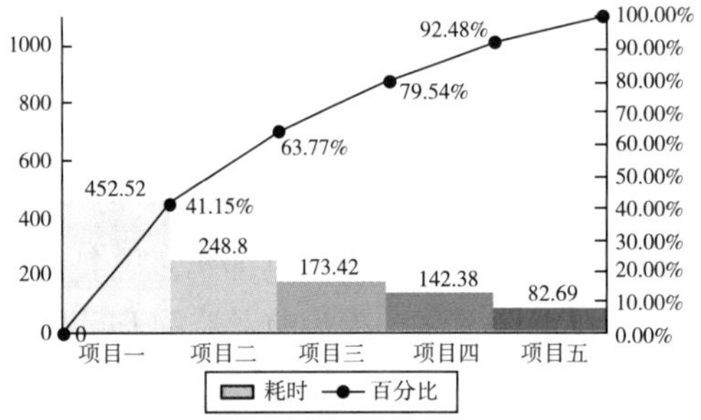
</td><td>确定主要因素</td></tr>
<tr><td>查检表</td><td>
<table>
<tr><th>项目＼时间</th><th>5/14</th><th>5/15</th><th>5/16</th><th>5/17</th><th>5/18</th><th>5/19</th><th>5/20</th><th>5/21</th><th>5/22</th><th>5/23</th><th>5/24</th><th>5/25</th><th>5/26</th><th>5/27</th><th>5/28</th><th>5/29</th><th>5/30</th><th>5/31</th><th>合计</th></tr>
<tr><td>医嘱漏下达</td><td></td><td></td><td></td><td></td><td></td><td></td><td></td><td></td><td></td><td></td><td></td><td></td><td></td><td></td><td></td><td></td><td></td><td></td><td></td></tr>
<tr><td>医嘱重复下达</td><td></td><td></td><td></td><td></td><td></td><td></td><td></td><td></td><td></td><td></td><td></td><td></td><td></td><td></td><td></td><td></td><td></td><td></td><td></td></tr>
<tr><td>医嘱延迟下达</td><td></td><td></td><td></td><td></td><td></td><td></td><td></td><td></td><td></td><td></td><td></td><td></td><td></td><td></td><td></td><td></td><td></td><td></td><td></td></tr>
<tr><td>医嘱下达错误</td><td></td><td></td><td></td><td></td><td></td><td></td><td></td><td></td><td></td><td></td><td></td><td></td><td></td><td></td><td></td><td></td><td></td><td></td><td></td></tr>
<tr><td>医嘱处理延迟</td><td>★</td><td>★★★</td><td>★</td><td>★★★★</td><td>★★</td><td>★★</td><td></td><td></td><td></td><td></td><td></td><td></td><td></td><td></td><td></td><td></td><td></td><td></td><td></td></tr>
<tr><td>医嘱漏执行</td><td></td><td></td><td></td><td></td><td></td><td></td><td></td><td></td><td>★</td><td></td><td></td><td></td><td></td><td></td><td></td><td></td><td></td><td></td><td></td></tr>
<tr><td>医嘱执行漏签名</td><td></td><td></td><td>★★</td><td>★★★★★★</td><td>★</td><td>★★★</td><td></td><td></td><td></td><td></td><td></td><td></td><td></td><td></td><td></td><td></td><td></td><td></td><td></td></tr>
<tr><td>取药查对未执行</td><td>★</td><td>★</td><td>★</td><td>★★</td><td>★</td><td>★★★★</td><td></td><td></td><td></td><td></td><td></td><td></td><td></td><td></td><td></td><td></td><td></td><td></td><td></td></tr>
<tr><td>医嘱转抄错误</td><td>★★</td><td>★★</td><td></td><td></td><td></td><td></td><td>★★★</td><td></td><td></td><td></td><td></td><td></td><td></td><td></td><td></td><td></td><td></td><td></td><td></td></tr>
<tr><td>药房发药错误</td><td>★</td><td></td><td></td><td>★★</td><td>★★★</td><td></td><td>★★★</td><td></td><td></td><td></td><td></td><td></td><td></td><td></td><td></td><td></td><td></td><td></td><td></td></tr>
<tr><td>医护，护护沟通不良</td><td></td><td></td><td></td><td></td><td>★</td><td></td><td>★★★★</td><td></td><td></td><td></td><td></td><td></td><td></td><td></td><td></td><td></td><td></td><td></td><td></td></tr>
<tr><td>药房系统处理问题</td><td>★</td><td></td><td>★</td><td></td><td>★★</td><td>★</td><td></td><td></td><td></td><td></td><td></td><td></td><td></td><td></td><td></td><td></td><td></td><td></td><td></td></tr>
<tr><td></td><td></td><td></td><td></td><td></td><td></td><td></td><td></td><td></td><td></td><td></td><td></td><td></td><td></td><td></td><td></td><td></td><td></td><td></td><td></td></tr>
<tr><td></td><td></td><td></td><td></td><td></td><td></td><td></td><td></td><td></td><td></td><td></td><td></td><td></td><td></td><td></td><td></td><td></td><td></td><td></td><td></td></tr>
<tr><td colspan="20">收集数据时间：2015年5月14日—2015年5月31日。</td></tr>
<tr><td colspan="20">收集地点：ICU和药房。</td></tr>
<tr><td colspan="20">查检人员：凡上班期间医嘱涉及的医护人员及药房工作人员。</td></tr>
<tr><td colspan="20">调查内容：ICU医护人员及药师。</td></tr>
<tr><td colspan="20">符号注记：发生错误相应栏内画“★”。</td></tr>
</table>
</td><td>收集整理并分析数据</td></tr>
</table>

续　表

<table>
<tr><th>手法</th><th>图形</th><th>用途</th></tr>
<tr><td>层别法</td><td><table><tr><td>项目 / 班别</td><td>A</td><td>B</td><td>C</td></tr><tr><td>白班</td><td></td><td></td><td></td></tr><tr><td>夜班</td><td></td><td></td><td></td></tr></table></td><td>从不同角度来发现问题</td></tr>
<tr><td>散点图</td><td>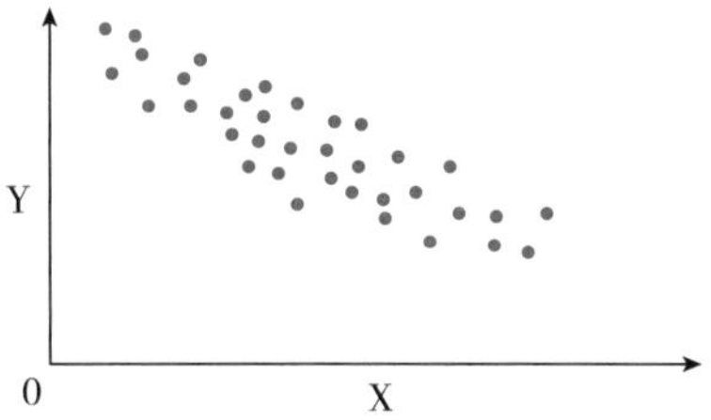
</td><td>判断数据之间的关系</td></tr>
<tr><td>管制图</td><td>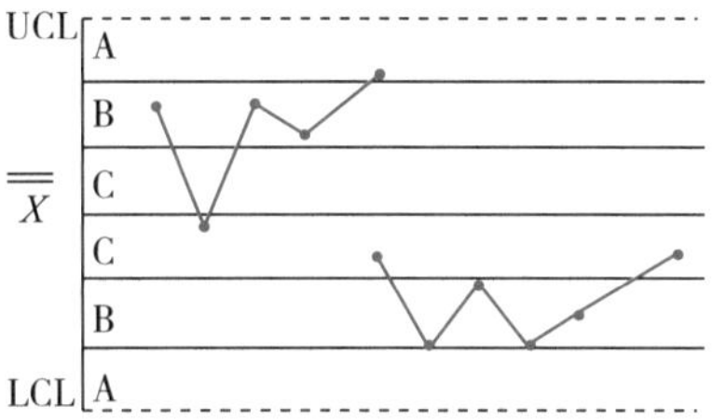
</td><td>识别波动来源</td></tr>
<tr><td>直方图</td><td>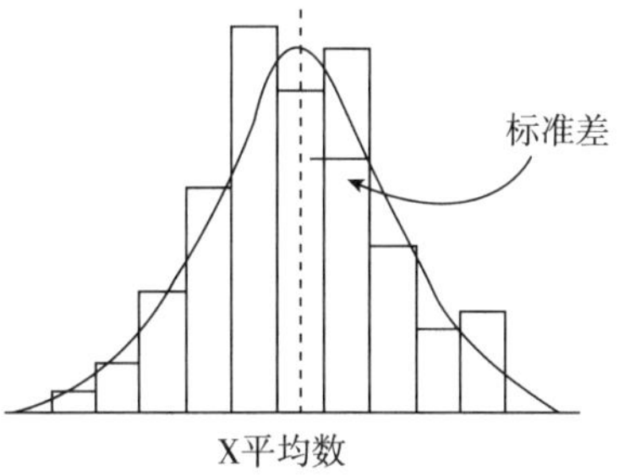
</td><td>展示过程的分布情况</td></tr>
</table>

表2-5　新七大品管圈手法

手法	图形	用途
亲和图法（KJ法）	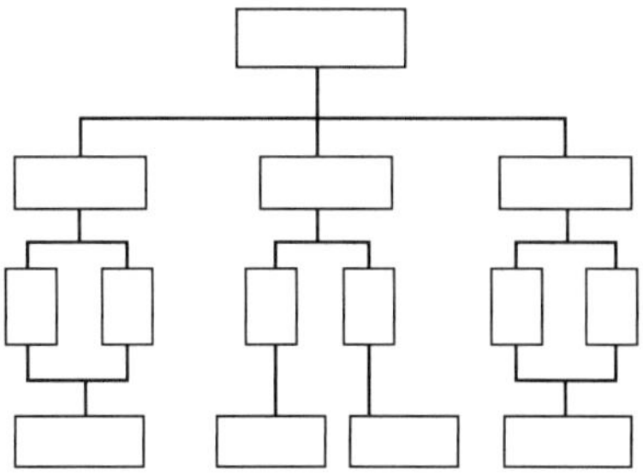	从繁杂的语言数据中汲取信息

续　表

<table>
<tr><th>手法</th><th>图形</th><th>用途</th></tr>
<tr><td>矩阵图法</td><td>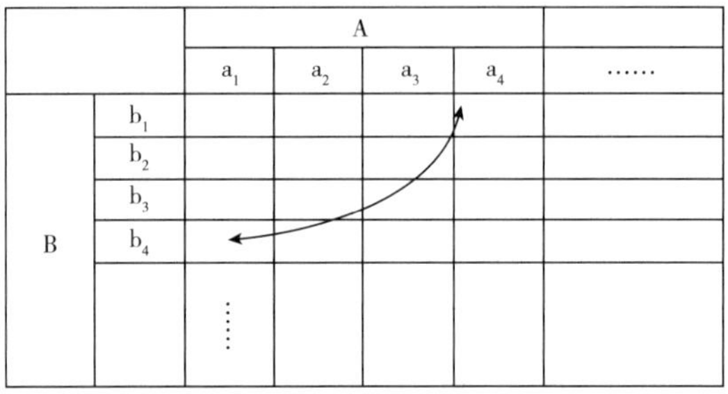
</td><td>多角度考察存在的问题</td></tr>
<tr><td>箭头图法</td><td>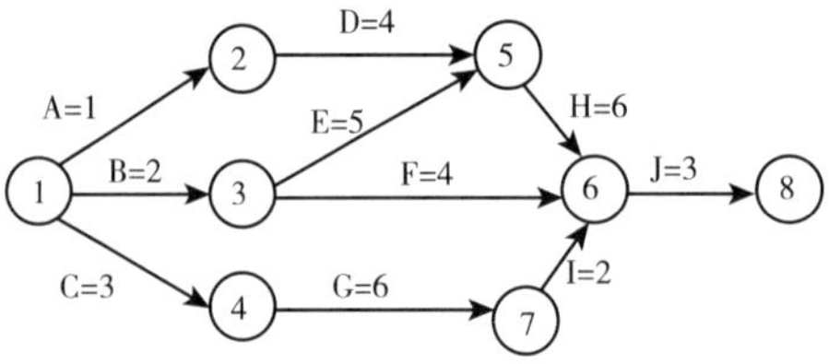
</td><td>合理制定进度计划</td></tr>
<tr><td>PDPC法</td><td>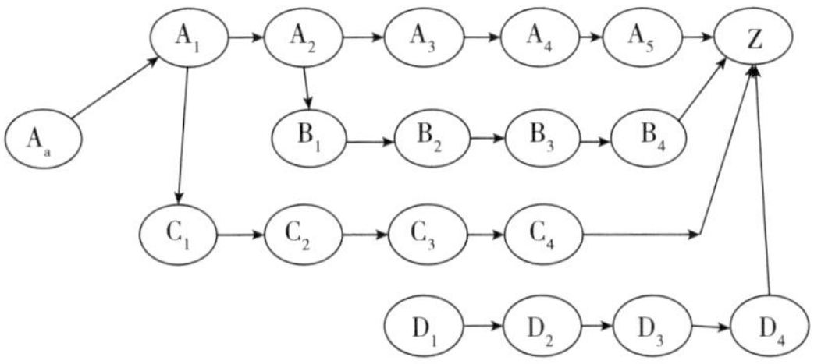
</td><td>预测设计中可能存在的障碍和结果</td></tr>
<tr><td>矩阵数据解析法</td><td>
<table>
<tr><td rowspan="2">项目组
缺陷密度</td><td colspan="3">I</td><td colspan="2">II</td></tr>
<tr><td>项目1</td><td>项目2</td><td>…项目n/2 · 1</td><td>项目n/2 · 1</td><td>…项目n</td></tr>
<tr><td>需求阶段缺陷密度</td><td>38</td><td>30</td><td>……</td><td>……</td><td>34</td></tr>
<tr><td>构架阶段缺陷密度</td><td>40</td><td>20</td><td>……</td><td>……</td><td>26</td></tr>
<tr><td>设计阶段缺陷密度</td><td>35</td><td>32</td><td>……</td><td>……</td><td>33</td></tr>
<tr><td>编码阶段缺陷密度</td><td>60</td><td>30</td><td>……</td><td>……</td><td>30</td></tr>
<tr><td>测试阶段缺陷密度</td><td>47</td><td>20</td><td>……</td><td>……</td><td>20</td></tr>
<tr><td>集成阶段缺陷密度</td><td>43</td><td>30</td><td>……</td><td>……</td><td>37</td></tr>
</table>
</td><td>多变量转化成少变量数据分析</td></tr>
<tr><td>关联图法</td><td>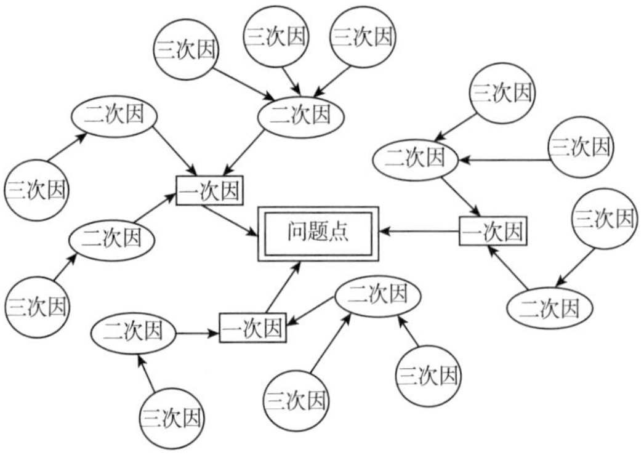
</td><td>理清复杂因素之间的关系</td></tr>
</table>

续　表

手法	图形	用途
系统图法	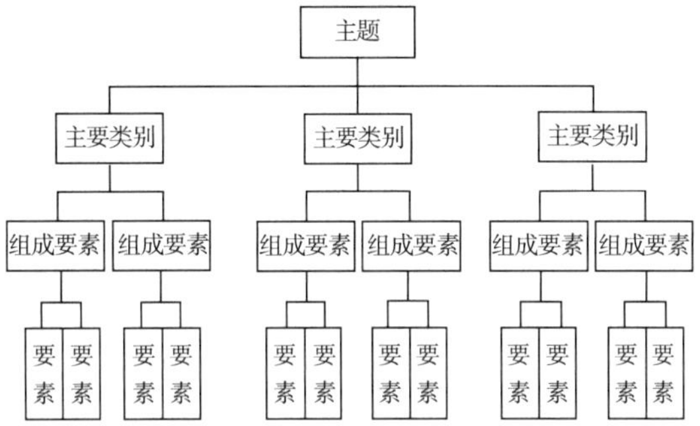	系统地追求实现目标的手段

七、品管圈团队的组建

（一）组圈的目的

1. 推动组织内部目标一致性，促使目标能有效达成并且持续落实。

2. 提高员工积极发现问题的意识和能力。

3. 培养员工解决问题的能力。

4. 提高员工的管理能力，培养管理人才，提升组织的整体管理水平。

5. 强化员工对团体的归属感及其工作上的成就感。

（二）组圈的原则

1. 由工作性质相同或相关、同一个单位、同一工作现场的人组成。

2. 对于改善主题跨越不同部门时，可以由与主题关系较密切的单位主导，邀请不同部门的相关人员共同组成联合圈。

3. 组圈人数一般以5~12人为宜，包含辅导员1名，圈长1名，圈员3~10名。

4. 组圈人数过多时，应考虑分成数个活动圈，以增进活动效率与效益。

（三）组圈的方式

品管圈的组成方式包括两种，一种是由规划单位组织，此种多见于初创期。另一种是员工自行组圈，多见于成熟期。可以先发现问题，再根据问题寻找与之相契合的成员组圈；也可以某科室或某个群体先行组圈，再寻找存在的问题或可改善的方面。

（四）圈内分工与职责

1. 辅导员 圈内应设立辅导员1名，辅导员的职责包括：①创造使品管圈能自主活动的气氛及环境；②担任品管圈组成的催化及协助工作；③对圈活动计划予以指导及建议；④改善主题的提示与指引；⑤进度的控制、改善过程的协助；⑥参与圈的集会，倡导品管圈活动。

2. 圈长 圈内设立圈长1名，圈长的职责包括：①圈长为圈的代表人，为全体圈员的代表；②领导圈员积极参与活动；③圈活动计划的拟订与执行；④将圈内的工作任务合理分配给圈内成员；⑤组织开展好每次圈会，保证会议高效、高质量完成；⑥把握品管圈活动的进展情况，在合理的时间范围内高质量完成；⑦统一全体圈员的意志、观念、做法；⑧向上级报告活动状况，并参与指导活动；⑨率先接受教育，自我能力提升；⑩培养后继圈长人选。

3. 圈员 圈员的职责包括：①积极参与圈的活动；②积极发言、提出自己意见、创意；③服从群体意见，从事改善活动；④接受教育，设法提升自己的能力；⑤遵守已订的标准从事工作；⑥通过圈建立良好的人际关系；⑦以“圈”为荣。

（五）组圈的过程

1. 邀请相关人员组圈 任何一位员工在工作中遇到个人不容易解决的问题，且有团队改善需求时，均可邀请相关人员开始组圈。

2. 召开组圈会议 开始组圈时，应召开组圈启始会议，讨论圈长、辅导员、圈名、圈徽、会议召开时间等相关事宜。

3. 遴选圈长 先期可由主管或干部担任，待活动圈对活动历程较熟练时，再由圈员轮流担任。圈长的主要任务是在活动过程中，主导整个圈活动能正常运作，以顺利完成每次的改善主题。

4. 邀聘辅导员 一般邀请直属主管或对圈活动熟悉的其他人员担任。辅导员的主要任务为指导圈活动的进行，在圈活动的各个阶段给予适当协助。

5. 决定圈名及圈徽 由全体圈员针对本圈组圈的信念与期许，讨论决定圈名及圈徽，以代表本活动圈。

6. 组圈登记 相关准备工作完成后，即可填写相关表格，向推动单位申请登记，以使本圈纳入体系中正常运作。

7. 开始活动 组圈工作完成后，即可依据圈活动历程进行改善。

（六）圈成员展示

在组圈完成后，需要通过品管圈成员基本数据表进行展示，如表2-6所示。

表2-6 圈成员基本数据表

<table>
<tr><td colspan="4">圈名：</td><td colspan="2">成立日期：</td></tr>
<tr><td colspan="4">圈长：</td><td colspan="2">辅导员：</td></tr>
<tr><td colspan="3">圈员人数：</td><td colspan="3">平均年龄：</td></tr>
<tr><td>圈员姓名</td><td>年龄</td><td>学历</td><td>科室</td><td>职称</td><td>分工</td></tr>
<tr><td></td><td></td><td></td><td></td><td></td><td></td></tr>
<tr><td></td><td></td><td></td><td></td><td></td><td></td></tr>
<tr><td colspan="6">所属单位：</td></tr>
<tr><td colspan="6">活动期间：</td></tr>
</table>

实例介绍（表2-7，图2-7~图2-9）

表2-7 圈员组成

姓名	圈内职务	职称	学历	科室	工作年限
高永莉	辅导员	副主任护师	本科	急诊	30
代敏	圈长	护师	本科	急诊	6
贺娜	圈员	主管护师	本科	急诊	14
唐时元	圈员	主治医师	博士	导管室	12
陈晓莉	圈员	主管护师	硕士	急诊	7
姜少雄	圈员	主治医师	硕士	急诊	7
陈实	圈员	主治医师	硕士	心内科	6
邓艳	圈员	护师	本科	急诊	7
赵娅竹	圈员	护师	本科	急诊	6
姚鹏	圈员	主治医师	硕士	急诊	8
谢娟	圈员	护师	本科	急诊	6

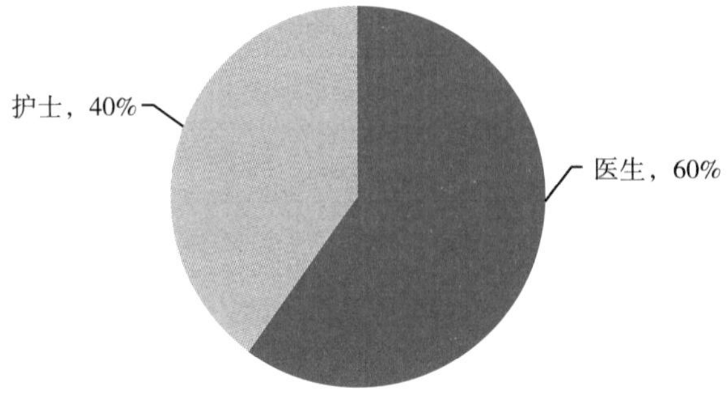

图2-7　圈员职业分布图

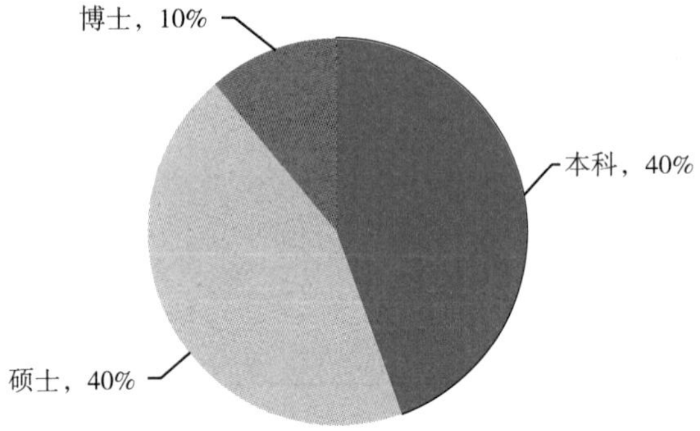

图2-8　圈员学历分布图

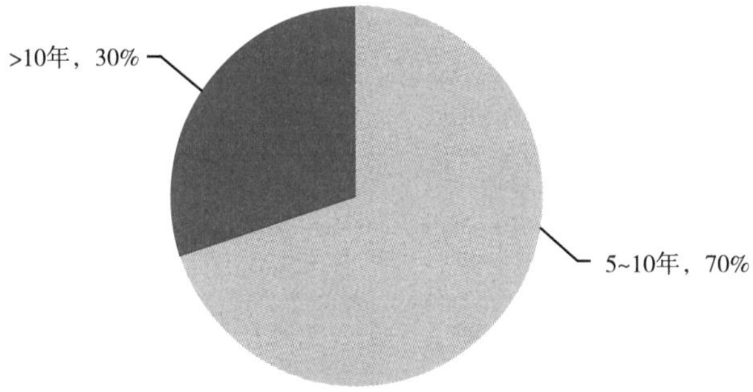

图2-9　圈员工作年限分布图

（七）圈会

1．概念　圈会是圈长和圈员为传递信息、沟通意见、互相启发而聚集在一起，共同决定活动具体事项的过程。QC会议应以圈长为中心，让每位圈员都能畅所欲言，各尽其能。

2．常见问题和改善建议　圈会召开常见的问题有：找不到时间或地点而拖延不开；圈员的出席率低；圈员开会不发言，效率低；圈长唱独角戏；上次开会分配的工作没有执行；开会没有内容；会而不议，议而不决，决而不行等。

为改善圈会的质量，提升圈会效率，可从以下4个方面进行改善：积极发挥每位圈员的主观能动性；避免圈长或个人承担过多圈任务；会前、会中、会后全方位管理；头脑风暴前置。

会前、会中、会后全方位管理具体是指，会前应注意：①会前1周，圈长须按圈活动计划，决定议题，准备相关事宜，安排任务（头脑风暴前置）；②收集资料，数据整理；③确认会议时间、场所；④会前3天，通知圈员，并督促准备相关资料。

知识拓展

第一次圈会任务清单

请每一位圈员准备一个圈名及其圈徽构思。

请每一位圈员准备2~3个主题或方向。

请每一位圈员认领2项以上品管圈活动中的步骤任务。

请每一位圈员提供学历、年资、参加品管圈活动次数等个人信息。

会中应注意：①圈长说明会议主题和议程；②每位圈员“头脑风暴”充分发言讨论；③圈长或辅导员应带动讨论，激发创意；④一个事项讨论后再进行第二事项；⑤必要时请圈员报告上次圈会所分配工作执行状况；⑥圈长将决议事项分配给有关圈员；⑦指派一个人作会议记录；⑧每周1次或每两周1次，会议时间为20~60分钟。

会后应注意：①记录做成后由圈长复读一次，由圈长或辅导员作总结，点评及确定会后应执行的决议；②会议主持和记录员可以轮流担当；③圈会后2~3天将会议记录交缺席圈员阅读，如有任何意见可补充；④可以组织圈员间感情联谊的圈活动，如聚餐交流等。

头脑风暴法又称智力激励法、脑力激荡、自由思考法，是一种激发性思维的方法，联想是基本过程。其成功要点包括：①自由畅谈：所有成员均不受任何限制，大胆地想象；②追求数量：尽可能多地获得设想，是它的首要任务；③延迟评判：当场不对任何设想做出评价，既不否定，也不肯定，一切评价和判断都须延迟到会议之后。④禁止批评。

3. 圈会记录的撰写 ①需仔细填注本次圈会召开的主题、日期、时间、地点、主席、记录等资料；②请出席人员逐一在圈会纪录上亲自签名；③上次会议决议事项执行情形的追查报告，需继续纳入会议纪录，并将尚未完成的部分另外列出，以便于下次会议时继续追踪，直至改善完成为止；④逐条记下讨论事项内容、提案人、决议、执行时间、地点、方法、负责人、完成期限、完成后的验收及确认方式等；⑤主管或辅导员于圈会中提出的指示方向或改善重点，应详实记录，以免改善方向与公司政策有所偏差；⑥在会议结束前，将本次会议记录诵读一遍，以确认圈员们的共识；⑦可采用叙述法编撰圈会纪录，以使整个改善历程能较完整保存下来；⑧尽量以白话方式表达记录内容，并以简单明确为原则；⑨会议记录完成后，需传阅未出席人员，请其浏览内容并签名；⑩会议记录及相关资料需上陈各级主管，并公告及分发各相关人员（表2-8）。

表2-8　品管圈会议记录表示例

<table>
<tr><td>圈名</td><td></td><td>所属单位</td><td></td></tr>
<tr><td>开会时间</td><td></td><td>开会地点</td><td></td></tr>
<tr><td>辅导员</td><td></td><td>圈长</td><td></td></tr>
<tr><td>主席</td><td></td><td colspan="2">本次为第___次会议</td></tr>
<tr><td>本次进度</td><td colspan="3">□主题选定　□目标设定　□计划拟定　□现况把握　□解析　□拟定对策　□对策实施
□效果确认　□标准化　□检讨与改进　□其他</td></tr>
<tr><td colspan="4">出席者签名：</td></tr>
<tr><td colspan="3">缺席人员：</td><td>出席率：</td></tr>
<tr><td colspan="4">会议记录（请依下列顺序记录，并将相关原始数据、报表作为记录附件）
本次讨论议题：

上次决议事项执行情况：</td></tr>
<tr><td colspan="4">会议决议及追踪事项：
讨论事项与决议：

结论及工作分配：</td></tr>
<tr><td colspan="4">推行单位：　　　主管部门：　　　辅导员：　　　圈长：　　　记录：</td></tr>
<tr><td colspan="4">辅导员评语：</td></tr>
<tr><td colspan="4">主管指导评语：</td></tr>
<tr><td colspan="4">下次会议时间：　　　　　　　地点：
主席：　　　　　　　　　　　记录：</td></tr>
</table>

八、品管圈的圈文化建设

圈文化建设是品管圈活动不可或缺的要素之一，主要体现在圈名、圈徽、圈歌、圈服等方面。品管圈的圈名及圈徽设计没有一定的规范与限制，选定圈名、圈徽可以通过三种方式展开，分别为先定圈名，再定圈徽；圈名、圈徽的确定同时进行；先定圈徽，再定圈名。

（一）圈名

选定圈名后，还应对其意义进行说明。通常来看，圈名意义包括：与单位部门的关系、表达对于此活动的期盼、词语的含义等。在实际应用中，圈名可以是部门名字（如门诊药房圈、PIVAS圈、NICU圈），部门属性（如草药圈、华陀圈、制剂圈），凝聚向心力之文字（如同心圈、协力圈、自强圈），代表希望的感觉（如晨曦圈、动力圈、光明圈），动物的名称（如蜜蜂圈、乌龟圈、萤火虫圈），动画片人物（如皮卡丘圈、蜡笔小新圈），英文字母缩写（如WOMEN圈、HOPE圈），文字的反义词（如摸鱼圈、等会圈、药到命除圈），品管圈活动主题（如病房领药圈、颈卫圈、针芯圈）。

（二）圈徽

圈徽和圈名之间要有关联性。通常来看，圈徽的意义包括：与圈名间的关系、图形形态的意义（整体、个别）、图形颜色的意义等。

以速递圈为例，速代表速度；递代表传递，各科室配合，无缝链接；速递体现着时间就是生命。心形寓意着用心关注患者，体现服务宗旨；双手寓意着呵护患者健康，不负性命相托（图2-10）。

图2-10 速递圈圈徽

（三）产生方式

圈名和圈徽的产生方式主要包括头脑风暴法和投票法。在第一次组圈的会议总结中，可将圈名和圈徽的提议、投票、选定等过程进行展示说明（表2-9）。

表2-9　圈名、圈徽选定表

提议人姓名	圈名	圈徽	第一次投票结果	第二次投票结果	选定

第二节　问题解决型品管圈的实施步骤与手法

问题解决型品管圈侧重解决实际工作中的问题点，主要通过PDCA四个阶段，十大步骤和七大手法展开，具体步骤详见图2-11。

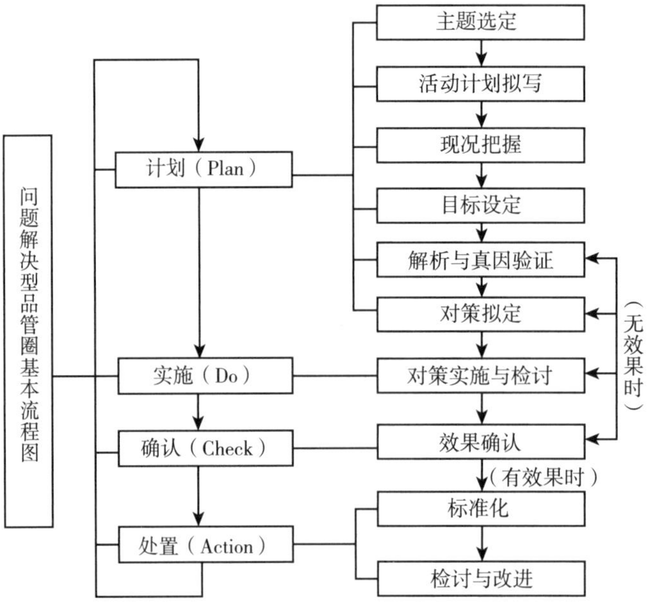

图2-11　问题解决型品管圈的十大步骤

一、主题选定

“主题选定”是指品管圈圈员通过头脑风暴法、民主投票法、十点分析法、问题导向法、圈外参与机制等多种方法，从各个备选主题中选定一个合适的主题，对选定的主题进行类型判定，说明定义、衡量指标及计算公式，明确选题的背景及理由。

（一）选题过程

1. 发现问题或备选主题　主题主要来源于3个方面，分别为质量与安全监控指标、顾客反馈和自我发现（表2-10）。

表2-10　品管圈主题来源

主题来源	指标来源	举例
质量与安全监控指标	外部：等级医院评审、行业专项	2020版CHA患者安全目标、药品专项指标、医疗质量与安全监测指标
	内部：日常监测、不良事件通报	非计划二次手术率、护士职业暴露发生率
顾客反馈	外部：住院患者、门诊患者、急诊患者、出院随访、社会调查	结果指标：医疗查房满意率 过程指标：查房频次达标率、病程质量合格率 结构指标：医/患比例
	内部：员工、服务保障	员工工作满意度
自我发现	头脑风暴法	质量、效率、成本、安全、服务、管理

常见备选主题包括品质、效率、成本和安全四个类别，品质主题聚焦于满意度低、病患（家属）经常投诉、感染率较高等问题，效率主题聚焦于等候时间长、达标率低、工作无法如期完成等问题，成本主题聚焦于闲置设备多、设备故障次数多、报废材料多、劳动力浪费等问题，安全主题聚焦于不安全事件发生率高、就医场所危险等问题，具体如表2-11所示。

表2-11　品管圈常见备选主题举例

备选主题类别	主题举例
品质	①降低呼吸机相关性肺炎发生率 ②降低伤口换药疼痛指数 ③提高偏瘫患者肢体功能锻炼的遵循率 ④提高危重症患者的基础护理合格率
效率	①缩短预出院患者当日在院时间 ②缩短住院择期手术患者等待手术时间 ③提高危重交班的准确性 ④提高安全核查制度在手术室执行上的到位率

续 表

备选主题类别	主题举例
成本	①减少手术室医疗垃圾重量 ②降低医用耗材比例 ③降低门诊用药比例 ④降低洗碗机清洁剂使用量
安全	①降低口腔医护人员职业暴漏发生率 ②降低护理人员针扎发生率 ③提高肿瘤医护人员对抗肿瘤药物的自我防护率 ④提高手术室人员对化学制剂的自我防护率

2. 选定主题

（1）方法介绍：综合圈员提出的品管圈主题，运用多重投票法、排序法、评价法、权重评价法进行最终的主题选定。

多重投票法指针对所列出的主题进行两个回合投票。第一回合：小组成员以复选的方式投票选取自己认为最重要的主题，投票后根据所列出的项目，将成员所给的票数或分数加总，加总后去除分数明显较少的主题。第二回合：仍以复选进行投票（但可投的票数至多为第一回合进行后剩余主题总数的一半），加总后再去除相对票数或分数最低者。重复以上步骤直到剩下3~5项。

排序法指每位小组成员针对意见清单上所列出的项目以阿拉伯数字进行排序，数字越小者表示越重要，数字不能重复，不能出现0，将每一成员所给的排序分数予以加总，分数越少者表示越重要。

评价法一般指从可行性、迫切性、圈能力和上级重视程度四方面进行综合评价的方法（表2-12）。在主题选定过程中，常用的评价指标包括可行性、重要性、迫切性、圈能力和上级重视程度等。上级重视程度方面包括医院目标、医院等级评审指标（核心条款）、重点专科指标、医院及卫生行政部门考核指标等要点。可行性方面包括本院数据获取是否方便、快捷、客观、准确，3~6个月左右有办法解决的问题，全体圈员都能参与的题目，是否有文献支持其可行性等要点。圈能力方面包括圈人员组成是否合理，是否缺重要协助部门人员，圈人员的学历、水平、品管知识及努力程度等要点。迫切性方面包括医院等级评审、主题的轻急缓重程度等要点。

权重评价法是在评价法的基础上，对评价指标进行权重分配，增加评价指标权重分配和分数权重乘积的步骤。该方法考虑了不同的机构或部门对各评价指标的重视程度可能不一样，并且适合总分差比较小的情况。

（2）主题选定过程：具体应用过程中，首先由圈员根据各评价指标的贡献度，以相加不超过1分做权重打分，并累计计算出各评价指标的权重；之后，由圈员对备选主题进行评价，一般按照“531”原则进行打分，即5分最高，3分普通，1分最低；最后，将评价维度权重与备选主题得分相乘，得到主题的最终评价（表2-13，表2-14）。

表2-12　评价维度权重表

评价项目	圈员			权重
	圈员甲	圈员乙	圈员丙	
上级重视程度				
迫切性				
可行性				
圈能力				
总分				

表2-13　主题评价表

备选主题	上级重视程度	迫切性	可行性	圈能力	总分
主题一					
主题二					
主题三					
主题四					
主题五					
评价标准	分数	上级重视程度	迫切性	可行性	圈能力
	1	没听说过	不迫切	不可行	需多个部门配合
	3	偶尔告知	较迫切	较可行	需一个部门配合
	5	常常提醒	很迫切	很可行	自行解决

表2-14　主题选定表

主题 评价		上级重视程度× 权重值	迫切性× 权重值	可行性× 权重值	圈能力× 权重值	总分	排序	选定
主题一								
主题二								
主题三								
主题四								
主题五								
评价标准	分数	上级重视程度	迫切性	可行性	圈能力			
	1	没听说过	不迫切	不可行	需多个部门配合			
	3	偶尔告知	较迫切	较可行	需一个部门配合			
	5	常常提醒	很迫切	很可行	自行解决			

（3）实例说明：以速递圈为例，图表所示，经过多重投票法，圈成员确定了四项备选主题。之后通过权重评价法，将重要性、可行性、迫切性和圈能力进行权重分配，经过分数加总，最终确定品管圈主题为缩短STEMI患者急诊停留时间（表2-15）。

表2-15　速递圈主题选定表

主题评价题目	本期达成性	领导重视度	重要性	圈能力	总分	顺序	选定
	0.23	0.245	0.22	0.305			
提高120+转诊系统使用率	8.82	12.20	7.92	7.82	36.76	2	
降低医疗护理漏费率	10.29	10.98	8.36	6.44	36.07	3	
降低出诊时间	8.33	7.32	5.28	5.98	26.91	5	
降低非探视时间家属逗留率	8.22	12.20	6.60	7.36	34.98	4	
缩短STEMI患者急诊停留时间	11.27	9.15	8.80	9.20	38.42	1	★

评价标准	分数	领导重视度	重要性	本期达成性	圈能力
	1	次重视	次重要	次可能	0~50%
	3	重视	重要	可能	51%~75%
	5	极重视	极重要	极可能	76%~100%

备注：评价计分方式：优5分，良3分，差1分，成员10人参与选题过程

3. 备选主题常见问题

（1）活动主题太大，不是圈能力可改善的问题。例如，降低平均住院日，提升门诊的预约挂号率等。对于活动主题太大的题目，圈组可采用亲和图归类法对主题进行拆解。例如，缩短手术患者住院时间的主题，可拆解为缩短术前准备时间（如缩短门诊或院前检查时间、缩短医生首诊时间、缩短检查等候时间等）、缩短术中等待时间（如提高第一台手术准时开台率、缩短接台时间、缩短术中冰冻结果等待时间等）、缩短术后住院时间（如减少术后无效等候时间、减少术后并发症等）。

（2）活动主题太小，不值得用品管圈活动改善。例如，提高患者康复知识的知晓率。

（3）选定的主题未事先进行调研。未提前针对题目进行调研，会导致项目在实施过程中面临许多挑战，如缺少效益评估；其他科室已改善，并有相关标准作业程序；医院已有相关规章制度，只需要落实执行即可；现况值的严重度不高，数据收集困难

等。因此，应事先对选定主题进行调研，开展效益评估和价值评估，判断主题实施的可行性。

（4）主题选定存在局限性。在主题选定过程中，备选主题一般由圈员自行提出，极少数会邀请圈外人员参与。同时，在确认主题后，也很少邀请圈外人员对所选主题进行“适当性”评估与确认，或仅向同一科室或部门的圈外人员咨询，往往面临思路受限问题。因此，在主题选定过程中，可以邀请相关部门的人员共同参与，并引入圈外参与机制，共同对主题进行商定和评估。

（二）明确主题

确定品管圈主题之后，需规范书写。问题解决型的主题名称应包含三项元素：动词（正向或负向）、名词（改善主体）和衡量指标。例如，缩短+STEMI患者+急诊停留时间。

（三）名词定义及衡量指标

对主题中的相关名词进行解释，可查阅相关文献或参考数目，需注明出处，并对主题中的“衡量指标”进行定义及计算公式的说明。

实例说明：以速递圈为例，其主题为缩短STEMI患者急诊停留时间，具体名词定义、入选标准、抽样方法如下。

1. STEMI　指急性心肌缺血性坏死，冠状动脉血供急剧减少或中断，由心肌严重而急性的缺血所致。

2. 急诊停留时间　患者入急诊护士接诊时间到出急诊转运离开时间。包括登记挂号时间、完成检查时间、完成会诊时间、医患沟通时间、通知工人时间、转运离开时间等。

（四）选题理由

选择某主题的理由应详实具体、贴合实际，阐明该主题对不同机构、人群的效益与价值，同时相关指标能够量化。实际应用中，可从以下几方面进行说明：①国内外相关领域的参考文献；②政策、规范或指南中对本主题相关的要求；③本主题对实际应用的重要性；④国内外或同等级医院关于本主题的现状等。

（五）主题类型判定

主题类型主要包括问题解决型和课题研究型。一般情况下，主题改善大多属于问题解决型，是对现有业务进行持续性改进而进行的活动，主要针对现况、真因及对策都不明确的问题。而对于创造型的新业务活动、打破现状重新塑造的改造型活动以及预防型活动等，可采用课题研究型的活动步骤来改善（表2-16）。

表2-16　问题（课题）的类型及解决方法

问题（课题）的分类			形成原因	解决对策
问题型	异常型		作业突然发生异常	找出异常原因，提出再发防止的对策
	改善型	IS型：Improvement SOP	缺SOP或SOP未落实	制定SOP或提高SOP的落实率
		ID型：Improvement Do	现况、真因及对策都很明确	加强对策实施
		IA型：Improvement Action	现况、真因明确，但尚不知对策	分析原因找出对策，或进行提案制度
		IX型（X表示未明）	现况、真因及对策都不明确	利用QCC来解决
课题型		创造型	从无到有的创新	
		改造型	打破现状重新塑造也就是Reengineering	
		预防型	提早预防未来可能发生的问题	

在实际应用中，可根据QC STORY判定表来确定品管圈的主题类型，即从5个方面对相关论述进行关系程度打分，根据合计分数判定该主题属于课题研究型或问题解决型（表2-17）。

表2-17　QC STORY判定表

课题研究型	关系程度 大：2分 中：1分 小：0分 圈员人数：人		问题解决型
1.以前未曾有过经验，欲顺利完成首次面临的工作（新问题）			1.欲解决原来已在实施的工作中的问题
2.欲大幅度突破现状（改革）			2.欲维持或提升现况水准
3.欲挑战标杆性品质，卓越性水准（品质的突破）			3.欲保留当前品质的水准
4.欲提前应对可预见的课题（预防性课题）			4.欲防止再发生已经出现的问题
5.透过方案探究而达成课题			5.透过真因探究和实施对策而消除问题
判定结果	合计分数		判定结果
采用/不采用			采用/不采用

（六）无形成果调查表

在品管圈活动实施前，圈员从多个方面进行自我评价，可以选择团队精神、沟通能力、积极性、自信心、创新能力、品管手法、责任感、解决问题的能力等方面，一般选择偶数项，按照每项“531”的评分方式进行自我评价，取平均分，并绘制雷达图。在改善后的效果确认阶段，圈员需再次进行自我评价，通过改善前后的对比，分析改善的效果（表2-18）。

表2-18　无形成果调查表

项目	改善前		改善后		活动成长
	总分	平均	总分	平均	
解决问题能力					
责任心					
沟通协调					
自信心					
团队凝聚力					
积极性					
品管手法					
和谐度					

二、计划拟定

（一）甘特图

甘特图（Gantt chart），又称甘梯图、横道图或条状图（bar chart），是由亨利·甘特（Henry Laurence Gantt）于1910年提出并以他的名字来命名的管理图表，被认为是管理工作上的一次革命。它通过条状图来显示项目、进度和其他时间相关的系统进展的内在关系随着时间进展的情况。其中，横轴表示时间，纵轴表示活动（项目），线条表示在整个期间上计划和实际的活动完成情况。甘特图可以直观地表明工作计划中各“事件”之间在时间上的相互关系，并强调时间和成本在计划和控制中的重要性。

完整的活动计划表（甘特图）应包括：具体的活动步骤、时间分配、活动地点、使用的品管工具及具体的项目负责人。以表2-19显示的速递圈活动计划拟定表为例。

表2-19　速递圈活动计划表（甘特图）

WHAT	WHEN																										WHO	HOW	WHERE
月份	201×—×			201×—×				201×—×				201×—×				201×—×				201×—×					201×—×		负责人	品管工具	地点
周 活动项目	2	3	4	1	2	3	4	1	2	3	4	1	2	3	4	1	2	3	4	1	2	3	4	5	1	2			
组建团队	---																										高×	头脑风暴	急诊示教室
主题选定		---																									姜×	头脑风暴、L型矩阵	急诊示教室
活动计划拟定			---								P32.3%																邓×	甘特图	西苑办公室
现状把握				---							因样本量不足，延迟1周																姚×	查检表、柏拉图、流程图	胸痛中心
目标设定					---																						唐×	柱状图	西苑办公室
解析与对策拟定						---		---																			代×	查检表、头脑风暴、柏拉图、鱼骨图、要因评价表	急诊示教室
对策实施与检讨									---	---	---	---	---	---	---	---	---	---	---		D42.1%						赵×	PDCA、柱状图	胸痛中心
效果确认																				---	---						姚×	查检表、柏拉图、雷达图	胸痛中心
标准化																						---	---	---	C16.8%		陈×	流程图、SOP	西苑办公室
检讨与改进																							A8.8%		---	---	谢×	推移图	急诊示教室

（二）注意事项

1．品管圈甘特图的绘制步骤，第一，明确项目为十大步骤；第二，确定各步骤时序进度及其时间结点；第三，计算整个项目时间；第四，各阶段任务分配置；第五，制作甘特图草图；第六，优化甘特图。

2．任务分配阶段，一般可采取3种分配方式，第一，圈员可以通过毛遂自荐，选择负责自己擅长的阶段；第二，由圈长根据圈员的特点进行工作分工与配合；第三，采取抽签方式进行工作的分配。

3．按照品管圈活动十大步骤的时间顺序，制订相应的活动计划内容。例如，实际开展过程可能先做现状把握，然后进入活动计划拟定步骤，再做目标设定，而活动计划书需按照品管圈活动十大步骤进行顺序调整，改为：主题选定，现状把握，活动计划拟定，目标设定等。

4．按照日历真实编写计划，各步骤所需要的时间，一般以周为单位，有些月份有5周，应按实际情况绘制时间表。遇春节等假期要推迟时间。

5．标明四个阶段的占比，并建议按一定的比例进行时间分配。在一个完整的PDCA循环中，Plan（主题选定至对策拟定阶段）占活动总时间的30%左右；Do（对策实施与检讨）占活动总时间的40%；Check（效果确认及标准化）占活动总时间的20%左右；Action（检讨与改进）占活动总时间的10%左右。

6．在甘特图绘制中，“-----”表示计划线，“——”表示实施线。在具体实施过程中，计划线与实施线可以不同步，但需在甘特图中对未按照计划部分进行具体原因及后期时间进度调整说明。

7．绘制甘特图时，各个步骤在时间上不能重叠，如解析和对策拟定线不能重叠、效果确认和标准化线不能重叠。

8．在活动计划过程中，应注意标明实施负责人、地点和方法。

三、现况把握

现况把握最主要的目的就是掌握事实，了解问题的现状、严重程度，为设定目标提供依据。具体包括充分掌握现行工作内容、三现原则、问题收集记录和归纳主题特性四个步骤，其表现形式分别为：流程图、查检表及柏拉图（表2-20）。

表2-20　QC-STORY判定表

序号	步骤	要点	常用方法
1	充分掌握现行工作内容	单位简介	流程图
		工作流程	

续　表

序号	步骤	要点	常用方法
2	三现原则	到现场	查检表
		针对现物	
		做现实观察	
3	把现象与标准的差距、不正确的地方及变化，加以观察记录	问题收集记录	
4	归纳本次主题的特性	掌握重点	柏拉图

（一）流程图

流程图是指以图形显示产品或服务流程中所有的步骤及发生的次序。可用来了解现有的作业流程，指出流程中是否有不必要、不均衡或不合理的问题，提出改善措施。在此阶段，圈员通过各种形式的小组讨论，对现行工作的内容和过程运用流程图进行归纳和总结，并在流程图中圈选出本期活动的改善内容。

1. 绘制步骤　流程图的具体绘制步骤包括：首先，定义工作流程的结构（从开始到结束）；再次，描述工作流程的所有步骤，将步骤按序排列；然后，利用适当的符号绘制；最后，检查流程图是否完整。

2. 流程图结构说明（表2-21）

表2-21　流程图结构说明

结构	作用	流程图
循序结构	处理程序循序进行	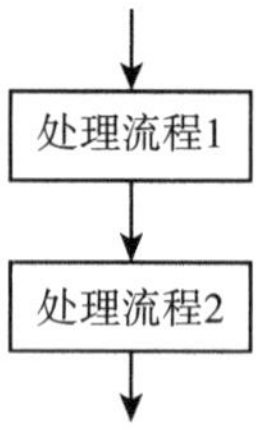
选择结构	流程依据某些条件，分别进行不同处理程序	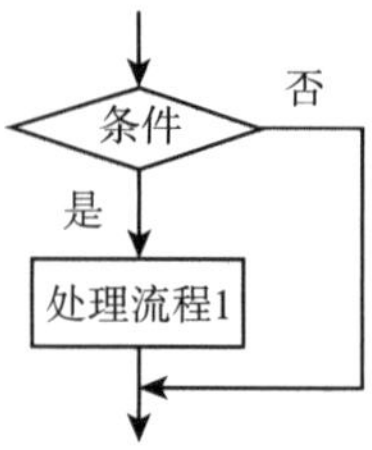

续　表

<table>
<tr><th>结构</th><th>作用</th><th>流程图</th></tr>
<tr><td>选择结构</td><td>流程依据某些条件，分别进行不同处理程序</td><td>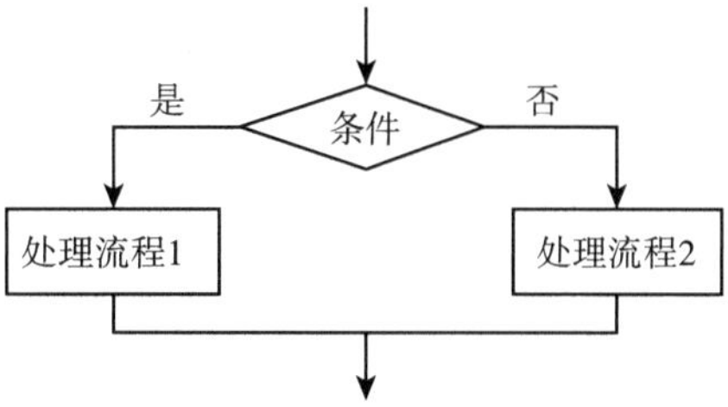

二元选择结构
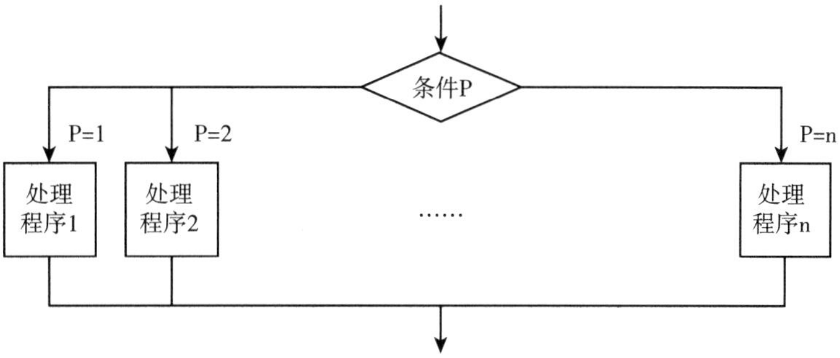

多重选择结构</td></tr>
<tr><td>重复结构</td><td>重复执行处理程序直到满足某一条件为止，即直到条件变成符合为止</td><td>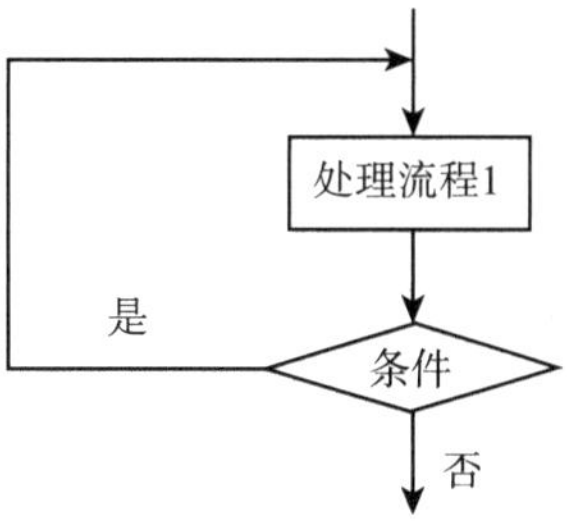
</td></tr>
<tr><td>常见流程图错误</td><td>处理程序单一入口与单一出口</td><td>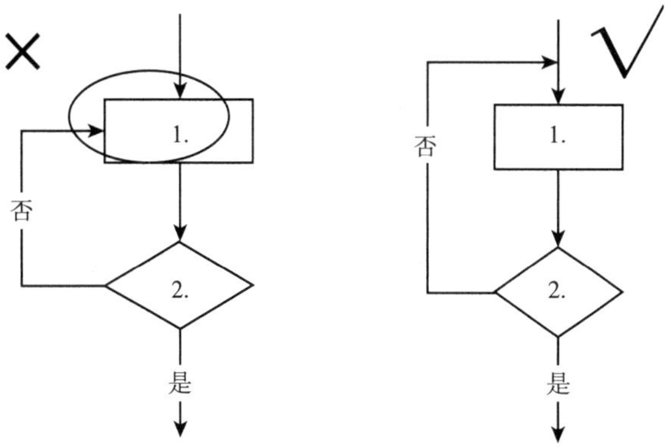
</td></tr>
</table>

续　表

结构	作用	流程图
常见流程图错误	路径符号避免交叉	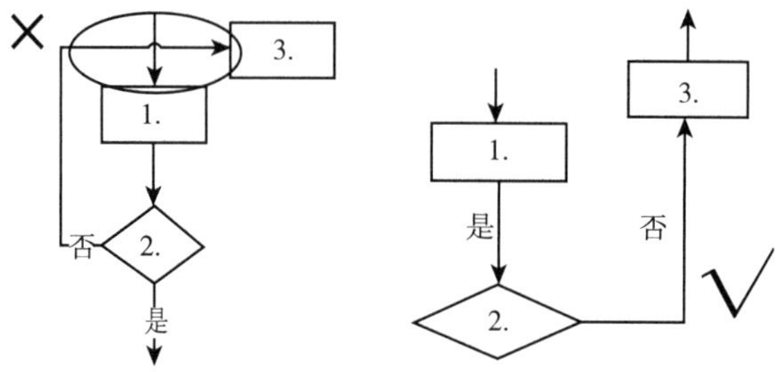
	同一路径符号的指示箭头只有一个	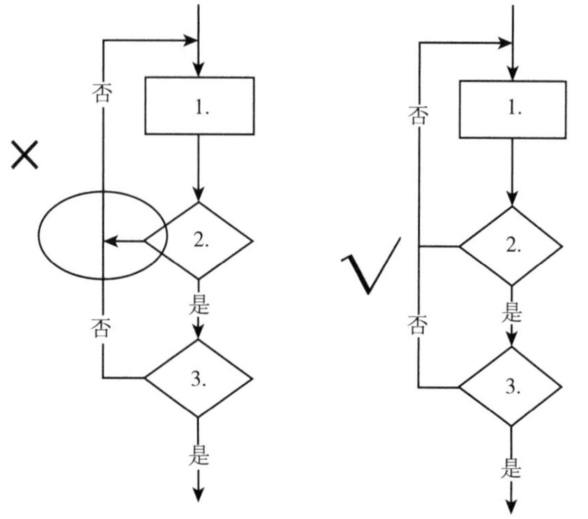

3. 基本流程图符号（表2−22）

表2-22　基本流程图符号

工作性质	符号	说明
开始/结束		工作流程的开始与结束
执行/处理	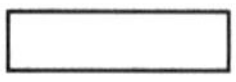	收发、执行、控制、处理等工作
文件		工作中所产生的报表、记录或数据等文件
判断/决策	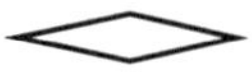	选择流向路径
档案/存储	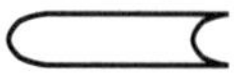	电脑档案或文件数据存储
连接		流程出口及入口
流程方向		工作进行方向

4. **注意事项**

（1）必须使用标准的符号来绘制流程图。

（2）原则上流程图是由左向右、由上向下，并用箭头来表示流程。

（3）绘制流程图时，实际的工作步骤应由实际参与工作的、对工作流程了解的人一起参与制作。

5. **实例说明**　以速递圈为例，圈员在明确主题后，共同参与绘制了流程图，并标明本次改善重点（图2-11）。

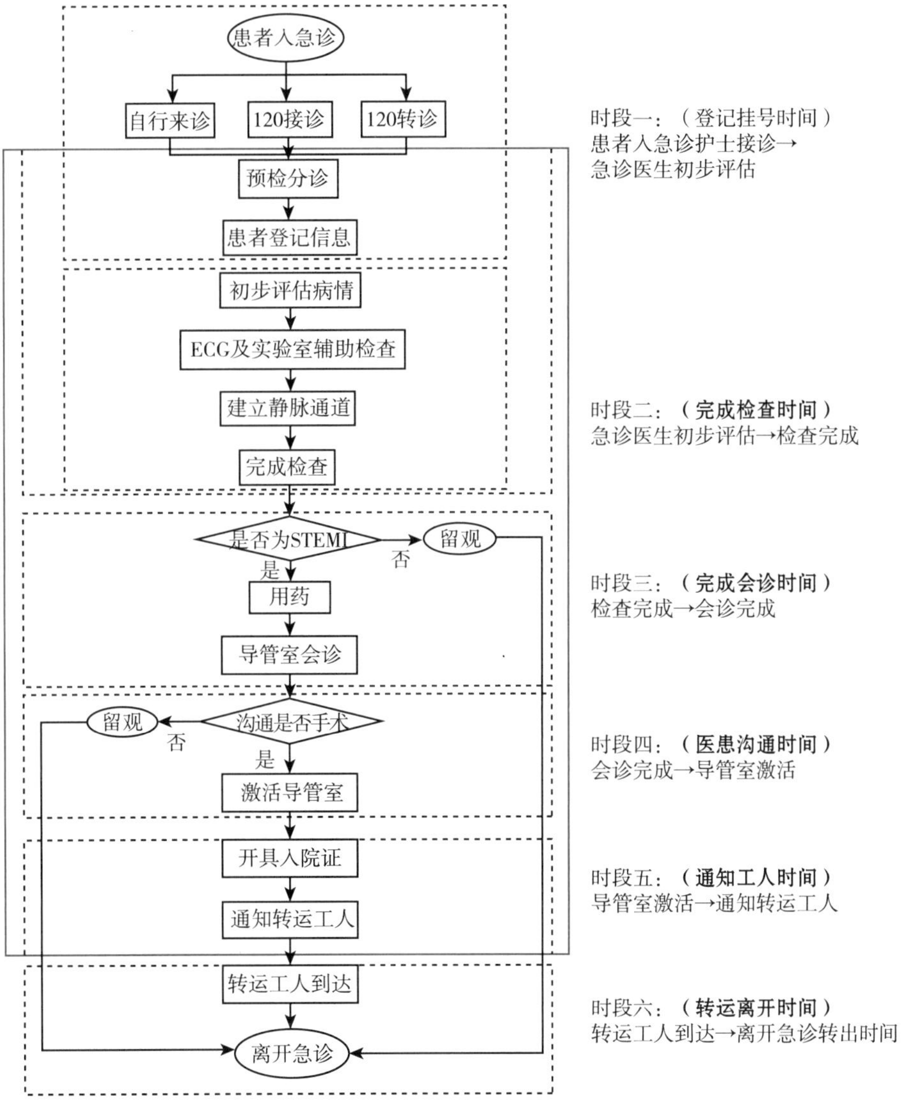

图2-11　流程图

注：绿色框内为改善重点

（二）查检表

查检表（check list）是现况调查的数据记录表，用来记录和分析事实。它将有关项目和预定收集的数据进行系统汇总，制成图形或表格，必要时记上检查记号，并加以统计整理作为进一步分析或核对检查之用。

查检表是品管圈活动的重要形式之一，若查检表未落实到位，将会对给品管圈活动的进行带来挑战，如数据收集不全面，无法确认改善重点；真因验证不到位，无法确认真因；导致对策与实际问题脱离；主题得不到改善，活动失败等。

1. 查检表要素 标准查检表如下表所示，需包含查检表“5W2H”七要素，即①What：事件名称；②When：查检时间；③Where：查检地点；④Who：查检人员；⑤Why：查检项目；⑥How：查检方式；⑦How Much：样本数量（表2-23，表2-24）。

表2-23 查检表

项目	××年×月										合计
	1日	2日	3日	4日	5日	6日	7日	8日	9日	10日	
合计											
查检目的											
查检负责人											
查检时间											
查检地点											
查检方式											
样本数量											

表2-24 查检表要素内容

要素	内容
What：事件名称	①确立项目与类别 ②收集什么样的数据
When：查检时间	①数据时间分类，回顾性数据或现场调查的数据 ②收集数据的时间、时长（多久）

续　表

要素	内容
Where：查检地点	①向哪个单位收集 ②数据取得的地点、设备
Who：查检人员	由谁来收集，如何分配工作
Why：查检项目	为何要收集此数据（主题）
How：查检方式	①收集数据的方法（抽样方法） ②数据整理的方法是什么（整理方法） ③使用何种判断标准、工具或仪器（量测工作） ④查检人员的培训（一致性） ⑤如何发现错误
How Much：样本数量	收集多少样本量，才符合统计原理

2. 查检表类别　查检表有4种类型：记录用查检表、点查用查检表、调查用查检表和流程程序查检表。

（1）记录用查检表：记录用查检表将数据分成数个项目，以符号、划记或数字记录，作为分析问题、掌握事实及改善用的根据（表2-25）。多用于调查不良项目、不良主因、缺点位置等情形。

表2-25　记录用查检表

日期 项目	搜集日			合计
合计				
查检时间				
查检负责人				
查检地点				
查检对象				
查检方式				

记录用查验表在实际应用中还涉及层别法的应用（表2-26）。层别是指利用数据中共同有的特征，将各项数据或数据给予分层别类。层别法是指为区分所收集数据中各种不同的特性特征对结果产生的影响，以个别特征加以分类统计，将庞杂无序的数据或信息归纳为有意义的类别。

表2-26　层别法举例

层别对象	层别项目
有关人的层别	人员层别、年龄层别、男女层别、教育层别
机械设备的层别	机型层别、新旧层别
作业方法、条件的层别	温度层别、湿度层别
时间的层别	上下午层别、日夜层别、周层别
原材料零件层别	供应商层别、制造商层别、材质层别
环境气候的层别	天气层别、干湿季的层别、气压的层别
地区的层别	场所层别、国内外层别、区域的层别

（2）点查用查检表：点查用查检表是指把要确认的各种事项全部列出来而制成的表格，多用于确认操作执行、设备仪器养护的实施状况，督查工作过程，防止工作中的疏忽或遗漏。以降低妇科恶性肿瘤患者围手术期DVT发生率查检表为例，说明点查用查检表的具体应用（表2-27）。

表2-27　降低妇科恶性肿瘤患者围手术期DVT发生率查检表（部分）

科室	检查项目	确认	其他
手术室	1.在患者头下、小腿下垫硅胶垫，为患者取舒适体位	√	
	2.手术室护士为患者做气压治疗	√	
	3.手术室护士为患者穿弹力袜	×	
	4.手术室护士为患者活动下肢	√	
	5.术中禁止在患者下肢进行静脉穿刺	√	

（3）调查用查检表：调查用查检表是根据调查目的进行问卷设计，通过调查收集数据、统计分析，明确改进方向和重点。以医院患者满意度调查问卷为例，说明调查用查检表的具体应用。

知识拓展

医院患者满意度调查问卷

尊敬的病友和家属：

您好！感谢您对我院的信任，为了提升我院的医疗服务品质，使我们的工作不断改进，更能贴近您的需求，我们正在开展患者满意度调查，需要向您及家属了解一些有关我院各科的医疗服务情况，恳请您参与此次调查，并提出您宝贵的意见。

本次调查约需要占用您15分钟，谢谢您的协助！祝您早日康复！

第一部分　门诊情况满意度调查

①您对门诊服务台人员的服务效率和服务态度是否满意？

A.满意

C.不满意

B.基本满意

②您对这里看病的过程、等候或排队的时间满意吗？

A.满意

C.不满意

B.基本满意

③您对医务人员的解释、交流、服务内容满意吗？

A.满意

C.不满意

B.基本满意

（4）流程程序查检表：流程程序查检表是指对时间数据进行查检，多用于精益流程改造。以急性脑梗死患者静脉溶栓时间段不良数目查检表为例，说明流程程序查检表的具体应用（表2-28）。

表2-28　急性脑梗死患者静脉溶栓时间段不良数目查检表

不良条目 \ 病例标准		1	2	3	4	5	6	7	8	9	10	合计
患者到院至医生接诊时间	≤10min											
医生接诊至卒中团队到达急诊时间	≤20min											

续　表

不良条目＼病例标准		1	2	3	4	5	6	7	8	9	10	合计
卒中团队到达急诊时间至开始CT检查时间	≤5min											
开始CT检查时间至CT报告时间	≤20min											
CT报告时间至开独溶栓时间	≤10min											

注：符合不良时间段条目的病例情况在相应的框内标“△”

3. 注意事项

（1）查检表的应用：遵循“三现”原则，即到现场，针对现状，做现实观察。

（2）查检方式可采用抽查或全查，样本量越大越好。

（3）收集数据和查检力求简单，容易执行。

（4）查检表格式要考虑查检项目及其频率。

（5）查检项目需要完整，并增加空白字段。

（6）查检项目要随时检讨，加入必要项目，删除不必要项目。

（7）查检表设计时尽量按照层别法中的类别区分，尽量不查检原因类。

（8）查检基准要一致，需提前对查验人员进行培训。

（9）查检表存在霍桑效应，霍桑效应是指当人们在意识到自己正在被关注或者观察的时候，会刻意去改变一些行为或者是言语表达的效应，因此，可能会影响到查检的真实性。

（三）柏拉图

柏拉图又叫作排列图，它是将质量改进项目从最重要到次要顺序排列（数据从大到小排列）而采用的一种图标，是根据所收集的数据，按照不良原因、不良状况等不同区分标准，以寻求占最大比率之原因或状况的一种图形。

在品管圈的应用中，柏拉图可找出造成主要错误（80%）的主要因素（20%），区分关键的与次要的项目，重点把握关键少数特性，用最少的努力获得最佳改进效果。柏拉图可用作问题改善前、中、后的比较分析，确认改善对策的效果。

1. 柏拉图的绘制　柏拉图根据查检表结果制作，由一个横坐标、两个纵坐标，几个按照高低顺序排列的矩形和一条累计百分比折线组成。其中，横坐标表示分类项目；左纵坐标表示发生次数，刻度为发生次数的最大值；右纵坐标表示发生率，最高刻度为100%。左右两边最高刻度在同一水平线上。

标准柏拉图的基本要求包括：①柱子与柱子之间没有空隙。②各分类项目柱状图按发生次数由多到少、由左到右排列在横轴上，“其他”放在最后面。“其他”项目发生次数过多时，应考虑将其进一步细分。③累积百分率线从右边坐标轴看。④累积百分率线交叉于第一根柱子右上角顶点。⑤纵轴（左侧）高度为问题的总频次。⑥根据“80/20”法则，以虚线在图中标识出接近80%的重点项目。

2. 柏拉图常见错误（表2-29）

表2-29　柏拉图常见错误举例

问题	举例
①柱体未相连接，只是柱形图不是柏拉图	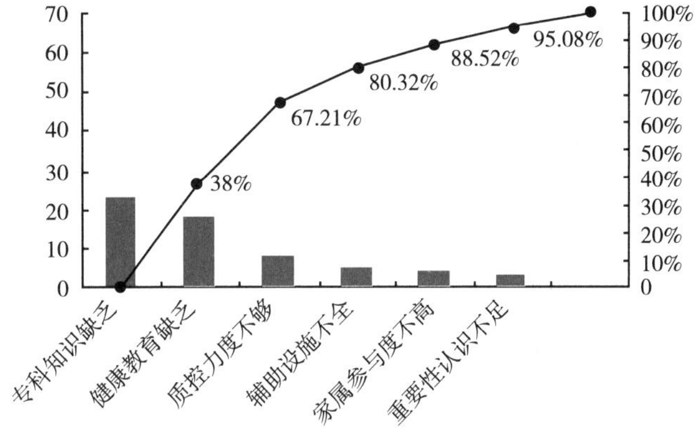
②未按以大到小排列 ③折线图起点与柱形图首相顶点未重合	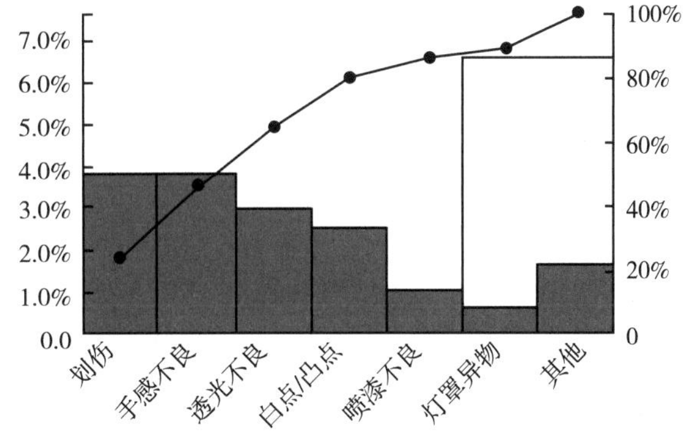
④项目过少	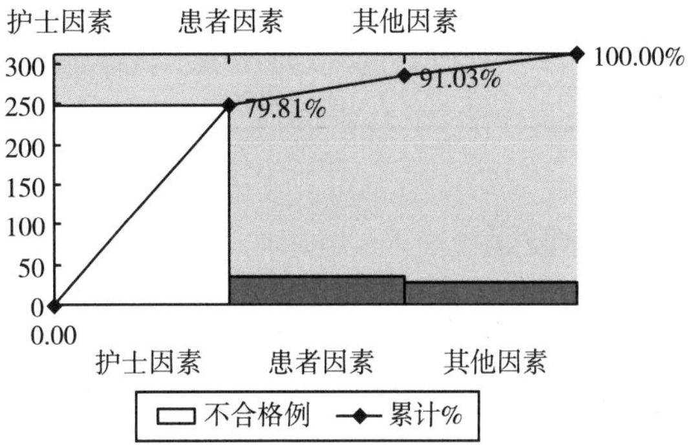

（四）结论分析

1. 柏拉图分布结果显示 将累计百分比近80%的项目，确定为本次活动的重点项目。

2. 现况值 根据现况调查数据，运用衡量指标计算公式，计算出现况值。可通过参考文献对现况值的可信性加以证明。

（五）实例说明

以速递圈为例，展示其绘制的影响STEMI患者急诊停留时间查检表和查检汇总表（表2-30，表2-31）（图2-12）。

表2-30 影响STEMI患者急诊停留时间因素查检表（部分） 单位：min

序号	1	2	3	4	5	6	7	8	9
登记挂号时间	11	5	9	5	7	7	9	13	12
完成检查时间	18	12	20	13	20	18	21	35	20
完成会诊时间	9	4	9	1	7	2	8	10	9
医患沟通时间	14	5	12	3	7	9	12	26	13
通知工人时间	7	2	4	2	3	2	4	6	2
转运离开时间	5	2	2	1	1	2	3	3	1
停留时间	67	30	56	25	45	40	60	83	57

表2-31 查检汇总表

问题	时间（min）	百分比（%）	累计百分比（%）
完成检查时间	26.67	39.14	39.14
医患沟通时间	14.03	20.57	59.68
登记挂号时间	12.40	18.18	77.86
完成会诊时间	9.44	13.84	91.70
通知工人时间	3.06	4.49	96.19
转运离开时间	2.60	3.81	100.00
合计	68.20	100.00	

四、目标设定

目标设定是对品质改善提出的具体定量指标。目标要具有一定的挑战性，但同时要在力所能及的范围内，目标值要具体化和数据化。同时，目标的设定要有依据，不可盲目进行目标设定。

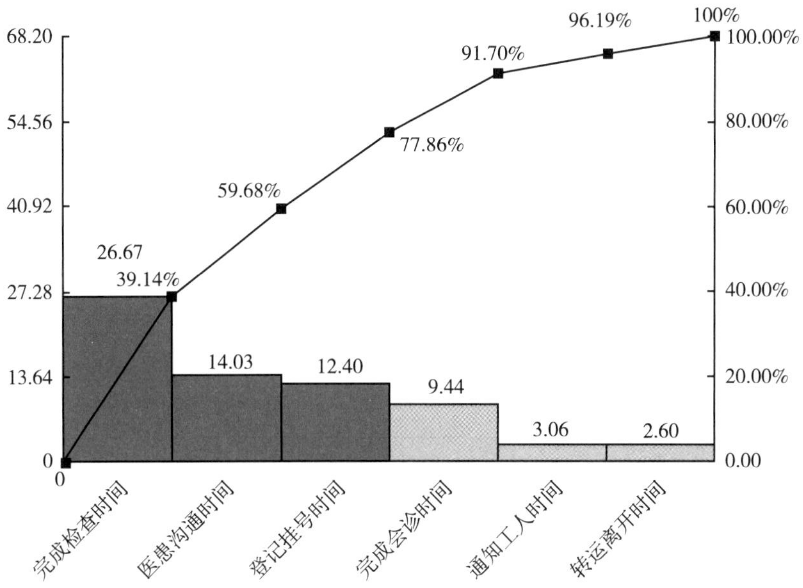

图2-12　速递圈柏拉图

（一）目标表达方式

完成期限+目标项目+目标值

如在12月31日前+门诊跌倒发生率+由10%降低到6%，完成时限一般为3个月。

（二）目标设定常用方法

1. 依据政策要求、医院或单位的方针及计划、领导指示设定目标。
2. 应用同侪比较或标杆学习法，依据参考文献或其他医院所定的标准值设定目标。
3. 根据现状把握时查检存在的问题，结合改善重点和圈能力进行目标设定。
4. 自我挑战，根据品管圈活动能力及开展程度，预估设定目标值。

（三）目标值计算

主题主动词为负向描述（减少或降低）的目标值计算公式：目标值=现况值-改善值=现况值-（现况值×改善重点×圈能力）

主题主动词为正向描述（增加或提高）的目标值计算公式：目标值=现况值+改善值=现况值+（标准值-现况值）×改善重点×圈能力

1. 现况值　即现状把握阶段利用查检表及衡量指标计算公式计算所得到的数值。

2. 改善重点　根据柏拉图所示，由80/20法则所确定的，累计百分比近80%的重点项目所对应的百分数。

3. 圈能力　即用一个具体的百分比数值来表示全体圈员完成目标的实际改善能力。

（四）圈能力计算

1. 全体圈员根据自己的工作经验，结合实际情况对圈员的主题改善能力进行评价，由高到低按5–1赋分，5分最高，1分最低。最终平均分即为圈员主题改善能力数值（表2-32）。

表2-32　主题改善能力评价表

	圈员						合计	平均值
	A	B	C	D	E	F		
分值								

2. 根据主题改善圈能力对照表计算全体圈员的客观改善能力（工作年限、学历、品管圈经验值等），并按照工作年资：学历改善能力：主题改善能力=4∶3∶3的比例进行加权。其中，品管圈经验值是指有参加品管圈1次者，在能力值基础上加5分，依次类推，最高不超过20分（表2-33）。

表2-33　主题改善圈能力对照表

工作年限	能力值	学历	能力值	主题改善能力	能力值
0~5	60~70	中专	20	1	20
6~10	72~80	大专	40	2	40
11~15	82~90	本科	60	3	60
16~20	92~100	硕士	80	4	80
>20	100	博士	100	5	100

注：工作年资基础分为60分，每年2分，>20年为100分

表2-34　圈能力评价表

圈内职务	姓名	工作年限A		学历改善能力B		主题改善能力C		品管圈经验值	改善能力
		工作年限	能力值	学历	能力值	改善能力	能力值		
圈员									
圈员									
圈员									
圈员									
圈员									
圈员									
平均									

表2-35 改善能力权重表

评分标准	工作年资（a）	学历改善能力（b）	主题改善能力（c）	合计
权重	40%	30%	30%	100%

3．根据上表描述（表2-34，表2-35），计算圈能力值。圈能力值计算公式=A×a+B×b+C×c+品管圈经验值，其中，a、b、c为改善能力权重值。

4．由主管领导或辅导员根据解决此问题的重要性、圈员挑战能力等，对圈能力进行评估。

（五）实例说明

以速递圈为例，其目标设定过程如下。

1．圈能力计算（表2–36）

表2-36 速递圈能力评价表

成员	代×	姜××	唐××	贺×	赵××	姚×	谢×	陈××	陈×	邓×	合计
分值	5	3	3	3	3	3	3	3	5	1	30
圈能力	30/50×100%=60.0%										

根据学历、经历和执行力三个因素计算出圈能力为60.0%。

2．目标值设定

目标值=现状值–（现状值×改善重点×圈能力）

=68.2–（68.2×77.86%×60%）=36.3min

改善幅度=（现况值–目标值）/现况值×100%

=（68.2–36.3）/68.2×100%=46.8%

五、解析与真因验证

对目标设定过程中柏拉图确定的改善重点进行针对性分析，通过特性要因图（鱼骨图）或系统图解析找出问题发生的原因，之后应用投票法、评价法选定要因，再运用查检表、柏拉图等进行真因验证。因此，解析与真因验证包括三个步骤，分别为原因分析、要因圈选和真因验证。其中，原因是指所有可能造成问题的因素。要因是根据经验或投票所圈选出来的原因，但其并没有经过现场数据收集的方式加以验证。真因是指通过数据分析验证出来的原因（图2-13）。

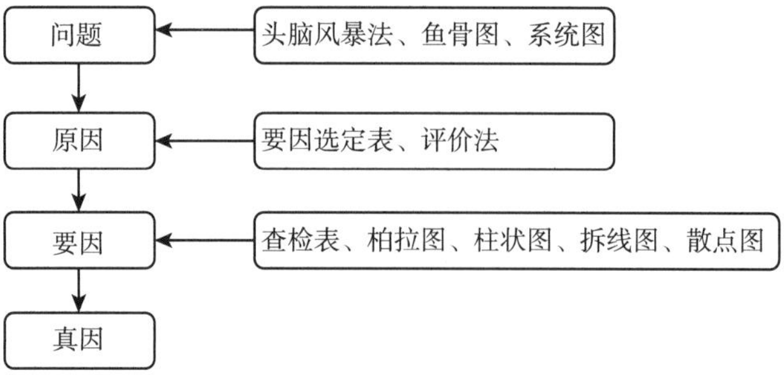

图2-13　解析步骤图

（一）原因分析

通常采用绘制特性要因图或系统图进行原因分析。

1．特性要因图　特性要因图（characteristic dirgram）是日本质量管理大师石川馨博士于1952年发明的，因此又称为“石川图”。特性要因图代表“结果与原因”或者“期望与对策”间的关系。由于形状很像鱼骨图，也可称为鱼骨图或因果图，是用来分析某一质量问题发生原因时所用的图，以肺癌手术患者血栓评估不精准为例，绘制鱼骨图，如图2-14所示。

（1）特性要因图的结构：特性要因图包括鱼头、大骨、中骨、小骨。其中，鱼头代表主要问题，大骨、中骨、小骨分别代表大原因、中原因和小原因。绘制大骨与中骨，以60°为原则，把原因写在各骨的末端，以方便整理阅读。

（2）特性要因图绘制方法：特性要因图绘制方法包括两种，分别为演绎法——大骨展开法和归纳法——小骨集约法。

使用大骨展开法绘制特性要因图时，首先决定大因，从“人、机、料、法、环”5个方面，或“人、物、法、环”4个方面对现状进行剖析；接着确认中小因，根据每个大因分别进行头脑风暴，归纳大因的中小原因；最后，根据分析结果整理特性要因图。

使用小骨集约法绘制特性要因图时，首先通过头脑风暴收集所有的可能性原因，即经过10~15秒思考，在提前准备的1~10张卡片或小便签纸上写下可能的原因，每张只写一个原因；接着确认原因及其归类，逐一确认每个原因，可删去完全相同的原因，并随时增加新原因；最后，将原因进行归纳，并整理成特性要因图。

（3）注意事项

1）大原因通常代表是一个具体方向；中原因通常代表的是一个概念、想法；小原因通常代表的是一个具体事件。

2）特性要因图至少要有4根大骨、3根中骨及2根小骨，即一个特性要因图就会有24个小原因，且这些原因都不能重复。

3）在不同大因下的小原因可以有因果关联关系、可以重复，末端原因通常产生在小骨层面，但并非所有的小原因都是末端原因。

4）一张鱼骨图只能解决一个主要品质问题，如果有几个主要改善问题，那么需要画几张鱼骨图。

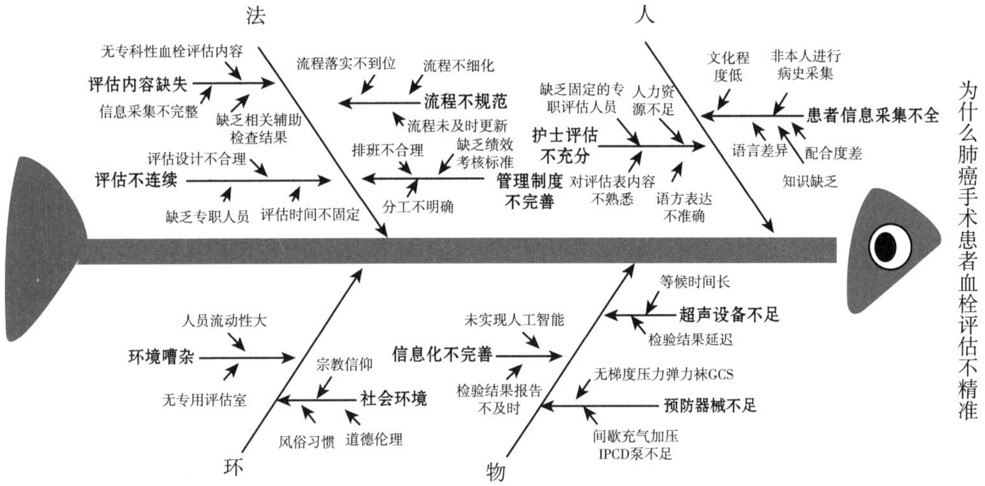

图2-14　鱼骨图应用实例

2. 系统图　将事项间的关系透过系统化，以“结果—原因”或“目的—方法”层层展开分析，以提示事项的全貌，明确事项重点，为追求达成目标的最适合手段和策略的方法，称为系统图（图2-15）。系统图可以和特性要因图进行格式互换。

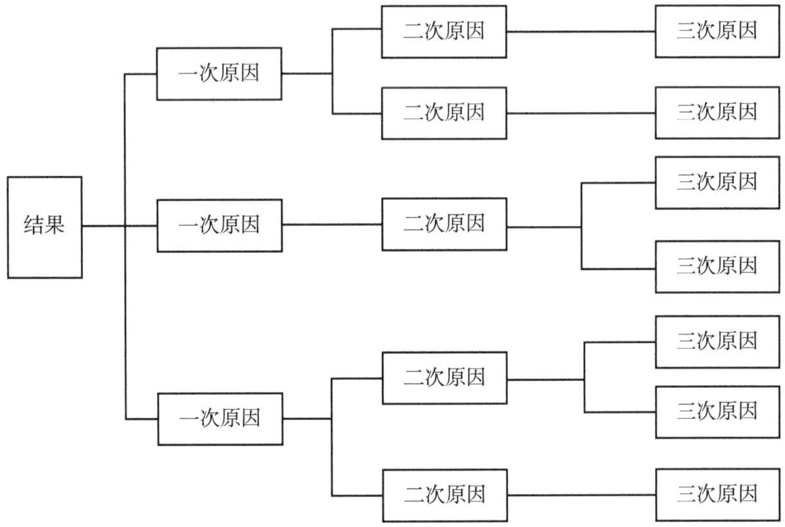

图2-15　系统图

（二）要因圈选

根据特性要因图绘制要因评价表（表2-37），将所有的原因纳入评价表中，采用评价法对每一个末端原因按照重要程度进行打分，重要的5分、一般的3分、不重要的1分，按总分进行排序，将排名前20%的，或分值高于满分×80%的原因确定为要因。需要注意的是，评分法唯一的评价指标是重要性，且无论几个鱼骨图建议做整体要因评价。

要因选定之后要完成要因确认，包括4个方面：①一般要因数量为4~8个；②明确所选要因是否为末端原因；③要因之间是否有因果关系；④要因是否可控或可改善。不同于原因分析阶段，所选要因需为末端原因，彼此之间不能有因果关系，且必须可控或可改善。不符合要求的要因需予以排除。

表2-37　要因评价表

编号	特性要因图中的原因		圈员打分									总分	排名	选定
	中原因	小原因	圈员A	圈员B	圈员C	圈员D	圈员E	圈员F	圈员G	圈员H	圈员I			
1	中原因1	小原因1												
2		小原因2												
3		小原因3												
4	中原因2	小原因4												
5		小原因5												
6	中原因3	小原因6												
7		小原因7												
8		小原因8												
9		小原因9												
10	中原因4	小原因10												
11		小原因11												
12		小原因12												
13		小原因13												
14	中原因5	小原因14												

续　表

<table>
<tr><th rowspan="2">编号</th><th colspan="2">特性要因图中的原因</th><th colspan="9">圈员打分</th><th rowspan="2">总分</th><th rowspan="2">排名</th><th rowspan="2">选定</th></tr>
<tr><th>中原因</th><th>小原因</th><th>圈员A</th><th>圈员B</th><th>圈员C</th><th>圈员D</th><th>圈员E</th><th>圈员F</th><th>圈员G</th><th>圈员H</th><th>圈员I</th></tr>
<tr><td>15</td><td rowspan="3">中原因6</td><td>小原因15</td><td></td><td></td><td></td><td></td><td></td><td></td><td></td><td></td><td></td><td></td><td></td><td></td></tr>
<tr><td>16</td><td>小原因16</td><td></td><td></td><td></td><td></td><td></td><td></td><td></td><td></td><td></td><td></td><td></td><td></td></tr>
<tr><td>17</td><td>小原因17</td><td></td><td></td><td></td><td></td><td></td><td></td><td></td><td></td><td></td><td></td><td></td><td></td></tr>
<tr><td>18</td><td rowspan="2">中原因7</td><td>小原因18</td><td></td><td></td><td></td><td></td><td></td><td></td><td></td><td></td><td></td><td></td><td></td><td></td></tr>
<tr><td>19</td><td>小原因19</td><td></td><td></td><td></td><td></td><td></td><td></td><td></td><td></td><td></td><td></td><td></td><td></td></tr>
<tr><td>20</td><td>中原因8</td><td>小原因20</td><td></td><td></td><td></td><td></td><td></td><td></td><td></td><td></td><td></td><td></td><td></td><td></td></tr>
</table>

（三）真因验证

根据圈选出的要因，设计查检表，坚持“三现原则”，即到现场、针对现状、做现实观察。真因验证一般应用数据进行验证，以提高其可信度。真因验证可以进行整体验证，即对现场收集到的数据进行汇总分析，利用柏拉图检验其是否符合80/20原则；也可以进行逐一验证，把不合格的“伪要因”剔除，找到导致问题发生的真因。

1. 整体验证　整体验证需根据要因制作查检表，根据“三现原则”收集数据，根据柏拉图结果判定真因。进行整体验证应注意：①真因验证之前要确认要因是末端原因，且无关联且可控；②查检样本量不能过少；③通过培训等保证查检过程的同质化；④记录频次而非例数，一个不良状态或错误率是由多个原因导致的；⑤并不是所有要因都可以查检，进行相关论证；⑥真因太多可以合并，多个鱼骨图建议进行整体验证。

2. 逐一验证　对所选要因进行逐一验证，首先制定要因确认方法，通过验证情况与判别标准的比较，达到真因验证的目的（表2-38）。

表2-38　要因确认计划表及判别标准

序号	要因	确认方法	判别标准	确认时间	确认人
1	要因一				
2	要因二				

续　表

序号	要因	确认方法	判别标准	确认时间	确认人
3	要因三				
4	要因四				
5	要因五				

3. 真因验证常见问题　真因验证的常见问题有：样本量过小；真因数量过多；真因非末端原因；缺少真因整合。在具体实施阶段，各圈组应避免出现同样问题。

（四）实例说明

以速递圈为例，下面是其解析和真因验证过程。

1. 原因分析　针对现况把握中发现的三个主要问题分别开展原因分析，并绘制特性要因图。

（1）原因分析一：对于登记挂号时间长问题，圈员从人员、物资设备、制度方法、环境四个方面进行剖析，并开展头脑风暴，归纳中小原因，具体包括医院环境标识不清、手续繁琐等，特性要因图绘制如下（图2-16）。

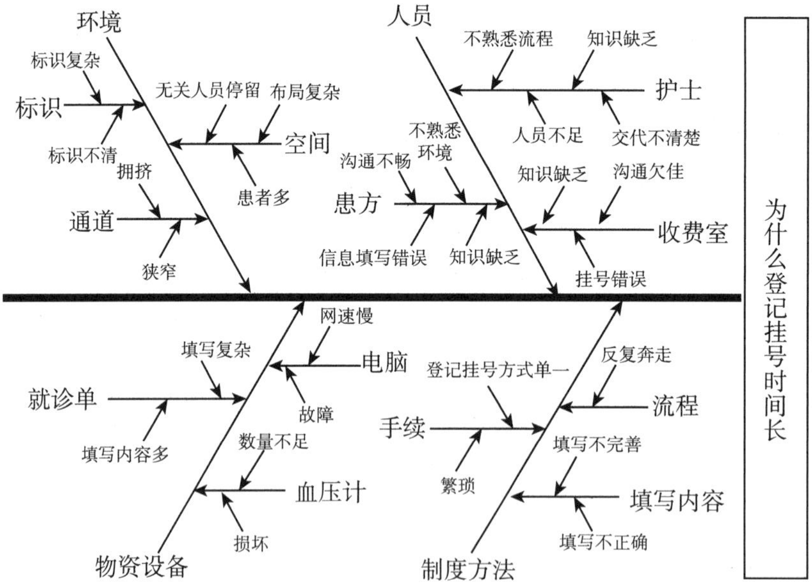

图2-16　原因分析图一

（2）原因分析二：对于完成检查时间长问题，圈员通过头脑风暴，整理归纳原因，具体包括无关人员停留、检查方法欠妥等，并形成如下特性要因图（图2-17）。

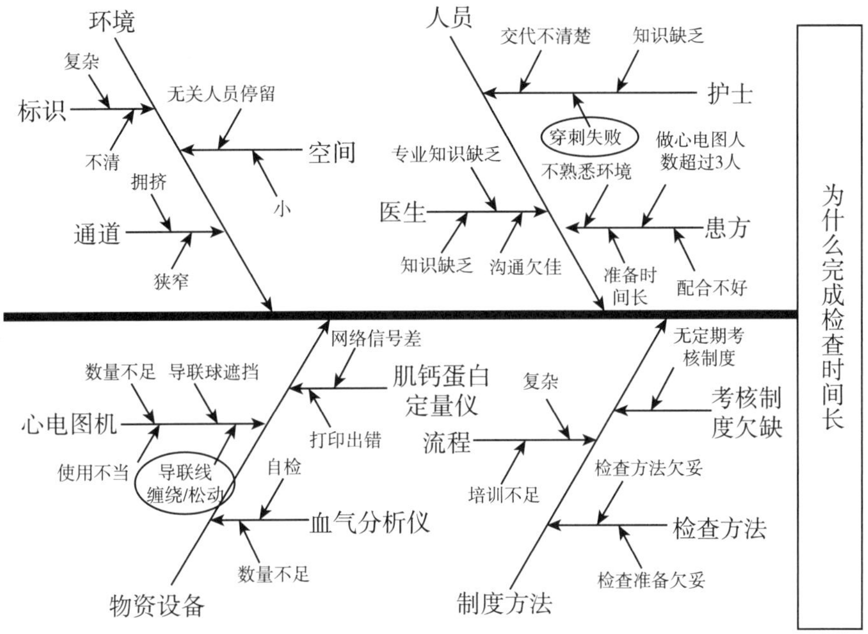

图2-17　原因分析图二

（3）原因分析三：对于医患沟通时间长问题，基于人、物、法、环四个维度，圈员确定了沟通环境复杂、沟通方式单一等原因，并绘制如下特性要因图（图2-18）。

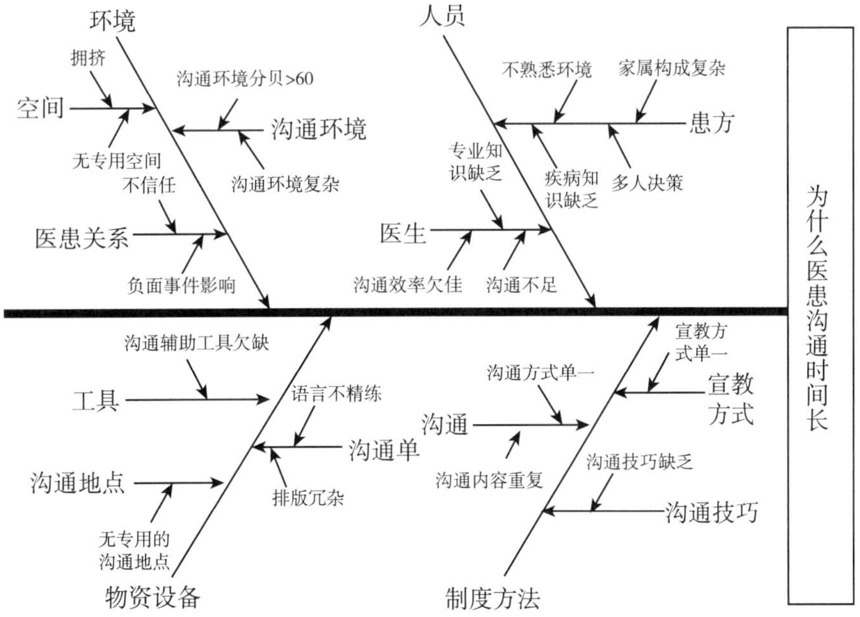

图2-18　原因分析图三

2. 要因评价表

（1）要因评价表一（表2-39）

表2-39　要因评价表一

执行缺陷	大骨	中骨	原因	圈员打分情况											选定
				A	B	C	D	E	F	G	H	I	J	总分	
登记挂号时间长	人员	患方	不熟悉环境	3	1	3	3	3	3	3	3	3	3	28	
			沟通不畅	1	5	3	3	3	1	3	3	5	5	32	
			知识缺乏	3	3	1	3	3	5	3	3	5	5	34	★
			信息填写错误	3	3	5	5	5	5	3	3	5	5	42	
		护士	交代不清楚	3	3	1	3	3	1	1	3	1	3	22	
			知识缺乏	3	3	3	3	3	3	3	1	3	1	26	
			人员不足	3	5	5	3	1	3	3	3	3	3	32	
			不熟悉流程	3	1	3	3	3	3	3	3	3	3	28	
		收费室	挂号错误	3	5	5	3	5	3	3	3	3	3	36	
			知识缺乏	5	3	1	3	1	5	3	3	5	5	34	
			沟通欠佳	3	3	1	3	1	5	3	3	1	3	28	
	环境	空间	无关人员停留	3	3	1	1	1	5	3	3	5	5	30	
			布局复杂	5	3	1	3	1	5	3	3	5	5	34	
			患者多	1	1	1	3	1	5	3	3	1	3	24	
		通道	拥挤	3	3	1	3	1	5	3	3	5	5	32	
			狭窄	3	3	3	1	1	1	3	3	3	3	24	
		标识	不清	1	5	3	3	3	1	3	3	5	5	32	
			复杂	3	3	1	1	1	5	3	3	5	5	30	

续　表

执行缺陷	大骨	中骨	原因	圈员打分情况											选定
				A	B	C	D	E	F	G	H	I	J	总分	
登记挂号时间长	物质设备	就诊单	填写内容多	3	3	1	3	1	5	3	3	1	3	28	
			填写复杂	3	1	3	3	3	3	3	3	3	3	28	
		电脑	网速慢	1	1	1	3	1	5	3	3	1	3	24	
			故障	3	3	1	3	1	5	3	3	1	3	28	
		血压计	损坏	3	3	1	3	1	5	3	3	1	3	28	
			数量不足	3	3	1	3	1	5	3	3	3	3	30	
	制度方法	手续	登记挂号仅现场一种方式	3	5	5	3	5	5	3	5	5	5	44	★
			繁琐	1	3	3	5	3	5	3	3	5	5	36	
		填写内容	填写不完善	3	3	1	1	1	3	1	1	3	5	22	
			填写不正确	3	3	1	1	1	5	3	3	5	3	28	
		流程	反复奔走	3	3	1	1	1	3	1	1	3	5	22	

（2）要因评价表二（表2-40）

表2-40　要因评价表二

执行缺陷	大骨	中骨	原因	圈员打分情况											选定
				A	B	C	D	E	F	G	H	I	J	总分	
完成检查时间长	人员	患方	不熟悉环境	3	1	3	3	3	3	3	3	3	3	28	
			配合不好	1	5	3	3	3	1	3	3	5	5	32	
			准备时间长	3	3	1	3	3	5	3	3	5	5	34	
			做心电图人数超过3人	3	3	3	3	5	5	3	3	5	5	38	
		护士	交代不清楚	3	3	1	3	3	1	1	3	1	3	22	
			知识缺乏	3	3	3	3	3	3	3	1	3	1	26	
			穿刺失败	5	5	5	3	5	3	5	3	5	3	42	★
		医生	知识缺乏	3	5	5	1	5	3	3	3	3	3	34	
			专业知识缺乏	5	3	1	3	1	5	3	3	5	5	34	
			沟通欠佳	3	3	1	3	1	5	3	3	1	3	28	
	环境	空间	无关人员停留	3	3	1	1	1	5	3	3	5	5	30	
			小	5	3	1	3	1	5	3	3	5	5	34	
		通道	拥挤	3	3	1	3	1	5	3	3	5	5	32	
			狭窄	3	3	3	1	1	1	3	3	3	3	24	
		标识	不清	1	5	3	3	3	1	3	3	5	5	32	
			复杂	3	3	1	1	1	5	3	3	5	5	30	

续　表

执行缺陷	大骨	中骨	原因	圈员打分情况											选定
				A	B	C	D	E	F	G	H	I	J	总分	
完成检查时间长	物质设备	心电图机	心电图导联线缠绕/松动	5	5	3	5	3	5	5	5	5	5	46	★
			数量不足	3	3	1	3	1	5	3	3	1	3	28	
			使用不当	3	1	3	3	3	3	3	3	3	3	28	
			导联球遮挡	3	3	1	1	1	3	3	3	3	5	24	
		肌钙蛋白定量仪	网络信号差	1	1	1	3	1	5	3	3	1	3	24	
			打印出错	3	3	1	3	1	5	3	3	1	3	28	
		血气分析仪	数量不足	3	3	1	3	1	5	3	3	1	3	28	
			自检	3	3	1	3	1	5	3	3	3	3	30	
	制度方法	流程	培训不足	3	3	1	3	1	3	3	3	1	3	26	
			复杂	1	3	3	5	3	5	3	3	5	5	36	
		检查方法	检查方法欠妥	3	3	1	1	1	3	1	1	3	5	22	
			检查准备欠妥	3	3	1	1	1	5	3	3	5	3	28	
		考核制度	考核制度欠缺	3	3	1	1	1	3	1	1	3	5	22	

（3）要因评价表三（表2-41）

表2-41　要因评价表三

执行缺陷	大骨	中骨	原因	圈员打分情况											选定
				A	B	C	D	E	F	G	H	I	J	总分	
医患沟通时间长	人员	患方	不熟悉环境	3	1	3	3	3	3	3	3	3	3	28	
			家属构成复杂	1	5	3	3	3	1	3	3	5	5	32	
			疾病知识缺乏	3	3	1	3	3	5	3	3	5	5	34	
			多人决策	3	3	5	3	5	5	3	3	3	3	36	
		医生	沟通不足	3	3	3	3	5	5	1	3	3	5	34	
			专业知识缺乏	5	3	1	3	1	5	3	3	5	5	34	
			沟通效率欠佳	3	3	1	3	1	5	3	3	1	3	28	
	环境	空间	拥挤	3	3	1	1	1	5	3	3	5	5	30	
			无专用空间	5	3	1	3	1	5	3	3	5	5	34	
		医患关系	不信任	3	3	1	3	1	5	3	3	5	5	32	
			负面影响	3	3	3	1	1	1	3	3	3	3	24	
		沟通环境	沟通环境声音>60分贝	5	3	5	3	5	5	3	3	5	5	42	★
			沟通环境复杂	3	3	1	1	1	5	3	3	5	5	30	
	物质设备	工具	沟通内容重复	3	3	5	3	5	5	3	5	5	5	44	★
		沟通单	语言不精练	1	1	1	3	1	5	3	3	1	3	24	
			排版冗杂	3	3	1	3	1	5	3	3	1	3	28	
		沟通地点	无专用沟通地点	3	3	1	3	1	5	3	3	1	3	28	
	制度方法	沟通	沟通方式单一	3	3	1	3	1	3	3	3	1	3	26	
			沟通内容重复	1	3	3	5	3	5	3	3	5	5	36	
		宣教方式	宣教方式单一	3	3	1	1	1	3	1	1	3	5	22	
		沟通技巧	沟通技巧缺乏	3	3	1	1	1	3	1	1	3	5	22	

3. 真因验证

（1）查检表（表2-42）

表2-42 STEMI患者中急诊停留时间真因验证汇总表

查检项目	例数	百分比（%）	累计百分比（%）
登记挂号方式单一	40	27.97	27.97
沟通重复	40	27.97	55.94
沟通环境声音>60分贝	21	14.69	70.63
心电图导联线缠绕/松动	17	11.89	82.52
信息填写错误	16	11.19	93.71
穿刺失败	9	6.29	100.00
合计	143	100.00	

（2）柏拉图（图2-19）

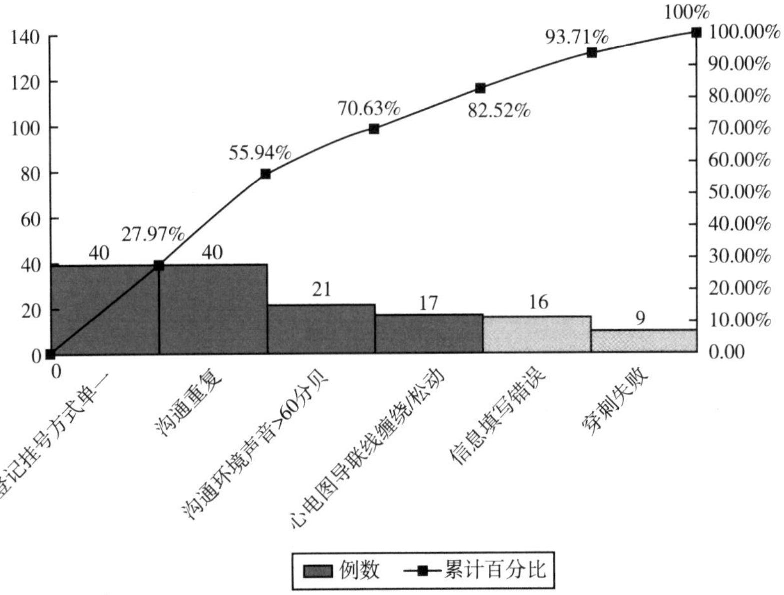

图2-19 柏拉图

根据二八定律，选定真因为：

（1）登记挂号方式单一。

（2）心电图机导联线缠绕/松动。

（3）沟通内容重复。

（4）沟通环境声音>60分贝。

六、对策拟定

（一）对策拟定流程

对策拟定的具体流程包括：第一，对策拟定与分析：针对真因运用头脑风暴、文献查阅等方法，逐一制定确切、有效且可行的对策；第二，对策评价与筛选：全体圈员针对每一项对策，从可行性、迫切性、经济性、圈能力等维度入手，按照“531”原则进行评分，按“80/20”原则进行对策的评价与筛选；第三，对策整合与排序：将对策进行整合与排序，如所选择的对策存在相似，可以对有共性的对策进行合并，组合成对策群组，但需要加以说明；第四，对策实施计划制订：拟定实施顺序及时间，并进行圈员的工作分配（表2-43）。

表2-43　对策拟定表

问题	真因	改善措施与提议	评价指标1	评价指标2	评价指标3	总计	是否采纳	提议人	地点	时间	对策编号
问题1	真因1	对策1.1									
		对策1.2									
	真因2	对策2.1									
		对策2.2									
		对策2.3									
问题2	真因3	对策3.1									
		对策3.2									
		对策3.3									
……	……	……									
评价标准	分数	可行性		迫切性		圈能力			经济性		
	1	不可行		不迫切		需多个部门配合			部门花费5000元以内		
	3	较可行		较迫切		需一个部门配合			部门花费10 000元以内		
	5	很可行		很迫切		自行解决			部门花费10 000元以上（金额可根据实际调整）		

（二）改善原则

对策拟定一般遵循4个改善原则，即排除（eliminate）、组合（combine）、重排（rearrange）和简化（simplify）（表2-44）。

表2-44　对策改善原则

序号	改善原则	目的	事例
1	排除（eliminate）	排除浪费 排除不必要的作业	①合理布置，减少搬运 ②取消不必要的外观检查
2	组合（combine）	配合作业 同时进行 合并作业	①把几个印章合并一起盖 ②一边加工，一边检查 ③使用同一种设备的工作，集中在一起
3	重排（rearrange）	改变次序 改用其他方法 改用别的东西	①检查工程移到前面。用台车搬运代替徒手搬运 ②更换材料
4	简化（simplify）	连接更合理 使之更简单 去除多余动作	①改变布置，使动作边境更顺畅 ②机器操作更简单 ③使零件标准化，减少材料种类

（三）改善建议

在对策拟定和制订改善建议的过程中，圈组应完善对策拟定的流程，综合运用多种方法拟定对策；制定标准的对策实施计划表；建立品管圈的圈外参与机制，构建开放的对策评价体系（图2-20）。

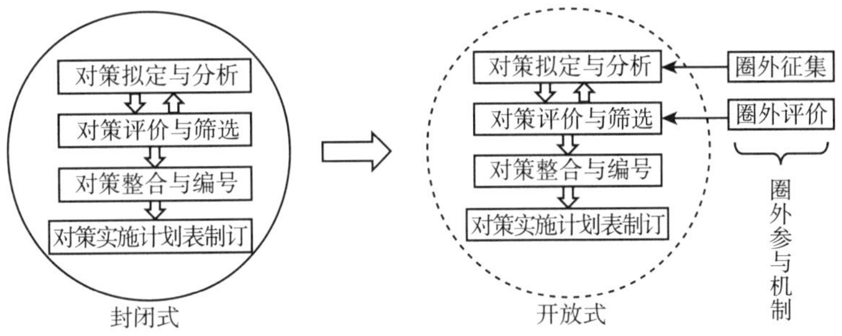

图2-20　品管圈的圈外参与机制示意图

（四）注意事项

1. 对策应为长期有效的对策，而非应急临时对策。
2. 针对真因拟定改善对策，避免拟定的对策治标不治本。
3. 所拟定对策要有可操作性。
4. 对策拟定后，需获得上级核准后方可实施，对策实施前，还应进行风险评估。
5. 针对不同真因所确定的相似对策，可合并形成对策群组来实施。整合后的对策群组数量以3~5个为宜。
6. 对策拟定过程中，可做文献查证，参考同行经验等。

（五）实例说明

以速递圈为例，下面是其针对真因进行对策拟定的过程（表2-45）。

表2-45　对策拟定表

What	Why	How	Who	决策				判定	对策编号	When	Where
主题	真因	对策拟定	负责人	可行性	效果性	自主性	总分				
缩短STEMI患者急诊停留时间	1.登记挂号方式单一	1.1电话预约	谢×	30	28	38	96				急诊示教室
		1.2开通线上预约登记	邓×	42	40	42	124	√	对策一	×月×日~×月×日	急诊示教室
		1.3创建专用的信息传输平台	高×	38	40	44	122	√	对策一	×月×日~×月×日	急诊分诊台
	2.心电图机导联线缠绕/松动	2.1发明导联线固定器	赵×	40	42	40	122	√	对策二	×月×日~×月×日	急诊胸痛中心
		2.2增加胸导联球体标识	姜×	42	40	44	126	√	对策二	×月×日~×月×日	急诊胸痛中心
		2.3连接处进行加固设置	代×	40	42	42	124	√	对策二	×月×日~×月×日	急诊胸痛中心
		2.4使用电极片式胸导联	邓×	34	36	40	110				急诊胸痛中心
	3.沟通内容重复	3.1增加沟通辅助工具	陈×	46	42	40	128	√	对策三	×月×日~×月×日	急诊胸痛中心
		3.2制作STEMI医患沟通单	谢×	42	40	44	126	√	对策三	×月×日~×月×日	急诊医生办公室
		3.3制作STEMI宣传视频	邓×	34	40	42	116	√	对策一	×月×日~×月×日	急诊医生办公室
	4.沟通环境声音>60分贝	4.1增设分贝仪	姜×	42	44	40	126	√	对策三	×月×日~×月×日	急诊示教室
		4.2设置谈话间	代×	40	44	40	124	√	对策三	×月×日~×月×日	急诊示教室

注：10位圈员从可行性、经济性、效益性3个维度进行评分。评分标准：优5分、可3分、差1分。满分为150分，根据二八定律，150×0.8=120分，120分以上即选定为对策

最终，对策整合三点：一站式信息登记平台、早期检查管理方案、基于Checklist的快速沟通方案。

七、对策实施与检讨

针对对策拟定过程中确定的对策，实施具体的措施或对策方案。在实施过程中，应实时分析对策的实施进展和效果，如未达到预期，可及时采取针对性措施，推动对策全面落实。每项对策实施后，需进行效果确认及检讨，此过程尽可能以客观数据表示。

（一）对策实施记录

整个对策实施与检讨的过程，可运用PDCA循环来记录（表2-46）。其中，“P”表示对策内容：可说明改善前的状况（What），并说明如何改善工作（How），将对策内容予以具体化；“D”表示对策实施：说明对策执行负责人（Who）、执行日期（When）、执行地点（Where）、对策实施过程；“C”表示效果确认：说明实施结果和效果，对策实施效果尽量以数据图表示；注意资料搜集的期间及数量需要与现状把握或真因验证搜集的期间与数量相同；此阶段的效果确认是确认个别对策是否有效。“A”表示对策处置：效果良好（达到目标时），可列入标准化。对策实施后确实有效果，而且是一直持续有效果，则可以将该项对策列入标准化，并非每一个对策都要列入标准化。效果不好（未达目标）时，则需再次进行对策拟定（修正做法）。

表2-46　对策实施记录表

<table>
<tr><td>对策名称</td><td colspan="2"></td></tr>
<tr><td>真因</td><td colspan="2"></td></tr>
<tr><td>问题点</td><td colspan="2"></td></tr>
<tr><td colspan="2">对策内容（P）</td><td>对策实施（D）</td></tr>
<tr><td colspan="2">改善对象（What）</td><td>负责人（Who）</td></tr>
<tr><td colspan="2">实施步骤（How）</td><td>实施时间（When）</td></tr>
<tr><td colspan="2"></td><td>实施地点（Where）</td></tr>
<tr><td colspan="2">对策处置（A）</td><td>对策效果确认（C）</td></tr>
<tr><td colspan="2">目标达成的列入标准</td><td>对策执行情形</td></tr>
<tr><td colspan="2">未达目标再拟定对策</td><td>对问题点改善效果</td></tr>
</table>

（二）注意事项

1．对策实施效果的衡量尽可能以数据表示。数据要有客观性，避免只收集对自己有利的数据。数据要有时效性，近期数据更能反映真实现状和客观事实。

2．一旦发现对策方案无效，立即停止，并重新拟定对策或修正对策。

3．及时将对策实施情况告知上级主管和辅导员，以获得及时的指导和建议。

4．对于改善效果相互独立的对策，可以同时实施，并详细记录实施过程与结果。对于改善效果有共性的对策，实施时间不可重叠，以免对策评价时无法判断对策效果。实施的顺序也很重要，应按照从易到难的原则和见效长短来安排对策实施的顺序。

（三）实例说明

以速递圈为例，表2-47分别展示了对策的实施过程和效果。

表2-47（a） 对策实施记录表

<table>
<tr><td rowspan="2">对策一</td><td>对策名称</td><td colspan="2">一站式信息登记平台</td></tr>
<tr><td>真因</td><td colspan="2">登记挂号方式单一</td></tr>
<tr><td colspan="2">改善前：
挂号方式单一
对策内容：
1.一键式优先登记方式
2.创建专用的信息传输平台</td><td colspan="2">对策实施：
Who（负责人）：邓艳
When（实施时间）：×月×日—×月×日
Where（实施地点）：急诊科预检分诊台
How（改善方法与对策实施）：
建立二维码扫描及身份证扫描两种登记方式
打印信息确认单，保证信息准确性
登记后HIS系统即生成患者信息
创建专用的120转诊信息传输平台，保证及时读取检查结果，保存检查结果</td></tr>
<tr><td colspan="2">对策处置：
为有效对策，处置如下：
1.效果确认为有效对策
2.新型预约登记方式长期应用于临床</td><td colspan="2">对策效果：
1.建立两种新型登记方式
2.创建专用的120转诊信息传输平台
3.患者登记挂号时间由12.4分钟缩短到2.7分钟
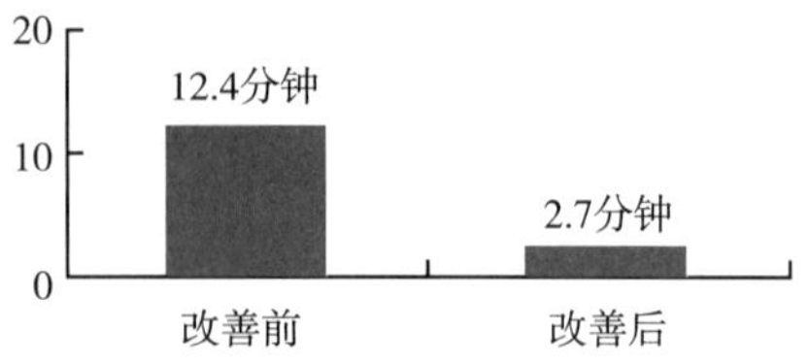</td></tr>
</table>

表2-47（b） 对策实施记录表

<table>
<tr><td rowspan="2">对策二</td><td>对策名称</td><td>早期检查管理方案</td></tr>
<tr><td>真因</td><td>导联线缠绕/松动</td></tr>
<tr><td colspan="2">改善前：
导联线缠绕/松动
对策内容：
1.发明便捷的导联线整理方法
2.增加胸导联球体标识
3.制订连接处加固办法
4.实行“两个优先”原则</td><td>对策实施：
Who（负责人）：赵娅竹
When（实施时间）：2017.10.23—2018.1.21
Where（实施地点）：急诊科胸痛中心
How（改善方法与对策实施）：
1.制作托盘将导联线分开，避免缠绕
2.对胸导联球体进行标识，方便医务人员快速识别检查
3.使用胶带扣将导联线和球体连接处打结固定，防止脱落
4.针对等待做心电图的人数超过3人时，实行“两个优先”原则</td></tr>
<tr><td colspan="2">对策处置：
1.效果确认为有效对策
2.心电图机导联线规范整理方法应用于全科室</td><td>对策效果：
1.制作的托盘对心电图机导联线进行有效收纳固定。
2.完成心电图检查时间由8.4分钟缩短到3.4分钟
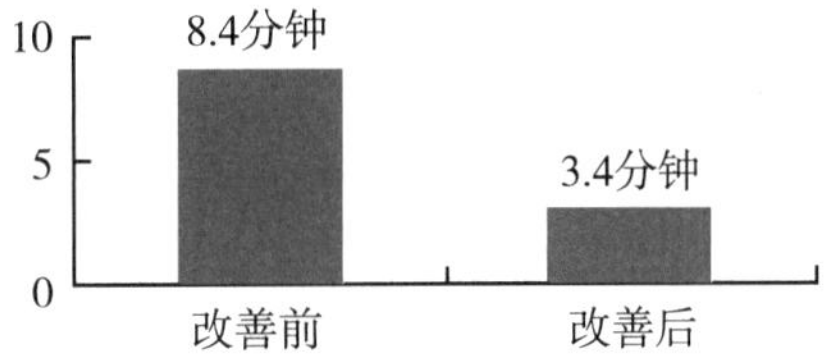
</td></tr>
</table>

表2-47（c） 对策实施记录表

<table>
<tr><td rowspan="2">对策三</td><td>对策名称</td><td>基于Checklist的快速沟通方案</td></tr>
<tr><td>真因</td><td>沟通内容重复</td></tr>
<tr><td colspan="2">改善前：
1.沟通方式单一
2.患者及家属认知度低
对策内容：
1.制作“STEMI医患沟通单”
2.借助辅助工具进行演说式沟通
3.多元化宣教
4. STIME认知管理方案</td><td>对策实施：
Who（负责人）：谢娟
When（实施时间）：2017.10.23—2018.1.21
Where（实施地点）：急诊科胸痛中心
How（改善方法与对策实施）：
1.基于SBAR沟通模式，协作制定“STEMI医患沟通单”，采用Checklist沟通模式
2.改善沟通环境，设置胸痛患者沟通谈话间
3.借助心脏模型作为沟通辅助工具
4.制订认知管理方案
5.制作STEMI手册、动画，开展专项宣教</td></tr>
</table>

续　表

对策三	对策名称	基于Checklist的快速沟通方案
	真因	沟通内容重复
对策处置： 1.效果确认为有效对策 2.按照SBAR沟通模式要求制作的“STEMI医患沟通单”纳入标准化		对策效果： 医生沟通时间从14.03分钟缩短到8.56分钟。 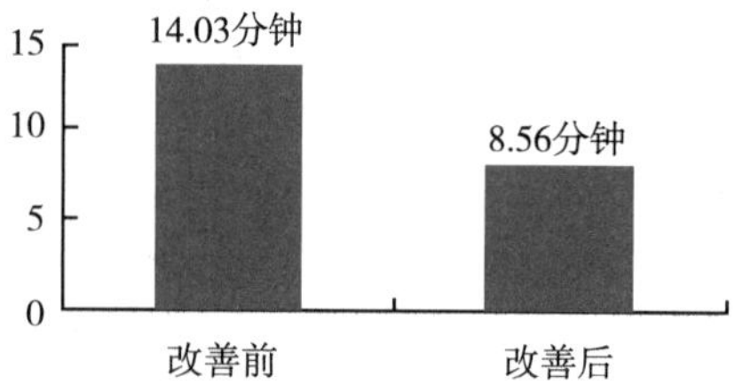

八、效果确认

对策实施后，应及时进行效果确认，运用多种评估方法（如品管手法、统计学方法等）对改善前后的效果进行科学评价。如实施效果未达预期，应做适当调整，根据实际情况重新解析并拟定新对策或追加其他对策，以推动预期效果的实现。效果可通过有形成果、无形成果和附加成果来展示。

（一）有形成果

有形成果是指可以用数据形式来表现、能直接计算效益值的成果，其表现形式包括：改善前后查检表、改善前后流程图、柱状图、柏拉图、目标达成率和进步率等。

1. 改善前后查检表　改善后再次查验，并将改善前后的查检结果进行比较，展示对策实施效果。

2. 改善前后流程图　通过改善前后的流程比较，分析改善效果。

3. 柱状图　表示下降或提升的幅度或效果。

4. 柏拉图　改善前后柏拉图可展示改善前后的效果对比。

5. 目标达成率和进步率　以公式计算，目标达成率为100%±10%是满意的，当目标达成率高于150%或者低于80%时，应加以说明。

目标达成率=（改善后－改善前）/（目标值－改善前）×100%

进步率=（改善后－改善前）/改善前×100%

（二）无形成果

无形成果是对团队能力提升的确认，在效果确认阶段，全体圈员再次应用无形成果调查表对选定的评价项目进行打分，取平均值，并绘制雷达图。雷达图也叫蜘蛛图，是由中心点画出数条代表分类项目的雷达状直线，以长度代表数量的大小。雷达图是专门用来进行多指标体系比较分析的专业图表，可以直观显示指标的实际值与参照值的偏离程度（图2-21）。

通过改善前后无形成果的比较，可以看出圈员在品管圈活动中的成长。就单个项目来看，每个项目均衡发展是较好的（表2-48）。

表2-48　无形成果调查表

项目	改善前		改善后		活动成长
	总分	平均分	总分	平均分	
团队精神	31	3.1	45	4.5	1.4
沟通能力	19	1.9	32	3.2	1.3
积极性	21	2.1	39	3.9	1.8
自信心	15	1.5	35	3.5	2.0
创新能力	23	2.3	42	4.2	1.9
品管手法	12	1.2	45	4.5	3.3
责任感	31	3.1	41	4.1	1.0

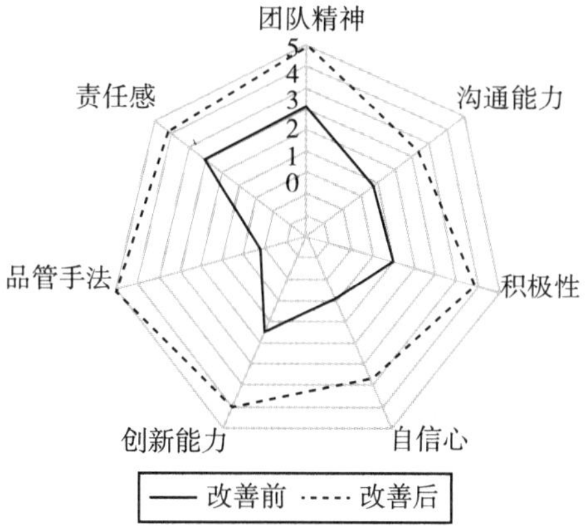

图2-21　无形成果调查雷达图

（三）附加成果

附加成果是指品管圈活动过程中产生的附加效益和成果，包括经济效益、社会效益、课题论文、学术著作、专利、成果奖励、软件开发等。

（四）实例说明

以速递圈为例，对比改善前后的有形成果、无形成果和附加成果。

1. 有形成果

（1）成果比较

1）改善前后流程图对比（图2-22）

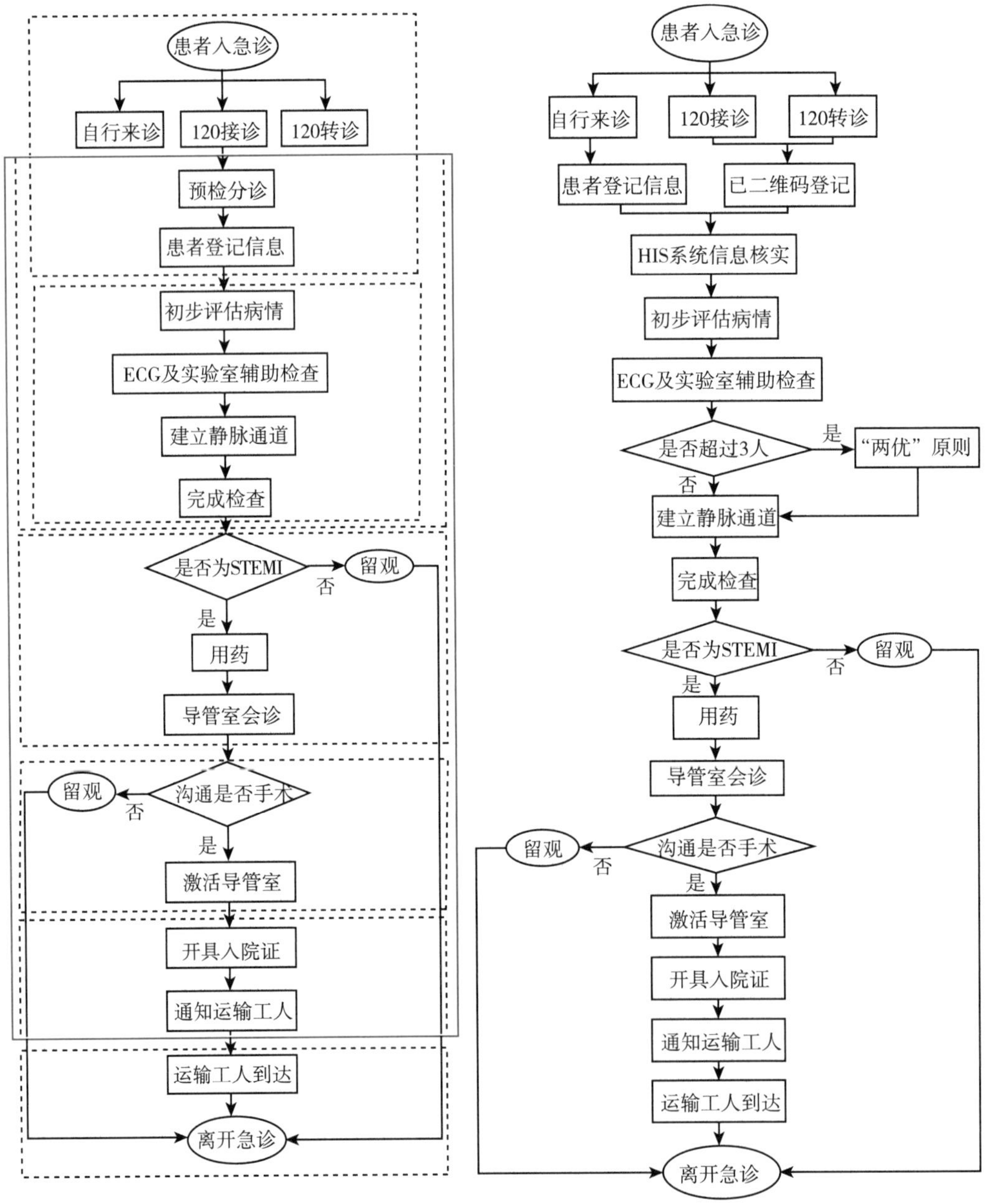

图2-22　改善前后流程图比较

2）改善前后柏拉图比较（图2-23）

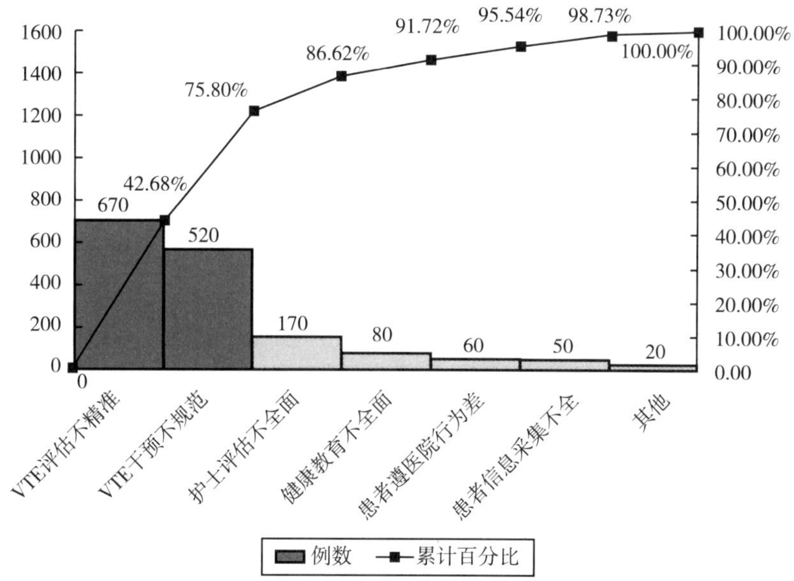

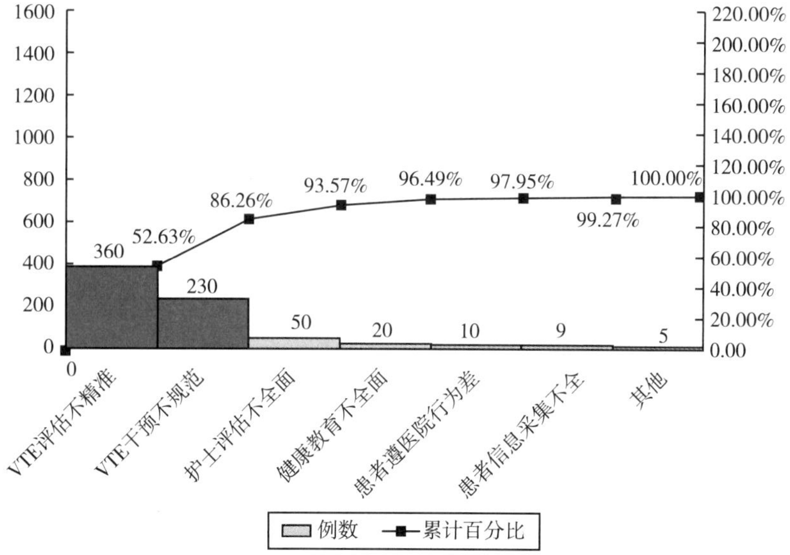

图2-23　改善前后柏拉图比较

（2）效果确认

目标达成率 =（改善后 - 改善前）/（目标值 - 改善前）×100%

=（16.44%-69.86%）/（27.70%-69.86%）×100%

=102.2%

进步率 =（改善后 – 改善前）/改善前 ×100%

=（16.44%–69.86%）/ 69.86%

=47.8%

2. 无形成果（表2–49，图2–24）

表2-49　改善前后圈员自我评价表

项目	改善前		改善后		活动成长
	总分	平均	总分	平均	
解决问题的能力	30	3.0	42	4.2	1.2 ↑
医护一体化程度	32	3.2	44	4.4	1.2 ↑
团队凝聚力	30	3.0	46	4.6	1.5 ↑
工作成就感	20	2.0	44	4.4	2.4 ↑
品管圈手法	14	1.4	46	4.6	3.2 ↑
沟通协调能力	24	2.4	40	4.0	1.6 ↑
平均值	25	2.5	43.6	4.3	1.8 ↑

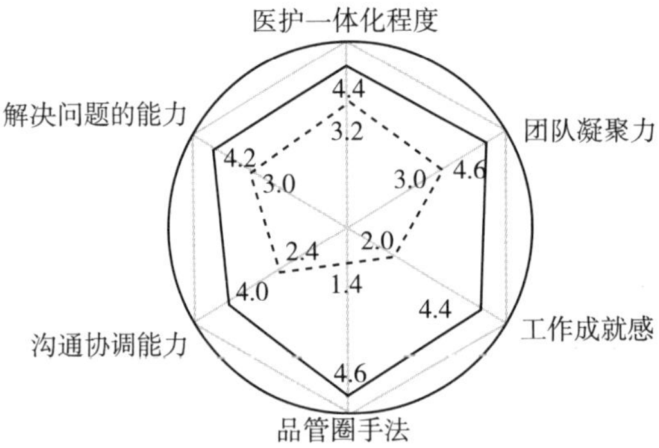

图2-24　改善前后圈员自我评价雷达图

3. 附加成果

（1）论文3篇。

（2）申报课题1项。

九、标准化

标准化是在医院现况基础上，将材料、设备、工作、服务等的说明、操作程序、作业方法、管理经验等，按照标准方式（如规格、标准、规定等），以书面形式保存和发布，并进行有组织性的运用（贯彻标准为主要内容）。

标准是标准化活动的成果，标准化的效能和目的都要通过制定和实施标准来体现，所以制定各类标准，组织实施标准和对标准的实施进行监督，构成了标准化的基本任务和主要活动内容。在品管圈活动中，标准化是指在对策实施与检讨中，把有效的对策形成规定、制度、流程或标准作业程序的过程。为使对策效果能长期稳定地维持，标准化是品管圈改善历程的重要步骤。

（一）标准化作业书（表2–50）

表2-50　标准化作业书

类别： ☐流程改善 ☐提升质量 ☐临床路径 ☐其他	作业名称：	编号： 主办部门：

一、目的

二、适用范围

三、说明

（一）作业流程

（二）作业内容

四、注意事项

五、附则

（一）实施时间

（二）修订依据

修订次数：	核定		审核		责任人	
修订日期：						
制定日期：						

（二）标准制定要求

1. 准确性　不使用“适当”“加强”“注意”“随时”等抽象词语，如“固定鼻胃管时要小心”。

2. 数量化 标准中应该多使用图和数字，使每个读标准的人能以相同的方式解释标准。

3. 现实性 标准必须是现实的，即可操作的。

4. 修订 标准化不是一个孤立的事物，而是一个活动过程，通过制定标准，贯彻标准，进而修订标准，再实施标准，如此反复循环，实现了标准化水平的螺旋式上升。因此，标准在需要时应及时修订，在实践中不断改进、完善。

例如，先用酒精棉球将鼻翼脱脂→待干→粘贴“工”形胶布于鼻翼处后再分别粘贴于胃管、鼻肠管（注意胶布要紧密粘贴于导管）→再用花绳于枕后打一死结，松紧度以容纳1个手指为宜。

（三）标准化阶段存在的主要问题

1. 标准作业说明简单、不具体、操作性不强。
2. 流程图不规范。
3. 有标准化的说明，但未编写标准书。
4. 将不适宜标准化的项目进行标准化。
5. 标准化未向全院或相关科室推广。
6. 制定的标准未与全院或科室层面的规章制度进行整合。

（四）实例说明

以速递圈为例，下图为形成的标准化文件（图2-25）。

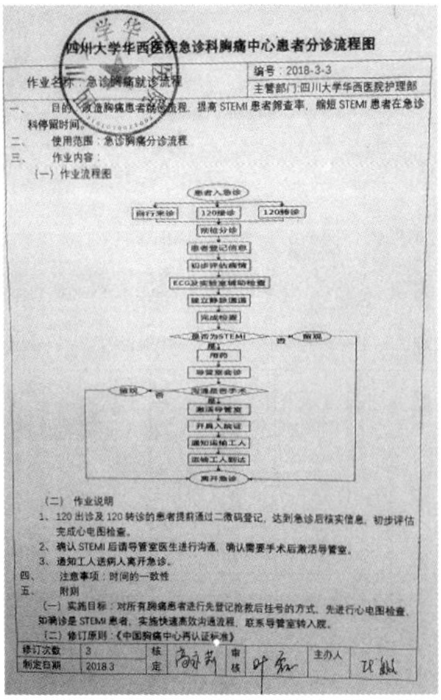
四川大学华西医院急诊科胸痛中心患者分诊流程图

作业名称：急诊胸痛就诊流程
编号：2018-3-3
主管部门:四川大学华西医院护理部

一、目的：改进胸痛患者就诊流程，提高STEMI患者筛查率，缩短STEMI患者在急诊科停留时间。
二、使用范围：急诊胸痛分诊流程
三、作业内容：
（一）作业流程图
（二）作业说明
1、120出诊及120转诊的患者提前通过二微码登记，达到急诊后核实信息，初步评估完成心电图检查。
2、确认STEMI后请导管室医生进行沟通，确认需要手术后激活导管室。
3、通知工人送病人离开急诊。
四、注意事项：时间的一致性
五、附则
（一）实施目标：对所有胸痛患者进行先登记抢救后挂号的方式，先进行心电图检查，如确诊是STEMI患者，实施快速高效沟通流程，联系导管室转入院。
（二）修订原则：《中国胸痛中心再认证标准》

修订次数	3	核定		审核		主办人	
制定日期	2018.3						

（a）

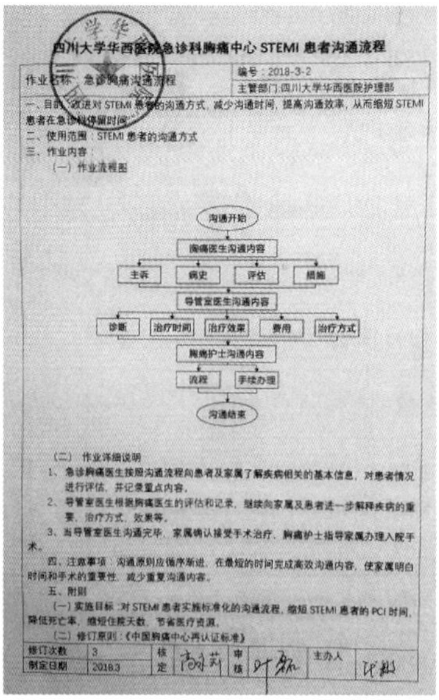
四川大学华西医院急诊科胸痛中心STEMI患者沟通流程

作业名称：急诊胸痛沟通流程
编号：2018-3-2
主管部门:四川大学华西医院护理部

一、目的：改进对STEMI患者的沟通方式，减少沟通时间，提高沟通效率，从而缩短STEMI患者在急诊科停留时间。
二、使用范围：STEMI患者的沟通方式
三、作业内容：
（一）作业流程图
沟通开始
胸痛医生沟通内容
主诉
病史
评估
措施
导管室医生沟通内容
诊断
治疗时间
治疗效果
费用
治疗方式
胸痛护士沟通内容
流程
手续办理
沟通结束
（二）作业详细说明
1、急诊胸痛医生按照沟通流程向患者及家属了解疾病相关的基本信息，对患者情况进行评估，并记录重点内容。
2、导管室医生根据胸痛医生的评估和记录，继续向家属及患者进一步解释疾病的重要、治疗方式、效果等。
3、当导管室医生沟通完毕，家属确认接受手术治疗，胸痛护士指导家属办理入院手术。
四、注意事项：沟通原则应循序渐进，在最短的时间完成高效沟通内容，使家属明白时间和手术的重要性，减少重复沟通内容。
五、附则
（一）实施目标：对STEMI患者实施标准化的沟通流程，缩短STEMI患者的PCI时间，降低死亡率，缩短住院天数，节省医疗资源。
（二）修订原则：《中国胸痛中心再认证标准》

修订次数	3	核定		审核		主办人	
制定日期	2018.3						

（b）

图2-25 标准化SOP示意图

十、检讨与改进

（一）活动过程的检讨

在品管圈活动结束后，把改善过程做全盘性的反省和评价，讨论整个活动过程中存在的优点和不足（表2-51）。

（二）明确残留问题

明确本次品管圈活动中残留的问题或新发生的问题，可以利用柏拉图，根据80/20法则，将剩余20%非重点改善项目作为后继残留需要改善的问题，这是QCC活动不可缺少的一个环节，是质量持续改正的保证。

（三）形成书面报告

把此阶段讨论明确的活动检讨与改进相关内容，以及今后的计划具体整理出来，以表格的形式形成书面报告。报告需获得全体圈员的共识，并在尽可能大的范围内分享，以增强圈员的成就感以及对QCC活动的认同感，提高员工参与的积极性。

表2-51　活动检讨与改进

活动项目	优点	缺点或今后努力方向
成立品管圈队		
主题选定		
活动计划拟定		
现状把握		
目标设定		
解析		
对策拟定		
对策实施与检讨		
效果确认		

（四）效果维持情况

定期检查追踪标准化措施的遵守情况，定期核查是否有维持预期的效果。效果维持情况多用推移图来展示。

推移图（run chart）是以点与折线连接表示数据变动的图形。它既能反映改善的效果，又能表示对策实施后成效变化的动态过程和长期趋势。多用于监督流程有无趋势移动或周期性的变化，比较推行某项活动前后的绩效测量，记录有用的资料以预测趋势。

（五）实例说明

以速递圈为例，下表展示了其活动检讨与改进相关内容（表2-52）和效果维持情况（图2-26）。

表2-52　速递圈活动检讨

活动项目	优点	缺点或今后努力方向
组织品质团队	人员结构（学历、医护比等）合理	更多学科人员的参与
主题选定	详细收集资料、数据	选择新颖的主题
活动计划拟定	能够按计划进行，明确分工	措施实施及检讨适当延长，保证措施到位及改进
现况把握	基本符合实际，具有可行性	资料不全面，收集的样本数不够多
目标设定	运用品管圈手法得当	通过多环节改善目标
解析与对策拟定	具有可行性，操作性强	有局限性、个别对策超出圈能力范围
对策实施与检讨	能够积极实施、反馈、再改进	将STEMI患者的Checklist沟通单应用于更多病种
效果确认	分析统计，基本达预期目标	效果有上升空间
标准化	培训及质控落实，各流程标准化	提升管理水平，进一步落实标准化
残留问题	在早期检查中，如何筛出不典型心肌梗死患者仍需进一步解决	

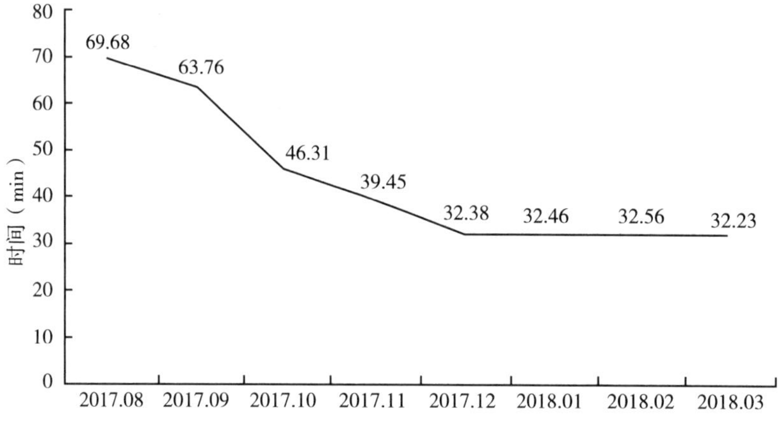

图2-26　效果推移图

十一、下一期主题选定

运用主题选定方法，根据主题选定表中的备选主题排序，初步明确下一期活动的改善主题，并简要说明定义、衡量指标、选题背景及理由。

以速递圈为例，其下次活动的主题可顺次选定为“提高120+转诊系统使用率”（表2-53）。

表2-53　下期活动主题选定表

<table>
<tr><th rowspan="2">主题评价题目</th><th>本期达成性</th><th>领导重视度</th><th>重要性</th><th>圈能力</th><th rowspan="2">总分</th><th rowspan="2">顺序</th><th rowspan="2">选定</th></tr>
<tr><th>0.23</th><th>0.245</th><th>0.22</th><th>0.305</th></tr>
<tr><td>提高120+转诊系统使用率</td><td>8.82</td><td>12.2</td><td>7.92</td><td>7.82</td><td>36.76</td><td>2</td><td>★</td></tr>
<tr><td>降低医疗护理漏费率</td><td>10.29</td><td>10.98</td><td>8.36</td><td>6.44</td><td>36.07</td><td>3</td><td></td></tr>
<tr><td>降低出诊时间</td><td>8.33</td><td>7.32</td><td>5.28</td><td>5.98</td><td>26.91</td><td>5</td><td></td></tr>
<tr><td>降低非探视时间家属逗留率</td><td>8.22</td><td>12.2</td><td>6.6</td><td>7.36</td><td>34.98</td><td>4</td><td></td></tr>
<tr><td>缩短STEMI患者急诊停留时间</td><td>11.27</td><td>9.15</td><td>8.8</td><td>9.2</td><td>38.42</td><td>1</td><td></td></tr>
</table>

<table>
<tr><td>评价标准</td><td>分数</td><td>领导重视度</td><td>重要性</td><td>本期达成性</td><td>圈能力</td></tr>
<tr><td></td><td>1</td><td>次重视</td><td>次重要</td><td>次可能</td><td>0~50%</td></tr>
<tr><td></td><td>3</td><td>重视</td><td>重要</td><td>可能</td><td>51%~75%</td></tr>
<tr><td></td><td>5</td><td>极重视</td><td>极重要</td><td>极可能</td><td>76%~100%</td></tr>
</table>

注：评价计分方式：优5分，良3分，差1分，成员10人参与选题过程

第三节　课题研究型品管圈的实施步骤与手法

一、基本概念

（一）定义

课题研究型品管圈是建立在成熟的品管理念和新品管手法基础上的产物。主要是针对新的、无既往经验的工作，在新的期望与目标产生后，圈员不以既有的工作方法为前提，而是运用新的思维方式与品管手法，通过探讨对策、手段，创造出新的工作方法达成新的期望值，最终实现“新规业务（操作）的应对”“现状突破”“预测防止”和“魅力性品质的创造”。课题研究型品管圈活动主要应用于以下四类情况：第一类是新规业务（操作）的应对，欲顺利完成从无经验的业务，并达成目标，应设法提出各种可能的方策构想，透过最适方策的评估与评价，选出最佳方策，创造出能达到期望的新工作方法，完成新业务的目标。例如，建立结核病个案管理照护模式、建立抗凝药物专家门诊的服务标准和规范等。第二类是现况突破，欲将现况水平大幅度提升，达到更高的目标时，必须适当抛弃原有的想法与做法，找出新的方策并创造出达成目标的新方法，追求大幅度的改善。例如，构建门诊患者用药安全闭环模式、医联体下

胸痛患者规范化诊疗模式的构建等。第三类是为创造魅力性品质，只做到现有的水准，患者是无法感到十分满意的，欲创造患者认为有魅力性的品质，必须创造出新的、具有吸引力的产品、服务或工作方法，探究其达成方法，创造有魅力的品质。例如，以客制化照护提升心肌梗死患者的照护品质、ICU失禁性皮炎结构化皮肤护理方案的构建及应用、基于互联网＋三位一体伤口造口智慧照护模式构建等。第四类是预防体系，防患于未然，事前解决问题、完善系统是减少损失和提高品质的最佳方法。例如，基于360模式的颈椎病防治模式构建、基于治未病理念构建op防治健康管理体系、基于风险防控的医疗纠纷预防模式构建等。总体而言，课题研究型品管圈的核心要义在于创新，并力求保持品管圈活动的持续生命力。

（二）发展

20世纪90年代中期，第十届国际质量大会首次正式公开提出创新型QC STORY，并发布实施的七个步骤。随后，创新型QC小组传入中国台湾地区，当地的医院管理者结合医疗行业的特点，将其扩展为十个步骤的课题达成型品管圈。由于工业行业品管圈取得的良好效果，使诸多服务业看到品质管理工具的适用性，纷纷开始在各自领域开展品管圈。随后，创新型QC小组传入中国台湾地区，中国台湾地区的医院管理者结合医疗行业的特点，将其扩展为十个步骤课题达成型品管圈。

2015年，刘庭芳教授通过研究和实践在中国台湾课题达成型品管圈的基础上，结合PDCA理论提出了十个步骤的课题研究型品管圈，课题研究型品管圈是结合中国医疗行业的特殊性，将自下而上和自上而下相结合，将品管圈活动扩展到跨科室、跨部门、跨机构和跨区域，并增加了课题查新、得失表和模式构建等步骤，进一步提高了品管圈的应用范围与场景。

二、管理特点

课题研究型品管圈具有不断创新、持续保持、追求卓越的特点。其核心要义在于创新，并力求保持品管圈活动的持续生命力，更适用于为将来目标的品质活动。课题研究型品管圈追求实现卓越医疗品质，向标杆管理迈进，创造优质医院品牌，实现医疗服务标准化。

三、实施步骤

由于课题研究型品管圈与问题解决型品管圈有部分步骤一致，本节重点介绍团队组成、主题选定、课题明确化、目标设定、方策拟定以及最适方策追究这几个步骤，其余步骤最适方策实施与检讨、效果确认、标准化和检讨与改进请参考问题解决型（图2-27）。

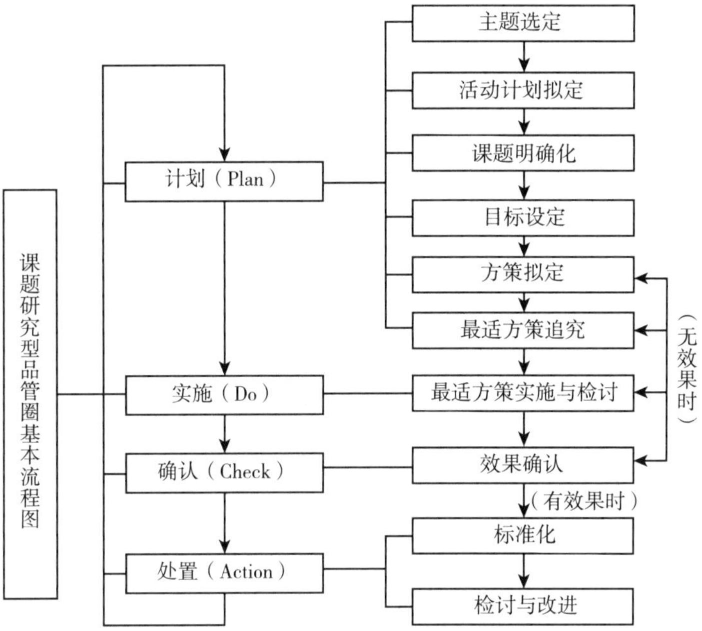

图2-27　课题研究型品管圈的十大步骤

（一）圈介绍

1. 圈的组成　课题研究型品管圈的圈成员通常是跨岗位、跨科室、跨部门，甚至是跨机构或跨区域的人员组成，人数通常会超过10人，包含与主题相关的各层次人员。在组圈完成后，需要通过品管圈成员基本数据表进行展示，如表2-54所示。

表2-54　圈成员介绍

圈名	肺福之言圈	改善主题	基于ERAS肺癌患者气道管理360模式构建		
课题类型	课题研究型	成立日期	201×年×月×日		
活动时间	201×.×—201×.×	活动次数	36次		
注册日期	201×.×.×	注册号	×		
出勤率	100%	学习活动时间	1小时/次		
圈长	朱×	辅导员	田×		
圈员	易×、汪×、张×、岳×、高×、孙×、吴×、姚×、陈×、张×、张×、李×				
主要工作	基于ERAS，建立肺癌患者围手术期气道管理360模式，减少术后并发症，促进患者快速康复				
所属单位	胸外科				

续 表

序号	圈员姓名	性别	圈内职务	科室	职称	学历	工作年资	圈内工作
1	田×	男	辅导员	胸外科	主任医师	博士	29	监督指导
2	朱×	女	圈长	胸外科	主管护师	硕士	7	组织策划、方案制定
3	易×	男	圈员	麻醉科	副主任医师	硕士	28	指导、培训、方案实施
4	汪×	女	圈员	疼痛科	副主任护师	本科	34	指导、培训、方案实施
5	张×	男	圈员	信息科	网络工程师	本科	8	协调、方案实施
6	岳×	男	圈员	胸外科	副主任医师	博士	10	方案实施
7	高×	男	圈员	胸外科	主治医师	博士	8	方案实施
8	孙×	男	圈员	胸外科	住院医师	硕士	2	方案实施
9	吴×	女	圈员	胸外科	主管护师	硕士	22	方案实施
10	姚×	女	圈员	胸外科	主管护师	本科	16	资料收集、培训
11	陈×	女	圈员	胸外科	主管护师	本科	17	资料收集、培训
12	张×	女	圈员	胸外科	护师	本科	5	方案实施
13	张×	女	圈员	胸外科	护师	本科	3	方案实施、数据统计
14	李×	女	圈员	胸外科	护师	本科	3	方案实施、数据统计

2. 圈名与圈徽 圈名和圈徽是品管圈活动不可或缺的要素之一，品管圈的圈名及圈徽设计没有一定的规范与限制，选定圈名圈徽可以通过三种方式展开，分别为先定圈名，再定圈徽；圈名、圈徽的确定同时进行；先定圈徽，再定圈名。

实例介绍：以肺福之言圈为例，“肺福之言”是“肺腑之言”的谐音，寓意患者发自内心的肺腑之言。双手交握的心形寓意医务人员多学科协作，用爱心、真心、责任心呵护患者气道。左边人形寓意医务人员忠于职守，尽职尽责，悉心照护患者。肺脏解剖演变图寓意通过医护人员的气道管理促进肺的快速康复。“福”寓意经过多学科医护人员的共同努力，促进肺癌患者快速康复，造福肺脏（图2-28）。

图2-28 肺福之言圈圈徽

（二）主题选定

圈员运用头脑风暴法或由上级指定主题方向，围绕新模式的研制、设计、以及新技术、新方法、新服务项目等方面，通过对现有工作场所的全方位分析及评估后，提出合理的解决方案。

1. 选题背景

（1）现况调查：对工作场所的现况进行调查及背景分析，寻找突破点。

（2）行业调查分析：对国内外同行业的现况进行调查及分析，查找差距，启发思路。

2. 提出问题　根据已掌握的背景资料，结合现场实际情况或上级部门提出的要求，提出相关的备选主题。

3. 选择主题　对备选主题进行评价及可行性分析，评价方法参照问题解决型活动步骤。如选题为上级部门指定主题，则此步骤可省略。

主题主要分为三类：

（1）过去时：发生型主题，找根因，聚焦改善以往的缺陷。

（2）现在时：探索型主题，寻求标杆，聚焦追求卓越。

（3）将来时：设定型主题，战略导向，聚焦创新研究。

4. 课题查新　选择的主题可通过课题查新来明确项目的创新性及研究的必要性，同时通过查新收集相关资料及信息（表2-55）。

表2-55　课题查新表

查新项目名称		查新人员	
查新机构		查新时间	
查新目的	（项目鉴定）		
查新项目技术要点			
查新点			
查新结果			
查新结论			

5. 选题理由　从国际、欧美、亚洲、中国、本院的维度，用文献或实际数据论述。

6. QC STORY适用判定 主题选定后，进行改善工具判定，根据判定结果确定改善活动类型为课题研究型还是问题解决型，若在此处判定不准确，将影响后续的步骤和手法选择，因此需要重点强调。利用QC STORY判定表来进行判定，根据合计分数判定，分值高者为选定活动类型。原则上，两者分值相差，应超过高值的1/3（表2-56）。

表2-56　品管圈活动类型判定表

课题研究型	关系程度		问题解决型
1.无既往工作经验，欲顺利完成首次面临的工作（新规业务的应对）			1.欲解决原来已在实施的工作中所发现的问题
2.欲大幅度突破现状（现况突破）			2.欲维持、提升现况水准
3.欲挑战魅力性质量，魅力性水平（魅力性质量的创造）			3.欲保障质量现状、当前水平
4.欲提前解决可预见的课题			4.欲防止再发生已出现的问题
5.通过新方案、新对策、新想法的探究与实施可达成目标			5.探究问题的真因，通过消除或解决真因，可获得问题的解决
判定结果	合计分数		判定结果

注：1.关系程度三段评价：大=5；中=3；小=1。2.圈员人数，实到人数，各自评价给分合计后确定

7. 实例介绍 以肺福之言圈为例，图表所示，经过多重投票法，圈成员确定了四项备选主题。之后通过权重评价法，将重要性、可行性、迫切性和圈能力进行权重分配，经过分数加总，最终确定品管圈主题为基于ERAS肺癌患者气道管理360模式构建。

（1）主题选定表（表2-57）

表2-57　肺福之言圈主题选定表

序号	主题评价题目	提案人	评价项目					总分	顺序	选定
			重要性 31%	迫切性 18%	圈能力 25%	上级重视度 12%	达成性 14%			
1	肺癌患者MDT营养管理模式的构建	朱×	14.88	6.84	12.0	4.8	5.88	44.4	4	
2	基于ERAS肺癌患者气道管理360模式构建	吴×	21.7	12.24	13.5	6.0	8.68	62.12	1	★

续　表

序号	主题评价题目	提案人	评价项目					总分	顺序	选定
			重要性 31%	迫切性 18%	圈能力 25%	上级重视度 12%	达成性 14%			
3	基于ERAS胸外医护协同创新疼痛管理模式的构建	高×	16.74	6.12	9.0	5.04	3.92	40.82	5	
4	构建食管癌手术患者医院-社区-家庭三元联动延续护理模式	岳×	19.22	8.64	11.5	5.28	7	51.64	2	
5	食管癌患者加速康复临床路径的构建	姚×	19.22	7.92	11.5	5.28	6.44	50.36	3	
评价说明	分/人	重要性	迫切性	圈能力	上级重视度	达成性				
	1	不重要	半年以后再说	完全委外	不符合	不能达成				
	3	重要	下次解决	需要协助	基本符合	部分达成				
	5	非常重要	尽快解决	可自行改善	完全符合	能够达成				

（2）QC STORY判定：根据品管圈活动类型判定表，判定为课题研究型（表2-58）。

表2-58　品管圈活动类型判定表

课题研究型	关系程度		问题解决型
1.无既往工作经验，欲顺利完成首次面临的工作（新规业务的应对）	34	16	1.欲解决原来已在实施的工作中所发现的问题
2.欲大幅度突破现状（现况突破）	42	20	2.欲维持、提升现况水准
3.欲挑战魅力性质量，魅力性水平（魅力性质量的创造）	36	18	3.欲保障质量现状、当前水平
4.欲提前解决可预见的课题	32	14	4.欲防止再发生已出现的问题
5.通过新方案、新对策、新想法的探究与实施可达成目标	40	14	5.探究问题的真因，通过消除或解决真因，可获得问题的解决
判定结果	合计分数		判定结果
	184	82	

注：1.关系程度三段评价：大=5；中=3；小=1。2.圈员人数，实到人数，各自评价给分合计后确定

（3）课题查新（图2-29）

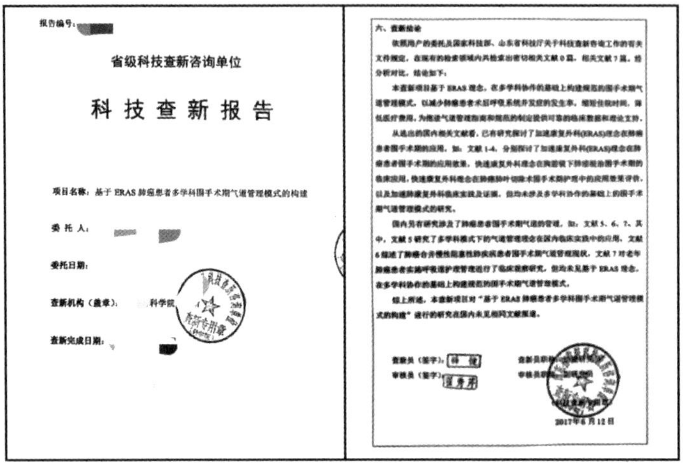

报告编号：[redacted]

省级科技查新咨询单位

科 技 查 新 报 告

项目名称：基于ERAS肺癌患者多学科围手术期气道管理模式的构建

委 托 人：[redacted]

委托日期：

查新机构（盖章）：[redacted]科学院

查新完成日期：[redacted]

六、查新结论

依照用户的委托及国家科技部、山东省科技厅关于科技查新咨询工作的有关文件规定，在现有的检索领域内共检索出密切相关文献0篇，相关文献7篇，经分析对比，结论如下：

本查新项目基于ERAS理念，在多学科协作的基础上构建规范的围手术期气道管理模式，以减少肺癌患者术后呼吸系统并发症的发生率，缩短住院时间，降低医疗费用，为推进气道管理指南和规范的制定提供可靠的临床数据和理论支持。

从检出的国内相关文献看，已有研究探讨了加速康复外科(ERAS)理念在肺癌患者围手术期的应用，如：文献1-4，分别探讨了加速康复外科(ERAS)理念在肺癌患者围手术期的应用效果，快速康复外科理念在胸腔镜下肺癌根治围手术期的临床应用，快速康复外科理念在肺癌肺叶切除术围手术期护理中的应用效果评价，以及加速肺康复外科临床实践及证据，但均未涉及多学科协作的基础上的围手术期气道管理模式的研究。

国内另有研究涉及了肺癌患者围手术期气道的管理，如：文献5、6、7。其中，文献5研究了多学科模式下的气道管理理念在国内临床实践中的应用，文献6描述了肺癌合并慢性阻塞性肺疾病患者围手术期气道管理现状，文献7对老年肺癌患者实施呼吸道护理管理进行了临床观察研究，但均未见基于ERAS理念，在多学科协作的基础上构建规范的围手术期气道管理模式。

综上所述，本查新项目对“基于ERAS肺癌患者多学科围手术期气道管理模式的构建”进行的研究在国内未见相同文献报道。

查新员（签字）：

审核员（签字）：

2017年6月12日

图2-29　课题查新报告示意图

查阅国内外文献数据库，计算机检索PubMed、EMbase、中国生物医学文献服务系统、万方、知网、医脉通等数据库，共检索文献79篇，中文49篇，英文30篇，剔除不符合文献，最终共剩余文献25篇，中文21篇，英文4篇。

（4）主题释义：ERAS是指在围手术期采用一系列有循证医学证据的优化措施，减少患者的应激反应和术后并发症，达到快速康复的目的。

围手术期气道管理指术前、术中、术后对气道进行管理，术前开展风险评估、药物治疗、戒烟、锻炼，术中注意麻醉方式、手术操作、体液平衡，术后开展疼痛管理、术后监护、药物治疗等。

（5）选题背景：肺癌是我国发病率和死亡率最高的恶性肿瘤，外科手术是治疗肺癌的最重要手段，肺部并发症发生率12%~40%，是患者死亡主要原因。气道管理是减少肺部并发症的最关键措施，其中，ERAS是围手术期管理的重要理念，围手术期气道管理是ERAS的核心环节。目前，美国已形成气道并发症及分级评估共识，而国内尚缺乏多学科协作气道管理模式。

（6）选题理由：患者层面，缩短住院时间，促进患者康复；科室层面，共建多科协作，提升服务水平；医院层面，优化服务体系，树立医院品牌。

（三）活动计划拟定

应用甘特图进行活动计划拟定。课题研究型品管圈甘特图的绘制要点如下。

1．PDCA时间分布，D≥50%。

2．三维角度　Who，谁做？Where，在哪里做？How，怎样做？

实例介绍：以肺福之言圈为例，介绍活动计划拟定表（表2-59）。

表 2-59　肺福之言圈活动计划拟定表

What	When																																																			Who	Where	How
时间 / 步骤	2017年6月				2017年7月					2017年8月				2017年9月				2017年10月					2017年11月				2017年12月				2018年1月					2018年2月				2018年3月				2018年4月					2018年5月				负责人	地点	方法
	v1	v2	v3	v4	v5	v6	v7	v8	v9	v10	v11	v12	v13	v14	v15	v16	v17	v18	v19	v20	v21	v22	v23	v24	v25	v26	v27	v28	v29	v30	v31	v32	v33	v34	v35	v36	v37	v38	v39	v40	v41	v42	v43	v44	v45	v46	v47	v48	v49	v50	v51	v52			
	6.6	6.12	6.10	6.26	7.3	7.10	7.17	7.24	7.31	8.7	8.14	8.21	8.28	9.4	9.11	9.18	9.26	10.2	10.8	10.16	10.21	10.30	11.6	11.13	11.20	11.27	12.4	12.11	12.18	12.16	1.1	1.8	1.16	1.22	1.20	2.6	2.12	2.10	2.76	3.6	3.12	3.10	3.26	4.2	4.0	4.16	4.23	4.30	6.7	6.14	6.21	6.28			
主题选定	… —																																																				朱丽娜	胸外一区医生办	头脑风暴记名式团体技巧
活动计划拟定		… —				P 25%																																															李翠翠	胸外一区医生办	甘特图
课题明确化			… —	… —	… —	… —	… —	… —																																												岳韦名	胸外一区手术室、麻醉科	查检表、流程图评价法
目标设定									… —																																												朱丽娜	胸外一区	头脑风暴直方图
方策拟定										… —	… —																																										姚爱春	胸外一区	头脑风暴评价法
最适方策追究												… —	… —													D 54%																											陈丽娟	胸外一区	头脑风暴评价法、PDPC法
最适方策实施与检讨														… —	… —	… —	… —	… —	… —	… —	… —	… —	… —	… —	… —	… —	… —	… —	… —	… —	… —	… —	… —	… —	… —	… —	… —	… —	… —	… —	… —				C 15%								吴晓燕	胸外一区手术室	头脑风暴
效果确认																																										… —	… —	… —	… —	… —	… —	… —	… —	A 6%			张千千	胸外一区	流程图、雷达图推移图
标准化																																																		… —	… —		吴晓燕	胸外一区	头脑风暴流程图
检讨与改进																																																				… —	陈丽娟	胸外一区	头脑风暴

（四）课题明确化

课题明确化是课研型品管圈所特有的步骤。这一步骤主要包含模式构建、现况把握、攻坚点挖掘、攻坚点整合等阶段。项目把握阶段实际上是对课题做出全面、细致调查和分析，通常采用的方法有：5W1H、4M（人、机、料、法）、传统品管手法（包括查检表、柏拉图、系统图等）、VOC（顾客声音）等。

1. 模式构建 根据选定的主题的相关研究内容，及预期达到的目的，设计并绘制主题模式构成图（图2-30）。

（1）把握项目内容：人、制度、方法、材料、信息。

（2）管理层级：要包含各协作部门。

（3）行动：拟采取的措施步骤。

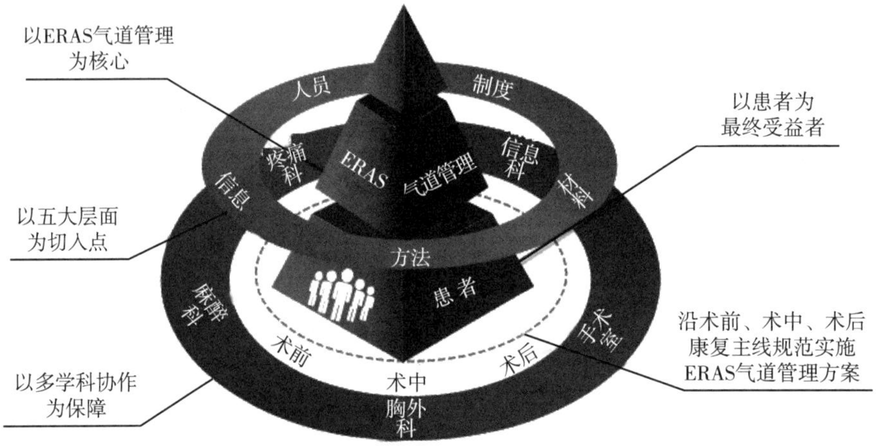

图2-30 肺福之言圈模式构成示意图

2. 现况把握

（1）采用课题研究型项目调查表：对课题做出全面、细致的调查和汇总，围绕主题，从人员、设备、资金、信息、制度等方面，进行全面的调查（表2-60）。

表2-60 项目调查表

主题	对象	调查对象	调查项目及目的	调查地点	调查方法	调查团队	调查结果

（2）依照项目合作单位或部门，依次分层级进行现状调研。

（3）要求每一个部门或单位有一张调查表。

（4）调查结果要能以数据表达。

实例介绍（表2-61）：

表2-61（a） 术前现况调查表

主题	住院阶段	项目	调查对象和目的	调查时间	调查地点	调查方法	调查团队	调查结果
基于ERAS肺癌患者气道管理360模式构建	术前	人员	气道管理实施人员	201×.×.—×.×	胸外一区	访谈、现场查看	吴×岳×	主要由护理人员负责实施
			医护人员ERAS气道管理认知水平	201×.×.—×.×	胸外一区	对15名医生及25名护士进行书面考核		理论考核平均分：76分
			患者气道相关知识掌握情况	201×.×.—×.×	胸外一区	对232名术前肺癌患者进行问卷调查		患者气道相关知识掌握平均分：66分
		制度	气道管理方案	201×.×.—×.×	胸外一区	现场调查	高×姚×	护士进行深呼吸及有效咳嗽宣教
			气道管理保障措施	201×.×.—×.×	胸外一区	访谈、现场调查		无专职质控人员，缺乏有效监管
			镇痛方案	201×.×.—×.×	胸外一区	访谈、现场查检		无术前预防性镇痛方案
		材料	宣教材料种类	201×.×.—×.×	胸外一区	实地查看	朱×张×	纸质版和多媒体2种宣教材料
		方法	患者接受宣教途径	201×.×.—×.×	胸外一区	访谈、现场调查	张×曲×	口头、文字、多媒体3种宣教方式
		信息	医护间信息传递途径	201×.×.—×.×	胸外一区	访谈	陈×李×	面对面、电话2种沟通方式
			医护-患间信息传递途径	201×.×.—×.×	胸外一区	访谈、现场调查		面对面1种沟通方式

表2-61（b） 术中现况调查表

主题	住院阶段	项目	调查对象和目的	调查时间	调查地点	调查方法	调查团队	调查结果
基于ERAS肺癌患者气道管理360模式构建	术中	人员	手术医师	201×.×.—×.×	手术室	访谈、现场调查	吴×岳×	手术医师不固定
			麻醉医师	201×.×.—×.×	手术室	访谈、现场调查		麻醉医师不固定，根据排班情况轮转
			麻醉医师ERAS气道管理认知水平	201×.×.—×.×	麻醉科	对20名麻醉医师进行书面考核		理论考核平均分：75分

续　表

主题	住院阶段	项目	调查对象和目的	调查时间	调查地点	调查方法	调查团队	调查结果
基于ERAS肺癌患者气道管理360模式构建	术中	人员	手术室护士ERAS气道管理认知水平	201×.×.—×.×	手术室	对50名手术室护士进行书面考核	吴× 岳×	理论考核平均分：73分
		制度	气道管理方案	201×.×.—×.×	手术室	访谈、现场调查	高× 姚×	拔出气管插管前吸痰清理气道
			气道管理保障措施	201×.×.—×.×	手术室	访谈、现场调查		无监管人员及保障措施
			镇痛方案	201×.×.—×.×	手术室	访谈、现场查检		气管插管全麻、静脉自控镇痛泵2种镇痛方式
		材料	胸腔引流管型号、材质	201×.×—×.×	胸外一区	调查232例肺癌手术患者	朱× 张×	术中留置28Fr胸腔引流管，材质粗硬
		方法	手术方式	201×.×.—×.×	胸外一区	查看232例肺癌患者手术记录	张× 曲×	单操作孔胸腔镜手术占比80%
			麻醉方式	201×.×.—×.×	胸外一区	查看232例肺癌患者麻醉记录		气管插管全麻占比100%
			平均手术时间	201×.×.—×.×	胸外一区	查看232例肺癌患者手术记录		平均手术时间：1.72h
		信息	医护麻间信息传递途径	201×.×.—×.×	手术室	访谈	陈× 李×	面对面、电话2种沟通方式

表2-61（c）　术后现况调查表

主题	住院阶段	项目	调查对象和目的	调查时间	调查地点	调查方法	调查团队	调查结果
基于ERAS肺癌患者气道管理360模式构建	术后	人员	气道管理实施人员	201×.×—×.×	胸外一区	访谈、现场查看	吴× 岳×	主要由护理人员负责实施
			医护人员气道管理技能掌握程度	201×.×.—×.×	胸外一区	现场调查30名护士的实际操作情况		操作考核平均分：85分
			患者咽喉部不适发生情况	201×.×.—×.×	胸外一区	对232名肺癌术后患者进行问卷调查		咽喉部不适的发生率：62.5%
			患者术后肺部并发症发生情况	201×.×.—×.×	胸外一区	调查232名肺癌术后患者		术后肺部感染发生率：12% 术后肺不张发生率：6%

续　表

主题	住院阶段	项目	调查对象和目的	调查时间	调查地点	调查方法	调查团队	调查结果
基于ERAS肺癌患者气道管理360模式构建	术后	制度	气道管理方案	201×.×.—×.×	胸外一区	现场调查	高×姚×	术后气道管理不规范
			气道管理保障措施	201×.×.—×.×	胸外一区	访谈、现场调查		无专职质控人员，缺乏有效监管
			镇痛方案	201×.×.—×.×	胸外一区	访谈、现场查检		静脉自控镇痛泵、遵医嘱使用镇痛药物
		材料	气道管理设备种类、数量	201×.×.—×.×	胸外一区	实地查看	朱×张×	配备2台振动排痰机
		方法	胸腔引流管留置时间	201×.×.—×.×	胸外一区	查阅232名肺癌手术患者医嘱单	张×曲×	留置平均时间：119.1h
			术后首次下地时间	201×.×.—×.×	胸外一区	访谈、现场调查		术后首次下地时间平均值：21.6h
			术后平均住院日	201×.×.—×.×	胸外一区	查阅232名肺癌术后患者病历		术后平均住院日：9.2天
		信息	医护–患间信息传递途径	201×.×.—×.×	胸外一区	访谈、现场调查	陈×李×	面对面1种沟通方式

3. **攻坚点挖掘**　根据现况把握的相关内容，运用头脑风暴、标杆法、文献参考法、圈能力计算法等，逐一进行期望水准、望差值的明确，并挖掘出攻坚点（表2-62）。针对挖掘的攻坚点，从上级方针、圈的优势、克服能力三个维度进行5，3，1评分，依80/20法则选定攻坚点。攻坚点挖掘通常运用“望差图与攻坚点挖掘表”（表2-63）进行实际操作。

表2-62　望差值与攻坚点选定表

主题	掌握项目	现状水平	期望水平	望差值	攻坚点（候选）	评价项目（可依据主题变化）			总分	是否为攻坚点
						上级方针	圈的优势	克服能力		
	1									
	2									
	3									
	4									
	5									
	6									

表2-63（a） 术前攻坚点选定表

主题	住院阶段	项目	调查项目	现状水平	期望水平	望差值	候选攻坚点	消除望差的可能性	患者期望	圈员能力	总分	选定
基于ERAS肺癌患者气道管理360模式构建	术前	人员	气道管理实施人员	主要由护理人员负责实施	实现多学科气道管理	100%	建立气道管理MDT团队	62	60	64	186	√
			医护人员ERAS气道管理认知水平	理论考核平均分：76分	90分	14分	提高医护人员ERAS气道管理认知水平	68	64	58	190	√
			患者气道相关知识掌握情况	掌握平均分：66分	90分	24分	提高患者气道相关知识掌握率	68	60	60	188	√
		制度	气道管理方案	护士进行深呼吸及有效咳嗽宣教	气道管理方案标准化	100%	优化术前气道管理方案	66	52	58	176	√
			气道管理保障措施	无专职质控人员，缺乏有效监管	保障措施健全	100%	完善气道管理保障方案	62	50	66	178	√
			镇痛方案	无术前预防性镇痛方案	实现术前预防性镇痛	100%	制订术前预防性镇痛方案	62	58	54	174	√
		材料	宣教材料种类	纸质版和多媒体2种	4种	2种	增加宣教材料种类	62	62	56	180	√
		方法	患者接受宣教途径	口头、文字、多媒体三种宣教方式	4种	1种	拓宽健康宣教渠道	62	62	60	184	√
		信息	医护间信息传递途径	面对面、电话2种沟通方式	3种	1种	增加便捷的信息交流途径	68	56	68	192	√
			医护–患间信息传递途径	面对面1种沟通方式	2种	1种	增加医护—患间沟信息交流渠道	60	54	62	176	√

备注：三段评价：强：5分；中；3分；弱：1分，圆人数14人，根据80/20原则，总分168分以上判定为攻坚点

表2-63（b） 术中攻坚点选定表

主题	住院阶段	项目	调查项目	现状水平	期望水平	望差值	候选攻坚点	消除望差的可能性	患者期望	圈员能力	总分	选定
基于ERAS肺癌患者气道管理360模式构建	术中	人员	手术医师	手术医师不固定	设置专职手术医师	100%	固定手术团队	62	60	64	186	√
			麻醉医师	麻醉医师不固定，根据排班轮转	设置专职麻醉医师	100%	固定专职麻醉医师	68	64	58	190	√
			麻醉医师ERAS气道管理认知水平	理论考核平均分：75分	90分	15分	提高麻醉医师ERAS气道管理认知水平	48	50	46	144	×
			手术室护士ERAS气道管理认知水平	理论考核平均分：73分	90分	17分	提高手术室护士ERAS气道管理认知水平	52	40	38	130	×
		制度	气道管理方案	拔出气管插管前吸痰清理气道	气道管理方案标准化	100%	优化术中气道管理方案	66	52	58	176	√
			气道管理保障措施	无监管人员及保障措施	保障措施健全	100%	完善气道管理保障方案	62	50	66	178	√
			镇痛方案	气管插管全麻、静脉自控镇痛泵2种镇方式	3种	1种	增加术中镇痛方式	68	64	64	196	√
		材料	胸腔引流管型号、材质	术中留置28Fr胸腔引流管，材质粗硬	使用16Fr胸腔引流管	100%	优化胸腔引流管的管理	68	52	60	180	√
		方法	手术方式	单操作孔胸腔镜手术占比80%	单操作孔胸腔镜手术占比100%	20%	优化手术方式	62	58	54	174	√
			麻醉方式	气管插管全麻占比100%	喉罩无创麻醉	100%	优化麻醉方式	58	66	52	176	√
			平均手术时间	1.72h	1.3h	0.42h	优化手术方式	62	58	54	174	√
		信息	医护麻间信息传递途径	面对面、电话2种沟通方式	3种	1种	增加医护麻间信息交流渠道	68	56	68	192	√

备注：三段评价：强：5分；中：3分；弱：1分，圈人数14人，根据80/20原则，总分168分以上判定为攻坚点

表2-63（c） 术后攻坚点选定表

主题	住院阶段	项目	调查项目	现状水平	期望水平	望差值	候选攻坚点	消除望差的可能性	患者期望	圈员能力	总分	选定
基于ERAS肺癌患者气道管理360模式构建	术后	人员	气道管理实施人员	主要由护理人员负责实施	实现多学科气道管理	100%	建立气道管理MDT团队	62	60	64	186	√
			医护人员气道管理技能掌握程度	操作考核平均分：85分	95分	10分	提高医护人员气道管理操作技能	68	64	58	190	√
			患者咽喉部不适发生情况	咽喉部不适的发生率：62.5%	30%	32.5%	降低咽喉部不适的发生率	66	62	56	184	√
			患者术后肺部并发症发生情况	肺部感染发生率：12%	5%	7%	降低肺部感染发生率	68	68	60	196	√
				肺不张发生率：6%	3.5%	2.5%	降低肺不张发生率	66	68	60	194	√
		制度	气道管理方案	术后气道管理不规范	气道管理方案标准化	100%	优化围手术期气道管理方案	66	52	58	176	√
			气道管理保障措施	无专职质控人员，缺乏有效监管	保障措施健全	100%	完善气道管理保障方案	62	50	66	178	√
			镇痛方案	静脉自控镇痛泵、遵医嘱使用镇痛药物	预防性、多模式、个体化镇痛	100%	增加术后镇痛方法	68	64	64	196	√
		材料	气道管理设备种类、数量	配备2台振动排痰机	4台	2台	添购设备	54	46	50	150	×
		方法	胸腔引流管置时间	留置平均时间：119.1h	48h	71.1h	缩短胸腔引流管留置时间	68	68	50	186	√
			术后首次下地时间	平均时间：21.6h	10h	11.6h	缩短术后首次下地时间	68	66	62	196	√
			术后平均住院日	术后平均住院日：9.2天	5天	4.2天	缩短术后平均住院日	58	66	64	188	√
		信息	医护–患间信息传递途径	面对面1种沟通方式	2种	1种	增加医护–患间信息交流渠道	60	54	62	176	√

备注：三段评价：强：5分；中：3分；弱：1分，圈人数14人，根据80/20原则，总分168分以上判定为攻坚点

4. 攻坚点整合　通过攻坚点挖掘和确定后，需要将攻坚点进行梳理和整合，以便明确具体的改善方向（表2-64）。

表2-64　攻坚点整合表

<table>
<tr><th>主题</th><th colspan="2">掌握项目</th><th>期望水平</th><th>攻坚点</th></tr>
<tr><td rowspan="20">基于ERAS肺癌患者气道管理360模式构建</td><td rowspan="6">人员</td><td>气道管理实施人员</td><td>实现ERAS多学科气道管理</td><td rowspan="6">1.提高医护人员ERAS气道管理认知水平</td></tr>
<tr><td>医护人员ERAS气道管理认知水平及技能掌握程度</td><td>理论考核平均分：90分；操作考核平均分：95分</td></tr>
<tr><td>患者气道相关知识掌握情况</td><td>平均分：90分</td></tr>
<tr><td>手术医师及麻醉医师</td><td>固定手术团队及专职麻醉医师</td></tr>
<tr><td>患者咽喉部不适发生情况</td><td>患者术后咽喉部不适的发生率降至30%</td></tr>
<tr><td>患者术后肺部并发症发生情况</td><td>患者术后肺部感染及肺不张发生率分别降至5%、3.5%</td></tr>
<tr><td rowspan="3">制度</td><td>围手术期气道管理方案</td><td>围手术期气道管理方案标准化</td><td rowspan="3">2.构建气道管理保障方案</td></tr>
<tr><td>围手术期气道管理保障措施</td><td>气道管理保障措施健全</td></tr>
<tr><td>围手术期镇痛方案</td><td>预防性、多模式、个体化镇痛</td></tr>
<tr><td rowspan="2">材料</td><td>宣教材料</td><td>4种</td><td rowspan="2">3.提高气道管理优化材料使用率</td></tr>
<tr><td>胸腔引流管</td><td>使用16Fr胸腔引流管</td></tr>
<tr><td rowspan="7">方法</td><td>患者接受宣教途径</td><td>4种</td><td rowspan="7">4.提高气道管理总达标率</td></tr>
<tr><td>手术方式</td><td>单操作孔胸腔镜手术占比100%</td></tr>
<tr><td>麻醉方式</td><td>喉罩无创麻醉</td></tr>
<tr><td>平均手术时间</td><td>1.3h</td></tr>
<tr><td>胸腔引流管留置时间</td><td>48h</td></tr>
<tr><td>术后首次下地时间</td><td>10h</td></tr>
<tr><td>术后平均住院日</td><td>5天</td></tr>
<tr><td rowspan="2">信息</td><td>医护间信息传递途径</td><td>3种</td><td rowspan="2">5.增加医–护–患间信息沟通渠道</td></tr>
<tr><td>医护–患间信息传递途径</td><td>2种</td></tr>
</table>

（五）目标设定

依据从期望水平中明确目标的3个要素，即什么（目标项目）、多少（目标值）、到何时（达成日期）。与问题解决型活动不同，课题研究型活动的目标设定并没有计算公式量化，通常采用的方法有标杆分析法（BMK）、同侪调查法等。目标以3~5项为宜，针对每一项设定的目标值，应说明设定依据及过程，并可对目标值进行预实验或可行性分析。

以肺福之言圈为例，本圈设置了5个目标，分别为降低术后肺部感染发生率、降低术后肺不张发生率、缩短胸腔引流管留置时间、缩短术后首次下地时间和缩短术后平均住院日（图2-31）。

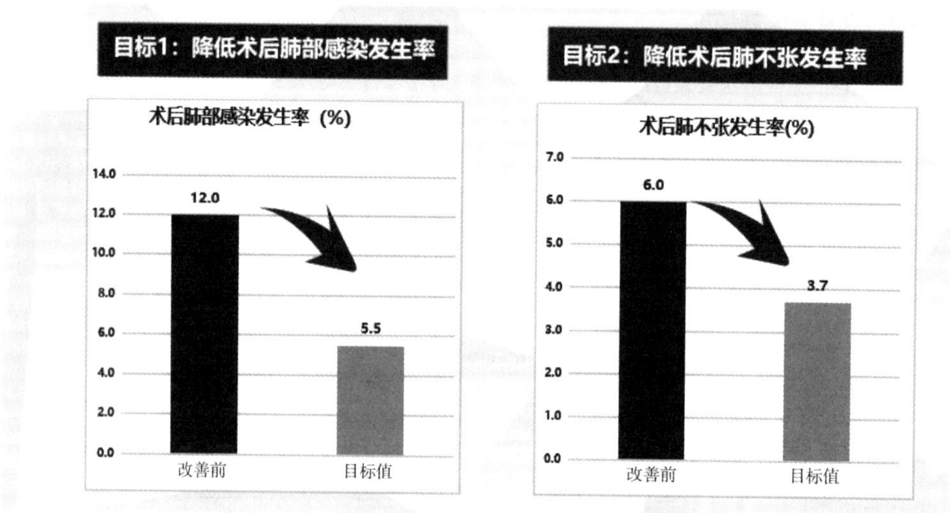

（a）

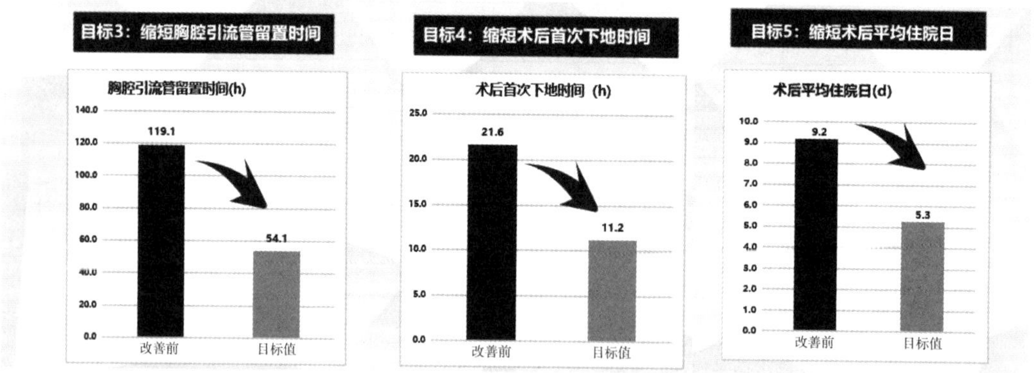

（b）

图2-31　目标值设定示意图

（六）方策拟定

根据挖掘的攻坚点，运用头脑风暴、文献参考，参照标杆医院等方法，分别进行一次展开、二次展开提出相应的方策。依照攻坚点逐项的评价，最后确定方案。对每一项方策从可行性、经济性、效益型三个维度进行5，3，1评分，依80/20法则选定方案及对策（表2-65）。

表2-65　方案与对策拟定表

攻坚点	方案一次展开	方案二次展开	评价项目			总分（分）	判定
			可行性	经济性	效益性		

实例介绍（表2-66）：

表2-66　肺福之言方策拟定表

课题	调查项目	攻坚点	方策一次展开	方策二次展开	评价项目					选定
					可行性	经济性	急迫性	可能性	总分	
基于ERAS肺癌患者气道管理360模式构建	人员	1.提高医护人员ERAS气道管理认知水平	加强医护人员ERAS相关知识的培训和考核	1.1构建气道管理MDT团队	70	62	62	42	236	√
				1.2建立ERAS培训宣教知识库	68	54	52	52	226	√
				1.3多样化培训及考核	58	58	54	60	230	√
				1.4引入“情景模拟式”培训方法	58	44	48	34	184	×
	制度	2.构建气道管理保障方案	制订各种评估流程及方案	2.1制订气道风险因素评估流程	62	54	54	56	226	√
				2.2制订肺功能筛查流程及康复方案	66	60	58	54	238	√
				2.3制订术后早期活动计划和流程	68	66	56	46	236	√

续 表

课题	调查项目	攻坚点	方策一次展开	方策二次展开	评价项目					选定
					可行性	经济性	急迫性	可能性	总分	
基于ERAS肺癌患者气道管理360模式构建	制度	2.构建气道管理保障方案	制订各种评估流程及方案	2.4制订围手术期疼痛评估干预流程	64	56	50	60	230	√
				2.5制订气道管理保障措施	62	66	60	62	250	√
	材料	3.提高气道管理优化材料使用率	宣传、推广、应用气道管理优化材料	3.1制作气道管理宣教知识展板	68	68	54	58	248	√
				3.2优化胸腔引流管的管理	66	58	54	58	236	√
				3.3制订奖惩方案	50	54	48	50	202	×
	方法	4.提高气道管理总达标率	构建“六点一线一面”气道管理方案	4.1全面有效镇痛	68	64	58	42	232	√
				4.2实施气道风险评估及气道准备措施	60	58	54	58	230	√
				4.3优化手术方式，缩短手术时间	66	58	60	50	234	√
				4.4优化麻醉方式，降低气道创伤	58	58	56	58	230	√
				4.5实施“六步协助排痰法”	58	62	58	50	228	√
				4.6实施科学早期下地活动	68	68	60	66	262	√
	信息	5.增加医护–患间信息沟通渠道	构建信息化宣教体系	5.1建立健康管理云平台	66	66	58	42	232	√
				5.2建立健康管理手机App系统	68	64	66	58	256	√
				5.3建立健康管理手机微信公众号	66	68	58	62	254	√

注：1.三段评价：强：5分；中：3分；弱：1分，圈人数14人，根据80/20原则，总分大于224分为执行对策。
2.执行对策均上报山东大学齐鲁医院品管圈推进委员会及医院伦理委员会，经审批后执行

（七）最佳方策追究

最佳方策追究主要分为障碍与副作用判定、方策群组整合、得失表判定、PDPC推

演4个步骤（表2-67）。

表2-67　最佳方策追究表

项目	方案	障碍判定	副作用判定	消除障碍	判定	方策群组	负责人	实施日期

1. 障碍与副作用判定　障碍的预测及事前防范对策的探讨，需要探讨有无对策实施上的障碍及副作用影响，若预测到有阻碍及副作用影响，即探讨其回避方案或事前防止方案。

实例介绍（表2-68）：

表2-68　肺福之言圈障碍判定表

调查项目	选定方策	障碍判定	副作用判定	消除障碍	选定	方策群组
人员	1.1构建气道管理MDT团队	涉及科室多，团组成员时间难以协调	团组成员频繁协调工作时间	建立协同工作微信群进行网络会议沟通	√	Ⅰ
	1.2建立ERAS培训宣教知识库	内容多，人力资源有限	耗时较长	采用整–分–合模式构建	√	Ⅱ
	1.3多样化培训及考核	医护人员工作繁忙	缺乏兴趣，主动性差	构建“020”培训模式	√	Ⅱ
制度	2.1制订气道风险因素评估流程	医护人员知识缺乏	评估准确率低	制作气道风险评估表，完善评估条目	√	Ⅰ
	2.2制订肺功能筛查流程康复方案	医生经验式肺功能评估，缺乏客观性	肺功能评估准确率低	标杆学习，制定标准化流程并严格实施	√	Ⅰ
	2.3制订术后早期活动计划和流程	患者因疼痛、管道多不愿下地活动	护士工作效率低	有效镇痛，使用助行设备协助患者下地活动	√	Ⅰ
	2.4制订围手术期疼痛评估干预流程	医护人员疼痛评估主观性强	疼痛评估正确率低	使用疼痛评估工具，每周查检评估正确率	√	Ⅰ

续 表

调查项目	选定方策	障碍判定	副作用判定	消除障碍	选定	方策群组
制度	2.5制订气道管理保障措施	耗费医护人员时间及精力	增加医护人员负担	设置气道管理质控员，保证方案有效实施	√	Ⅰ
材料	3.1制作气道管理宣教知识展板	版面设计困难，制作资金不足	患者宣教文字内容不易接受	专业人员设计展板；科研经费中申请资金	√	Ⅱ
	3.2优化胸腔引流管管理	连接处接头太粗，连接困难	有脱管风险	更换适宜接头，优化引流管固定流程	√	Ⅲ
方法	4.1全面有效镇痛	医护人员对镇痛药物应用不规范	镇痛效果不佳	规范围手术期疼痛评估干预流程	√	Ⅲ
	4.2实施气道风险评估及准备措施	医护人员工作繁忙	增加医护人员工作量	严格实施相关流程和方案，提高工作效率	√	Ⅲ
	4.3优化手术方式，缩短手术时间	手术技术操作要求高	手术配合不默契	固定手术团队，新老搭配，默契配合	√	Ⅲ
	4.4优化麻醉方式，降低气道创伤	麻醉师观念保守，不易接受新麻醉方式	新麻醉方式风险大	设置专职麻醉医师，进行麻醉风险评估	√	Ⅲ
	4.5实施“六步协助排痰法”	医护人员工作繁忙	增加医护人员工作量	严格实施相关流程和方案，提高工作效率	√	Ⅲ
	4.6实施科学早期下地活动	患者因疼痛、管道多不愿下地活动	护士工作效率低	有效镇痛，使用助行设备协助患者下地活动	√	Ⅲ
信息	5.1建立健康管理云平台	宣教知识库内容繁多，文字为主	患者关注度低，应用效果差	宣教知识图文并茂，按病种分类，自动推送	√	Ⅱ
	5.2建立健康管理手机App系统	医护人员对新系统认识不足	使用率低	加强培训，采用碎片式学习法	√	Ⅱ
	5.3建立健康管理手机微信公众号	患者文化程度不一，接受能力不一致	不会应用信息化宣教手段	宣教内容智能化自动推送	√	Ⅱ

2. 方策群组整合 将最终筛选的对策，根据其相关性整合为若干个方策群组，以避免重复，提高实施效率。

实例介绍：经整合，形成三个方策群组，一是构建集约化气道管理模式，二是建立信息化培训宣教体系，三是构建“六点一线一面”气道管理方案（图2-32~图2-34）。

3. 得失表判定 通过得失表整体判定每个方策群组实施后的得失，从而判定方策实施的效益。如果整体判定得大于失，所有方策群组则可以进行实施（表2-69）。

4. PDPC推演　PDPC法（process decision program chart），又叫过程决策程序图法，为了完成某个任务或达到某个目标，在制订行动计划或进行方案设计时，预测可能出现的障碍和结果，并相应地提出多种应变计划的一种方法。

这部分主要用于拟订方策群组实施的计划，拟订预防过程中不良现象的对策。通过PDPC推演，可以进一步保障方策群组的全面实施，从而体现改善效果。

实例介绍（表2-29）：

表2-69　肺福之言圈得失表

方策群组		选定方策	得	失
Ⅰ	构建集约化气道管理模式	构建气道管理MDT团队	构建完善的气道管理组织架构及多学科协同工作模式，制定精细化的各项标准和流程	各科室均投入人力、物力需要长期坚持和巩固
		制订气道风险因素评估流程		
		制订肺功能筛查流程及康复方案		
		制订术后早期活动计划和流程		
		制订围手术期疼痛评估干预流程		
		制订气道管理保障措施		
Ⅱ	建立信息化培训宣教体系	建立ERAS培训宣教知识库	丰富了培训、宣教知识，提高了医护人员的学习兴趣和积极性	耗费医护人员时间和精力
		构建线上线下相结合的“020”培训模式		
		建立健康管理云平台	增加了医护患沟通渠道，丰富了健康教育形式和内容，患者可随时获取宣教知识。	耗费人力、物力、财力需要网络技术的支持
		建立健康管理手机App系统		
		建立健康管理手机微信公众号		
		制作气道管理宣教知识展板		
Ⅲ	构建“六点一线一面”气道管理方案	全面有效镇痛	有效镇痛可提高患者舒适度，使患者在微痛甚至无痛的情况下接受气道管理措施，可有效降低术后并发症的发生率，促进患者康复	工作量增加需要人力支持
		优化胸腔引流管的管理		
		实施气道风险评估及气道准备措施		
		优化手术方式，缩短手术时间		
		优化麻醉方式，降低气道创伤		
		实施“六步协助排痰法”		
		实施科学早期下地活动		

得>失

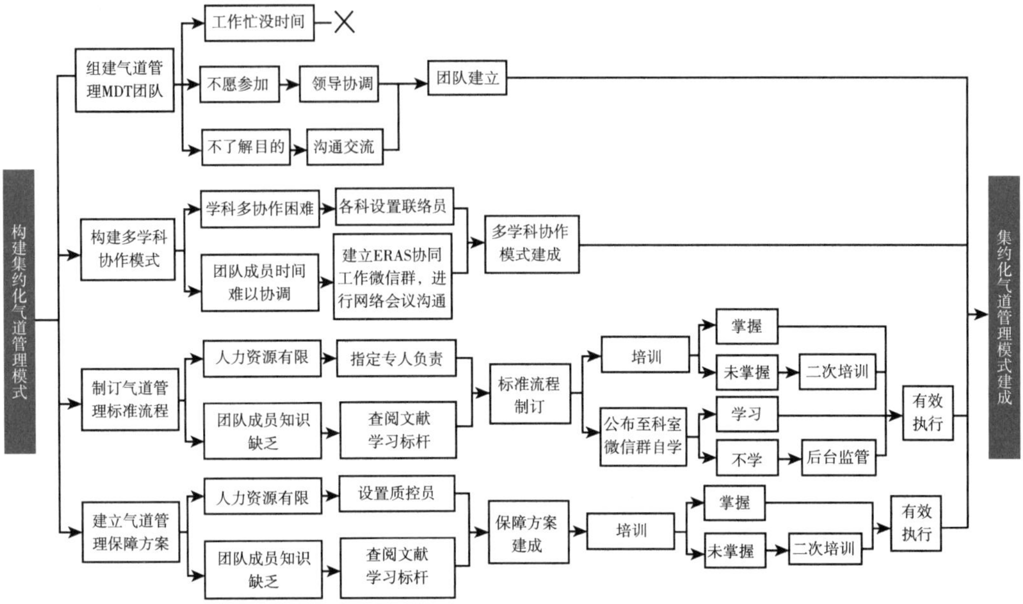

图2-32　方策群组Ⅰ——构建集约化气道管理模式

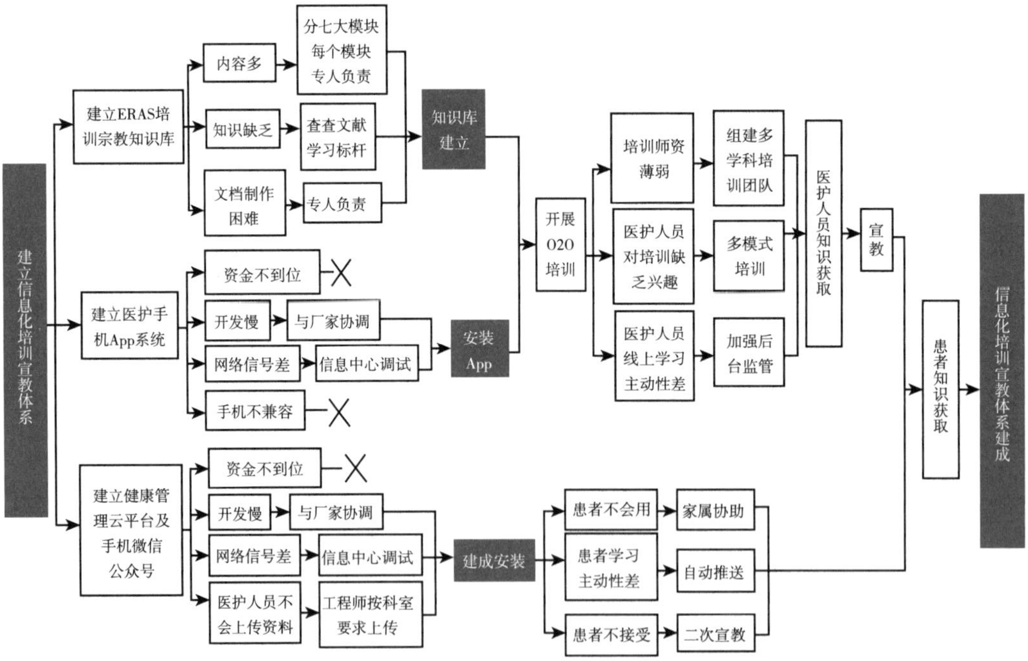

图2-33　方策群组Ⅱ——建立信息化培训宣教体系

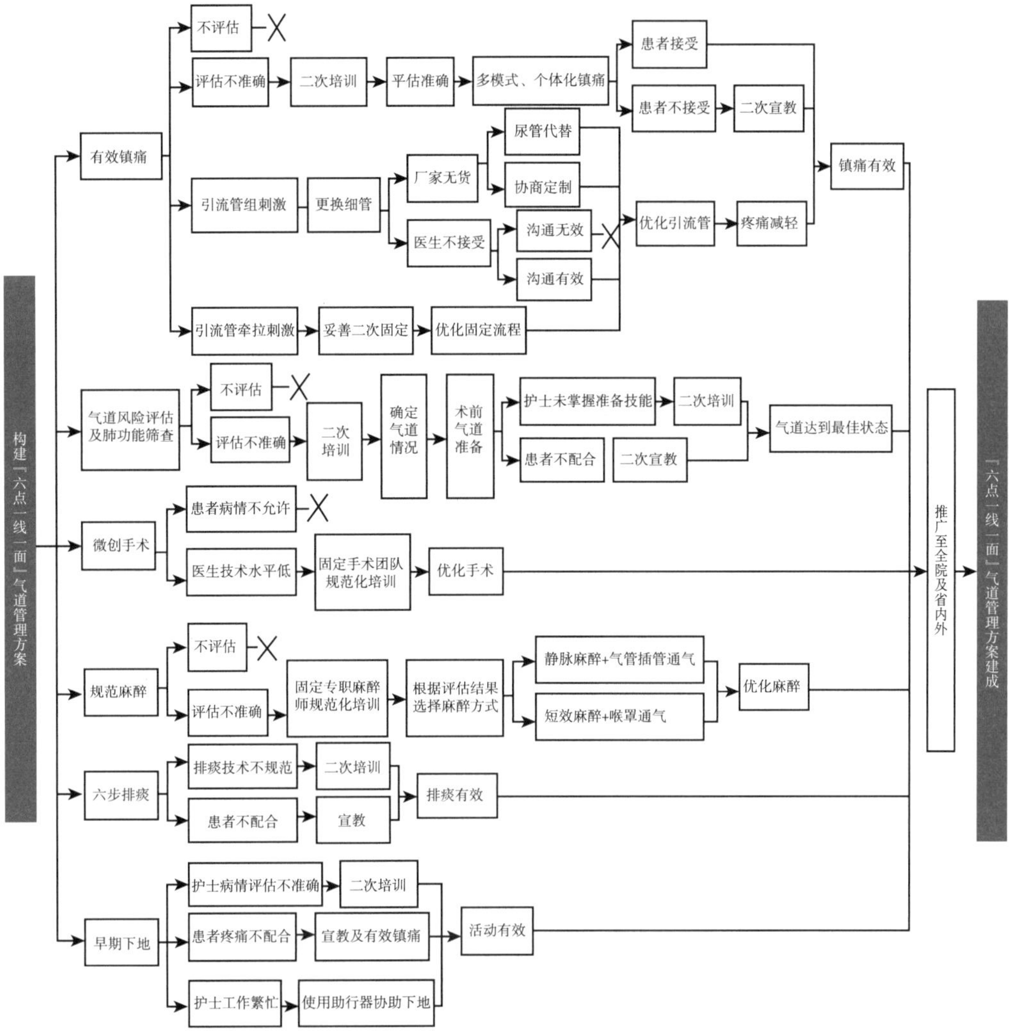

图2-34 方策群组Ⅲ——构建“六点一线一面”气道管理方案

第四节 品管圈的应用与发展趋势

一、品管圈的发展与创新

医院品管圈活动已开展多年，随着其基础理论和操作手法的逐步普及，还需要进一步改变观念，刘庭芳教授基于医疗活动的特殊性，打破原有品管圈组的限制与局限，将品管圈活动从封闭式的圈内活动转变为开放式的改善活动，建立品管圈的圈外参与机制。具体可以在主题选定、目标设定、原因解析、对策拟定和标准化等五个步骤增加圈外人员的参与，从而在更大的范围内开展品管活动，以增强品管圈的功效。另外，医院大部分的工作是需要团队合作或多部门配合来实现的，所以圈外相关人员的意见也具有重要价值。圈外参与机制的形式主要有两种，一种是由同科室圈外人员组成，为圈员提供建议；另一种是由有经验的相关专业人员或主管组成，为圈活动提供指导意见。同科室圈外人员有比较丰富的实操经验，对问题也可能会有独到的见解。比如，可以在对策拟定与分析流程中增加圈外参与机制，在科室内、部门内、医院内适当征集问题的解决方案和改善对策，让品管圈组以外的相关人员参与进来，通过品管圈内外人员的合力来寻找最佳的改善对策。可以预见，品管圈从封闭式的圈内活动转向开放式的改善活动，增加圈外参与机制是品管圈理论发展的重要趋势（图2-35~图2-37）。

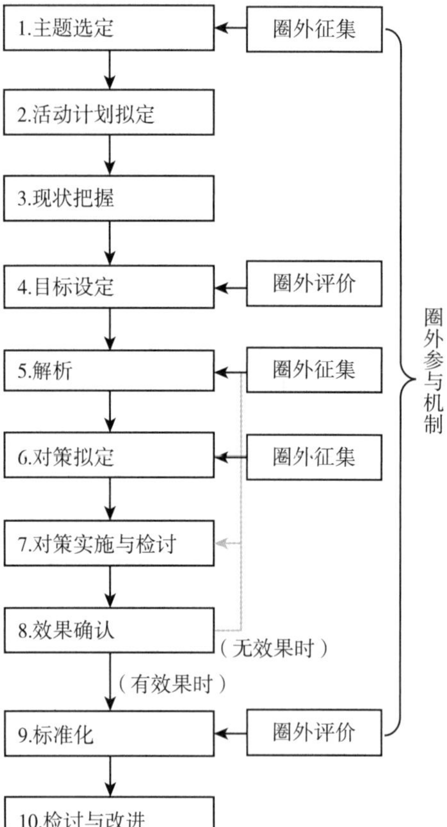

图2-35　圈外参与机制示意图

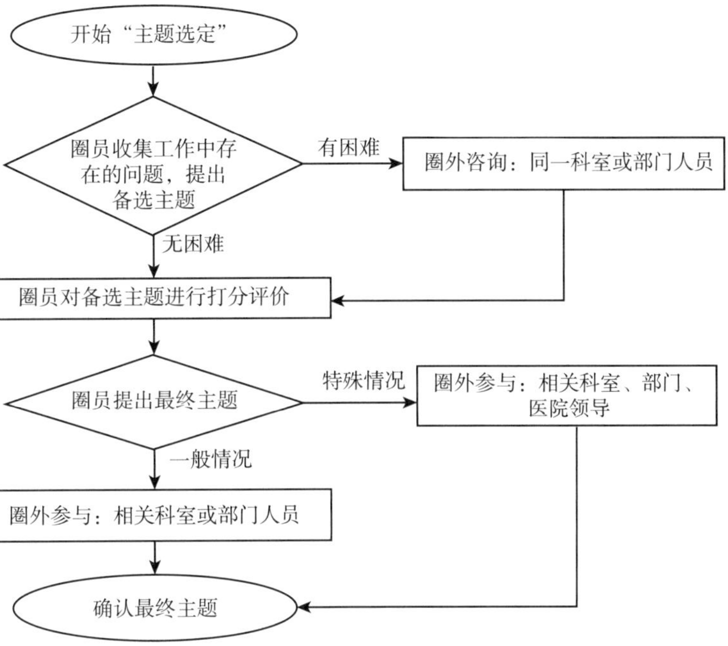

图2-36　圈外参与机制示意图

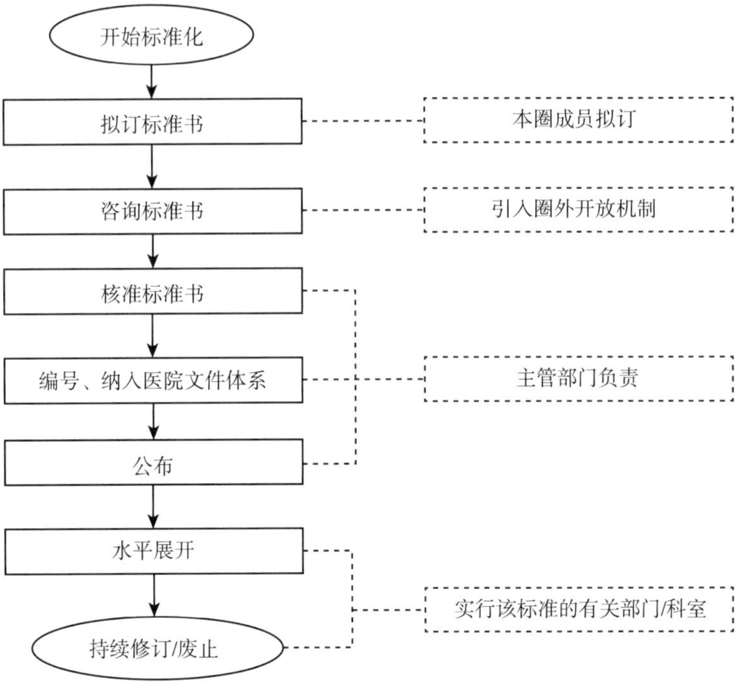

图2-37　圈外参与机制示意图

二、三维工具合成化应用

提升医疗质量和保障医疗安全，需要借助现代医院管理工具。如何选择适宜性的管理工具来发现、分析、解决质量和安全问题，并将多种工具之间的逻辑关系进行连接并形成系统，以达到“1+2”大于“3”的倍增效应，是当前公立医院管理面临的新命题。品管圈是目前我国医院运用最广泛的质量管理工具之一，如果与其他工具结合使用可以起到事半功倍的效果。但是如果使用时不注重工具间的逻辑关系，就难以达到最佳效果，造成资源的浪费。刘庭芳教授通过探索和实践，在2011年首次提出追踪方法学、根本原因分析和品管圈三维工具的合成化应用，并在近200所大中型三级医院试行，均取得较明显效果。

通过分析追踪方法学、根本原因分析和品管圈之间的逻辑关系，提出了这三种工具进行合成化应用的流程与步骤。首先是通过追踪方法学评价发现医疗系统和服务流程中潜在的安全隐患；然后对潜在的问题进行根本原因分析，抓住主要矛盾；最后围绕分析的问题开展品管圈活动，真正实现医疗质量的持续改进，建立医疗质量改进长效机制。图2-38为三维工具合成化应用模型。

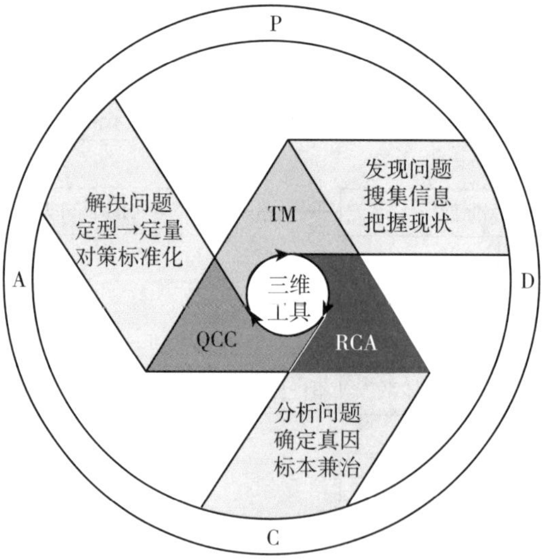

图2-38　三维工具合成化应用流程

（一）追踪方法学评价和根本原因分析之间的逻辑关系

根本原因分析的最终目标是在作业流程和系统设计层面找到问题的解决方案，而不是将警讯事件的过错归咎于个人。因此，其关键步骤之一就是列出可能造成事件的患者照护程序及对比执行过程是否符合规范。该步骤恰好与追踪方法学中以个案为基础的系统追踪不谋而合。以个案为基础的系统追踪是跨越整个医院的特定系统或过程。如果可能，这一活动将重点关注特定患者的经历或与特定患者相关的活动。在以个案为基础的系统追踪中，调查者会对相关过程的绩效、学科和部门之间的沟通进行评审评价，并识别相关流程的潜在问题。这为后续的根本原因分析的主题选定、搜集相关信息、把握问题现状创造了良好的平台。

（二）追踪方法学评价和品管圈之间的逻辑关系

确定一个好的主题是品管圈活动成功的基础，如果在这个步骤出现差错，那么后续的活动将事倍功半。在品管圈中，选定的主题是圈员们讨论的结果，但圈员们长期处于医院环境中，可能对很多身边的问题习以为常，缺乏问题意识，或者提出的问题缺乏深度，带有较强的主观性。就品管圈而言，追踪方法学评价很好地解决了其主题选定过程中可能出现的问题。应用追踪方法学可客观发现医疗系统和服务流程中潜在的安全隐患和质量问题。由于加入了专家意见，使之更具科学性、客观性和可靠性，也更值得科室和部门投入时间和精力进行改进。其改进结果也将给医疗系统和服务流程带来更大的正面影响。此外，在追踪的过程中，专家会花费大量时间对第一线工作人员进行访谈和交流，这使员工对自己所处的医疗系统和服务流程有了更深入的认识，从而能够更全面地搜集相关信息，更准确地把握问题现状，为完成后续的品管圈活动打下坚实的基础。

（三）根本原因分析和品管圈之间的逻辑关系

对比根本原因分析和品管圈等基本步骤，不难发现二者具有多个共同点。例如，在应用时均需要准确把握描述现状、分析事件发生的原因，并提出改善行动计划；均运用到鱼骨图、查检表等手法；均着眼于优化医疗系统和流程，而不是为了归咎于个人。但二者之间的区别也是十分明显的。根本原因分析是一种流程分析方法学，其最终结果是要产出可行的行动计划，构建预防事件再度发生的机制，优化组织的作业流程和系统设计。应用根本原因分析需要耗费大量的时间和精力，成本较高，不适合经常使用。而品管圈是由员工自主开展的医疗质量改善活动，具有短期内就可见效、可持续开展、有助于营造愉快团结的工作氛围等特点，其应用成本较低，适合长期、反复使用。二者在解决问题的思路上非常类似，其重叠的部分主要是分析问题原因时的思路和方法。在品管圈活动的实践过程中，有时会发现实施的对策并没有产生预计的效果，这可能是目标设定、解析与对策制定、对策实施与检讨中的任何一个或多个环节出现了问题。如果能将根本原因分析中环环相扣的真因检验法应用于品管圈的问题原因解析，则可最大限度地降低这一步骤出现问题的概率，提高品管圈实践的有效性和效率。

（四）三维工具合成化应用流程与步骤

根据前文分析出的追踪方法学、根本原因分析和品管圈之间的逻辑关系，这三种工具进行合成化应用的流程与步骤，如图2-39所示。

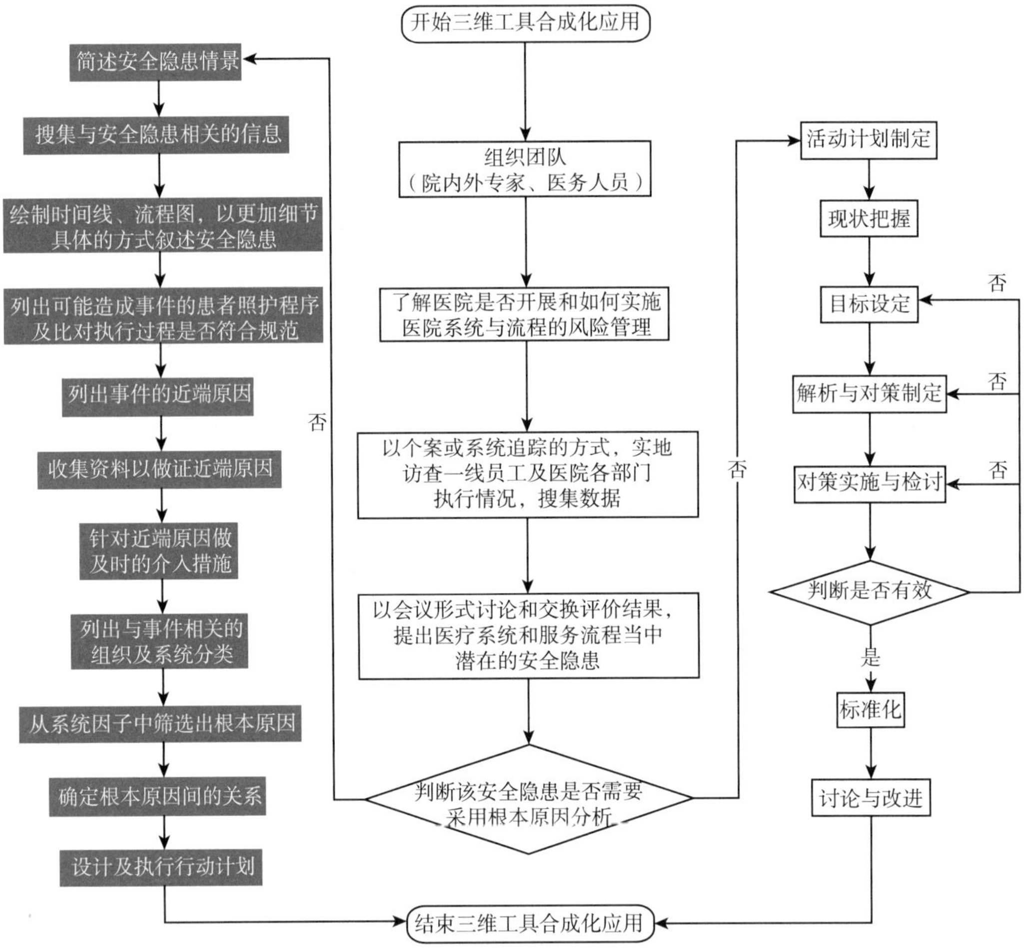

图2-39　三维工具合成化应用流程

首先，运用追踪方法学发现医疗系统和服务流程当中存在的安全隐患和质量问题，并对该隐患进行简述，搜集与其相关的各种信息，进而利用时间线、流程图等方式进行更为细节化的叙述。然后，需要利用异常事件严重度评估表对该隐患的严重程度进行评估。如果评估结果处于红色或橘色区域，说明其对医疗质量与安全存在严重危害，后续有必要采用根本原因分析的步骤辨识出最根本的原因，进而在作业流程和系统设计层面找到问题的解决方案。如果该隐患的评估结果处于黄色或绿色区域，表示其没有对患者造成严重的伤害、疾病或其他损失，就可以遵循品管圈的活动步骤，倡导一线员工组成品质管理圈，自下而上、卓有成效地改进部门工作并解决问题。

第五节 医院品管圈的案例

一、问题解决型品管圈案例

扫码学习
相关内容

二、课题研究型品管圈案例

扫码学习
相关内容

本章小结

本章首先讲述了品管圈（QCC）的基本理论和历史发展，然后重点介绍了问题解决型品管圈和课题研究型品管圈的四个阶段、十大步骤、新旧七大手法，为解决不同层面的质量问题提供了实用的方法与工具。另外，还介绍了品管圈理论的最新发展与创新，以及与其他工具的合成化应用。最后，本章展示了两种类型品管圈的应用案例，为品管圈的实际操作提供了详细指南。

（刘庭芳 张 丹 高 岩）

第三章 精益管理

学习目标

1. 掌握 精益的概念、原则；浪费与价值的概念；浪费的分类；价值流图的概念；标准化作业的概念；A3思维、A3报告的概念。

2. 熟悉 价值流图、标准化作业、A3报告的内容及实施步骤。

3. 了解 精益管理的起源；价值流图、标准化作业、A3报告等方法的作用与在精益医疗中的运用。

第一节 精益管理定义与起源

一、精益的基本概念

“精益”这一术语由约翰·克拉夫奇克（John Krafcik）在《改变世界的机器》一书首次提出，指日本丰田公司在20世纪30年代创造的生产方式。日本丰田的生产系统（Toyota Production）实现了用更少的资源（人力、设备、时间、空间）来获得更多产出以满足顾客的需求，通过持续改善，消除浪费，使组织创造的价值最大化。

丰田生产管理大师，前丰田汽车副总裁大野耐一（Taiichi Ohno）将精益定义为彻底消除浪费及尊重员工的管理哲学。美国精益研究所将精益定义为人员的系统发展和流程的持续改进，以尽可能少地使用资源带来价值和长期的成功。

二、精益管理的起源

精益管理理论起源于日本，是日本丰田公司的总裁丰田英二和总工艺师大野耐一研究出以准时化生产方式为代表的丰田生产方式。日本的发明家、织机改革家丰田佐吉之子丰田喜一郎（Kiichiro Toyoda）在1933年决定了进军汽车行业，在丰田集团创始人丰田佐吉的“株式会社丰田自动织机制作所”中设立了汽车部。1937年，汽车部从丰田自动织机制作所中独立出来，丰田喜一郎创建了丰田汽车工业公司。此后的30年里，丰田领导人和工程师们逐步丰富和完善了丰田生产的理念、方法、技术管理工具等，发展成为今天“精益生产方式”。如丰田英二统一“汽车用螺丝规格”，将英制改为公制，建立合理化建议制度。大野耐一（Taiichi Ohno）的准时化生产、今井正明（Masaaki Imai）的现场改善、平野欲之（Hiroyuki Hirano）的5S系统、中岛诚一（Seiichi Nakajima）的全员生产维护、关根健一（Kenichi Sekine）的连续流、新乡重夫（Shineo Shingo）的“防呆”系统（Poka Yoke）及快速换模（single minute exchange of dies，SMED）方式等。丰田公司的核心精神来自于丰田集团的创始人丰田佐吉先生的思想精华而总结出的“丰田纲领”（图3-1）。

丰田纲领

- 上下一致，至诚服务，产业造福社会
- 致力于研究与创造，始终走在时代的前列
- 切忌虚荣浮夸，坚持质朴刚毅
- 发挥团结友爱的精神，营造和谐家庭式氛围
- 具有敬畏感，知恩图报

图3-1 丰田纲领

（来源：丰田汽车官网http：//www.toyota.com.cn/）

三、精益管理的发展

1985年美国麻省理工学院组织和发起了国际汽车项目（internation motor vehicle program，IMVP），通过与全球知名的汽车生产厂商合作，组成了14个国家的55名学者的研究项目团队，调研了全球90多家汽车及零部件制造商。该研究调研并对比了日本、美国、欧洲车企的总装厂、配件厂、供应商等所采用的生产技术，分析了以日本丰田为代表的汽车制造业成功的原因，对其生产理念、技术与工具进行了系统地总结。

1990年，IMVP的主要研究学者詹姆斯P.沃麦克（James P.Womack）、丹尼尔T.琼斯（Daniel T.Jones）、丹尼尔·鲁斯（Daniel Roos）将项目研究成果整理出版成《改变世界的机器》一书。书中对比了大批量生产和精益生产这两种不同的管理思维，并提出精益生产方式将由于其创造更高的价值、高质高效低耗的优点取代大批量生产方式和残存的手工生产方式的观点。由此催生了美国在制造业开展的大量精益生产研究和

实践，而这些实践的成效验证了精益生产所蕴含的管理思想和工具在不同行业的普遍意义。

1996年，詹姆斯P.沃麦克（James P.Womack）、丹尼尔T.琼斯（Daniel T.Jones）出版了《精益思想》一书，将精益生产的理念和方法总结成了系统的理论，阐述了不同行业、不同规模的企业应用精益的实例。该书第一次系统阐述了精益思想的5个原则：顾客确定价值；识别价值流；使价值流动；拉动；尽善尽美。5个基本原则是精益思想的理论基础。至此，精益管理在航空业、服务业、医疗行业等不同行业逐渐受到重视，并被推广应用。

四、精益医疗

1997年，哈佛商学院Regina Herzlinger教授在其专著《市场驱动的医疗服务》（*Market-Driven Health Care: Who Wins, Who Loses in the Transformation of America's Largest Service Industry*）中提出，传统的医疗服务模式已经不能适应消费者对于质量和速度、就医体验等多样化需求。医学技术的快速发展，医疗成本的迅速上涨，支付医疗费用的保险方对医疗服务机构的成本控制措施共同驱动了医疗服务体系的变革。医疗资源总体稀缺但内部运营充斥着浪费、支付高额的费用治疗而非预防是医疗服务体系中存在的现实和矛盾。要协调和解决矛盾，管理者需要参考制造业、服务业转型中的精益生产的方法，重新审视患者、医疗费用的支付者的真正需求并提供符合期望的、有价值的服务才能获得医疗服务相关方的满意。书中阐述了医院应用精益生产理念进行流程改进的案例。

21世纪初，全球很多知名的医学中心如弗吉尼亚梅森医学中心、克利夫兰医学中心、泰德康医疗集团等都开始引入精益的哲学、工具和方法，对医院运营管理体系进行精益变革，从而打造了独具特色的质量改进系统。

2001年美国弗吉尼亚梅森医疗中心（Virginia Mason Medical Center，VMMC）开始将精益生产的原则引入医院运营管理，创建了弗吉尼亚梅森生产系统（the Virginia Mason Production System，VMPS），以努力降低成本和消除质量缺陷，提高工作效率和运营绩效。VMMC确立了以顾客为中心的价值理念，通过持续改进消除整个服务系统中的浪费来快速、及时、无差错地响应顾客的需求。在组织架构方面，建立了改善促进办公室，负责落实精益战略、协助项目团队制定改善目标、改善计划、项目验收周期，并提供精益工具和专业知识的培训和辅导。在推进形式方面，创立了快速改进研讨会（rapid process improvement workshop）机制。精益改善快速改进研讨会由6~8名项目团队成员组成，包括8周的改善前准备、正式研讨和确定定期跟踪评估计划。前期准备包括5周的标准化的数据收集、确定改善项目的范围、支持领导、参加人及职责、改善研讨会的议程及会议纪律。前期准备中的数据将作为确定改进目标的依据。在研讨会上，基于现场观察结果进行流程分析，识别浪费和分析原因，制定改善目标、关键绩效指标和执行计划表。每间隔30天、60天、90天对关键绩效指标进行运行情况评估，以确保改善成效和触发持续改善活动。梅森的精益变革结出累累硕果，因为在医院质量、安全、效率、成本方面取得突破，被评为全美最安全的医院之一，同时其主要的住院和治疗费用比同地区其他医院便宜20%~60%，远低于全美平均水平，被誉为“医疗改革的实验室”。2008年，弗吉尼亚梅森中心成立了弗吉尼亚梅森研究院，帮助世界各地的医疗组织进行质量改进体系构建，为精益组织与文化转型提供定制化的咨询、辅导，领导力培训，以提升患者体验、提高质量和安全性。

2002年泰德康医院开始了精益医疗之旅。泰德康医院精益改善体系（Thedacare Improvement System）的行动方针是关注患者、注重价值和缩短时间。启动精益时，泰德康医院建立了精益“真北”（精益战略部署），即患者满意度、医疗质量与安全、以人为本、财务稳健4个基本目标。在组织保障方面，泰德康医院组建了强大的精益改善办公室，配备了医院员工3%比例的全职精益改善推动者。在人才培育方面，泰德康医院通过精益研习会、小组讨论会和习见等方式给员工进行培训，广泛传播精益理念，让员工快速熟悉精益医疗基本知识，同时特别强化对管理层的深层次培训，有完善的精益领导人培训课程，通过培训使管理层理解和熟练使用价值流图、PDCA循环、可视化管理、5S、面条图等工具。在激励措施方面，泰德康医院重新构建奖金制度鼓励员工成为优秀的精益改善者，同时通过授权和为员工创造支持解决问题的环境和条件，让员工主动改善自身工作并获得成就感。

国内一些大型医院从2006年也陆续开始了针对不同服务流程的精益改善，都有局部的精益实践且成效显著。其中台州恩泽医疗中心（集团）、广东省中医院是实施精益医疗转型的国内标杆。

台州恩泽医疗中心（集团）于2002年导入六西格玛管理，2013年开始以卓越的运营模型授权–培养–共识–结果为改善框架，进行精益战略部署，并持续推进精益医疗战略落地。该院通过精益管理系统授权员工，支持员工在日常工作中解决身边的问题，开展合理化建议活动，建立了可视化每日改善建议系统，让员工参与日常工作改善活动，并培养员工的持续改进能力。建立了围绕患者、安全质量、学习成长、财务4个维度的真北指标体系和真北图，通过真北指标开展质量体系与精益运营的评价和激励工作，使医院的使命和愿景与医院运营的实际问题关联一致。医院设立了有序的职能架构来保障真北指标体系的制定、执行和评估。医院设立科室层面战略执行系统（战略墙）、改善日历系统、真北指标的红、黄、绿卡可视化评价方法，建立起一套对于行为、过程、结果的质量管理和目标推进可视化系统，帮助精益管理逐步深化。每年医院管理层根据医院愿景、行业主管部门要求、患者期望值、标杆医院完成情况等因素确定真北指标战略目标值。指标统计部门定期完成指标的测量和统计，将数据反馈给指标管理部门。管理部门进行红黄绿卡可视化评价，对未达标的科室进行原因分析与标杆科室对比分析。高层领导与指标统计、指标管理部门及相关科室根据指标运营情况展开讨论与制定改善措施。通过召开指标运营通报会向全院员工反馈真北指标的完成情况。通过真北指标的运营将医院精益战略落地，指标的层层分解过程，使愿景和战略目标具体化、可视化和可操作化，从医院层面驱动、引导员工与医院达成共识。培育持续改进文化，助力精益医疗成功转型，有效地提高了医院运营绩效，为患者和员工创造价值。

广东省中医院于2006年导入精益思想和价值链管理，逐步构建了“推进组织－改善跟踪－人才培育－综合评价”为一体的精益医疗管理体系。由优质服务综合效能委员会、精益品质促进小组、精益改善项目小组组成三级联动的网格化推进组织体系保障多维度改善持续推进。通过对服务流程进行价值链分析，推进、督导、评价项目制、清单制、提案制多维度的精益改善，促成全员参与和持续改进，从而实现医院服务效能的系统提升。创新运用PDCA和SDCA双轨循环，KPI和OKR等组织绩效管理方法组合成精益管理的闭环跟踪体系。SDCA循环用于标准化和稳定现有流程，PDCA循环用于持续提高服务水准。KPI旨在量化考核改善结果与目标达成，OKR旨在强化团队落实的进度管控，跟踪体系有效促进了各层级人员对精益持续改进的重视，从而参与价值创造。人才是医院精益管理体系可持续与高质量发展的核心。广东省中医院设计了三维立体垂直网状式的自主精益人才培养体系。医院基于不同层次的员工需求，设计精益大讲堂、学习沙龙、工具必修课、精益医疗绿带培训，把理论培训与精益改善相融合，有序实现了全员精益赋能的目标。员工在改善中实现个人能力和素养提升，实现员工与组织成长价值分配和价值共生的目标。为了更好地引导、评价和激励全员参与精益改善，医院以实现患者价值为导向，围绕技术、安全、患者满意、效率等精益战略目标，制订了精益项目、精益绿带的指标达成、行为改善、标准输出、精益文化的考评制度与激励措施，进行改善成效的价值分配，有效激励了精益改善从科室项目改善向医院整体精益转型。在此基础上，研发了精益医疗管理智能化数字平台，实现了精益管理的移动化、可视化和规范化，为精益日常管理提速增效。广东省中医院还致力于搭建跨行业的精益交流平台，分享管理经验，开展精益医疗知识的继续教育培训。先后举办8期医疗绿带培训班，全国共有54家医疗机构的329名学员参加培训，183名学员通过精益医疗绿带认证。广东省中医院已成为国内知名的精益医疗人才培训基地。

第二节　精益管理理论与方法

一、八大浪费

在精益管理中，价值被终端顾客所定义，同时，组织管理的重点是聚焦在消除浪费，在有限的资源中创造更多的价值和持续地向顾客传递价值上。因此，学会识别浪费和定义价值是实施精益管理的关键步骤。

（一）价值的概念

在精益医疗活动中，价值是满足患者就医需求所提供的一系列必要的、及时的医疗产品和服务。定义价值，须从顾客的角度出发。医疗活动中，根据流程的不同，顾客可以是患者（外部顾客），也可以是医院员工（内部顾客）。在医疗活动中，为满足顾客需求而进行的创造价值的工作，实际上可以分为三个部分：增值活动、必要非增值活动和非增值活动。

增值活动是指创造出顾客愿意支付的产品或者服务的一系列活动，比如医生给患者看病。必要的非增值活动是指不创造价值，但是目前在设计、订单处理、制造过程中还需要保留不能马上取消的活动，比如就医费用的计价环节，医学检查设备的维护、校验等。非增值活动是指不为客户创造价值，并且可以马上取消的活动。这部分活动实际上即属于浪费。比如患者在医院多余的走动、折返和等待等。

（二）浪费的概念

在精益理念中，任何没有创造价值的行为，或者超出增加价值所必需的最少物料、设备、人力、场地和时间的部分，都称为浪费。这一定义包含了两层含义：第一，不增加价值的活动，是浪费；第二，尽管是增加价值的活动，但所用的资源超过了“最少”的界限，也是浪费。

（三）浪费的类型

医疗行业中常见的浪费现象，可以归纳为八个种类，分别是缺陷、过度处理、动作、运输、库存、过量生产、等待和未使用的人力资源浪费，简称为八大浪费。

1. 缺陷　缺陷的浪费是指由于工作过程中出现不合格，需要进行返工处置而造成时间、人力、物力的浪费，以及由此造成客户的损失。医院常见的缺陷浪费有：重要信息丢失或者不完整、器械丢失、药品错误、患者错误、重复抽血、账单错误、误诊、患者或医务人员伤病等。

2. 过度处理 过度处理的浪费是指不必要的步骤、问题及文件。在医疗行业中，过度处理主要体现为过度医疗，过度医疗包括过度检查、过度治疗（包括药物治疗、手术治疗和介入治疗等）、过度护理。比如使用的诊疗手段超出了疾病诊疗的根本需求，不符合疾病规律和特点；住院患者抗菌药物滥用。

3. 动作 非必要的动作称为动作浪费。例如，必要的物品放置距离远，造成的不必要走动。还有事前准备不完善导致的动作浪费，如门诊医生接诊时离开诊室寻找处方纸、患者教育资料等。这些动作的浪费都造成了工作人员时间和体力上的不必要消耗。但是护士或康复技师陪同处于康复过程中的患者在走廊里行走，这属于增值活动。

4. 运输 运输浪费是指系统中不必要的产品移动，如影像报告、生物样本、药品以及转运患者进行检查等，均属于运输的浪费。

5. 库存 材料、物资、设备等库存本身并不是浪费，过量的库存才算是浪费。库存过量是指实际库存量高于工作需要的库存量。当库存量过高时，医院的资金流动会受到限制，大量物资、药品等存货还有过期的可能。此外，还会将医疗活动中计划有误、调整时间过长、品质不一致、能力不平衡等问题掩盖住，而造成管理者看不见问题，造成错觉，误认为管理水平已经非常好。这里的库存不完全指产品，库存可以是报告较长的等待审核时间、较多的资金库存。因此，维持适量的库存水平，加快周转，不仅能够保证医疗物资的及时供应，还能为医院降低成本和浪费。

6. 过量生产 过量生产是指过多或过早提供超出患者需要的、不必要的服务、信息和物品。过量生产，不仅会带来较大的库存量，增加了搬运、堆积的浪费，还隐藏了由于等待所带来的浪费，失去了持续改善的机会。如果不对制造过多、过早产生问题的分析，永远不知道在整个流动环节中，问题在哪里，那么整个流程将会一成不变。

7. 等待 由于诊疗过程中断、工作不均衡和计划安排不当等原因造成的无事可做的等待，被称为等待的浪费。在医院，等待是普遍存在的浪费，包括患者、产品和员工的等待。此外，等待的浪费不只局限在生产的过程，等待某一个节点人员工作的结束、等待预热的复印机等均属于等待浪费的范畴。

8. 未使用的人力资源 员工未被使用的知识、技术和能力，被称为未使用的浪费，即人才浪费。未能发挥员工的聪明才智造成的浪费对医院、员工和患者都是不利的，因此，将人才浪费单列为一种类型的浪费，也体现了员工在医疗系统中的重要作用。

（四）识别浪费的方法和工具

识别浪费的关键在于“三现”原则，即现场、现物、现实。“三现”原则是指当发生问题的时候，管理者要快速到“现场”去，亲眼确认“现物”，认真探究“现实”，并据此提出和落实符合实际的解决办法。

（1）现场：识别浪费一定要到现场进行观察，通过现场观察才能发现问题的真实情况。现场观察一般可以分为两种类型：一是定点观察，指观察对象主要以一个特定的工作岗位的工作人员的行为或动作为主。二是走动观察，跟随一位患者或一个物品依序通过数个工作岗位的整个过程。观察重点不是每一个工作岗位工作人员的“纵向”活动内容，而是“横向”的流转过程，尤其是工作岗位之间的等待时间、库存数量、中转搬运活动与过程。

（2）现物：查看现场的所有物品及其细节，对它们进行点检摸排，仔细察看现场一共有哪些东西、有多少件等。其本质要求是实事求是，不能歪曲事实，或者添油加醋。

（3）现实：现实，就是必须亲临现场，以实事求是的态度、原则和方法去寻找问题的本质。“现实现地现物”是丰田管理最重要的原则之一，这个原则的含义是，解决问题的方法是要亲自看到实际情况，掌握一手信息。

二、价值流图

（一）价值流图概述

1. 价值流的概念　患者在医院就医的过程，常常会涉及一条或多条价值流，例如患者来院就诊后需要进行某项治疗，其价值流可能会包括预约、挂号、登记、诊断、计价、治疗和后续护理等。而在每条价值流中都一定包含着增值和非增值的活动。

价值流（value-stream）是指一个组织为了给客户设计、生产和交付一个物品或一项服务所必需的所有流程（和流程中的每个步骤），包括创造价值与不创造价值流程。

2. 价值流图的概念　价值流图（value-stream map，VSM）是指将一个产品或服务流程中所有工序的价值流动过程，用简单的图标、数据以横向绘制的方式可视化出来，从系统的角度评估现状，识别流程中的浪费与价值，从而确定改善方向的工具。

价值流图分为现状价值流图和未来价值流图。现状价值流图描绘的是明确改善问题和改善范围后，价值流当前的运作方式和情况。未来价值流图描绘的是根据现状识别出的问题，开展改善后，价值流未来的运作方式和情况的期望。

3. 价值流图指标

（1）工作时间（process or processing time，P/T）：完成流程中工作所需要的实际时间，又称操作时间。在绘制价值流程图时应明确每个工序包含的工作内容、工作时间计算的起点和终点。

（2）延误时间（delay time，D/T）：流程中的延误时间，指因走动、排队、工作返工、信息传递、人员等原因引发的耗时。绘图时，观察者在现场观察中记录下所有使工作产生延误的地方，在价值流的可选标识中又分为积压和延误。

积压：由于价值流的堵塞导致流程无法向下流动，产生时间的延误。例如患者持医保卡、检查单去计价窗缴费，发现前面有人排队，此时患者缴费的物料、信息已经充足，但是因为流程堵塞导致延误。

延误：由于缺乏信息、物料来使得流程无法继续进行，产生时间延误。例如患者持检查单去计价窗缴费，患者排到窗口发现希望用医保卡支付但没有带医保卡，导致计价收费未能成功。

（3）总流程时间（leadtime，L/T）：总流程时间表示一个特定的流程所需要的时间总和。总流程时间是工作时间和延误时间的简单加总（工作时间+延误时间=总流程时间）。

（4）准确完成率（percent of complete and accurate，%CA）：流程开始时，所有进入该流程的投入资源既完整又准确的概率。即在某个流程中，工作人员在准确的时间获得了开始工作所需的全部信息、物料、服务结果的概率。

绘制价值流程图时，应当包括工作时间、延误时间、总流程时间、准确完成率等4个价值流指标。

（二）价值流图上的基本要素

价值流程图构图是以横置的方式绘制的。一张价值流图应包含6个方面的信息：顾客、供应者、流程、信息流、流程数据、时间表。

1. 顾客 放置在全图右上角。顾客是价值流产出的产品或服务的接受者，确定了价值流提供的价值。

2. 供应者 放置在全图左上角。整个流程要从供应者开始。医疗流程中，有时顾客与供应者都是患者。

3. 流程 放置在图的中间部分。一个流程由一系列的活动或者工序组成，这些工序产生的产品或者结果，提供给下一个工序或者流程。在价值流图中，我们用工序框（流程框）来表示。

4. 信息流 放置在图的中上方部分。用来标示与价值流以外的单元、部门、或者职能的交流，推动价值流内工作的进程，标示了价值流内部各职能间的信息交互。直线箭头代表需要人工传递的信息流，折线箭头代表电子化信息流（图3-2）。

5. 流程数据 出现在工序（流程）框下面的独立数据框里，每个工序（流程）框下方都有一个对应的数据框，显示价值流指标的运行情况。

6. 时间表与价值流总结框　时间表是将数据框中的数据对应总结在流程指标的下方，分别汇总每个工序（流程）的工作时间、延误时间和准确完成率。

价值流总结框是对整个价值流运行状态数据的总结。价值流总结框中应计算整个价值流的总工作时间、总延误时间、总流程时间、准确完成率数据。整个价值流的总工作时间、总延误时间、总流程时间等于各个工序（流程）的上限值与下限值相加；准确完成率等于各个工序（流程）的完成率值相乘。

（三）价值流图标

为了使价值流动的过程可视化，价值流图中有一些通用的图标代表顾客、供应者、流程和其他元素的图标（图3-2）。绘制者可在流程图中设计一些图标来表示信息，但是需注意示例和前后的一致性，以便读者能够看懂价值流图所表示的信息。价值流图的绘制可以通过绘图软件实现，例如Visio、iGrafx、WPS Office、Edraw进行绘制。

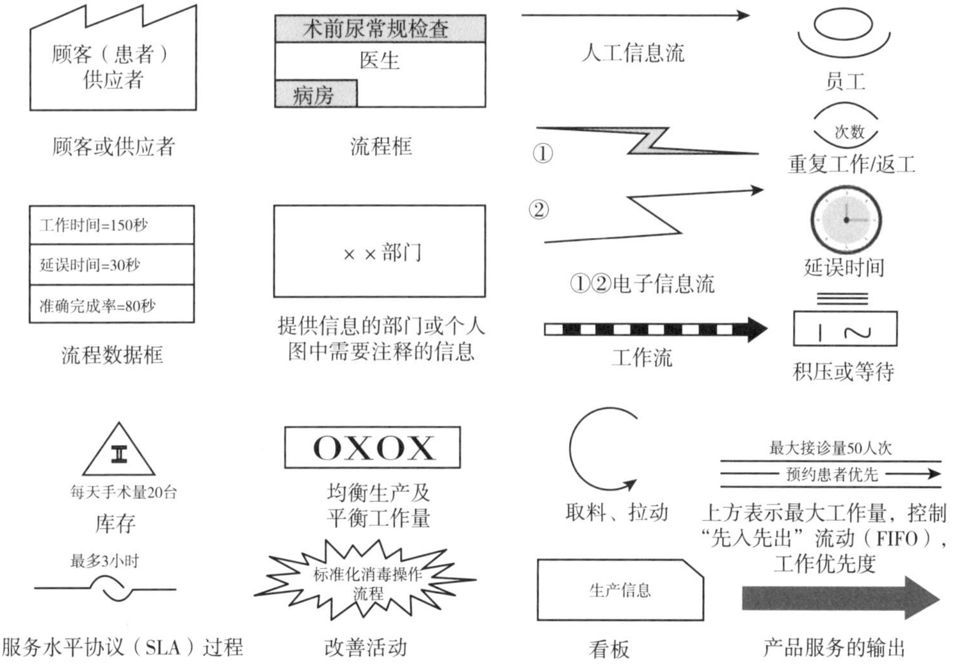

图3-2　价值流图标

三、标准化作业

组织在运营中已经形成和获得共同认可的工作准则按照分类，清晰、详细地梳理出来就是标准。标准化是指在经济、技术、科学和管理等社会实践中，对重复性的事物和概念，通过制订、发布和实施标准达到统一，以获得最佳秩序和效益。标准化作业作为丰田模式的核心理念，贯穿于整个精益生产的全过程。

（一）标准化作业的相关概念

1. 标准化作业 在精益生产方式中，广义的标准化作业是建立标准化流程与程序，减少生产中的浪费和变异，持续改进产品的质量，从而实现最大限度地提升整个系统的效率。狭义的标准化作业又称标准作业，是指用文字图画记录下来的、能够以最少的资源、最高的安全与质量完成某项活动、产出正确结果的现有最佳方法。

2. 标准作业指导书 标准作业指导书（standard operation procedure，SOP），又称标准作业程序，基于精益实践中记录下的最佳方法，将其操作的标准步骤和要求，按照统一的格式描述出来，用来指导和规范日常工作。

（二）标准作业的实施

在向标准化作业推进前，需要达到3个前提条件：①工作任务是可以循环往复的。如果一项工作做好了不会再做，则不必再为之标准化。②产线和设备可靠，极少出现异常的情况。如果生产所需的设备常出现异常，生产或服务常因处理异常而被中断，则无法形成稳定的工作流，此时应着重消除异常，先保证工作流的运行。③产品或服务的质量保持稳定。如果常发生缺陷，应先从源头调查缺陷发生的原因，说明未完全了解真实情况和控制作业流程的关键点，导致无法实现标准化。

1. 定义作业标准 作业标准是产品或服务结果需要满足或遵循的质量标准、安全标准、环境标准等，基于顾客、上级管理部门的要求而制定，不能随意修改。例如，国家或卫生主管制定的法律、法规、管理办法中的一些具体指标。

2. 定义流程标准 在什么情况下执行这个流程，启动并执行这个流程需满足的流程规范等技术信息或辅助的物品。例如，检验科的某类标本检验流程，需有关设备正确运行，其流程标准有设备处于正常的运行参数（如时间、温度、压力等）、设备运行的顺序等；医生为患者插尿管环节的消毒物品的器具规格、消毒范围等。

3. 定义标准程序 一个业务流程中将所有的人、物组织起来完成生产的执行步骤。在作业系统调查分析的基础上，将现行作业方法的每一操作程序和每一动作进行分解，以科学技术、规章制度和实践经验为依据，以安全、质量效益为目标，从而形成一种优化作业程序，逐步达到安全、准确、高效、省力的作业效果。

4. 制定标准作业指导书 标准作业程序（standard operating procedure，SOP），指将某一事件的标准操作步骤和要求以统一的格式描述出来，用于指导和规范日常的工作。SOP的精髓是将细节进行量化，通俗来讲，SOP就是对某一程序中的关键控制点进行细化和量化。

标准作业指导书编制原则：①100%：满足工艺要求。②1：唯一的最佳途径。③12：12岁的人能看明白——关键点清晰，分解详细易懂。④图片为主，文字为辅，图文并茂。⑤操作工为主，专业人员为辅，团队合作。

临床医疗情况多样复杂，如果操作不规范，有可能造成严重后果。例如，在外科医生进行手术前，需要严格执行手卫生和切口消毒步骤，手卫生与消毒方法对外科手术而言十分重要，可大幅减低外科手术的感染率、死亡率。医学上在临床工作中，许多洗手池旁边都可以看到手卫生的操作示意图，就是典型的SOP（图3-3）。

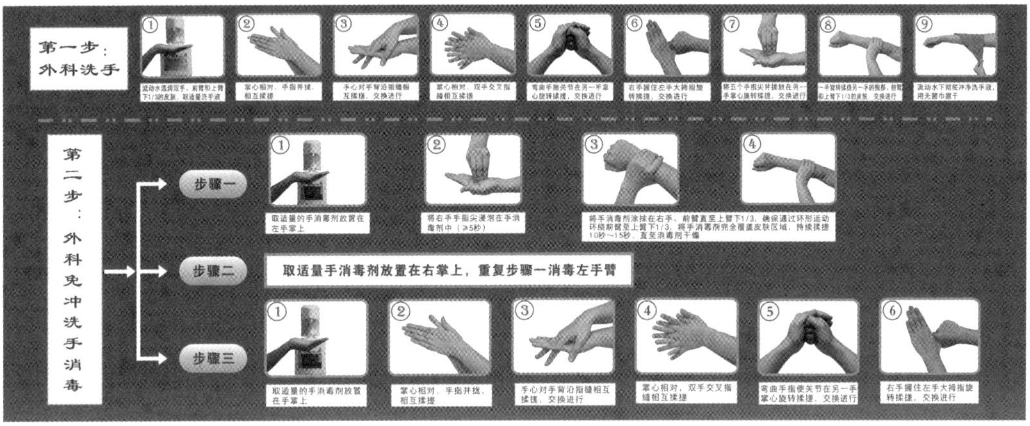

图3-3　手卫生操作示意图

扫码学习
相关内容

四、A3报告

A3报告是日本丰田公司开创的一种精益报告方法，是丰田已经传承了50多年的独特业务改善手法之一。出于效率的考虑，丰田公司要求提交的每份报告的全部内容必须压缩在一张A3纸的一面上。这种报告的方式简单且明确，让阅读者高效获取信息。A3报告在丰田公司成为一个标准的方法，用于工作汇报、问题分析与解决、战略部署。

（一）A3报告的概念

1. A3报告的概念　A3报告（A3 report）又称为一页纸报告。根据A3报告的类型，按照不同的框架将关键内容和信息进行整理、筛选、图表化，写在A3尺寸（11英寸×17英寸）纸的一面。

2. A3报告的作用　首先，A3报告展现了持续改善的过程，它阐述了问题解决的故事，记录问题的解决方案。其次，它是高效传达信息的交流工具，通过将重要的信息通过图文结合方式高度凝练在一页A3纸上，能促进上下级之间的有效沟通，让团队成员快速掌握信息，取得共识。另外，它是精益组织的管理工具。通过精炼简洁的信息帮助使用者关注问题及根本原因，预防问题的再次发生；帮助管理者发现质量问题的关键信息，进行科学决策与战略部署。最后，A3报告也是提升员工问题解决能力和持续改进思维的重要方式，是人才培养、员工成长的重要工具。

（二）A3报告的应用类型与特征

A3报告有三种形式：问题解决型A3报告、提议型A3报告和状态型A3报告。问题解决型A3报告反映的是PDCA循环的整体情况，提议型A3报告重点反映计划（P）的情况，状态型A3报告重点反映的是检查（C）、行动（A）的情况。问题解决型A3报告更为常见。

1. 问题解决型A3报告 问题解决型A3报告遵循PDCA循环的思路，由主题和7个部分组成：问题描述、现状分析、目标、原因分析、对策、效果确认、跟进措施（图3-4）。问题的背景、当前的条件、想要实现的目标、问题的根本原因是计划（P）部分。对策、效果确认、跟进措施对应了循环中实施（D）、检查（C）和行动（A）部分。

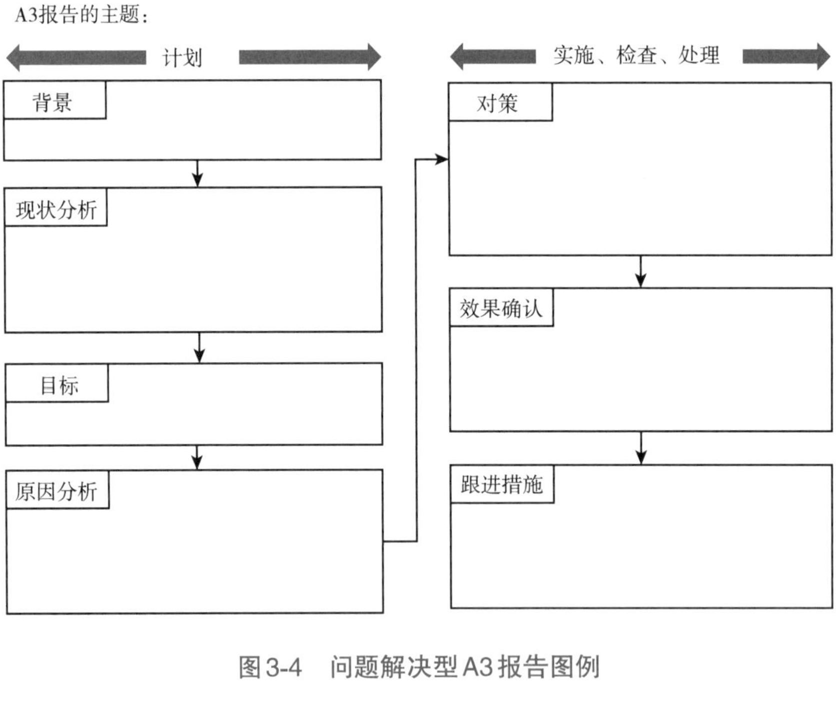

图3-4 问题解决型A3报告图例

2. 提议型A3报告 提议型A3报告是在计划（P）步骤的过程中、实施（D）步骤前进行的，用于下级向上级部门汇报。提议型A3报告和问题解决型A3报告均由一个主题性标题展开，报告的模板常根据具体需要突出的信息而调整（图3-5）。它的目标是提出建议计划，便于管理者作出科学、合理的决策。

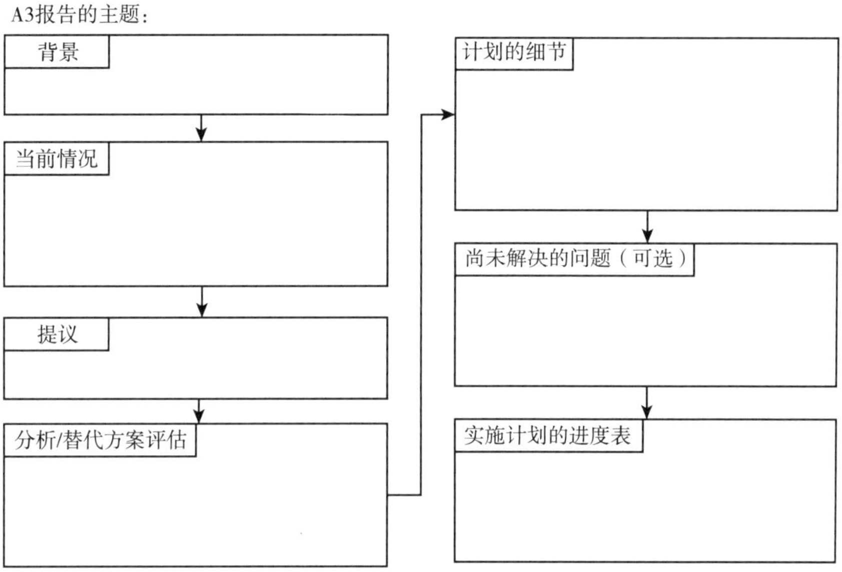

图3-5　提议型A3报告图例

3. **状态型A3报告**　使用状态型A3报告来高效地总结变革及其实施的结果，介绍相关工作的推进情况及是否达到预期目标。状态型A3报告是汇报PDCA循环中的最后两部分：检查（C）和行动（A）的阶段（图3-6）。

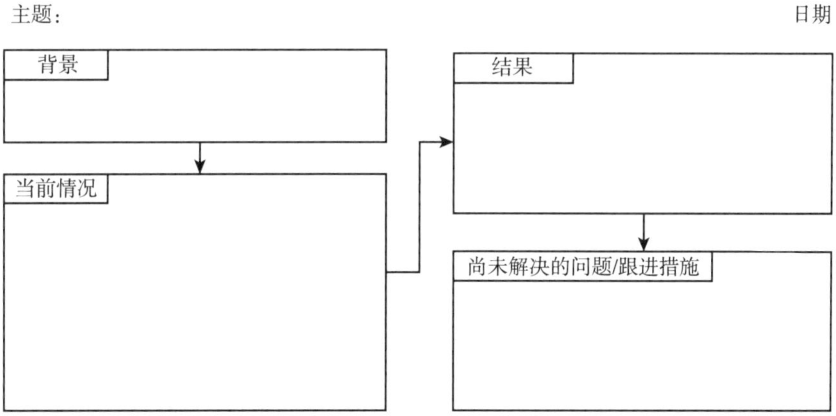

图3-6　状态型A3报告图例

（三）医疗行业中问题解决型A3报告的制作步骤

图3-7是精益医疗管理中常用的问题解决型A3报告模板，主要包括项目名称、时间、项目成员、问题描述、现状与目标、原因/数据分析、改善行动、结果与持续改进。

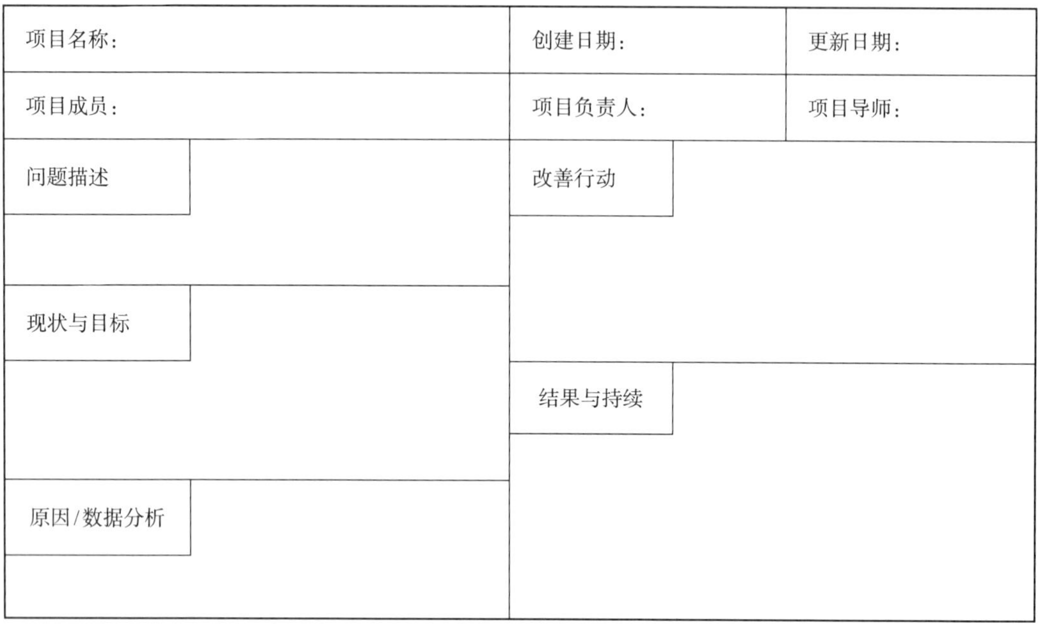

图3-7　精益医疗常用A3报告模板

1. 项目名称　项目名称应该包括三要素：结果、对象和具体问题。

例如“提高腹腔镜下前列腺癌根治性切除术后患者早期控尿率”，这题目中的“对象”是“腹腔镜下前列腺癌根治性切除术后患者”，“具体问题”是“早期控尿率”，而我们要的结果则是“提高”。

在主题里如果出现拟采取的手段是不恰当的。例如“目视化管理在骨科住院患者跌倒风险辨识度中的应用”，其中的“目视化管理”是拟采取的措施，在没有经过分析已设定要采取什么样的措施，这与精益管理A3思维所倡导的理念科学分析和精益现场改善的“三现”原则是不相符的。

2. 问题描述　在问题描述时，要说清楚为什么要做这个主题的改善，明确写出主题设定的目的、改善的必要性，交代清楚背景或理由。在描述问题背景时，一定要与组织的目标相联系，并解释清楚为什么认为该主题符合组织的目标。

3. 现状分析与目标　现状的调查要遵循“三现”原则：现场、现物、现实。通过现场观察，调查清楚现状，用定量、定性法来收集事实，将当前的问题和缺陷等信息在组织内进行共享。目标的设定要符合SMART原则：明确具体（specific）、可衡量（measurable）、可实现（attainable）、相关性（relevant）、有时间限制（time-bound）。

（1）如何将调查到的现状更好地呈现在A3报告里呢？要注意以下几点：

1）用图形清晰、严谨地描述当前情况。制作者要用直观、易懂的图形将调查结果可视化为示意图，避免大量数据直白地罗列。如图3-8所示，左侧柱状图呈现了4个院区的Ⅰ类切口手术预防性抗菌药物使用率情况，其中A院区最高。右侧将A院区内不同科室的Ⅰ类切口手术预防性抗菌药物使用情况进行了对比，可见甲科室、丙科室使用率较高，乙科室给药方案不合理的例数最多。

现状

管控目标：Ⅰ类切口手术预防性抗菌药物使用率<30.00%

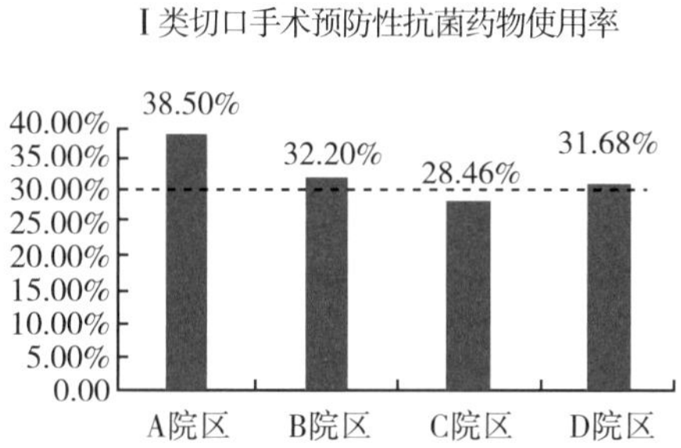

表　A院区手术科室的Ⅰ类切口预防性抗菌药物使用率

科室	甲科	乙科	丙科	丁科
使用率（%）	46.50	36.58	41.69	29.23
给药方案不合理（例数）	8	11	4	2
现状	×	×	×	√

图3-8　“现状描述”范例

2）清晰地向读者传递当前情况。可以在示意图上用周围带有锯齿的“闪电图”或其他直观的方式来突出存在的问题，或者明确标示出来。如图3-9所示，“闪电图”所标记的地方是患者花费时间最长的3个环节。

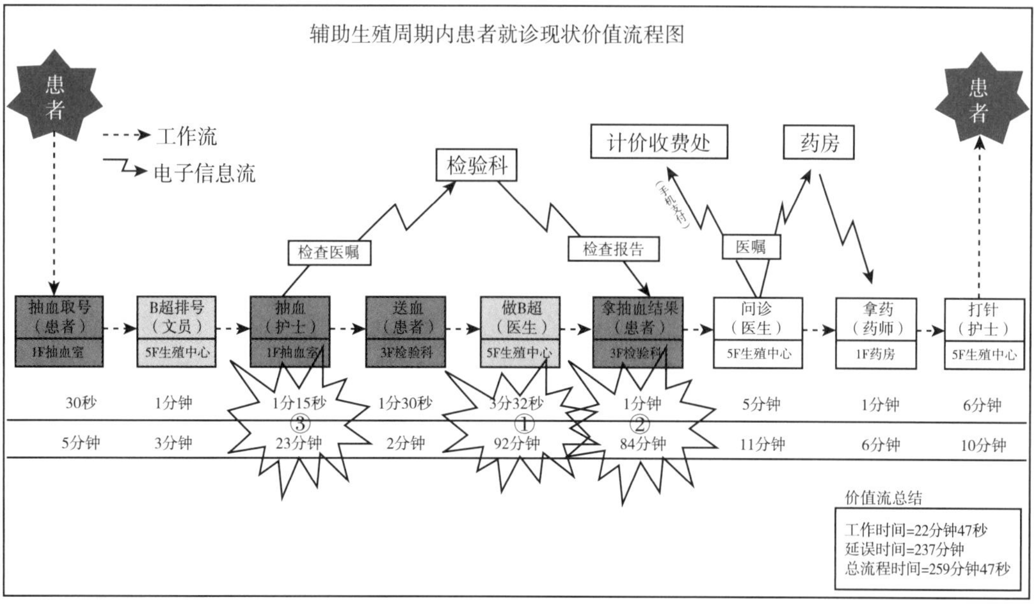

图3-9　“闪电图”使用范例

3）描述问题是基于事实而非经验性的主观看法和观点。描述应来自于调查者的观察结果、从系统中的客观数据，而不能是根据经验所作出的猜测。

4）问题应进行量化，以便于在改善的全过程对效果进行跟踪和评价。用图表来说明这些信息和数据。在图表展示的基础上，配一定的文字描述。

（2）如何合理地设定目标？要注意以下几点。

1）目标的设定要符合SMART原则。

S（specific）代表明确具体：目标一定要明确的，不能够模糊、笼统，要用明确具体的语言，清楚地说明要达到的效果，才是一个恰当的目标。

M（measurable）代表可衡量：目标是数量化或者行为化的，而验证目标的数据或者信息是可以获得的。

A（attainable）代表可实现：目标在付出努力的情况下可以实现，避免设立过高或过低的目标。

R（relevant）代表相关性：目标与工作的其他目标是相关联的，与本职工作是相关联的。

T（time-bound）代表有时限：注重完成目标有一特定的期限。

2）目标值设置以什么作为参考标准？

首先，可以查询和参考是否有国家标准、行业标准中的要求制订。

其次，可以根据行业的专家共识中的要求和报告值制订。

再次，可以查询相关文献中的报告值制订。

最后，可以依据行业中的标杆单位水平制订。

4. 原因/数据分析 目标与现状之间的差距需要通过科学的测量来确定根因。不能主观想象现场的状况和要因，必须排除先入为主的观念，立足于事实的基础，寻找问题的本质，反复问“为什么”，通过数据验证要因。常用工具有鱼骨图、亲和图、排列图、帕累托图、5WHY、查检表。无论用哪种分析工具，都应该考虑到以下几点。

（1）分析应全面：真正的问题往往是由多个原因造成的，或者原因隐藏得很深，运用5WHY不能直接确认根因，还需用现场抽样测量或实验来确认因果关系。

（2）分析应详细、针对正确的问题进行够深入的分析：确保将人力、机器、材料、方法、环境相关因素都考虑在内。

（3）应有数据验证因果关系：不管采用何种方法来确定产生问题的根本原因，“根本原因分析”都是通过逻辑推理或实验方法来证明问题产生的因果关系。常见的错误是改善团队只是把问题或现象列出来，未采取科学测量或逻辑分析方法去寻找证据，或仅列出很容易解决的或很常见的原因。

5. 改善行动 实施改善行动前，应根据查找出来的根本原因有针对性地制订计划，并稳步推进。可采取5W2H法予以策划。5W2H分析法又称七问分析法，通过结构性的7个方面思考，避免考虑问题的疏漏。

W（why）代表何因：明确对策和问题的根本原因是否为因果关系。思考为什么要这么做？不做可否？有无替代方案？

W（what）代表何事：明确实施什么对策。事情是什么？重点是什么？规范是什么？

W（where）代表何地：明确实施的顺序和地点。在哪里做？从哪里先入手？

W（when）代表何时：明确完成该措施的时间。什么时间完成？什么时机最佳？

W（who）代表何人：明确负责对策的实施人。谁负责？谁具体完成？

H（how）代表何法：明确实施的对策是否清晰、合理。如何实施？如何改进？如何提高效率？如何防错？

H（how much）代表多少：明确需要做到什么程度？数量、质量水平、费用产出情况怎样？

制订对策时，不要局限于一些固有的概念或自己的工作范围，要向团队内外广泛征求意见。从“效果”“成本”“风险”“效率”的视角去制订对策，设计多种应对根本原因的解决方案，进行评价后采取5W2H法选择执行方案，合理地分配任务和设定目标，确定完成期限。最后，明确具体管理人员的责任分工，并在得到相关人员和相关部门同意的情况下推进和实施。可用甘特图展示整体计划的实施进度（图3-10）。

2016 年 03月　　“天数”和“进度条”根据“开始日期”和“结束日期”自动计算

工作安排	负责人	备注	开始日期	结束日期	天数	1	2	3	4	5	6	7	8	9	10	11	12	13	14	15	16	17	18	19	20	21	22	23	24	25	26	27	28	29	30	31
任务一	张三	计划	01日	03日	3																															
		实际	01日	02日	2																															
任务二	李四	计划	04日	06日	3																															
		实际	03日	06日	4																															
任务三	王五	计划	07日	10日	4																															
		实际	07日	09日	3																															
任务四	赵六	计划	10日	13日	4																															
		实际	10日	12日	3																															
任务五	张小三	计划	14日	18日	5																															
		实际	13日	19日	7																															
任务六	李小四	计划	16日	20日	5																															
		实际	20日	21日	2																															
任务七	王小五	计划	21日	22日	2																															
		实际	22日	22日	1																															
任务八	赵小六	计划	23日	26日	4																															
		实际	23日	26日	4																															
任务九	钱七	计划	27日	29日	3																															
		实际	27日	28日	2																															
任务十	钱小七	计划	29日	31日	3																															
		实际	29日	30日	2																															

图3-10　对策实施“甘特图”范例

6. 结果与持续改进　结果部分主要是根据精益项目设定的目标，采用统一标准或基准收集数据，对结果和流程的量化数据进行比较，确认改善行动的有效性。

持续改进部分主要是明确后续需要跟进的问题。对于在规定期限内没有完成的目标，团队需要确认实际数据与目标之间的差距，寻找没有改善的原因。此外，还有哪些方面有待进一步改善？需要采取什么措施来杜绝类似问题的再次发生？团队要将没有完成的内容作为今后改善的主题，以达到持续改善的目的。

A3报告页面应该整洁、条理性强、美观，行文要直接、简练，报告中不要含有重复、多余的信息或文字。给读者传递信息要清晰准确，但不要为了简洁而漏掉应有的关键信息，要明确要点，示例详见图3-11。这种思维的明晰和准确是A3报告的真正价值，它有助于发现组织内的问题和提升解决能力和决策能力。

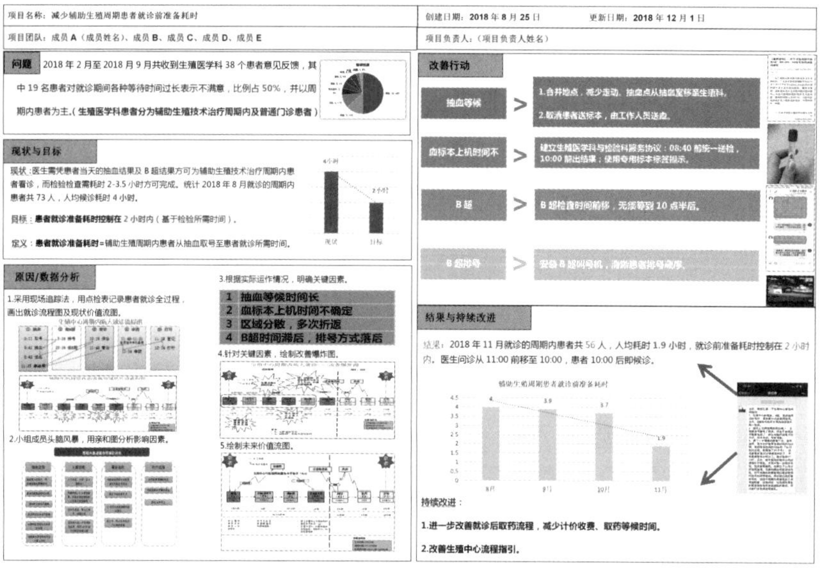

图3-11 《减少辅助生殖周期患者就诊前准备耗时》A3报告

第三节 精益管理应用案例

案例：减少辅助生殖周期患者就诊前准备耗时

一、项目背景

据统计，我国育龄夫妇不孕不育率达12%~15%，接受辅助生殖技术的患者逐年递增。2016—2018年我院生殖医学科接受辅助生殖技术的患者人数从1074人次上升至

1555人次（图3-12）。在服务人数增加的同时，也暴露出生殖医学科工作流程中的缺陷。2018年2~8月，生殖医学科共收到38个患者意见，其中19名患者对就诊期间的等待表示不满意，比例占50%（图3-13）。数据显示，2018年8月就诊地接受辅助生殖技术患者共73人，每位接受辅助生殖技术的患者，从开始助孕治疗至成功取卵，整个周期历时1个月左右，在此期间患者需要前往医院随诊7~8次，平均每周1~2次，每次均需在当天完成采血化验以及B超检查，取得报告后方可就诊。从患者取号采血至患者就诊，等候耗时2.37~8.21小时，平均耗时4小时。

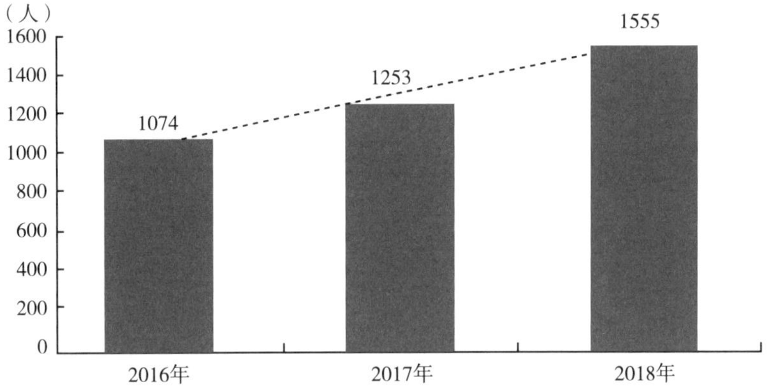

图3-12　接受辅助生殖技术患者人数

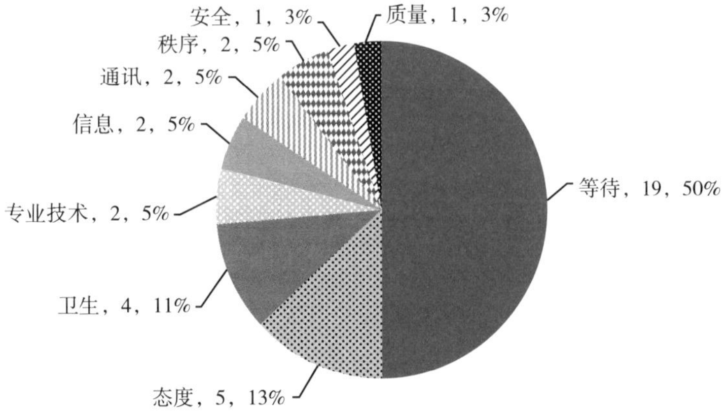

图3-13　生殖医学科患者投诉内容分类

二、现状调查与目标设定

为解决流程存在的问题，医院组建由生殖医学科、检验科、急诊科、医院办公室、医教处、护理部、门诊办等临床及职能部门的跨部门合作团队，通过现场追踪法、点检表、现状价值流图等方法、工具了解实际流程存在问题。团队征得患者的同意，全程跟踪患者从进入医院门口到就诊的全过程，并用点检表记录具体时间节点，画出就诊流程图（图3-14）及现状价值流图（图3-15）。

从图3-14可见，在患者就诊的5个关键环节中，患者为缩减抽血及做B超的等待时间，多次折返一楼抽血室、三楼检验科及五楼生殖医学科。从患者8：11抽血取号至11：35取结果，检验耗时3小时24分钟；至11：48看诊，总耗时达3小时37分钟。

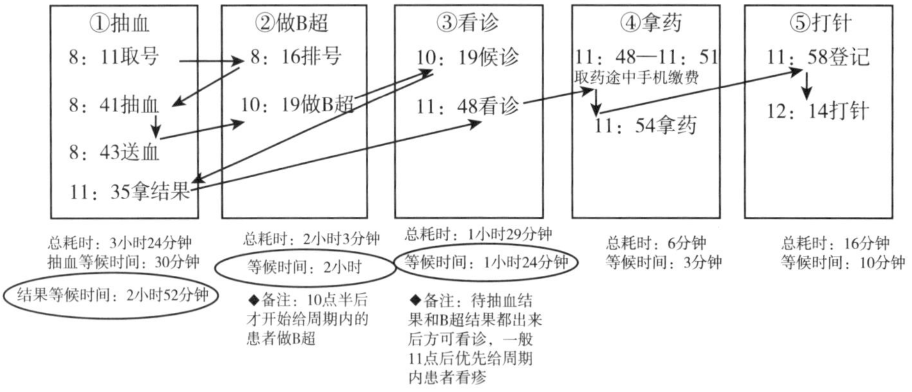

图3-14　生殖医学科周期内患者就诊流程图

从图3-15可见，患者在抽血、做B超、取检验结果等待耗时最长，达23分钟至92分钟不等。基于辅助生殖周期内患者检验项目所需的检验时间（孕酮、雌二醇、FSH等性激素项目上机需1小时，标本前处理包括凝固和离心需要15~20分钟，报告审核需要5~10分钟不等，合计1.5小时），项目设定目标为患者就诊准备耗时控制在2小时内。

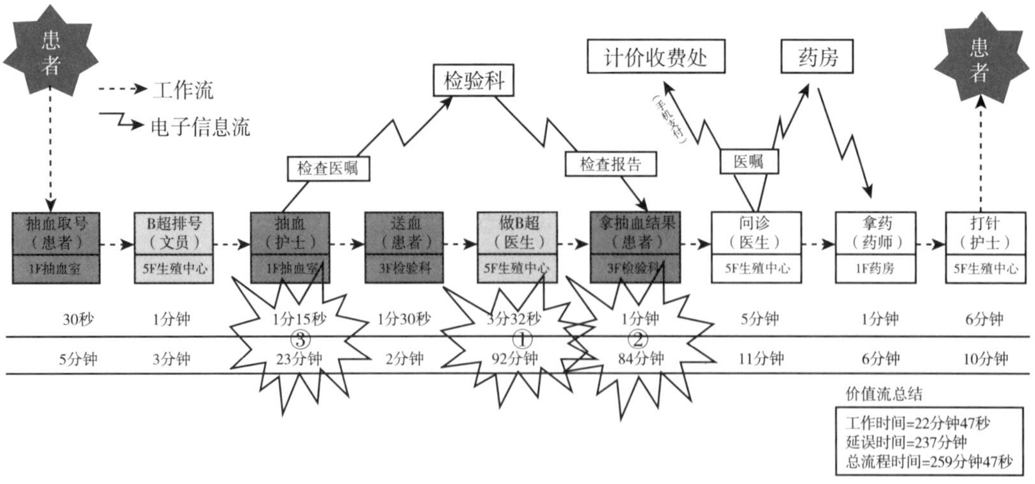

图3-15　辅助生殖周期内患者就诊现状价值流程图

三、根因分析

小组成员通过就诊流程图和价值流程图的直观体现，采用头脑风暴法、亲和图（图3-16）进行原因分析及主因确定，利用改善爆炸图（图3-17）明确改善的方向及措施，并用未来价值流图（图3-18）呈现我们期望达到的目标、改善后的新流程。

在小组讨论中，小组成员头脑风暴，分别从自身所在的部门角度出发，提出相关流程的影响因素。我们用亲和图将所有的影响因素按照各关键环节进行归集，并根据实际运作情况，找出影响因素的相关性以及患者最不满意的环节。最终明确影响患者满意度以及造成等候时间长的关键因素，包括：抽血室抽血等候时间长，无法优先；检验科血标本上机时间不确定；流程涉及区域分散，需患者多次折返；B超室安排时间滞后及排号方式落后。

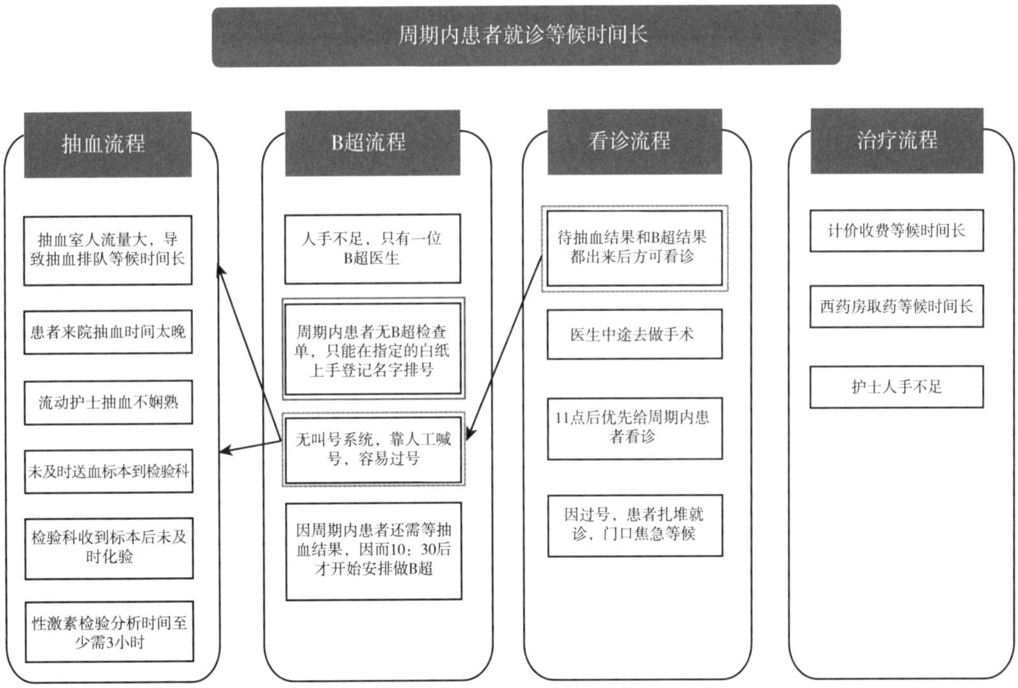

图3-16 辅助生殖周期内患者就诊等候时间长分析亲和图

从图3-17可见，小组成员针对关键因素，提出转移抽血地点以合并地点减少走动、改由工作人员送检减，少患者送检环节、设置自助叫号机清晰检查顺序等改进思路，希望能缩减流程的步骤以及减少等待的耗时。

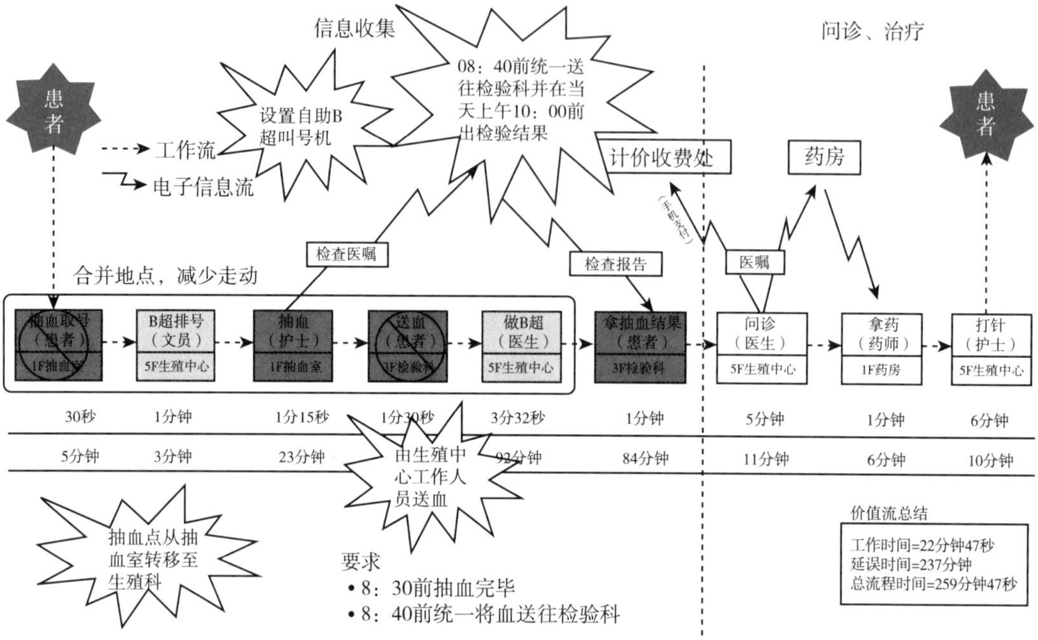

图3-17 生殖医学科周期内患者就诊流程改善爆炸图

通过图3-18可见，我们期望达到的目标是让患者在同一地点完成抽血及B超检查，并能够在抽血至出报告期间完成B超检查，让患者无需来回折返并减少等待的耗时。

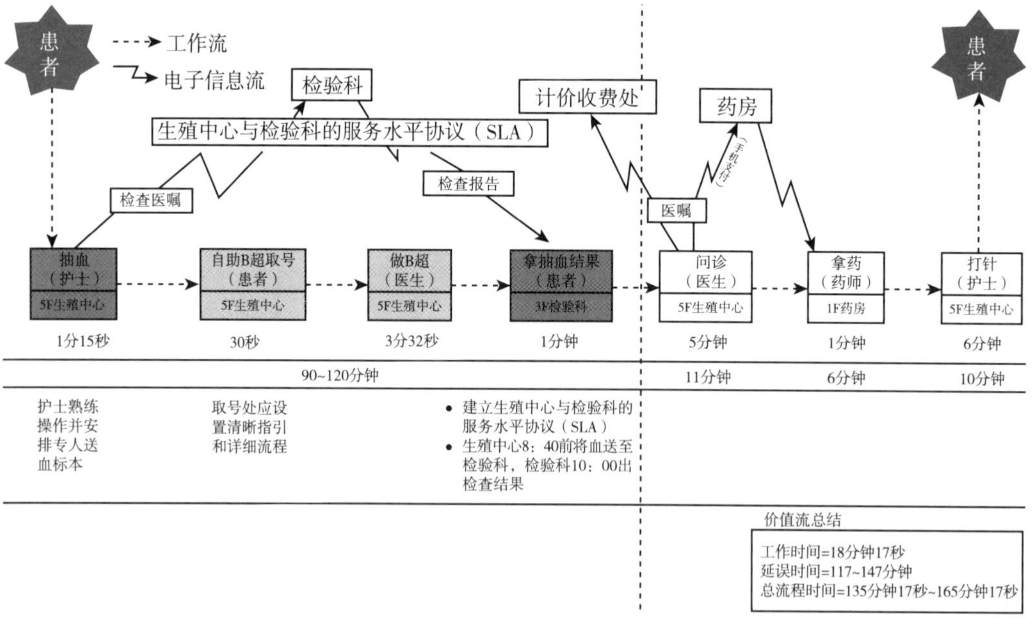

图3-18 生殖医学科周期内患者就诊未来价值流程图

四、改善行动

1. 改变采血流程，解决“抽血室人多需排队等候”问题 在抽血排队等候过程中，每位患者花费的时间成本是相对公平的，故而并不能对辅助生殖周期患者予以优先。因此，我们改变采血流程，采取科室自行采血的方式，将采血点移至生殖医学科，护士提前半小时到岗，执行采血工作（图3-19，图3-20）。

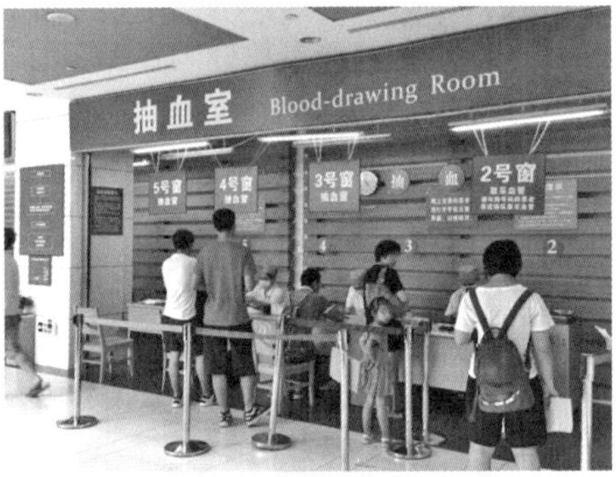

图3-19 改善前患者在抽血室轮候采血

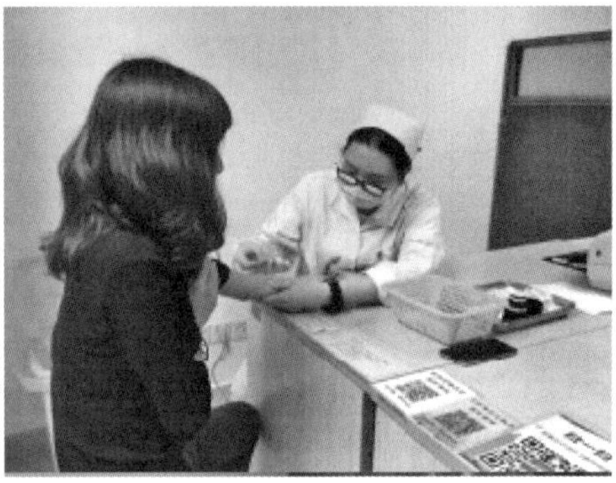
图3-20 改善后由生殖科自行采血

2. 形成时间节拍，解决“血标本送达时间不确定”问题 新的采血点设定采血时间，让患者在早上8：00到8：30前往采血，形成良好的时间节拍；同时，改变送检流程，由生殖医学科工作人员统一送检，无需患者自行送检，减少患者的走动及折返（图3-21，图3-22）。

图3-21 改善前患者选择自行送检

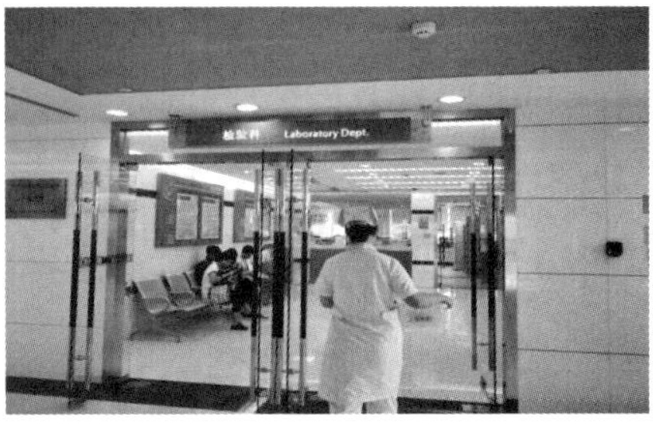

图3-22 改善后由工作人员统一送检

3. 建立服务协议，解决“检验科收标本后未及时化验”问题 使用黄色“生”字专用标签对血标本进行标记，便于检验科识别分类、加快上机速度；同时，建立生殖医学科与检验科的服务协议——生殖医学科8：40前统一送检，检验科10：00前发出验血报告；如标本需复核，则十点半前发出验血报告（图3-23，图3-24）。

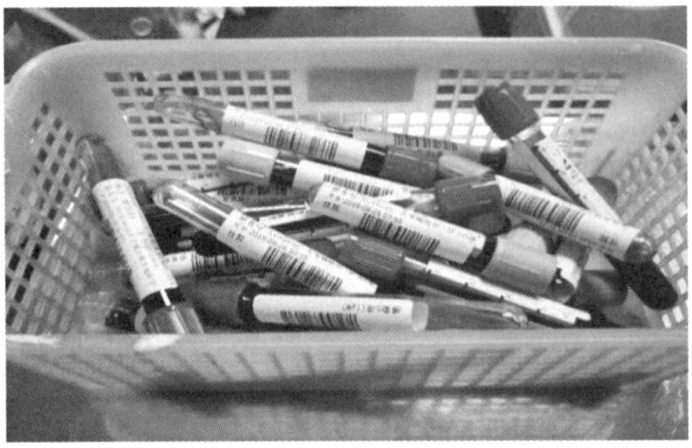

图3-23　改善前标本不易识别

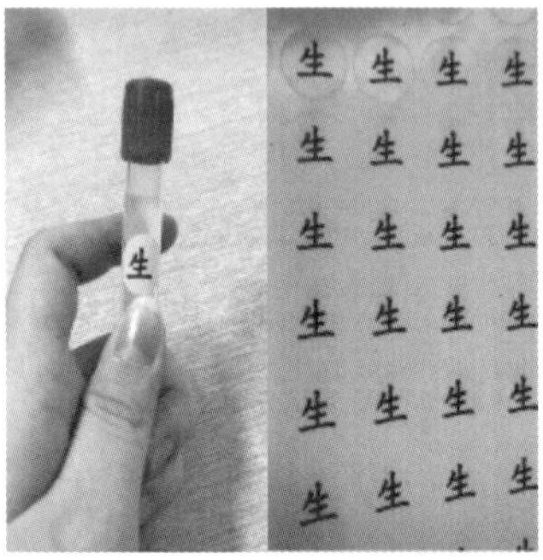

图3-24　改善后标本容易识别

4. 改变B超报到方式，解决"B超时间安排刻板及叫号方式原始"问题　辅助生殖周期患者统一在10：30后做B超的做法，是基于周期患者采血出报告时间不保证而采取的措施，让其他门诊患者先完成B超以加快就诊流程。既然周期患者采血出报告时间得以保证，那我们打破统一10：30后做B超的惯例，让患者在采血后即可进入B超等候的队列，加快就诊速度并体现就诊的公平性。

同时，加强信息化的管理和利用，更换生殖医学科B超室电脑主机，安装、启用叫号系统，改变B超的报到方式，清晰周期患者与普通门诊患者的排号顺序（图3-25，图3-26）。

图3-25　改善前B超室状况

图3-26　改善后B超室状况

五、改善成效

1. 辅助生殖周期患者就诊前准备耗时有效缩减　经过改善措施的落实，2018年11月生殖医学科就诊的周期内患者共56人次，人均耗时1.9小时，达到我们期望值（图3-27）。随后我们继续进行跟踪，从2018年12月至2019年8月，人均耗时维持在1.85~2.66小时之间（图3-28）。

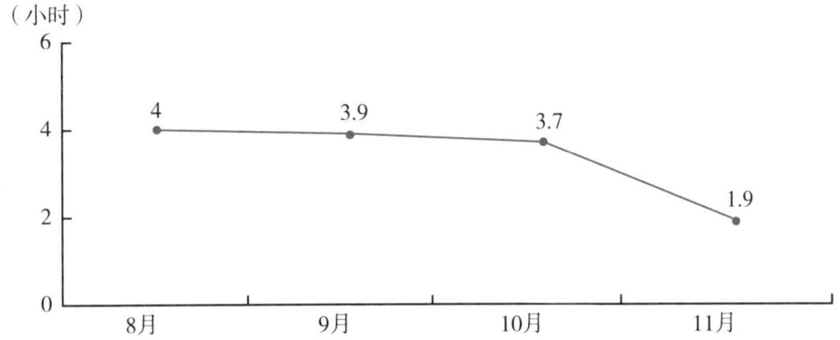

图3-27　辅助生殖周期患者就诊前准备耗时（2018.8—2018.11）

图3-28　辅助生殖周期患者就诊前准备耗时（2018.12—2019.8）

2. 患者对生殖医学科工作流程意见大幅度减少　经过改善措施的落实，2018年11月~2019年8月10个月内共收到患者意见反馈11条，与改善前7个月38条意见相比有明显减少（图3-29，图3-30）。

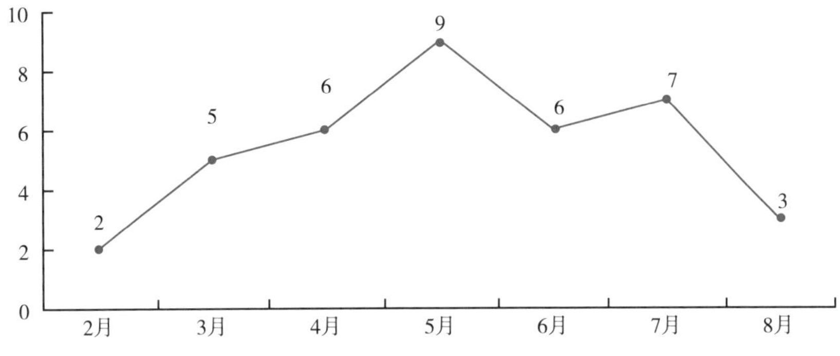

图3-29　改善前患者意见统计（2018.2—2018.8）

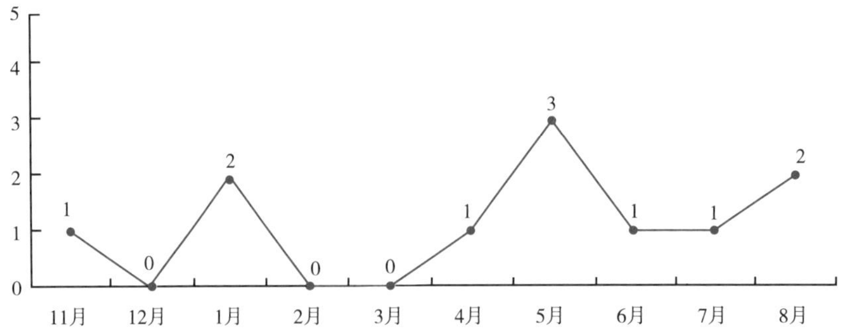

图3-30　改善后患者意见统计（2018.11—2019.8）

医疗服务是一个立体的、网状的、多节点的服务，所涉及的环节复杂繁琐，每个环节的流程不像生产线般固定不变，会因服务对象的情况，如病情轻重、诊治要求等而有所变化。在流程改善过程中，可能涉及不同的问题，难以一次性解决。我们要善用数据，寻找关键问题，优先解决重要且迫切的问题。此外，要群策群力发挥团队的力量。项目团队中临床科室及职能部门工作人员协作，通过"改、形、变、建"——改变采血流程、形成时间节拍、变动报到方式、建立服务协议，从而有效减少患者在医院的滞留时间，提高医护人员工作效率。

知识拓展

近年来，如何探索并落地一条高质量发展路径成为公立医院发展的新挑战和新课题。医院的高质量发展需要围绕人民群众的需求和体验，找准需要改善的问题，调动医院员工全员参与，持续改善，才能形成持续改善和发展的动力。

近10年来国内有越来越多的医院引入和开展精益医疗，但更多的是项目层面的精益，和某一种或多种精益工具的具体应用。但"精益"绝不只是一个项目，而是一套完整的管理思想与体系，是在组织管理文化、工具、制度、信息化技术相结合的综合管理组织体系。好的精益管理体系能够在组织中形成全员参与、持续改善的良性循环，有效促进医疗服务安全，实现医疗服务质量的持续改进。广东省中医院自2006年引入精益管理至今已有16年历史，作为国内精益医疗实现的先驱，其经验对于国内医疗行业开展精益医疗管理和时间具有借鉴意义。

主要做法：

一、构建基于患者价值、尊重员工的医院文化建设体系

倡导建立患者、医院、员工三者利益相统一的内部运行机制，树立"患者至

上、员工为本、真诚关爱”核心价值观。基于顾客管理理论将顾客分为外部顾客（患者）和内部顾客（员工）。在精益实践中，院领导带头，参与精益改善，围绕患者价值，尊重员工价值和改善建议，配套激励措施，从而激活员工认同感、归属感和成就感，为医院推进精益管理和进行精益转型奠定了坚实基础。

二、构建了三级联动的精益医疗推进组织体系

医院建立精益品质促进小组、优质服务内训师、精益改善项目小组为核心的三级联动组织，以网格化方式推进精益管理工作。完善精益管理制度，建立多维度精益改善的申报管理、质量考核、验收评估等一系列配套制度。创建医院优质服务改善模型，体现了从解决服务问题的“消防员”思维到提升到从源头改善和预防问题的“精益生产”思维。除此之外，开展多维度的精益改善活动，按照精益改善内容及复杂程度，分为项目制、提案制、清单制改善，合理配置精益改善资源（图3-31）。

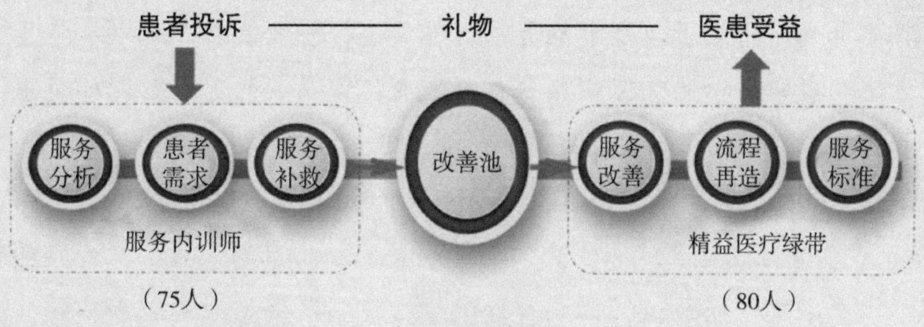

图3-31 某中医院优质服务改善模型

三、构建三维网状的自主精益人才培育体系

将理论学习和实践交流相融合，根据不同层次的人才需求，设计多元的培训体系，满足不同层次人才的需求。建立面向全员和精益医疗绿带的积分管理制度和激励制度，提高员工参与改善的积极性（图3-32）。

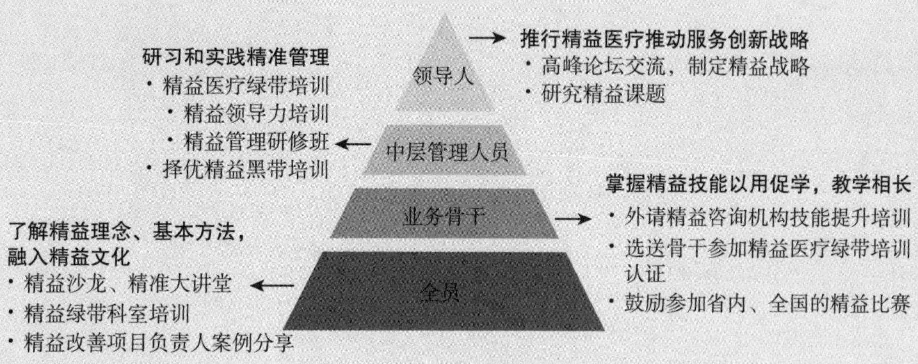

图3-32 培训体系

四、创新研发精益管理数字化平台

构建了基于微信公众号平台与WEB端相结合的多端移动精益管理数字化平台，实现了以精益项目、自主改善、合理化建议、培训流程为业务主线的过程控制信息数字化，建立了医院精益改善数据库。精益数字化管理平台实现了不同类型的精益改善活动的移动化办公与智能化呈现，为精益管理决策提供了数据支撑，为精益日常管理提速增效。

本章小结

精益管理起源于日本。不同学者对精益有不同的定义，但精益的核心是消除浪费、尊重员工。精益管理是激励员工创造价值，持续改善，追求尽善尽美的一种管理方法和哲学。精益管理虽然源自制造业，但精益的原则也同样适用于医疗行业。本章第一节介绍了精益的概念、精益管理起源、精益管理发展及精益医疗。第二节介绍了精益医疗管理的基本工具，包括八大浪费、价值流图、标准化作业、A3报告。第三节通过一个流程优化的精益项目完整的呈现了跨职能合作的精益改善过程。精益思想和精益工具已成为医院推动持续改善、提高服务质量、获得竞争优势的一种管理抓手，被日益重视和广泛应用。

（夏　萍）

第四章　六西格玛

学习目标

1. 掌握　六西格玛的基本概念；DMAIC和DMADV模式。
2. 熟悉　六西格玛的作用与意义；六西格玛的管理理念。
3. 了解　六西格玛的起源与发展；六西格玛的应用与发展趋势。

第一节　六西格玛概述

一、六西格玛的基本概念

六西格玛（Six Sigma，6 Sigma）又称“6σ”，西格玛（σ）是希腊字母，是一个统计学单位，在统计学中用来表达总体数据集的标准差，反映数据的离散程度。标准差越小，数据偏离平均值μ（数据间的差距）就越少，反之亦然。通常在研究一组数据的状态时，不能仅仅讨论平均值维度，还要考虑离散程度，就好比研究一个病种的费用时，不能仅仅通过平均值的大小来衡量疾病的负担，还要关注不同患者之间的费用差距。

课堂互动

了解变异有助于管理者更全面知晓业务和流程的真正表现。过去大家常用平均值来测量和描述事物，如平均成本、平均周期、平均等待时间等，平均值把变异的问题掩盖了，也掩盖了问题的真相。

例如，如果某类患者需要在6天内得到检查结果，否则就会影响后续治疗，你发现检查结果的平均等待时间是4.2天，有可能会觉得没有问题。但是不幸的是，该检查结果的平均等待时间存在很大的差异，有15%的患者是超过6天的。

如果不去降低差异，那么我们只能把平均等待时间降到2天，才能使所有患者的等待时间不超过6天。但是，如果通过降低差异，我们可以实现平均值为5天，也不会有患者超过6天才拿到结果。

因此，了解并解决变异问题可以让医院和患者均受益，因为实现等待时间平均值为5天比平均值2天所需的成本低很多。

那么，为什么是6个σ呢？早年摩托罗拉的工程师们在实践时发现，当产品的公差带范围［即图4-1中产品规格上限（USL）与产品规格下限（LSL）之间的范围］能左右各容纳得下流程的固有变异（σ）的6倍时，这个流程所生产出的缺陷产品将非常接近于“零”，考虑到产品特性随着时间的推移其均值可能发生偏倚，其偏倚量大约在1.5倍标准差（σ），通过理论计算此时的不良率大约在百万分之3.4（图4-1），若不考虑偏倚时6σ品质水平的不良率低至十亿分之二（表4-1），都十分接近于零。

因此，六西格玛的统计学含义为6倍标准差（6σ），达到六西格玛意味着每百万个操作中缺陷率仅允许3.4的质量水平，非常接近“零缺陷”的要求。六西格玛的核心是追求零缺陷生产，防范产品质量风险，降低成本，提高生产率和市场占有率，提升顾客满意度和忠诚度。

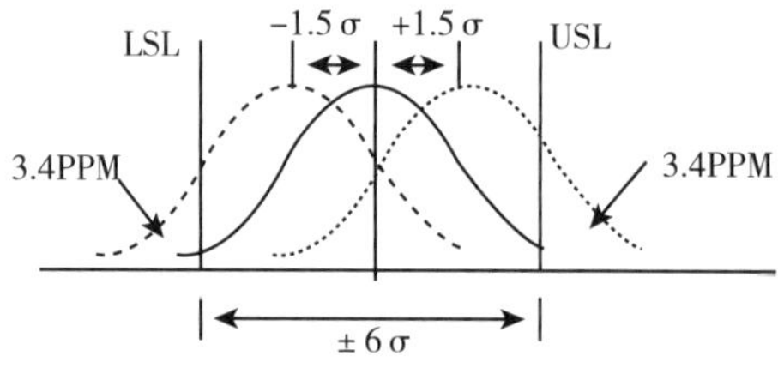

图4-1　产品特征正态分布图（±1.5偏倚）

表4-1　不同西格玛水平的缺陷率和合格率

西格玛水平	不考虑1.5σ偏倚		考虑1.5σ偏倚	
	缺陷次数（PPM）	合格率	缺陷次数（PPM）	合格率
1	317 400	68.26	691 500	30.85
2	45 500	95.45	308 500	69.15
3	2700	99.73	66 810	93.3
4	63.34	99.994	6210	99.379

续　表

西格玛水平	不考虑1.5σ偏倚		考虑1.5σ偏倚	
	缺陷次数（PPM）	合格率	缺陷次数（PPM）	合格率
5	0.29	99.99997	233	99.9767
6	0.002	99.9999998	3.4	99.99966

注：1ppm=10^{-6}，即百万分之一。

案例讨论

【案例】在门诊缴费窗口，患者希望5分钟以内完成缴费，H医院的实际处理是μ=4分钟，σ=1分钟。

【讨论】请问有百分之多少的患者会感到不方便？

二、六西格玛的起源与发展

1. 六西格玛起源于摩托罗拉，兴盛于通用电气　六西格玛的方法论最早起源于美国摩托罗拉公司。目前较为客观、公认的说法是，六西格玛方法是一个工具集（tool kit），是摩托罗拉公司为改进产品质量而把包括戴明持续质量改进理论、全面质量管理（total quality management，TQM）、统计质量控制理论等在内的多种质量管理工具打包形成的，是集体智慧的结晶。摩托罗拉公司通过应用六西格玛实践，在10年间将质量从4.2σ上升到5.6σ，销售额增长5倍，节约费用累计超140亿美元，并获得了美国商业领域的最高荣誉奖——美国国家质量奖。而真正把六西格玛从质量战略变成管理哲学和实践并形成一种企业文化的，是通用电气公司（GE）。在杰克·韦尔奇（Jack Welch）领导下，GE公司于1996年初开始把六西格玛作为一种管理战略，列在公司三大战略举措之首，全面推行六西格玛的流程变革方法。90年代中期开始，六西格玛逐渐在欧美各大企业中迅速得到发展，从一种单纯的质量管理系统方法上升为管理理念和经营哲学，从制造流程领域到风靡世界，成为全世界追求管理卓越性的企业最为重要的战略举措。而六西格玛在中国的应用始于1999—2000年间，起初是全球500强企业在本土使用成功后推行到中国的公司，之后在2002年杰克·韦尔奇的自传风行世界之时，中国企业开始真正认识并应用六西格玛，最早一批中国本土企业包括春兰、宝钢、中远、哈飞、海南航空公司等，但总体来说应用尚不及国外企业。

知识拓展

比尔·史密斯1929年生于纽约布鲁克林，毕业于美国海军学院和明尼苏达大学商业学院。他拥有近35年的工程与质量管理经验，于20世纪80年代任职摩托罗拉副总裁和品质部高级经理，于20世纪90年代初因心脏病离世。

六西格玛脱胎于全面质量管理，比尔·史密斯是最早总结和应用这套理论的。他将六西格玛引入摩托罗拉，通过统计方法减少生产缺陷，实现了利润率的提高，摩托罗拉也于1988年被授予鲍德里奇美国国家质量奖（Malcolm Baldrige Excellence Award）。如今，六西格玛已被广泛接受，比尔·史密斯也因此享誉“六西格玛之父”之名。

2. 六西格玛在医院管理中的应用 在实施领域方面，六西格玛管理逐渐跨出最初的制造行业，作为一种普遍的管理方法在各个行业传播和应用，其中就包括医疗领域。20世纪90年代，六西格玛被引入医疗管理，成为提高医疗机构业绩和竞争力的有效管理模式。美国最早一批应用六西格玛的医院如弗吉尼亚州查尔斯顿医疗中心、威斯康辛大学、耶鲁大学医院、北岸长岛医院等，通过六西格玛管理节约医院运营成本、缩短患者留置时间、提高总体收入等。并且，六西格玛从医院管理延伸至药品研发，扩张应用到医疗服务链，都取得很好的成效。我国北京医院于1999年与GE公司合作，开始引进六西格玛管理来改善门诊抽血流程，成效显著。2001年GE公司与台州医院合作挂牌成立“六西格玛”质量管理培训基地，成为GE公司在亚太地区首家驻点在医院的六西格玛培训基地。目前全国已经有多家大型、综合医院将六西格玛方法引入了医院管理，在改善患者满意度、改进质量、改进医疗流程、机器维护、降低库存、成本控制、效率提高、患者安全等多方面取得成效。六西格玛管理在医院管理方面的应用仍多为探索性研究，尚无大规模全面应用六西格玛的研究。

三、六西格玛管理的理念

1. 以患者为中心，对患者需求高度关注 六西格玛管理的绩效评估首先从患者开始，以对患者满意度和价值的影响作为六西格玛改进程度的衡量标准。由于改进的领域涉及过广，医院人力、物力、财力有限，因此应抓住“患者质量关键特性”，其界定和优化是六西格玛管理中的最丰富源泉和动力。尽管每家医院都提出“以患者为中心”，但是很少有医院持续地对患者需求和期望进行了解，即使做了，也是一次性或短期行为，忽略了患者需求不断变化的事实。

2. 基于事实和数据的管理　六西格玛将以事实为依据把管理的概念提升到新的层次，尽管大家都关注绩效指标、改善信息系统、知识管理等，但是仍有很多医疗机构的业务决策是基于主观印象和假设。因此，六西格玛管理首先就要澄清哪些指标是衡量绩效的关键指标，然后运用数据和分析方法明确关键变量并进行优化。

3. 关注流程、管理和改善　流程是实施六西格玛改善活动的对象，不论是设计产品或服务、测量绩效、提高效率、改善患者满意度甚至重新设计整个业务，流程都是关键的载体。六西格玛不仅强调流程是改善的关键，还强调不同流程之间的连接，包括从宏观到微观，从部门内部到职能交叉，从现状到将来。六西格玛管理为业务节约的成本和增加的收益，都来源于对业务流程的改善。

4. 积极主动的管理方式　六西格玛强调在事件发生之前预见性采取行动去处理，而不是被动地反应。积极主动的管理代表着突破被经验束缚的习惯，制订宏观的目标并经常自省，设定明确的优先次序，把经历放在预防问题上而不是等待问题出现后才到处灭火，批判性思考我们现有的工作而非想当然认为就应该如此开展工作。六西格玛管理所囊括的工具和实践，会促使医院用动态、积极主动的管理来取代被动应对的习惯。

积极主动地进行管理意味着有效、有创造性的变革的开始。若一个医院始终处在对接连不断的危机应对中，并不代表着医院的经验丰富、能掌控一切，而是医院管理失控的表现。

5. 变革管理　在六西格玛管理成功案例中，变革管理是最重要、最优先的一部分。组织变革需要新的时间、行为、态度和技能，不能反靠六西格玛的方法技术，应该让领导者、管理者和开展工作的员工都积极参与，才可能成功。六西格玛管理必须强调领导者的实际参与，才能保证实际推行效果。因此，领导者需要首先学习相关基本理论，树立六西格玛管理理念。

6. 追求完美，容忍失误　从本质上来说，追求完美和容忍失误是互补的两方面。追求完美是六西格玛追求“零”缺陷的精髓所在。但是在追求六西格玛绩效时，医院需要勇于尝试新的思路和方法，而这通常是具有风险的。如果医院过于害怕失败带来的后果，员工就永远不会跨出尝试变革的步伐。当然，六西格玛管理技巧中也包含了大量风险管理的内容。因此，六西格玛力求完美，但同时需要容忍失败，接受并管理错误的风险和挫折，从错误中学习。

四、六西格玛在医院管理中的意义与作用

1. 医疗行业实施六西格玛的必要性　生命于每个人只有一次，因此医疗服务中的

质量与安全尤为重要，更应该追求“零缺陷”。追求六西格玛的质量安全水平是每家医院、每位医务人员应该具有的质量意识，因此，六西格玛尤其适用于医疗卫生行业。

以美国为例，有学者提出“所有组织都处于不健康状态”“医疗是美国政府和企业的绝症”。医疗保健专家们竭尽全力改进，但仍有巨大的改善空间。诸如医疗保健差错、医院获得性感染、处方不正确、手术器械遗留等事件，增加了巨额的医疗费用。2005年H.James Harrington报道，全球每年有220万以上的人们因医疗差错殒命，美国每年因院感死亡增加50亿美元费用，其中95%是可以预防的。医疗问题不仅影响患者，同样影响医院。据报道，2012年美国国家医学研究院（Institute of Medicine）认为美国每年30%的医疗支出被浪费了，而至2019年，美国医疗保险巨头Humana的首席医疗官William Shrank团队在美国医学协会杂志《JAMA》发表的文章显示，美国医疗系统每年浪费金额据估计达到7600亿至9350亿美元。因此Clayton.M Christensen认为“医疗消费中惊人的50%似乎是由医生及医院供应驱动的，而患者并不需要”。

引起上述问题的原因主要是不必要的治疗、医疗差错、冗余的检查、行政效率低下及欺诈行为等。而六西格玛完全可以解决这些问题，难点在于如何让六西格玛管理融入医院文化并形成持续发展机制。

2. 六西格玛在医院管理中的作用 六西格玛作为重要的管理思想和管理实践，能提高产品/服务的质量，最大限度地降低运营成本，节约资源，降低缺陷和风险，提高患者满意度，给组织创造利益，给社会创造价值。对于患者、医院双方，均具有显而易见的重要作用。

（1）患者方：六西格玛对于患者最大的作用在于使其获得更大的价值。六西格玛对患者需求高度关注，从患者的角度理解其价值的含义、了解掌握患者的需求。实施六西格玛管理可以使医院通过管理原则减少随意性、降低差错率，最终提高患者满意程度。例如GE公司的医疗设备部门实施六西格玛管理后，创造了一种新技术，带来了医疗检测技术的革命。患者做一次全身检查的时间从3分钟缩减到1分钟，医院的设备利用率提高、检查成本降低，达到了GE公司的客户即医院和患者都满意的结果。以我国的华西医院为例，通过实施六西格玛DMAIC方法对医院流程进行优化，出院办理时间由原来的142分钟减少至40分钟，出院流程能力从0.73σ提高至3.07σ，质量水平提升了214倍，使患者满意度从26%提升到了90%。

（2）医院方：医疗行业实施六西格玛管理，能够节约医院运营成本、提升医院管理能力、改进服务水平、使医院成为一个学习型组织形成积极向上的组织文化、促使医院迅速变革调整和构建新的组织结构、加快医院改进速度，最终使医院获得持续的成功发展。实践证明，六西格玛管理以其追求“零缺陷”的质量文化非常适合在医疗机构中应用，而且在医院管理方面极其有效，在资源使用、资材物流、服务流程、医疗质量与安全等领域均具有广阔的应用前景。既能从微观层面优化医院的流程、提高管理能力、消除缺陷、降低成本，又能从宏观上促进医院文化建设，形成持续变革的功力，促使医院不断发展。

总体来说，目前医院管理开展六西格玛管理的领域主要包括：①改善运营管理，消除医疗服务中的高成本、低利润，改善运营收入循环，解决收入增长过缓的问题，如库存管理、供应和成本管理、供应链管理、缩短药品采购周转时间等；②降低医疗差错，提高手术安全性、降低药物差错、减少和防止患者跌倒等；③提高工作效率，增加手术室或介入导管室的工作量，降低住院天数，提高床位使用率等；④提高员工满意度，用于护士或药师的招聘、员工管理，降低离职率、减少员工流失和防止劳动力短缺等；⑤规范科室管理，减少患者等待时间，提高急诊科患者的转诊率，改善交费、登记、预约管理流程，提高患者满意度等；⑥优化临床路径管理，改善诊疗流程，提高医疗质量等。

第二节　六西格玛理论与方法

一、六西格玛的组织管理

理论上来说，六西格玛适用于任何水平的任何企业、组织。因为六西格玛管理是一种追求完美的管理理念，是一套完整的、综合性的解决问题的工具集。因此，适用于任何需要改善绩效的组织。合理高效的人员组织体系是六西格玛管理的首要基础工作，包括建立完整的组织体系和结构，进行培训，并赋予相应的职责。六西格玛管理中最受推崇的各种特征之一就是创建一支由高层领导、倡导者、黑带大师、黑带、绿带等所组成的持续改进专家队伍（图4-2）。

（1）高层领导（executives）：医院高层领导是推行六西格玛管理获得成功的关键因素。只有来自医院领导的认可和支持，六西格玛管理才能取得成功。

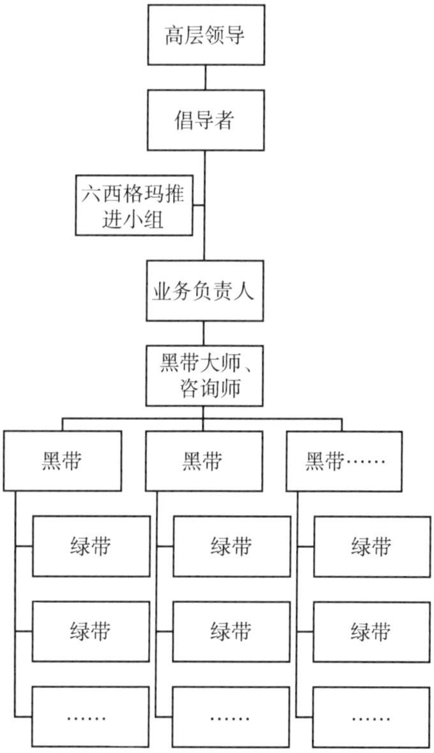

图4-2　六西格玛管理组织结构图

（2）倡导者（champion）：倡导者发起和支持六西格玛项目，是六西格玛管理的关键角色，通常是医院推行六西格玛领导小组的一员，由一个行政人员或者一个关键的管理人员担任，主要进行战略性的领导工作。在医院管理中，一般由中层及以上领导担任。倡导者主要负责部署组织中的六西格玛管理；构建六西格玛管理基础包括安排人员培训、制订六西格玛项目选择标准并批准项目、提供资源、建立报告系统等；负责六西格玛管理实施中的沟通与协调；报告六西格玛管理的进展等。

（3）黑带大师（master black belt，MBB）：又称资深黑带，是六西格玛管理的专家，一般由专职人员担任，兼有项目管理和技术指导双重职责，提供管理咨询和技术支持。黑带大师精通六西格玛管理的理念和技术方法，并将它们传递到六西格玛组织中来；可以协助倡导者和管理层选择和管理六西格玛项目，指导和协调跨部门的六西格玛项目；对黑带和绿带进行培训并对其进行的六西格玛项目进行指导，确保他们掌握适用的工具和方法。

（4）黑带（black belt，BB）：黑带来源于军事术语，指具有精湛技艺和本领的人。黑带是六西格玛管理推进的核心力量和技术骨干，是六西格玛管理中最为重要的一个角色，具体执行和推进六西格玛管理活动，培训绿带及员工，提供技术支持。黑带的职责包括：领导六西格玛项目团队实施并完成六西格玛项目；为团队成员进行六西格玛工具与方法的培训；识别流程改进的切入点并选择最有效的工具和技术实现改进；向高层领导和倡导者报告六西格玛项目的进展。

（5）绿带（green belt，GB）：绿带由一线业务骨干或负责人兼任，在黑带的指导下协助黑带完成工作。他们通常是黑带项目团队中的成员或较小项目的团队负责人，其接受六西格玛培训的项目与黑带相似，只是层次略低。

二、六西格玛的实施步骤

六西格玛对业务流程的改进遵循五步循环改进法，即DMAIC模式，包括define——界定（或定义）、measure——测量、analyze——分析、improve——改善、control——控制；对过程设计比较有代表性的是DMADV模式，即define——界定（或定义）、measure——测量、analyze——分析、design——设计、verify——验证。DMAIC是六西格玛的经典模型，具有系统性、易于应用、便于结构化等特点，是在总结了全面质量管理的发展及实践经验的基础上产生的逻辑严密的过程循环，是由现代管理方法、项目管理技术、统计分析技术等综合而成的系统管理方法。DMADV是近年来发展起来的新的管理模式，主要用于过程设计，它基于并行工程和DFX（design for x）的思想，面向产品/服务的生命周期，采用系统的解决方法，把顾客需求融入产品/服务设计过程，从而确保产品/

服务的质量，降低产品/服务成本，为医院解决产品/服务和过程设计提供有效的方法。

（一）DMAIC

1. 界定（define）阶段 六西格玛成功的关键是找出合适的突破性项目，即项目界定，这是六西格玛管理的基础，也是成功实施六西格玛的前提。界定阶段的任务包括选择与确定项目、分析项目和描述项目。界定阶段非常重要，一般来说，3~8个月项目周期中可能至少需要1个月的时间来完成项目的界定。

界定阶段具体来说，主要包括五大步骤：项目选择、确定项目流程范围、项目Y（缺陷）定义、项目预期效果和项目实施计划。表4-2总结了项目界定阶段的主要步骤及可供选择的工具。

表4-2 项目界定阶段的主要步骤及可供选择的工具

步骤	详细内容	可供选择的工具
项目选择	项目背景	
	客户需求分析	柏拉图、时间序列图、柱状图、5W1H
确定项目流程范围	项目范围	SIPOC图
项目Y（缺陷）定义	Y（缺陷）定义	树状图
	基线与目标	柱状图、SMART
项目预期效果	财务成果和无形成果	收益计算表、雷达图
项目实施计划	项目团队	树状图
	项目计划	甘特图

（1）项目选择：主要包括项目背景和客户需求分析。

1）项目背景：即站在宏观层面说明为何要立项，是项目的顶层设计。由于六西格玛项目推行过程中关注的不止单一流程或业务，需要整合资源，因此具有周期长、需要成本投入等特点。所以，立项初期必须紧密围绕医院战略，得到高等领导认可和支持。通常选择六西格玛项目的方法有很多，可以从以下来源进行选择（表4-3）。

表4-3 项目来源

来源	举例
外部顾客（患者）的负面影响	患者投诉、患者抱怨、服务质量差；其他供应链涉及客户的抱怨和要求等
内部运营业绩不达标的负面影响	服务/产品质量的缺陷、差错事件等；原材料、能耗、设备、资金、人力等方面的不良成本指标和较长周期时间等
为实现医院战略必须履行的项目	具有长远价值的项目，可能通过某个产品/服务提升整体竞争力，或挑战赶超经手的标杆类项目

2）客户需求分析：即通过外部客户之声的VOC（voice of customer）和内部客户之声的VOB（voice of business）来把握关键质量特性（critical to quality，CTQ，来源于外部项目的抓手）或关键流程（critical to process，CTP，来源于内部项目的抓手）。首先，需要进行问题描述，类似于现状调查，明确问题的症结所在，问题陈述的几个要素包括5W1H，即Who、What、When、Where、How、Why。排查方法是基于一系列的历史数据或前瞻性的调查数据进行调查，可以采用传统的图、表、柏拉图等分析方式，也可以采用六西格玛的统计工具进行现状调查，表4-4示例了客户之声的收集表格。例如，脑卒中患者抱怨“绿色通道”效率，则需要调查各个就诊环节分别占用的时长，明确占问题比例80%左右的环节是哪些。其次，进行问题描述以后，需要明确聚焦点，将VOC/VOB转化为CTQ/CTP，例如，脑卒中患者抱怨“绿色通道”效率，通过问题描述聚焦到了缴费效率、取药效率、检查效率、会诊效率等环节，则需要转化为医院管理的“管理语言”，例如“收费窗口业务办理时间”“发药窗口业务办理时间”“检查等待时间”“会诊等待时间”等，这些时间就是CTQ，进一步可以分解为计量型的数据来进行衡量。如何从VOC/VOB转化为CTQ/CTP，可以采用经验方法转化、基于不良事件解剖方法转化、头脑风暴法转化等。

表4-4　客户之声（VOC/VOB）收集示例

		内部客户	外部客户
识别客户	主要客户		
	次要客户		
	间接客户		

（2）确定项目流程范围：即明确需要解决上述技术层面的问题，需要从流程角度关注的范围有哪些，明确“流程”的抓手边界在哪里。在前述CTP转化的基础上，大多是基于经验获取，需要进一步采用规范的工具方法来框定项目的范围，该工具方法就是SIPOC图（图4-3）。进一步选择关键流程，确定项目范围，如可采用因果矩阵（C&E-matrix）等。

（3）项目Y（缺陷）定义：获取了CTQ、CTP后，就能够明确Y（缺陷）的定义，Y是需要满足项目的、能够测量CTQ等的具体指标，要具体、能测量、于患者或其他关联人有用。根据Y进一步制订基线与目标，包括现水平、目标水平和先进水平等，目标的制订要符合“SMART”原则。例如，2021年1~3月，某医院的出院结算时间为32分钟/人，确定项目目标为13分钟/人，先进水平是5分钟/人。

供方 （supply）	输入 （input）	流程 （process）	输出 （output）	顾客 （customer）
•入院处人员 •收费处人员 •病房医生 •病房护士	•患者的就诊行为 •医生开具的入院证信息 •病房床位及出入院信息 •候床患者数量信息 •主管医生收治患者的要求信息	医生开具入院证 ↓ 到病房登记 ↓ 等待床位 ↓ 病房通知入院 ↓ 到病房签床 ↓ 到入院处办理手续 ↓ 到缴费处缴费 ↓ 到医保办公室确认身份 ↓ 到病房入住	•等待时间 •入院缴费凭证 •腕带 •医保确认信息	•患者 •家属 •院方相关人员 •病房

图4-3　入院流程的SIPOC图举例

（4）项目预期效果：项目成果不仅仅体现在物质上，还要基于项目的属性，尤其在医院管理中，很多项目不能以财务效果来衡量。因此，有的学者将项目效果分为财务成果（经济效益）和体质改善效果两大类，后者能够成为未来价值或影响其他业务的成果，又称为“无形成果”。财务成果运用公式进行科学评估，如带来的收益和节省的收益等，“无形成果”则包括提升客户满意度、提高知名度、提高医院资源配置水平、提高管理水平、提高员工积极性等。

（5）项目实施计划：项目实施计划包括团队组建和制定项目工作进度表。组建合适的团队很重要，同时还要对团队成员进行分工协作。最后要做好项目的工作进度表，也称之为项目计划，可以做简单的进度计划图，也可以用甘特图表示，表4-5举例了一个项目计划甘特图。

表4-5　六西格玛项目计划甘特图举例

阶段	主要工作内容	参加人员	1月			2月			3月			4月			5月			6月			7月		
D	收集2019—2021年度的相关质量信息	成员A																					
	进行历史数据分析	成员B																					

续 表

阶段	主要工作内容	参加人员	1月	2月	3月	4月	5月	6月	7月
D	确定项目范围	全体成员							
	问题现状描述 确定患者及CTQ、Y（缺陷）定义	成员B							
	项目宏观流程图	……							
M	Y的确认及Y的定义	……							
	确定测量系统分析方案	……							
	数据采集	……							
	C&E矩阵及FMEA分析	……							
A	对测量阶段的所有数据和信息进行分析	……							
	利用统计工具明确主要核心因子	……							
I	制订改进方案	……							
	核心因子最优化	……							
	效果验证及再改进	……							
C	制订控制计划	……							
	实施控制计划	……							
	测量验证系统及文件固化	……							
	项目总结	……							

2. 测量（measure）阶段 测量阶段的目的是掌握过程的现有水平，找出对其有影响的所有潜在影响因素变量并筛选出关键的影响因素。测量是一个问题反映的过程，通过具体的数据来反映当前项目所存在的问题和缺陷。此阶段可采用的方法详见表4-6，大多数推进六西格玛管理的公司常应用Minitab软件进行统计分析，对初学者而言易学易用。具体来说，测量阶段主要包括Y的现况测量和潜在关键影响因素X的初步挖掘。

表4-6 项目测量阶段的主要步骤及可供选择的工具

步骤	详细内容	可供选择的工具
Y的现况测量	Y的确认和分解	树图、柏拉图
	Y的现有水平确认	数据收集计划表、过程能力分析、直方图

续　表

步骤	详细内容	可供选择的工具
潜在关键影响因素X的初步挖掘	找出所有潜在影响因素变量	鱼骨图、变量流程图
	筛选对Y影响较大的潜在影响因素	因果矩阵、FMEA
	即时改善	即时改善模板
	效果验证	柱状图、时间序列图

（1）Y的现况测量：包括Y的确认和分解、Y的现有水平确认。在界定阶段明确了研究对象Y，但是对Y的测量基于历史数据，可能存在误差，因此测量阶段的第一件事就是要对Y进行现况测量。

1）Y的确认和分解：目的是要查明CTQ与Y的关系，选出最能代表项目CTQ的Y。首先需要导出与项目CTQ有直接关系的所有Y，然后掌握CTQ与Y的关系，决定可以代表项目CTQ的测量对象，并确定Y的测量方法和成果基准（或规格）（图4-4），成果基准是将患者的要求事项转换成我们的产品和流程的定量化的要求事项（图4-5），其种类见表4-7。

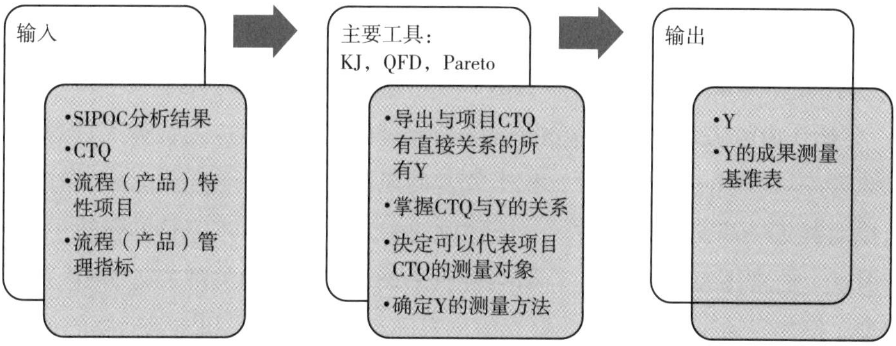

图4-4　Y的确认

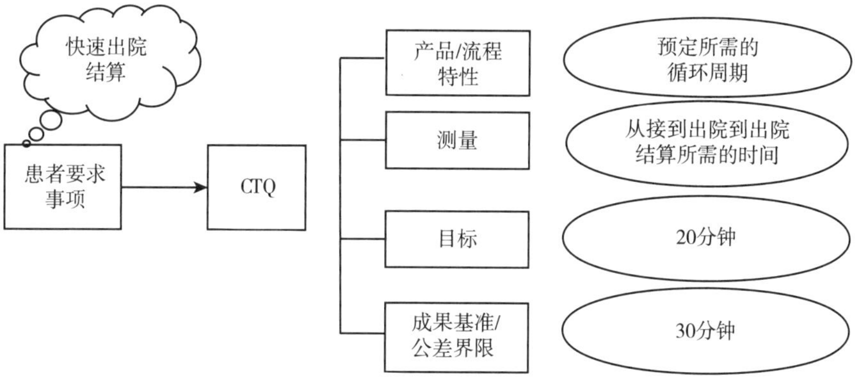

图4-5　成果基准的设定举例

表4-7　成果基准的种类举例

项目Y	离散型Y	连续型Y
时长	标准时长的完成率	各单位的实际时长
绿色通道最低入院时间	延迟次数	与目标差异的时间
患者满意	是或否，满意率	各患者的满意分数（0~100）
产品的大小	符合规格率	实际产品的大小

注：尽可能选择连续型Y

2）Y的现有水平确认：目的是以当前的流程数据为基础，分析并掌握其测量系统及当前水平，并再次确认项目的改进目标。该步骤的主要活动包括制订Y的数据收集计划，确定Y的流程水平及Y的改进目标。

（2）潜在关键影响因素X的初步挖掘：包括找出所有潜在影响因素变量和筛选对Y影响较大的潜在影响因素（因果矩阵、FMEA）。有许多的因素（Xs）会影响到流程的输出（Y），但通常只有关键的少数Xs（通常6个以下）对Y起主要作用，可以用头脑风暴法、鱼骨图等从其中选出关键的Xs（一般被称为"数据标签"）。因此，在项目收集数据时，除了收集Y的数据，还要收集潜在的Xs的数据，包括"Who""What""When""Where""Why"和"How"等层面的Xs。

3. 分析（analyze）阶段　分析阶段是通过数据收集，应用统计工具对测量阶段得到的重要原因变量进一步分析，找出关键的原因变量。在界定阶段明确了Y，并在测量阶段对其进一步测量和探讨，分析阶段的主要任务是通过完整的逻辑思维找到影响Y的因素（通常用X表示），进行数据分析来确定影响Y的关键Xs，并建立X与Y的关系模型。例如，通过测量到的数据及信息来确定延迟、浪费和质量问题的根本原因。

项目分析阶段主要包括数据收集、数据分析和关键X选定。表4-8举例了项目分析阶段的步骤、活动内容及使用工具。

表4-8　项目分析阶段的主要步骤及可供选择的工具

步骤	详细内容	可供选择的工具
数据收集	数据收集计划	数据收集计划表
	数据收集活动	查检表
数据分析	一般分析	层别法
	图表分析	散点图
	统计分析	
关键X选定	关键变量、清单制作	选定的关键变量清单

由于六西格玛项目的复杂性，需要综合采用各种统计方法和管理技术，可以通过图形分析和流程能力分析实现分析过程。图形分析可以直观分析问题的性质和特征并找到解决问题的方法，是解决问题的有力工具，常用的图形工具有柏拉图、直方图、茎叶图、箱图、概率图、时序图、因果图等。常用的方法有假设检验、方差分析、水平对比、回归分析、试验设计、过程分析等。六西格玛项目常利用Minitab图形处理工具快速找到解决问题的途径。流程能力分析是六西格玛项目改善的基础，可以明确现在的底线是什么、找到改善的空间，并决定如何去努力达到改善的目标。

4. 改进（improve）阶段　改进是基于分析阶段寻找出的问题的根本原因，寻找出可行的解决方案，找出相关变量的最佳水平并进行检验。在改进阶段中，项目的主要目标是找到最优的改进方案，通过优化过程输出Y，同时消除或减小关键因素Xs的影响，将过程的缺陷/变异降至最低。改进阶段主要包括制订改进方案、核心因子最佳化和结果验证。表4-9举例了项目改进阶段的步骤、活动内容及使用工具。

表4-9　项目改进阶段的主要步骤及可供选择的工具

步骤	详细内容	可供选择的工具
制订改进方案	改进计划、风险评估	FMEA
核心因子最佳化	对策方案及评价	头脑风暴法、优先矩阵、普氏矩阵
	试验设计	单因子试验设计
结果验证	验证计划	
	效果确认表	

5. 控制（control）阶段　控制即强调对改进过程进行监测和控制，以固化所取得的改进绩效，确保相应的缺陷不会再次出现。此阶段的主要工作是将过程改进结果进行文件化，设立过程控制计划，同时进行持续的过程测量（控制）。即便六西格玛的实施已经达到预期目标，也应该对实施过程进行总结，方便以后查阅，为以后的改善提供参考依据。同时，为了保证改进效果执行的可持续性，有必要将改进措施进行制度化和程序化，一定要在公司的质量管理体系中及时更新流程改进后的程序文件及作业指导书，采用统计技术对过程进行实时监控和控制。通过财务计算可对项目的收益进行分析。另外，在本阶段，将项目成果向其他的商业流程或者运作部门大范围推广是一项非常重要的成果。

控制阶段的主要步骤包括制订控制计划、实施控制计划和文件化/共享。表4-10显示了项目控制阶段的步骤、活动内容及使用工具。

表4-10　项目控制阶段的主要步骤及可供选择的工具

步骤	详细内容	可供选择的工具
制订控制计划	改善效果风险评价	
	防错法	
	控制计划	控制计划表
	标准化	标准操作工作表
实施控制计划	SPC	控制图
文件化/共享	年度效果预算	
	现场移交	
	项目承认及结束报告	

（二）DMADV

DMADV是六西格玛设计（DFSS）项目的一种主要实施方法。从图4-6可以看出，当DMAIC改进流程达到接近5σ时，就需要用到六西格玛设计（DFSS）才能使σ达到进一步的提升。表4-11显示了DMADV各阶段的内容、工具以及产出，其中，界定阶段和测量阶段与DMAIC模式大同小异，本文主要介绍分析、设计和验证阶段。

扫码学习相关内容

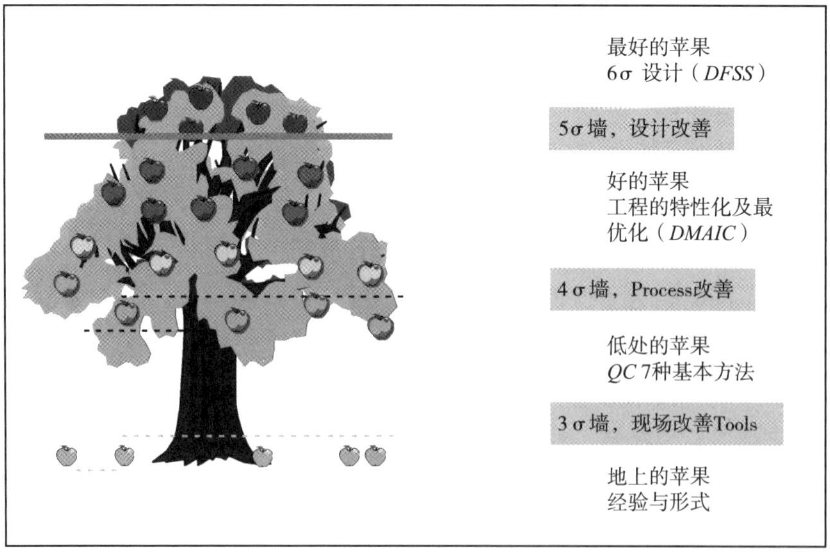

图4-6　六西格玛水平改善方法

表4-11　DMADV各阶段的内容、工具以及产出

阶段	活动内容	输出	工具推荐	关键阶段成果
D	项目背景	项目的来源、意义	5W2H分析法、时间序列图、柱状图、折线图、散点图、饼状图、雷达图等	项目授权书 问题描述 项目CTQs 项目效益估算 项目计划 项目风险管控
	问题陈述	项目要改善的问题		
	项目范围	界定项目范围	SIPOC	
	客户之声	项目需求分析	VOC、VOB、VOP、工作抽样	
	项目目标	CTQ及改善指标	CTQ树状图、柱状图等	
	效益评估	项目效益预期		
	项目团队	项目团队	组织架构图等	
	项目计划	制订实施计划	甘特图、WBS（工作分解结构）等	
	项目风险	风险控制计划和措施	WBS、5W1H、FMEA等	
M	CTQs筛选	满足需求的CTQs	卡诺（KANO）模型、帕累托图、散布图、排列图、C&E matrix等	关键CTQs 流程图表 测量系统分析 层别分析结果
	CTQs/流程现状测量	试点运行结果、方案调整计划	WBS、5W1H、流程图分析、价值流程图分析等	
	测量系统分析	方案实施结果	MSA等	
A	识别功能需求	项目目标、效益达成情况验证结果	CTP、优选矩阵、亲和图、QC7工具等	QFD分析结果 设计方案 设计方案评估 DFMEA分析结果
	开发设计概念	设计概念方案	基础工具：QC7工具、头脑风暴法、实验设计等 高级工具：TRIZ理论、ECRS分析法、节拍时间、SMED（快速换模）、关键路径法、TPM管理、QFD、VSM（价值流程图）等	
	选择设计概念	优选的概念方案	优选矩阵、亲和图等	
	设计风险控制	设计风险控制计划和措施	WBS、5W1H、DFMEA等	
D	设计计分卡	计分卡	头脑风暴法、实验设计、QC7工具等	设计计分卡 功能设计方案
	展开详细设计	设计方案	基础工具：计分卡等 高级工具：TRIZ理论、ECRS分析法、节拍时间、SMED（快速换模）、关键路径法、TPM管理、QFD、VSM（价值流程图）等	

续　表

阶段	活动内容	输出	工具推荐	关键阶段成果
V	试点运行	项目试行问题总结	A3报告等	试运行计划及成果 控制计划 标准化文档 经验和心得 推广计划 后续计划
	效果验证	项目效益		
	改进设计	PDCA	PDCA等	
	推广固化	标准化文档	基础工具：防错法、标准化作业等 高级工具：控制图等	
	项目总结	经验、教训以及下一步工作计划		

1. 界定阶段（详见本章DMAIC的“界定阶段”）

2. 测量阶段（详见本章DMAIC的“测量阶段”）

3. 分析阶段

（1）识别功能需求：应用质量功能展开（QFD）对项目需求和功能模式进行匹配，将客户的需求或CTQs转换为新产品（或新服务/新流程）的设计功能或参数要求，得出功能特性重要程度的评分并进行排序，从而确定设计功能的优先等级。表4-12示例了QFD的运用。

表4-12　应用QFD对客户需求和功能特性进行匹配示例

功能模式 / 项目需求及权重		功能设计						运营模式				
		门诊费用查缴	自助机查缴	APP查缴	人工服务	发票打印	费用退改	人员后台化	无间断后台服务	人员就地配置	人员集中调度	业务归集办理
业务办理流程简洁用时短	5	5	5	3		3	3				3	3
业务覆盖率100%	5	5	5	5	3							
排队等候时间短	4	5	3	1	1			3	3	3		
人员工作效率高	4			1	5					5	5	5
营业时间延长	4	3	3	3	1	5		5	5	3		
工作量分配均衡	5	3	1	3	5			3	3	5		
成本合理	5				3					3		
功能特性重要程度评分		97	79	75	83	35	15	57	47	29	84	35

注：强关联5分，中关联3分，弱关联1分

（2）开发设计概念：即明确项目所需针对的目标和优势，确定项目的定位。可参考原有的设计概念，进行头脑风暴法，应用发明问题解决理论（TRIZ理论）（theory of the solution of inventive problems，TSIP）、类比、假设破坏等。表4-13示例了某产品/

服务的设计理念。

表4-13　某产品/服务的设计理念示例

功能需求	功能特性	原有方案	方案A	方案B	方案C
缩短人均业务办理时间	药品缴费	药品窗口划价查询费用、缴费窗口缴费	划价服务在缴费窗口一起进行	费用查询可在自助终端设备上进行，缴费只能在人工服务窗口进行	查缴服务均可在在自助终端设备、App、人工服务窗口进行
……					

（3）选择设计概念：根据项目所需维度对所有设计概念进行评分，最终为CTQs选择最合适的设计概念，例如，从可行性、可推广性、效益等维度进行评选。表4-14示例了某流程设计理念的评估。

表4-14　某流程设计理念的评估示例

功能特性	设计概念	维度1	维度2	维度3	……	最终得分	最终选择
功能1	方案A						
	方案B						
	方案C						
功能2	方案A						
	方案B						
	方案C						
……							

（4）设计风险控制：运用设计失效模式与效应分析（design failure mode and effects analysis，DFMEA）评估新产品（或新服务/新流程）的设计风险，并明确风险控制的预防措施。表4-15是一个DFMEA示例。

表4-15　应用DFMEA评估“病房智能毒麻药柜”的设计风险

项目 功能	潜在失效模式	潜在失效后果	潜在失效原因	现行设计控制	影响程度				措施结果				
					S	O	D	RPN	预防措施	S	O	D	RPN
身份识别	单人打开药柜	未达到双人查对	单人借用两张身份卡	病房培训、抽查	7	4	3	28	系统设置刷卡加刷脸识别	7	1	1	7
放药入柜	放入过期药物	过期药物被使用	存在错看、错录日期风险	病房培训、抽查	9	2	2	36	单支药物设计二维码，扫码识别有效期	9	1	1	9
……													

注：（1）S：严重性，O：发生频率，D：可探测度；（2）RPN（risk priority number）又称为风险系数或风险顺序数，是事件发生的严重性（S）、频率（O）和可探测度（D）三者的乘积，其数值愈大表示潜在问题越严重

4. 设计阶段

（1）设计计分卡：根据CTQ重要程度选取重要指标，根据客户要求制订重要指标的目标规格中心值和上、下限值，从而形成项目的设计计分卡。

（2）展开详细设计：按照前述的功能优先级排序和已选定的功能设计方案，展开的详细设计，对详细设计的行动及所需的设计元素进行计划，并制订详细的过程。

5. 验证阶段

（1）试点运行及效果验证：确定试点范围及实施计划，进行试运行的测试，评估使用新产品（或流程、服务）后，确认是否达成设计目标，最后对项目的经济效益和无形成果效益进行评估。

（2）改进设计：运用PDCA持续改进思路将试运行期间存在的问题及时反馈至设计环节，进行持续优化完善。

（3）推广固化：制订全面实施方案，转交至操作和维护部门。并将项目成果固化到作业流程、制度文件等，例如，各种业务指导书、作业指导书、用户指引、技术要求等。

6. 项目总结　总结项目实施亮点、存在的不足及心得体会。

三、六西格玛管理实施案例

案例：六西格玛管理DMAIC法在降低A手术住院费用中的应用。

（一）项目背景

H医院2019年7~12月神经外科择期A手术患者平均住院费用为85 643.61元，与2018年同期相比增长了10 025.58元，增长率13.26%。如何在保证医疗服务质量的前提下，控制医疗费用增长，已成为亟待解决的问题。

（二）项目实施过程

项目组选择A手术住院费用为研究对象，应用六西格玛DMAIC法，采用Minitab软件进行数据整理和分析，对A手术住院费用现状进行调查分析，明确质量关键点（CTQ），制订相应的制度和措施，持续控制A手术患者的平均住院费用增长。

1. 定义　确立团队成员，明确项目的质量关键点为A手术患者的平均住院费用（排除急诊、并发症和特需服务患者）。项目时间：2020年1~6月，项目目标：至2020年6月30日，平均住院费用79 762元/人，缺陷定义为大于81 150元/人。界定项目的范围、影响、意义和可能的障碍等，绘制出当前费用产生的SIPOC图（图4-7）。

2. 测量　根据SIPOC图，将住院费（Y）的来源进行归类，分解为Y1~Y7等七个部分，Y1为检查化验费，Y2为药费，Y3为麻醉手术费用，Y4为床位空调费，Y5为诊疗费，Y6为监护护理费，Y7为材料及其他费用。项目组制订了数据收集原则和数据收集表格，对采集表中的各个Y、X进行明确界定，以保证采集数据前后的一致性。所有数据均从医院运营管理系统中导出，按照随机抽样原则抽取2019年10月的住院费为样本，用数据采集表进行汇总统计。

供方 （supply）	输入 （input）	流程 （process）	输出 （output）	顾客 （customer）
入院处人员 收费处人员 病房医生 病房护士 麻醉医生 手术室护士 药房医生 检验科医生	检查 用药 麻醉 手术 护理 住院	开始=患者入院 ↓ 入住病房 ↓ 术前：检查、诊疗、用药、化验、护理、其他 ↓ 术中：麻醉、手术、监护、用药、护理、其他 ↓ 术后：监护、用药、检查、诊疗、化验、护理、其他 ↓ 结束=患者出院	住院费用	患者 家属

图4-7　A手术住院费用产生的SIPOC图

3. 分析　根据测量阶段收集的数据，得出A手术平均住院费用85 689.52元，改进空间很大。项目组成员通过头脑风暴法对人、机、料、法、环等可能影响的因子进行单因子方差分析，按照帕累托图80/20原则，将Y2、Y3、Y7作为控制因子（图4-8）。为确定变动根源，区分主次关系，针对Y2、Y3、Y7再次进行帕累托图分析，发现Y2的主要影响因子为抗生素、中成药和术中用药，Y3的主要影响因子为手术费用的个数，Y7的主要影响因子为术中材料费。

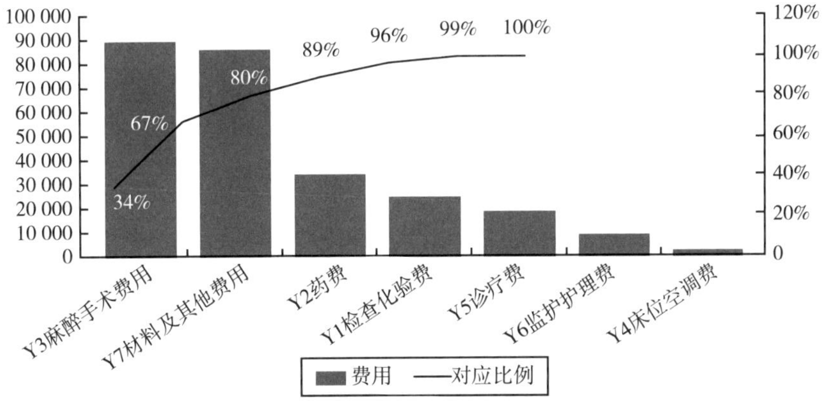

图4-8　A手术费用类别帕累托图

4. 改进 项目组通过头脑风暴和小组讨论，针对A手术住院费用增长的主要影响因子提出整改方案及措施。

（1）根据采集的数据，制订了各项费用的控制目标值。

（2）手术费用（Y3）和术中材料费（Y7）增长：科室成立专家委员会，联合运管部、医务部共同规范手术费用收取个数和类型。运管部、医务部一对一联系科室，对手术费用规范进行宣讲和培训，每月对科室手术费用进行检查，对异常情况进行案例分析。当事医疗组长有疑问者，科室专家组成员现场答疑。对反馈问题反复不整改者进行全院通报。

（3）药品费用（Y2）增长：制订合理用药制度，联合药剂科再次对科室全体人员进行制度宣讲，规范合理用药和奖惩措施，将抗菌药物使用强度、药品费用占比、中成药等辅助药品的使用等纳入医院每月质量考核。药剂科出专人一对一联系科室，每周监控合理用药情况，科室主任每月进行总结，医院每月对超常、异常用药不整改者进行全院通报。

（4）导入临床路径：结合医院实际，制订A手术临床路径，建立合理用药、合理收费的长效机制。

5. 控制 在实施改进后，制订控制措施，明确各级人员职责，加强监控力度，形成质量监控长效机制，并辐射到全院其他病种，确保平均住院费用稳定控制。

（三）项目实施成效

经过6个月改进控制，改进后A手术的平均住院费用为79 063.25元/人，平均下降6580.36元/人。

第三节　六西格玛的应用与发展趋势

一、如何应用六西格玛

1. 六西格玛与其他管理工具的区别 六西格玛作为基于戴明质量改进、质量控制理论（QI/QC）、全面质量管理（total quality management，TQM）以及统计质量控制理论等在内的多种质量管理工具而形成工具集，它首先是一种质量管理工具，因而有必要区分清楚六西格玛与其他管理工具如质量控制理论、全面质量管理及精益管理（lean management，LM）之间的差别，从而更好地应用于医院管理。

相对于传统的全面质量管理、质量控制理论及后来演变发展起来的精益管理等质量管理方法，六西格玛具有不同的特点：①首先，尤其以顾客为关注焦点，强调关注顾客的多方面需求；②用系统的观点来看待组织，而不是将其视为一系列独立部门和孤立过程的简单累加；③以事实和数据作为管理基础，基于数据进行决策；④对“过程管理”极为关注，在流程的各个环节追求6σ的质量水平；⑤群策群力，全员参与；⑥重视领导力和变革加速流程，注重文化创新。而传统的质量管理工具，如全面质量管理则着重强调问题解决的过程，单一部门推动，缺乏多部门联动和全员参与。

2. 如何选择六西格玛的工具与方法　六西格玛具备系统、完善的一整套工具和方法，主要体现在以DMAIC和DMADV为代表的持续改进循环之中。在具体实施六西格玛项目时，不同阶段需根据需求采用不同的工具和方法，而且医疗机构实施六西格玛项目时，与其他行业（如制造业、服务业）采用的工具和方法在国内外、各项目间均存在一定差异。如前所述，六西格玛与全面治疗管理、统计控制理论及精益管理等质量管理方法有着密切的联系，多种工具结合应用是实施六西格玛项目的重要趋势。

二、六西格玛的发展趋势

随着六西格玛的发展，其内涵在不断升华，其理论和方法体系也在不断发展和完善。从最初的质量目标，到一套业务流程优化工具，再到一种系统管理模式，直到最后的企业战略，六西格玛也从一开始的管理工具逐渐发展为精益六西格玛，并最终成为系统六西格玛。六西格玛的应用也由原来主要解决质量问题延伸到组织流程的优化设计和系统改进，六西格玛工具方法也逐渐发展为与精益生产、平衡计分卡、并行工程等理论和方法的整合。因此总体来说，六西格玛的发展主要呈现出如下几大趋势。

1. 从改进到设计　六西格玛改进DMAIC侧重在改进原有产品和过程，实施突破性改进，从而实现提高顾客满意度和降低成本的目标，然而这些改进项目并不能满足组织变革的需求和新产品、新业务开发的需求，因为有些过程无法适应新产品的开发需要，或者现有流程设计存在过多问题，需要投入过多成本才能提升西格玛水平，因此，DMAIC流程对产品的质量改进存在局限性。

实践表明，至少80%的产品质量是由设计阶段所决定的，若想真正实现六西格玛的质量水准，就必须实施六西格玛设计DFSS。DFSS的功能是在强化新产品和服务的开发过程，它是一种实现无缺陷的产品和过程设计的方法，基于并行工程和面向X的设计（design for X，DFX）的思想，面向产品的全生命周期，按照合理的流程、运用科学的方法准确理解和把握关键客户/患者的需求，对新产品/流程进行设计，使其在低成本下实现6σ质量水平，从而确保产品的开发速度和质量，降低产品生命周期成本，为组织解决产品和流程设计的问题提供有效方法。六西格玛设计的模式除了DMADV以外，还有IDDOV（identify识别、define定义、develop展开、optimize优化、verify验证）和PIDOV（plan策划、identify识别、design设计、optimize优化、verify验证）等多种功能模式。因此，从改进质量、降低产品/服务和过程差错，到主动设计质量来避免产品和过程问题，是六西格玛项目的不同阶段，从改进到设计是六西格玛发展的必然趋势。

2. 精益六西格玛 六西格玛逐渐与精益生产、平衡计分卡、并行工程等理论和方法进行整合，形成新的管理模式。精益六西格玛（lean six sigma，LSS），即精益生产与六西格玛的有机结合，是六西格玛研究中的热点。两者的结合开始于20世纪90年代中期，至20世纪90年代末期形成完整的精益六西格玛理论并逐渐被广泛采用。从原理及特点上可以看出两种工具有诸多共同点：①同样关注客户满意，以客户的需求和价值为出发点、在客户驱动下进行持续改进；②关注财务成果，期望达到最小化成本损失和最大化利润的目的；③注重持续的系统整体改进；④注重全员参与，团队合作协调，需要管理层的全力支持与参与；⑤同样注重人、系统和技术集成。上述共同点为两者的结合提供了充分必要的基础。精益六西格玛管理吸收两种模式的优点，弥补单个管理模式的不足，二者互相补充、有机结合，实现了更好的管理效果，成为六西格玛的重要发展趋势之一。当然，无论从理论体系还是从实际应用上来看，精益六西格玛仍然处于不断的发展和完善之中。

3. 在服务行业的推广——服务六西格玛 虽然六西格玛起源于制造业，但它也适用于服务行业，如金融、宾馆、医疗、运输等。尤其适用于医院管理，因为生命不可复制，无法容许第二次错误，医疗管理更加追求“零缺陷”。追求六西格玛的质量安全水平是医疗服务行业更应该具有的质量意识。服务业虽然与制造业有诸多不同，但是都共同具有应用六西格玛的条件：①服务业的成果同样是由流程产出，都可以通过流程的定义、测量和分析来找到关键影响因素；②变异是服务业关注的重点，同样来源于人员、设备、材料、工作方法等；③服务行业更重要的是服务指标的改善，如更少的医疗人力资源浪费、更短的服务周期、更少的患者等待时间、更高的满意度、更小的服务错误等同属于质量的范畴，属于组织竞争力的重要因素。服务六西格玛仍然以客户为驱动点，但是更加聚焦于流程，致力于完善流程管理，是一种全过程的管理。因此，服务六西格玛将是六西格玛的重要发展趋势之一。

本章小结

本章主要介绍了六西格玛管理。六西格玛既是质量管理工具，又是管理理念和经营哲学。六西格玛首先是一种质量管理工具，它与传统质量管理工具既有关联，也有其特殊的内涵和区别，是一个综合性的工具集。六西格玛追求“零缺陷”的管理理念，尤其适用于涉及生命安全的医院管理。通过开展六西格玛项目，可以防范质量风险、降低成本、提高生产率和市场占有率、提升顾客满意度和忠诚度。实现六西格玛需要建立完整的组织体系和结构，进行系统培训。六西格玛的实施步骤包括六西格玛改进和六西格玛设计，前者以DMAIC模式（D——界定、M——测量、A——分析、I——改善、C——控制）为主要模式，后者以DMADV（D——定义、M——测量、A——分析、D——设计、V——验证）为代表。在实施六西格玛项目时，应注意实施步骤的选择以及应用合适的工具与方法。

（蒋　艳　段丽娟）

第二篇

解析型问题解决工具

Part 2

第五章　6S管理

学习目标

1. 掌握　6S管理工具、实施步骤；6S管理工具各步骤实施方法及注意事项。

2. 熟悉　6S管理工具和核心要素的基本概念；6S管理基本步骤。

3. 了解　6S管理工具发展和扩展应用。

第一节　6S管理概述

6S管理是一种实践性很强的管理工具，早在20世纪50年代就被引入中国，并在企业界得到推广应用，取得较好效果。2000年前后6S被引入中国医院质量管理，主要用于药房、库房和病房等工作场所的管理，近年来随着质量管理工具在医院管理中的普及，6S管理已经成为医院现场管理的有效工具。本节将对6S管理的基本概念、原始模型、发展历史和管理文化与作用进行简要介绍。

一、6S管理的基本概念

6S管理是由被誉为日本经济腾飞的两大法宝之一的日本企业独特的现场管理模式5S发展而来，其为现代管理提供了一套全面的、可参考的管理规范。6S管理包括整理（seiri）、整顿（seiton）、清扫（seiso）、清洁（setketsu）、素养（shitsuke）、安全（safety）6个要素，是对实验、实操、办公和生产现场各要素（尤其是与“物”有关要素）所处状态不断进行整理、整顿、清扫、清洁，提高员工素养、质量安全的活动，目的是提高整体工作质量。6S管理强调的是地、物、时间明朗化，要以客户或新员工的眼光来看工作场地及其摆放物品是否能够一目了然；其强调人的行为规范化，每位员工都要有严谨的工作作风，用心做好每件小事，将每项工作做得很到位。有人总结：6S是一种管理活动，其通过改变组织中人的思考方式，来改变组织的管理水平。

二、6S管理的原始模型

6S质量管理活动覆盖了现场管理全过程，由6个阶段组成：整理（1S），工作现场不放置非必需品；整顿（2S），将寻找物品的时间降为零；清扫（3S），保持岗位干净整洁的状态；清洁（4S），将前“3S”常态运行并制度化；修养（5S），强化制度落实，遵章守纪习惯养成；安全（6S），以人为本，树立安全意识，避免安全风险。即在工作或工作现场，对材料、设备、人员等要素开展相应的整理、整顿、清扫、清洁、修养、安全等活动，旨在通过规范现场、现地、现物，营造一目了然、规整的工作环境，并通过日复一日的循环、保持，使员工养成良好的工作习惯，以避免安全风险，提高工作效率，提升工作品质，确保安全。

6S活动中各阶段针对的改善对象各不相同。整理、整顿、清扫是活动的具体内容，主要针对的是场地、时间和物品；清洁、素养、安全是意识形态，主要改变的是规制、行为和习惯。6个阶段又彼此关联、环环相扣，相辅相成。整理是整顿的前提；整理、整顿又是清扫的前提；整理、整顿、清扫又是清洁的前提；素养是推动员工进行整理、整顿、清扫、清洁的基本前提和内在动因，而整理、整顿、清扫、清洁长期作用的目的又在于提升产品品质和员工的素养；安全是6S管理的初衷，也是贯穿于其他5个活动阶段之中的核心理念。反之，其他5个阶段的实施就是为安全提供保证。6S管理各阶段之间的关系可用以下模型表示（图5-1）。

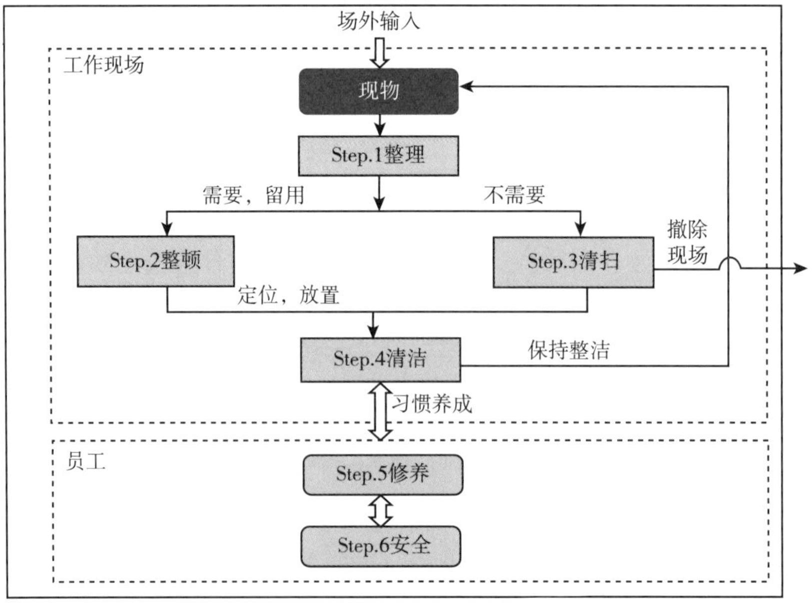

图5-1　6S管理模型

要成为一个有效率、高质量、低成本的组织，首要的是重视彻底并长期坚持做好整理、整顿、清洁。支撑医院运行的管理要素主要包括质量、安全、效率、效益、管理和品牌，而开展6S管理可为成就这些要素打下坚实的基础。

三、6S管理的发展历史

最初的5S管理理念诞生于日本家庭管理方式，主要体现在家庭主妇的内务清洁、整理等方面，距今已流传200多年。20世纪50年代，日本企业生产的工业产品因品质问题面临着被市场淘汰的风险，所以，提升产品质量，赢得市场成为企业经营者和质量管理专家亟待破解之题。日本质量管理专家从现场管理的角度，提出了许多旨在提高产品质量的实质性做法，如物品定位、定量整齐摆放、经常性的盘点、清除现场无用之物、开展经常性的清扫等，取得了有效的质量改善成效。1950年，日本劳动安全协会提出“安全始于整理整顿，而终于整理整顿”的宣传口号，开始推行2S管理，即“整理、整顿”，目的是确保作业空间和生产安全。随着2S管理的实施，因生产安全和品质控制的需要，又提出了3S，即“清扫、清洁、素养”，将管理的重点由环境安全管理扩展到参与生产的人员行为品质管理，在管理内容上关注到安全、卫生、效率、品质及成本的改善。1986年，源于实践经验总结的首本5S著作问世，对当时的整个现场管理模式起到了冲击效应，成为了企业现场管理中一种有效的管理模式，日本的企业形象、降低成本、准时交货、安全生产、高度标准化管理及建造干净、整齐、高效的工作现场环境等被各国管理界所称道和学习。由此，日本制造业掀起了5S管理的热潮，对整个现场管理模式起到了冲击作用，引起了现场管理模式的彻底变革，丰田汽车公司成为5S管理的代表。

5S因其5个阶段的日语罗马文拼写均以“S”开头，而被日本人冠以5S管理，我国也有称为“五常法”，指的是在生产现场中对人员、机器、材料、方法等生产要素进行有效管理，倡导从小事做起，力求使每位员工都养成事事“精心、精细”的习惯。20世纪80年代，5S传到美国，美国企业把5S进行了延伸，加上一个S（安全，safety）将5S管理提升到了6S管理，目的是更加强调“安全管理”的核心要义，突显“安全素养”培育的重要性。1992年左右，日本与中国建立生产基地“6S”传入中国，海尔集团成为首个实践6S管理的中国企业。由于本土化和企业自身管理需要，中国航空工业集团将6S的6个管理阶段调整为整理（sort）、整顿（straighten）、清洁（sweep）、规范（standardize）、素养（sustain）、安全（safety），中国航空工业集团航空总医院是国内最先导入6S管理的医院。

6S管理实现了由活动演变为管理体系的创新、管理方法的创新，与企业实际相结合的创新。6S管理，既要求对生产现场“环境”全局进行综合考虑，又强调要与现场实际相结合制订具有可操作性的计划与措施，使规范化管理切实可行，更将现场工作的“人”的质量安全意识和工作素养的提高作为6S管理的核心和精髓。企业管理者多年的实践和探索表明，6S是一套符合中国国情的工厂现场管理方法，具有普适性，无论是高层管理者，还是一线人员都可以实践6S管理，通过认真对待工作中的每一件小事，培养严谨的工作态度，律己尽责。6S也可应用于我们的日常生活，养成井井有条的良好生活习惯，自觉行动。6S管理持久推行的成效，看似是形成了整洁的工作环境显性改变，更为难得的是在潜移默化中培塑了员工的文明修养和积极向上的组织文化这一隐性的观念的转变。

第二次世界大战后，日本企业将5S作为各项管理工作的基础，衍生出多种品质管理工具或手法，产品品质得以迅速提升，提振了日本经济发展，5S管理逐渐被世界各国质量管理界所认识。同6S一样，各国企业根据自身进一步发展的需要，在5S的基础上不断扩充要素，有的在6S基础上增加“节约（save）”形成7S，也有的在7S基础上增加“效率（speed）”“服务（service）”“坚持（shikoku）”则形成10S，随着管理需要仍在不断延伸和拓展。

四、6S管理的文化与作用

“6S”管理方法具有科学化、规范化管理的特点，其不仅能够起到改善工作环境、减少浪费、提高效率、保证安全的作用，其还能起到保障产品品质、提升企业形象、提升员工归属感的作用。通过坚持不懈地、全员参与“6S”活动，有助于所有员工树立安全第一、预防为主的安全理念，提高员工的工作积极性和主动能动性，增强员工主人翁意识和责任感。

6S不同于其他一些管理工具，是套实践性很强的质量管理工具。它简单、易操作，而且效果立竿见影，在短期内可以看到明显的改善，有利于增强员工自信心。同时，良好的工作氛围又会使置身其中的工作人员自觉约束自己的行为，主动保持工作现场秩序。通过建立健全监督检查机制，以及经常抓、抓经常的日复一日的坚持，养成了员工良好的工作习惯、职业道德，规范了员工素养，营造了良好的工作环境和企业文化，为医院奠定了牢固质量基础和人力资源力量。

推行6S可以带来如下益处：

（1）创造清洁、卫生、舒适、安全的工作环境。

（2）活化“现场”以及提高员工士气。

（3）尽量减少找寻工具的需求，使作业员的工作更容易、更顺畅，减少体力负荷，腾出更多工作时间去消除各种异常现象。

（4）协助员工养成自律、积极改善工作和自觉遵守标准的好习惯。

（5）突显出现场多种无用物品或业务流程缺陷，便于暴露问题，解决问题。

（6）落实6S是提升产品、服务品质的必要途径。

通常6S的实施好坏可以分为无水平、初级水平、中级水平、高级水平四个等级。其中：①无水平：物品放置位置不明确，容易错拿、认错；物品或区域标识混乱，难以辨识；②初级水平：物品整齐排列，易于辨识物品；物品或区域标识能够起到分类识别作用；③中级水平：通过一般标识，物品摆放数量、区域一目了然；④高级水平：通过标识和提示，区分物品，明确基数，使每个人都知道要备什么货、如何管理。

第二节　6S管理理论与方法

6S管理有着自己一套方法论和组织实施流程，医院开展6S管理应首先从宏观层面了解6S管理思路、理论与方法，开展6S如何组织实施，通过6S可达成的目标和预期成效是什么，这样有助于医院管理者针对医院现实问题决策是否开展6S管理、在多大范围内推行、解决哪些主要问题，用正确的方法做正确事情。本节主要介绍6S管理方法论、6S管理实施的组织步骤和可达成的目标与效用。

一、6S管理的方法论

6S管理是对人员、机器、材料、方法、环境五大资源进行有效的管理活动，系统提升效率、品质、成本、交期、士气和安全六大目标。6S管理目标简单、明了、易达成，通过科学合理地进行现场物品安置，使物流、人流、作业流、信息流通畅顺利，通过坚持不懈的清洁、清除营造一个干净、整洁、舒适、安全、科学、合理的工作场所和空间环境，并通过活动的实施，最终造就高素质优秀团队，培育严谨、守规、自觉、利他的医院文化。

6S管理的核心内容主要是对生产现场的管理，需要领导带头，全员参与。6S管理实施始终要坚持的总体原则是“持之以恒，持续改进，规范高效”。开展6S管理活动不能急功近利，其需要日复一日、年复一年的坚持，使之变成日常工作的一部分。虽然，6S可以在很短的时间内看到显著的表面成效，但是，只有通过每人每项工作都操作到位才能提升医院整体水平，只有通过量的积累才能实现医院质的飞跃。

6S是从整理、整顿、清扫、清洁、素养、安全6个阶段进行递进式管理，遵循“有物必分类，分类必定置，定置必标识，标识必规范”原则，通过实施6S管理法，使工作规范化，提供安全保障，提高工作效率和工作质量。实施6S管理应遵循以下原则：循序渐进，不急不缓；率先垂范，资源共享；持续改进，贵在坚持；固化成果，升华文化。

从活动实施角度，6S强调“全参与”，即医院所有部门、从院领导到一线员工须全员参与，不存在“礼不下庶人，刑不上大夫”；强调“全过程”，即6S活动要渗透到从产品研发到产品交付及售后服务等生产经营管理的全过程，只有起点没有终点；6S强调“全效率”，即通过6S的全过程梳理，提高综合效率，挑战工作极限。从目标结果角度，6S强调“地/物明朗化”，即以一个新员工或陌生人的视角看工作现场的地或物，是否能够看懂；强调“人的规范化”，养成按制度执行的工作习惯，避免工作的随意性，严谨地把工作做规范、做到位。6S管理实施流程，如图5-2所示。

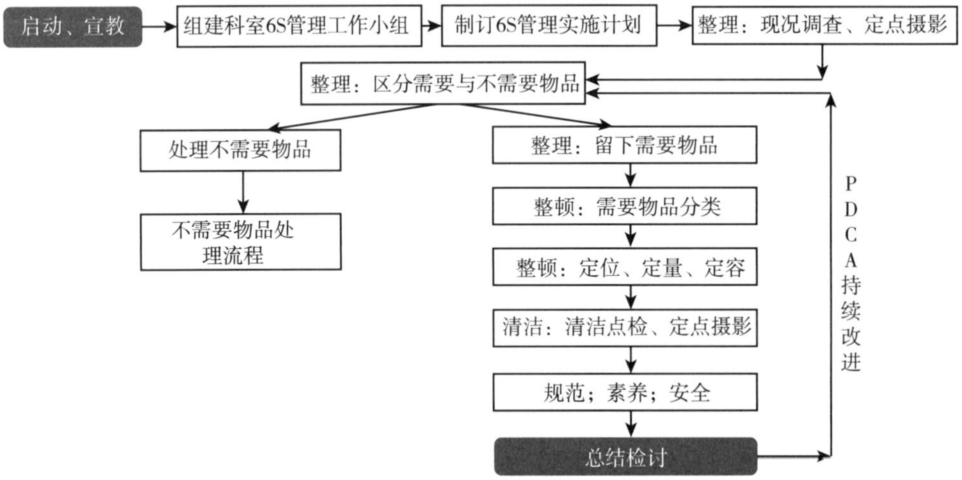

图5-2　6S管理实施流程

二、6S管理实施的组织

6S管理的实施有6个阶段：整理、整顿、清扫、清洁、素养、安全。但是，6S在一个组织内部推行的关键是过程管理与控制。6S管理取得成功需要关注以下5个方面：明确的目标、清楚的做事程序、开放及透明的沟通、积极的投入及参与和互相信任。一般，6S管理实施的组织推动包括11个步骤，具体为：

1. 成立推行6S的组织体系　6S管理以医院为主体，是一种医院行为，其实施成效取决于医院领导的决心和力度，需要医院各个部门、各个岗位全员参与。6S管理开始之初应建立组织体系，成立6S管理推行委员会，由院长担任委员会主任，分管各业务副院长为副主任，医院主管业务职能部门为委员会办公室或秘书处，负责6S全程活动推进与过程控制，结合医院实际组织制定6S管理相关标准、制度、规程和绩效奖励标准等。

2. 拟定6S推行的方针与目标　医院在开展6S管理之初，要明确医院通过开展6S要改变的是什么、达到什么目标，建立什么文化等，并据此制定开展6S管理的方针，设置推行6S管理达到的最终目标和阶段性目标。6S管理目标的设定尽可能考虑可及及可量化。

3. 拟订6S推行的计划和日程　要拟定6S实施计划，明确各部门任务分工、责任人和各阶段任务的完成时间，并公布，让所有人知道实施细节。通常可采用甘特图工具制定6S计划表（图5-3）。

某医院6S管理科室推广进度表

序号	项目名称	日期							
		8月26日	8月27日–9月2日	9月3日–9月4日	9月5日–9月8日	9月9日–9月12日	9月13日	9月14日	9月15日
1	科室启动、授牌、宣誓	■							
2	参观标杆科室	■							
3	科室所有区域整理活动开始	■	■						
4	处理不要物品		■						
5	对保留物品进行彻底清扫、清洁		■						
6	可视化标准学习			■					
7	6S推进办公室组织参观标杆科室，讲解细则			■					
8	统计保留物品				■				
9	调整布局（1.房间布局调整，合理利用空间；2.库房货架调整及物品摆放按轻重布局）				■				
10	布局调整好的区域内物品定位				■				
11	库房定量标识				■				
12	将定位好的完物品进行标识统计及张贴					■			
13	所有区域检查，查缺补漏					■			
14	6S推进办公室督导检查						■		
15	6S推进专员督导科室问题整改							■	
16	正式验收								■

图5-3　某医院6S管理任务推进计划甘特图

4. 开展6S管理的全员培训　全员对6S管理的理解与认同是医院推行6S管理取得成效的基础。全员6S管理培训可以分批次、分阶段展开，如可邀请6S专家进行骨干培训，也可通过各种有效途径向全体人员解释说明实施6S管理的必要性、意义和作用、6S活动内容和具体方法等。全员培训的目的是使全院上下达成共识，按照正确的方法实施6S各步骤。

5. 实施6S前期的宣传鼓动　医院开展6S管理是为了养成全员良好的工作习惯，营造良好工作氛围，培育追求卓越的医院文化。适当的宣传鼓动可以起到提高全员重视、增强自觉意识、激励士气等作用。本阶段通常采用方法有全院动员会、各级签署责任书、各级主管领导立军令状、主责单位宣誓等形式。

6. 导入6S方法的前期准备　6S管理导入之前需要对实施的各项内容进行细致

的规划，制定各步骤、各种方法的操作规范，前期作业准备包括任务分工、时间安排、明确责任区域、使用工具和操作方法、实施规范，否则，全院行动起来就会无序、忙乱。在一切准备就绪后，再启动全院6S管理，并按照6S管理步骤逐步推进，并用PDCA表进行指导与记录（图5-4）。

某医院PDCA进度表（三周）

计划（PLAN）第一周 1. 人员分工要明确，落实到人； 2. 提前构思科室简介与荣誉墙内容； 3. 6S秘书对当前状况进行拍照； 4. 整体区域划分按医院统一规定，具有专业特色的科室将想法作书面报告，提交医院6S推进办公室，商讨后回复。	**实施（DO）第二周** 1. 对室内布局进行调整，治疗室、换药室等区域要符合院感要求； 2. 责任人按照分工要求，对区域内物品、仪器等按要求分类、擦拭、清洁、清扫； 3. 填写好不要物品登记表，申请货架等； 4. 医疗物品、药品等摆放基本原则：在符合院感、护理、药剂的基础上，做到动作“–”法，取用无多余动作； 5. 涉及医疗操作区域不能放置绿植；水壶、绿植等物品不能放置柜顶等高处； 6. 学习参观标杆科室； 7. 打印标签，按要求张贴。
科室主任：　推进专员： 日期：　年　月　日	科室主任：　推进专员： 日期：　年　月　日
处理（ACT） 1. 标准化，形成一套正规的可视标准； 2. 持续改进，在运行过程中发现问题，解决问题，对于更利于工作的方式方法进行研判，形成标准； 3. 持续教育，对新入职、进修、实习学生，进行6S管理培训； 4. 持续监督，不定时抽查。	**检查（CHECK）第三周** 1. 按要求进行科室内部全方位检查；分类、定位、标识缺一不可； 2. 请推进专员进行检查； 3. 正式验收； 4. 红牌作战，纠正错误； 5. 以照片“九宫图”形式进行群内汇报； 6. 进行月竞赛。
科室主任：　推进专员： 日期：　年　月　日	科室主任：　推进专员： 日期：　年　月　日

图5-4　某医院6S管理PDCA进度跟踪

7. 确定推行6S的考核方法　为保证6S管理的顺利实施，要有一套合适的考评标准，并在不同的系统内因地制宜地、有针对性地使用考核标准。6S实施过程中管理人员或检查人员定期到不同功能区现场，依据标准对其6S实施情况进行检查、考核、打分。为增加考评的可比性，可以根据各个区域环境、功能区按照实施6S的困难程度、区域内工作人员数量、区域面积大小等设置不同权重系数，对考评分数进行修正，增强不同区域考评结果的可比性。

8. 推行6S的阶段性考核评比　医院在开展6S管理的阶段性考核评比的目的是保证6S管理成效，一方面通过表扬先进典型，起到示范标杆作用，激励并推进活动开展；另一方面，可以及时查找问题，提早纠偏，使得活动质量有保障。这样，制订科学的、符合医院实际的、具有引导性的考核与评分标准尤为重要，以保证考核评比的可行性与可靠性。还要制订考核评比实施办法，并公示给大家，一来做到公开透明，二来使大家明确努力方向。

9. 6S考评结果的公示与奖惩 开展6S管理考评是推进6S和保证6S活动取得实效的手段之一，考核要坚持经常，可采用周自评，月度考核，年度评估等形式。既然开展考评，就要适时公布考评结果，进行讲评分析，给予适当奖优罚劣。

10. 检讨修正、总结提高 6S管理开展过程中或每次检查考评都会暴露出各种各样的问题，随着6S管理的实施出现问题是正常的，问题是永远存在的，旧的问题解决还会有新的问题出现，改进是永无休止的，6S活动同其他质量管理活动一样是一个不断提高的过程。所以，在实施6S过程中，要不断调查分析、检讨修正和总结提高。而且，随着6S管理水平的提高，既往的操作规范、考核标准和管理办法等也需要不断修订来适应发展的需要，针对新的目标提出更高的要求。

11. 纳入定期管理活动中 对于第一次导入与实施6S管理的医院，经过一个月，甚至是一年的6S管理推进，全员已经熟练掌握了6S管理方法，基本形成全院全员“素养”，此时就到了将6S管理纳入医院常态化管理体系之中的时机，按照医院阶段性工作计划，适时进行6S专项督导、检查、考评和讲评，使6S管理成为一种不可缺少的医院管理内容并将其长期贯彻下去，使员工自觉融入医院文化。

三、6S管理的目标与效用

6S管理目标是通过规范现场、现物，营造一目了然的工作环境，培养员工良好的工作习惯，革除马虎之心，认认真真地对待工作中的每一件“小事”，自觉遵守和维护工作相关规定，文明礼貌。6S最终改变的是人的思考方式、行为品质和医院的管理水准。

开展6S管理可达到以下7个方面目的。

（1）改善工作环境和人的思维，提高医院形象。

（2）减少时间和人力浪费，提高工作效率。

（3）改善库存周转，降低成本，提高收益。

（4）降低风险，消除隐患，确保医疗安全。

（5）建立并执行工作标准，保障医疗质量。

（6）缩短住院日，加快床位周转，服务更多患者。

（7）改善组织活力，提升员工精神面貌。

6S各阶段改善对象不同、特定意图不同，所以各阶段要达到的目标也不同：第一阶段目标是确立态度，通过访谈与沟通，确立全员对6S推行后的“态度”；第二阶段目标是理清6S管理思路，通过相关标准的制定，明确6S管理路径，掌握6S方法；第三阶段目标是检验成效，执行6S标准，检查6S推行的“执行力”。

医院各个部门都可以开展6S管理，但是，最适宜开展6S管理的地方是各类工作现场，如各类库房、药房、消毒供应室、静脉用药配置中心、实验室、病房、护士站、治疗室、设备间、维修室、食堂、办公室以及各类公共场所等，用于对现场中的人员、机器、材料、方法等要素进行有效管理的活动。

6S管理推行得是否彻底可以从以下几个方面看出。

（1）员工能否主动遵守规定。

（2）员工是否守时，各项活动能否准时集合。

（3）管理状态是否一目了然。

（4）员工的作业速度是否快捷有序，充满干劲。

（5）员工精神面貌是否好，能否做到彬彬有礼。

保证6S管理取得应用成效还需要注意以下问题：

（1）6S不是搞运动，其针对的是工作现场问题，需要全员参与，尤其是领导带头，且要求每天不间断，不能是一阵风似的搞“运动”，需要一个量变到质变的过程，要将整理、整顿、清理、清扫思维刻入内心，成为下意识的习惯，形成一种医院文化，唯有这样为产品和服务质量建立保障，方能看到整体水平的提升。

（2）6S不是大扫除，常常有人把6S管理理解为是对工作环境的清扫，等同于开展一场大扫除，或是画线、定位、贴标识，做做表面文章。只知其表，不知其里，没有看到6S管理深层次意图：6S始于清理、清洁，止于标准化，规范化管理，习惯养成；6S不仅仅是在做具体的事情，更重要的是通过做事情来改造每个人的思维。日本某知名企业开展5S管理项目的第一年就只做“整理”。

（3）6S管理强调的是效率第一，美观第二，物品定点、定量、定容放置，出发点考虑到拿取的便利，节省寻物、拿物时间和人力的浪费，提高效率；区域或物品的醒目警示，为的不是漂亮而是保证员工和生产的安全，最大限度降低风险，避免隐患。

（4）6S易学，难做，需要以人为本，持之以恒。6S管理好处之一是简单易学，且通过整理、整顿后，在短时间内就可以看到非常明显的变化，往往这一表面成效显现就会被误以为是6S的全部，而止步不前，半途而废。6S精髓在于养成实实在在地从一点一滴做起、不浮夸的做事态度，小到物品放置，用的容器和尺寸、货架层数和高度，到人、物、车的动线和业务流程等，都需要精心、精细设计；每天点检安全、品质、业务、成本、人事、环境、设备等，需要日复一日的坚持。

（5）6S管理需要高层亲自做，中层是专家，基层跟着做。高层不能仅仅停留在喊口号、态度上支持，还要亲手做，做了才能理解6S管理的深层含义；中层不能不知道如何做，只知道做不了就罚，中层必须是6S管理专家，学会并实践过6S管理，方有资格带领基层员工去做、去管理；基层不能不知道如何执行、执行到什么标准是好的，麻木机械去做，而是要按照标准执行，坚持做下去，并持续改善。

（6）6S管理要有系统地推行。6S管理6个步骤本身就是一个体系，既有层层递进关系，又有横向联通关系。6S活动要成系统地推行，包括：现况调查，找准问题，制定项目计划，开展6S知识培训，打造样板，建立标准，检查评比，全面复制，人才育成，奖励拉动，全面覆盖，具体按照6S管理组织实施步骤推行。

第三节 6S管理实施与实践

6S管理中整理、整顿、清扫、清洁、素养、安全6个阶段是6S管理的核心，本节逐一介绍各阶段要素定义、遵循原则、达到的目的、针对对象、实施步骤与可用方法，并提供一些实践案例，为6S各阶段的具体实施提供指导与参考。

一、6S管理之整理

1. 整理的定义 要与不要，按需留弃。将工作场所有的物品区分为必需的和非必需的，除去非必需的物品，留下必需物品。正确区分必需和非必需物品，清除非必需物品，是“整理”的结果。清除多余的物品，腾出有效的利用空间，体现的是物品使用价值和存在价值，所谓物品价值，强调的是物品的使用价值，而非物品的购买原值。

2. 整理的原则 整理坚持“三清”（清理、清除、清爽）的原则，即分清“需要品”和“非需要品”，清除“非需要品”，按物品属性分类，环境清爽。具体“整理”遵循：

（1）依据物品的使用价值决定物品的留存。

（2）不必要的物品要尽快清理，腾出被占用而又无效用的“空间”。

（3）必需品应按照使用频率及拿取便利性固定放置。

（4）整理工作需要每天自检，称为工作习惯。

整理步骤要形成三项基准供实施时参照使用，其中：

（1）“要与不要”的基准，非常明确地给出“要与不要”的判断标准，不同区域允许放置什么、不允许放置什么（表5-1），并有效标识。

（2）“场所”的基准，根据物品的使用次数、使用频率判定物品应放在什么地方合适，明确物品摆放场所的标准（图5-5）。

表5-1　办公桌允许放置物品标准

"要"—允许放置	"不要"—不允许放置
办公电脑	私人用品
医院办公电话号码表	照片
电话	玻璃板
笔筒	水杯
文件架	花盆/花瓶

（3）废弃处理的原则，明确"不要物品"的处理方法，通常按照两个原则执行：一是区分申请部门和判断部门；二是由一个统一的部门处理废弃物品（图5-5）。

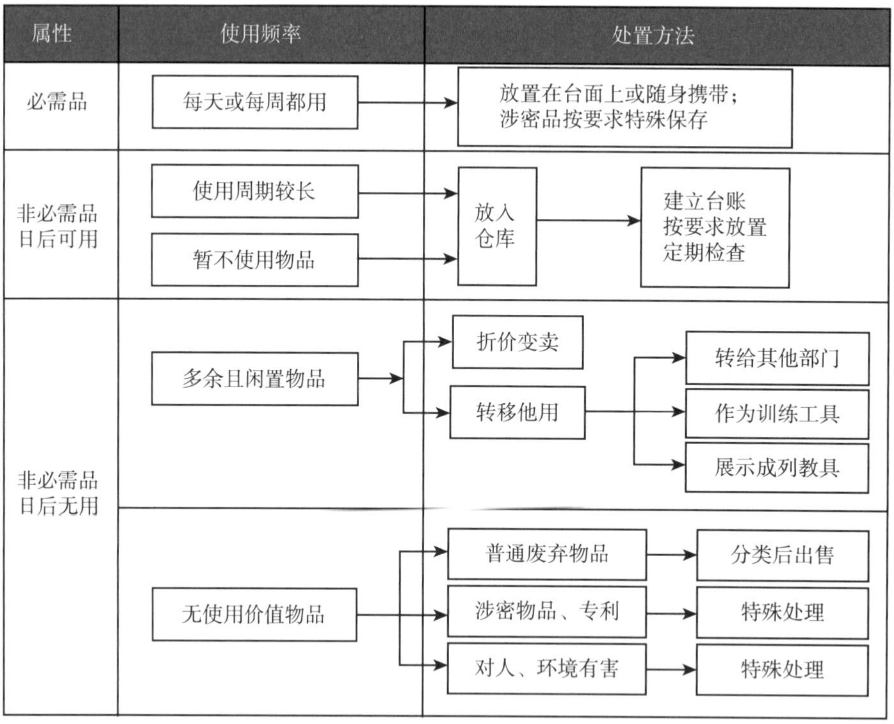

图5-5　整理过程中物品处置原则

3. 整理的目的　整理的意图是组织化，目的是空间最大化，提高空间使用率。使工作能够充分发挥其应有的功能，审视工作现场应有哪些必备物品、必须的业务流程。具体目的是：

（1）清除造成凌乱的根源，腾出有限的空间。

（2）减少物品误用、误送。

（3）营造一个清晰、干净的工作环境。

（4）保证所有工作人员在30秒之内能找到所需物品，节约寻物时间，提高了工作效率。

4. 整理的对象

（1）主要场所：仓库，锅炉房，办公场所，公共场所；室内外通道；室外环境。

（2）主要对象：①储物间，货架，货柜，货篮等；②操作台，桌、箱、柜，抽屉等；③冷柜，冰箱；④环境，设施，设备；⑤门面，墙面，展板，广告栏；⑥各种文件资料等。

5. 整理的实施　整理流程大致可分为：分类、归类、制订标准、判断“要与不要”、处理、改善6个步骤。整理的核心是“功能”，即以功能为基础进行6S整理，具体实施如下：

（1）分类：全面检查工作现场，明确都有哪些物品。

（2）归类：对其进行分类，制作物品登记清单，清单列项可包括类别、名称、规格、数量、所在区域、使用频次、留用与否、理由、备注或说明等（图5-6）。

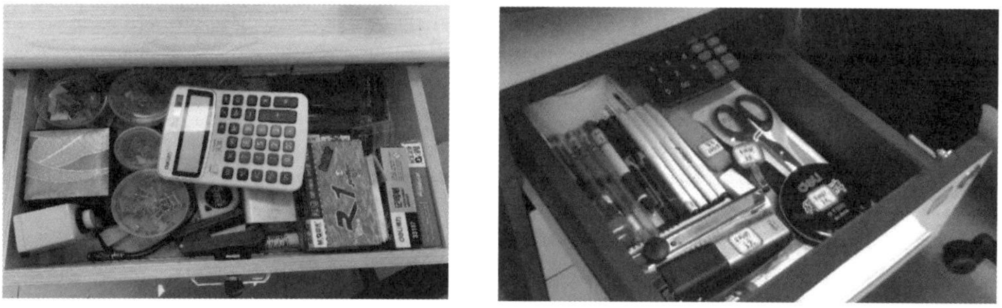

整理前　　　　整理后

图5-6　某医院6S管理——整理：办公物品分类摆放

扫码学习相关内容

（3）制订标准：包括物品“要”与“不要”判别基准和物品分类标准，物品定点、定位、定量放置标准，不同物品放置方法规定，区域划分、物品分类标识要求与标记方法，定期查检标准等。

（4）判断：按照物品“要与不要”标准判断物品是否留用，并根据分类标准对留用各类物品分类。

（5）处理：及时舍弃无用的物品，按物品放置规定将留用物品放置到指定区域。

（6）每天自我检查、记录，使每日整理、清理成为一种工作习惯，定期组织对整理工作进行分析、讨论，并不断改进。建立示范区、示范岗，树立供大家学习的标杆。

6. 整理的方法

（1）自检方法：调查需要物品的使用频率，决定日常用量。调查表如表5-2，表5-3所示。

表5-2 整理过程中自检调查表设计

物品	使用次数	是必需品还是非必需品
	一年没用过一次	
	也许要用的物品	
	三个月用一次	
	一周用一次	
	三天用一次	
	每天都用	

表5-3 各科室物品使用频次要求

<table>
<tr><th>类别</th><th colspan="2">使用频度</th><th>处理方法</th><th>检查频度</th></tr>
<tr><td rowspan="3">必要品</td><td colspan="2">每小时</td><td>放置在工作台上或随身携带</td><td></td></tr>
<tr><td colspan="2">每天</td><td>现场存放（工作台）</td><td></td></tr>
<tr><td colspan="2">每周</td><td>现在存放</td><td></td></tr>
<tr><td rowspan="8">非必要品</td><td colspan="2">每月</td><td>仓库存储</td><td></td></tr>
<tr><td colspan="2">三个月</td><td>仓库存储</td><td>定期科室检查</td></tr>
<tr><td colspan="2">半年</td><td>仓库存储</td><td>定期科室检查</td></tr>
<tr><td colspan="2">一年</td><td>仓库存储（封存）</td><td>定期科室检查</td></tr>
<tr><td colspan="2">两年</td><td>仓库存储（封存）</td><td>定期科室检查</td></tr>
<tr><td rowspan="2">未定</td><td>有用</td><td>仓库存储</td><td>定期科室检查</td></tr>
<tr><td>无用</td><td>报废回收/变卖/废弃</td><td>定期清理</td></tr>
<tr><td colspan="2">不能用</td><td>报废回收/变卖/废弃</td><td>定期处理</td></tr>
</table>

将物品按使用时间长短区分放置（表5-4）。

表5-4　根据使用频率物品存放建议

序号	使用时间	保存地点
1	一年都不用的物品	丢掉或暂存入仓库
2	7~12个月内要用的物品	把它保存在较远处
3	1~6个月内要用的物品	把它保存在中间部分
4	每日至每月都要用的物品	把它保存在使用地
5	每小时都要用的物品	随身携带

（2）抽屉理论：把整个抽屉的东西全部倒出来，然后把要用的东西捡回来，不用的东西清理掉。

（3）樱桃理论：把不能吃或烂的樱桃清捡出来，以不影响到其他的樱桃。

二、6S管理之整顿

1. 整顿的定义　科学布局，取用快捷。将必需物品按照使用状况分门别类，依照规定位置摆放整齐，做好标识，统一管理。概括地说：物品分门别类定置管理。按规定正确放置必需的物品，并有明显标识，是"整顿"的结果。

2. 整顿的原则　整顿有3个要素：放置场所、放置方法、标示方法。遵循先进先出，方便取用；放置合理，定位管理；统一标识，清楚标志的原则。物品保管遵循"三定"原则，即定点、定容、定置；物件存放遵循"三易"原则，即易取、易放、易管理。具体遵循：

（1）站在新人的立场，使其能立即取到自己所需物品。

（2）物品管理做到"六定"，即定品、定位（点）、定量、定容、定置、定人。

（3）物品摆放做到"三易"，即易取，易放、易管理；"三分"，即分区、分架、分层。

（4）物品使用后要立即恢复到原位。

（5）对物品显著标识，实施可视化管理。

3. 整顿的目的　整顿的根本目的是使现场物品放置或是业务流程合理化，节约时间，目标是10秒内找到所需物品。具体目的是：

（1）物品定位摆放，井然有序、一目了然。

（2）物品随时能够方便取用，以减少寻找时间。

（3）保证材料物品出入有序，工作场所整齐、美观。

（4）便于及时发现物品缺货或丢失、损坏等异常情况。

4. 整顿的对象 整顿的对象是因寻找物品造成时间浪费的工作场所及其物品放置。主要整顿的是以下现象：

（1）多种物品混放，未分类，难以寻找。

（2）物品存放未定位，不知道何处去找。

（3）不知道物品的名称，盲目寻找。

（4）不知道物品标识规则，须查对。

（5）物品无标识，视而不见。

（6）存放地太远，存取费时。

（7）不知道物品去向，反复寻找。

（8）存放不当，难以取用。

（9）无适当的搬运工具，搬运困难。

（10）无状态标识，取用了不适用的物品等。

5. 整顿的实施 以流程为基础，将整理留下的必需品分门别类存放，明确标识，实施定品、定位、定量的“三定”管理，明确标识。具体实施步骤为：

（1）分析现状：分析各个工作岗位工作职责及其需要配置的物品，在对工作现场彻底整理的基础上，只保留与各工作岗位职能相配套的最低限度的必需物品。

（2）物品分类：将保留的物品按照使用的特性进行分类，如是某岗位所需品还是小组共需品，是常常使用品还是较常使用品，是何种物品（如药品、材料、设备等），是散装还是整包等。

（3）定位规划：物品放置位置要100%固定。各个岗位根据各自工作需要，以便于就近拿取、按使用功能、种类、频率、重量等区分，制定最适合本岗位的物品放置方案。通常物品放置顺序遵循：按使用频率，常用品放在近端，非常用品放在远端；按使用顺序，左取右放；按照物品体量，重低轻高，大低小高。定位规划做到“六定”：定品、定位、定量、定容、定置、定人。

1）定品：标识所有物件名称，方便快速查找。

2）定位：明确具体的放置位置，如货架位置、每层放置什么物品、每个货架摆放物件类别。

3）定量：规定合适的留用数量。对备用品、消耗品应明确最大、最小存量。

4）定容：明确使用容器大小、材质。注意特殊品使用容器要求。

5）定置：规定物件放置的方式，如横放、竖放、吊起、水平放置还是立起放置。

6）定人：所有物件规定管理责任人，定人是6S管理中的重中之重。

为保证物品定位放置活动的效率和适用性，事前可制作一个物品放置布局模型，模拟物品放置规划，研讨物品布局优化方案。值得注意的是特殊物品、危险品必须按保存要求设置专门摆放场所，并由专人保管。

（4）定位放置：物品要按照定位规划进行放置，“定容”摆放可采用架式、箱内、工具柜、悬吊式等，放置容器可选箱柜、塑料盒/篮、袋子等，密闭容器要做到内部物品明显易见，清扫器具、工具常以悬挂方式放置。“定量”调查各类物品使用需求量，尤其是消耗品，明确物品在现场存放基数和物品补充机制，保证工作现场任何人都能立即取出所需要物品，同时，又不出现多余品。

物品放置可采用划线定位方法，如通道线、斑马线、止步线、停放线、隔离栏等。一般区域划分遵循以下原则：①物品按使用的高中低用量分别存放，材料或工具按照操作顺序放置，统一管理私人物品；②同类物品配备专用盒，集中放置，便于拿取和先进先出；③尽量立体放置，以充分利用空间，堆放高度一般不超过1.2米；④平行、直角、在规定区域放置；⑤容易损坏的物品要分隔或加防护垫保管，防止碰撞；⑥做好防潮、防尘、防锈、防蛀、防鼠等措施；⑦通道地线、物品摆放区域线的划分，用颜色区分；⑧通过形迹整顿方便物品返还。

定位摆放区域形状，一般采用下列三种方法：①全格法：依照物体形状，用线条框起来；②直角法：只定出物体关键角落；③影绘法：依照物体外形，实际占满区域标记。

（5）醒目标识：标识包括区域标识、类别标识、名称及编号标识、数量标识、状态标识等。通常采用不同色的油漆、胶带，或用不同的地板砖或栅栏来标识物品区域划分区域；以不同颜色区别不同类别物品，如绿色标识合格品、红色标识不合格、安全风险等；必要时设定表格标识，注明物品的“管理者”“每日点检表”记录；也可制作必要的看板，可视化管理。

工作现场不同区域之间要留有适当的“通道宽度”，一般距离为：①通道、人行道、人走动的地方，最窄宽度要在1米以上；②单向车道，宽度为最大车宽再加1.8米；③双向车道，宽度为最大车宽2倍再加1米。

不同物品放置区域，可用不同颜色定位，以示区分，但应统一颜色标识，每种颜色含义一致，形成一定的标识度，通常：①绿色，表示合格品区，或者表示正常状况；②黄色：表示一般区域，标识通道、区域线；③白色：标识工作区域；④红色：标识不良物品区或异常状况，警告区域、安全管制区域。

建立物品定位标识规范（表5-5），供所有场所整顿时遵循，培训全院知晓。

表5-5　物品定位标识规范

物品	标识	定位
设备		
药品		
工具		
清扫工具		
通道		

区域定位划线，一般可使用标志漆或定位胶。主通道标志带宽以8~15cm为宜，其他通道标志带宽度保持在7~10cm，区域划线的宽度为4~10cm。实线表示固定物品放置区，虚线表示流动物品放置区。定位时常使用长条形木板、封箱胶带、粉笔、美工刀等工具。

（6）开始整顿：在工作现场划定区域后，按照区域布局规范、标识规范进行区域定位；按照物品岗位要求、整顿原则、物品特性对物品进行定位摆放（图5-7）。

图5-7　某医院楼宇内物品定位摆放

扫码学习
相关内容

6. 整顿的方法　常用方法包括：目视化管理、定置管理、标准化管理。

（1）目视化管理：目视管理是以视觉显示为特征的管理方式，也被称为“看得见的管理”或“一目了然的管理”。常用的方法有油漆作战法、形迹管理法、颜色管理法、引线作战法、看板管理法等。其中相对复杂的是看板管理法。

看板管理是利用图表在指定区域内发布6S活动相关信息。根据不同目的或用途可以设计不同看板：①进度看板：展示工作计划和执行进度，使区域内的工作人员知晓，明确目标。②管理看板：将制度、操作流程、KPI运行、运行中暴露出的问题、问题改进情况和典型示范等管理信息公示在展板区内，起到提示、告知的作用。③标示看板：

将病房或操作间内设备、器械、药品、材料、文件、资料、文具、日用品等放置位置做成示意图，便于寻找、清点。④标语看板：生动的语言、活泼的漫画，切合6S主题制作成标语，引起大家关注，营造氛围，推动活动开展（图5-8）。

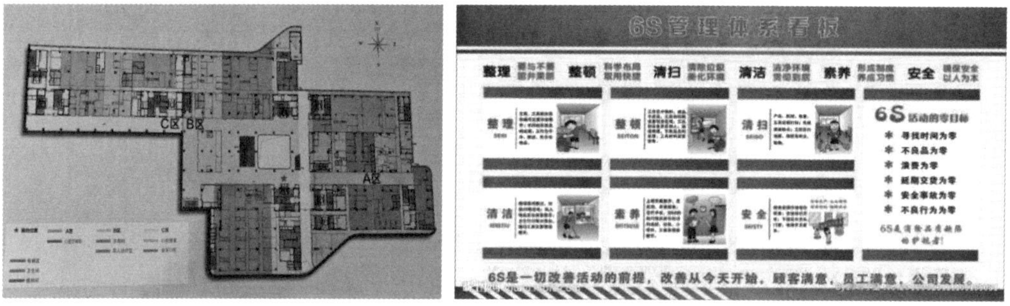

图5-8　某医院部门管理看板示例

（2）定置管理法：以物品在场所的科学定置为前提，以完整的信息系统为媒介，以实现人和物品有效结合为目标，通过对生产现场的整理、整顿，把生产中不需要的物品清除掉，把需要的物品放在规定的位置上，使其随手可得，从而促进生产现场管理文明化、科学化，达到高效生产、优质生产、安全生产的目的。

（3）作业标准化管理法：在对作业系统调查分析的基础上，将现行作业方法的每一操作程序和每一个动作分解为单元，在此基础上对作业过程进行改善，删除多余动作，更改单元顺序，从而形成一种优化作业程序，逐步达到安全、准确、高效、省力的作业效果。

整顿时应注意：①一物一位，物归其位，正确放置；②定量摆放，基数管理，按需增补；③标识统一，方法一致，易懂易记；④专人管理，专项记录，日清日结。

三、6S管理之清扫

1. 清扫的定义　将工作场所彻底清扫，清除灰尘、污垢、油渍和异物等，保持工作环境处处清洁、清新、亮丽，防止污染的发生。扫除灰尘杂物，清除脏污，排除运行异常，是“清扫”的结果。清扫是在进行清洁工作的同时进行自查。

2. 清扫的原则　奉行“三扫”原则：①扫漏，扫除溢出物，如漏水、漏油、漏尘、漏气等；②扫黑，扫除垃圾、灰尘、纸屑、蜘蛛网等，尤其是清扫不起眼或隐蔽之处；③扫怪，清扫一切觉得不正常的地方，如异常声音、温度、震动、报警等。其重点是责任化和标准化。

3. 清扫的目的　“清扫”的目的是去除脏污，保持干净、明亮，稳定品质，减少伤害。其根本目的是点检，逐点检查确认。从发现问题的角度考量，通过“清扫”使设备、工具和物品处于完好待用状态。达到以下具体目的：

（1）保持整洁的工作场所，创造良好的作业环境。

（2）消除隐患，减少污染，稳定产品或服务品质。

（3）减少工业伤害，达到零故障、零事故、零损耗。

4. 清扫的对象 清扫的对象有“四要两标”。“四大要点”包括地面、墙面、桌面、天花板；“两大标准”包括清除污染源、设备见本色。

5. 清扫的实施 清扫要求人人参与，责任到人。除了对工作环境彻底大扫除之外，还是一个检查的过程，要与点检、保养工作相结合。清扫开始之前要先调查污染源，还要建立清扫标准，供大家参照执行。清扫的实施一般是先进行彻底大扫除，然后使“清扫”工作常态化。人们往往觉得“清扫”是一件很简单的事情，其实“清扫”也需要周密计划和做好充分的准备工作，具体实施步骤为：

（1）现况调查：首先对要“清扫”的工作场所进行调查，明确要清扫的地方有哪些、区域内需要清扫的设备/设施、器械/工具、物品/物件有哪些；明确各个区域和物品由谁来负责清扫、使用什么工具、可能存在安全隐患有哪些等。

（2）进行安全教育：“清扫”的准备工作首要的是提前对员工做好清扫的安全教育。对可能发生的事故，包括触电、剐伤、烫伤、油漆的腐蚀、尘埃附落的扎伤、灼伤等不安全因素进行警示，对清扫可能带来的次生污染予以避免的方法培训等。

（3）设备教育：包括设备构造培训，了解机器设备及其工作原理；培训机器设备因尘垢、漏油、漏气、振动、异音等状况的原因，使员工对设备有一定的了解；如用什么方法可以减少人为的裂化，避免因物品老化而出现故障，如何减少损失，提高效率；再有就是明确清扫工具、清扫位置，提出加油润滑、螺丝拆装的方法及具体顺序、步骤等基本要求。

（4）建立责任区：按照岗位区域将整个工作场所的清扫范围进行分区，明确清扫责任区、责任人、任务、要求和方法等。常用方法是制订清扫责任表，记录执行情况。

（5）清扫工具准备：清扫不同区域需要采用不同的清扫工具。

（6）组织实施与检查：按照事前制定的清扫活动实施计划、清扫相关标准和清扫责任表有组织地实施“清扫”活动。清扫完成后开展进一步检查，判断有无死角、清扫是否达标等，并对发现的问题，查明原因，及时改善（表5-6）。

表 5-6 某医院妇科注射室 6S 维持管理点检表

点检时间： 每天下午 17：30

No.	项目	点检内容	1	2	3	4	5	6	7	8	9	10	11	12	13	14	15	16	17	18	19	20	21	22	23	24	25	26	27	28	29	30	31
1	桌面、工作台面	定位线无破损 物品摆放整齐；所有物品在定位线内 擦拭无灰尘																															
2	仪器、设备	表面无灰尘 设备运行状态正常，标识正确 物品管理卡正常粘贴																															
3	空调	飘带、物品管理卡符合可视化标准要求 空调表面无灰尘 温度显示符合医院要求标准																															
4	抽屉内、柜内	物品摆放整齐，定位线、标签无破损、无灰尘																															
5	地面、门窗	表面无灰尘，无垃圾，门窗把手无污垢																															
点检者签名：																																	
管理者签名：																																	

续　表

No.	项目	点检内容	1	2	3	4	5	6	7	8	9	10	11	12	13	14	15	16	17	18	19	20	21	22	23	24	25	26	27	28	29	30	31
问题点记录	日期	指示内容							日期			指示内容											日期			指示内容							

6. 清扫的方法

（1）定点摄影法：为了展示6S活动效果，在同一地点对改善前和改善后的场景进行拍照，并公示或展示。

（2）竞赛活动法：利用竞赛活动来激励全员的竞争力，以发挥员工的创造力，提高团队合作精神。

四、6S管理之清洁

1. 清洁的定义　清洁就是将“整理、整顿、清扫”制度化、标准化和规范化，并贯彻始终。清洁强化3S的效果，3S的制度化、标准化、常态化是“清洁”的结果。清洁也是医院文化建设开始步入正轨的一个重要步骤。

2. 清洁的原则　清洁奉行“三不”原则：不制造脏乱，不扩散脏乱，不恢复脏乱。

3. 清洁的目的　“清洁”的根本目的是发现问题不忽视，解决问题不敷衍，彻底解决问题，改善工作。清洁主要起到维持的作用，即将整理、整顿、清扫后取得的良好成绩巩固下去，成为人人严格遵守的制度，不断进行持续改善，达到更高更好的境界。通过清洁具体达到以下目的：

（1）使3S成为惯例，形成制度。

（2）为3S标准化管理奠定基础。

（3）巩固成绩，提高管理成效。

（4）开始在组织内形成6S文化。

4. 清洁的对象　主要是工作场所、环境和物品。也可延伸为无形物质的清洁，如员工精神风貌、衣着服饰、噪声、气体等的清洁。

5. 清洁的实施　清洁的实施是前面3S的常态化落实，也是一个制度化、标准化的过程。具体步骤包括：

（1）落实“整理、整顿、清扫”工作。

（2）制订目视管理、颜色管理或看板管理标准。

（3）制订6S持续巩固制度或办法。

（4）制订6S执行的稽查制度。

（5）制订激励制度，强化执行。

（6）通过多样化办法维持员工6S自觉意识。

（7）高层管理者重视并定期巡查。

6. 常用推动方法

（1）看板管理法：看板是利用示例，如图5-8所示。

（2）流动红旗法：依据整理、整顿、清扫、清洁开展情况，针对岗位、场所、业务、管理等特性，制定评分及奖惩办法，第一名授予“红旗”，最后一名给以“黑旗”。至于采用奖励激励还是惩戒后进，要根据医院文化不同选择。

（3）检查和定检法：于6S推动过程中前、中、后阶段或定期，组织各部门主管或业务骨干对全院开展6S情况进行巡视检查，针对现场发现的问题提出改进建议。

五、6S管理之素养

1. 素养的定义 人人依照规定和制度行事，养成遵守规定的好习惯，培养积极进取的精神。按规定工作，积极主动，不断完善，是“素养”的结果。

2. 素养的原则 素养鼓励“三守”原则，即守纪律，守时间，守标准。

3. 素养的目的 6S最终为了提高员工的素质，员工素质的高低，只能通过行为来判断，所以，素养是通过外在的行为规范来引导的。“素养”的根本目的是养成职业习惯，遵规守纪。具体目的是：

（1）让员工都能遵守规章制度，形成优良的工作风气。

（2）让人人有礼貌、重礼节，创造和谐的团队精神。

（3）培育精雕细凿、精益求精的工作素养和品质。

（4）培养有良好习惯、具有敬业进取精神的人才。

4. 素养的含义

（1）遵守规章制度，养成按标准作业的工作习惯。遵守社会公德，医疗活动中严格执行诊疗指南、操作规程；建立严格的时间观念；养成按照着装要求整齐着装的习惯。

（2）对工作认真负责，态度诚恳。保持积极心态和良好的工作状态，具有迎难而上的韧劲，精心对待每一件小事，尽自己所能将工作做到最好。

（3）锐意进取，勇于创新。工作中善于总结，积极思变，不断提升自身和团队的能力；秉持“更快、更好、更有效、更经济”追求，从小处着眼，不断改善工作中的“浪费、凑合、不均衡”，持续改进，日新月异。

（4）换位思考，体谅他人，为他人服务。待人接物，诚恳有礼；尊重他人，站在他人立场思考问题，不伤害他人，坦诚倾听他人意见；关心、关爱、利他。

5. 素养的实施 素养的核心是持续推动4S直至习惯养成，推行的关键是要制定相关的规章制度，开展教育培训，采用多种手段激发员工的热情和责任感。素养养成具体推进步骤：

（1）制订共同遵守的有关规则、规定，素养推行的前期，要对医院常年形成的、为大家认同的行为规范进行总结提炼，制订要求员工共同遵守的规则、规定，营造一个顺畅、轻松、愉快的工作环境。

（2）制订员工着装、仪容仪表、工作证标准，一是能够让员工彼此了解，便于协同合作；另一方面令员工以最好的精神面貌投入工作。

（3）制订员工礼仪守则，熏陶和改变每一位员工，以礼待人，相互尊重，友好合作。

（4）组织全员教育训练，尤其是新入职员工，开展岗前培训，知晓医院核心价值观、医院文化，培训6S管理，接受6S规则并实践，体会6S的益处。

（5）组织各种精神提升活动，通过晨会、周会或是专题活动、宣传、报告、培训等活动，致力于提升员工对6S的热情和兴趣，深化6S活动。

6. 注意事项

（1）领导要起到表率作用。

（2）做到外化于行、内化于心。

（3）经常性分阶段持续开展培训与学习。

（4）“整理、整顿、清洁、清扫”持之以恒，忌急于求成。

（5）忌有法不依，执法不严。

六、6S管理之安全

1. 安全的定义 将工作场所潜在安全问题的根源予以排除，预防安全问题的发生。安全包括人身安全、产品安全、设备安全和保密安全等。预知不安全人为、物为因素，并彻底改善和消除是“安全”的结果。

2. 安全的原则 “安全”的要义是尊重生命，消除隐患，预防事故，排除危险，防患未然。其遵循原则是：

（1）以系统的安全管理体制为基础。

（2）安全不能仅仅停留在口头，而是要有具体措施保证。

（3）以经常性的培训教育为手段，增强全员的安全意识。

（4）检查现场巡视，及时排除隐患。

（5）保持明快、有序、安全的作业环境，降低风险。

3. 安全的目的 安全就是通过制度和具体措施以提升安全管理水平，防止灾害的发生，其目的是为了加强员工的安全观念，是使其具有良好的安全工作意识，更加注重安全细节管理。具体目的是：

（1）确保员工作业时遵守标准规程。

（2）为员工塑造安定环境，使员工有安全感。

（3）培养员工预知安全危险的意识、方法和能力。

4. 安全的对象 安全的对象重在“事故隐患”。事故发生的基本特点是：孕育—发展—发生—伤害，其具有因果性、偶然性、必然性、潜伏性和突变性。安全活动就是在事故产生的源头，清除“事故”萌生的环境，在事故的孕育期第一时间预知风险，找准其发生的原因，并果断采取措施，使事故不会发生。

5. 安全的实施

（1）制订现场安全作业标准。

（2）规定员工依规着装和佩戴防护用品。

（3）作业前例行检查、点检。

（4）作业时严格执行作业规范、遵守安全标记。

（5）作业完成后实施整理、整顿。

（6）定期正确进行安全检查。

（7）建立应急预案并人人知晓。

示例：安全点检表5-7，安全分析表5-8。

表5-7 某医院病房药品质量安全点检表

被检查科室： 检查日期： 年 月 日

<table>
<tr><th>项目</th><th>检查内容</th><th>检查方式及扣分</th><th>分值</th><th>扣分</th></tr>
<tr><td rowspan="7">基数药品管理</td><td>科室有专人（或专岗）负责本科内药品清点及效期检查；责任落实到个人，目标职责明确；有基数药品目录清单，并在药学部备案</td><td rowspan="7">1.检查方法：
（1）随机访谈护士，是否有专人（专岗）负责药品质量
（2）现场检查，帐物相符
（3）药品保存得当，不同药品间是否有间隔，无变质、破损、发霉药品，外观质量合格
（4）无失效药品
（5）精神、高危、毒性药品统一标识
（6）高危药品按级别专区存放，且专区内无其他药品，实地查看高危药品使用流程和操作规范
2.扣分标准：
（1）药品清点记录、高危药品管理及精二药品管理不合格每项扣3分，直至扣完
（2）交接记录、数量管理及药品存放不合格每项扣1分，直至扣完</td><td rowspan="7">5</td><td></td></tr>
<tr><td>按照说明书要求储存药品；药品存放区域无个人物品；不同药品间有适当间隔</td><td></td></tr>
<tr><td>每班进行交接并记录</td><td></td></tr>
<tr><td>定期（每月）对科室存放药品进行清点，检查科室存放药品有效期并记录，保证先进先出，近期先出</td><td></td></tr>
<tr><td>特殊管理药品有统一醒目标识；第二类精神药品专柜加锁存放</td><td></td></tr>
<tr><td>防腐剂、外用药、消毒剂等药品与口服药、注射剂分区储存</td><td></td></tr>
<tr><td>高危药品专区（专柜）存放，并设置统一警示标志；护理人员配置使用高危药品实行双人复核，核对患者ID、姓名、药品名称、药物剂量，确保发放准确无误</td><td></td></tr>
</table>

续 表

项目	检查内容	检查方式及扣分	分值	扣分
抢救药品	科室有急救等备用药品管理和使用的制度与领用、补充流程及交接班记录	1.检查方法： （1）查资料 （2）现场检查，有急救药品目录清单 （3）随机访谈，有专人负责管理急救药品，药品存储条件符合要求 （4）现场检查，有急救车药品使用记录，按照数量清单抽查药品，帐物相符 （5）实地访谈护士，损坏或近效期药品报损、更换流程 2.扣分标准： （1）清点记录不合格扣3分 （2）交接记录、数量管理、药品存放及使用补充不合格每项扣1分，直至扣完	5	
	有急救等备用药品目录及数量清单，有专人负责管理急救药品，并在使用后及时补充，损坏或近效期药品及时报损或更换，药品储存条件符合要求			
	急救等备用药品统一储存位置，统一规范管理、统一清单格式，保障抢救时及时获取			
	定期（每月）对抢救车药品进行清点，检查有效期，保证先进先出，近期先出			
冷藏药品	按照说明书要求储存药品，冰箱内无个人物品，不同药品间有适当间隔	1.检查方法： （1）现场查看，药品保存得当 （2）不同药品间是否有间隔 （3）现场检查，冷藏设备温度记录 2.扣分标准：有一项不合格扣3分，两项不合格该项不得分	5	
	定时如实记录冷藏药品储存环境温度情况，温度异常时及时采取措施			
大液体	定期（每月）检查大液体有效期并记录在基数药品清点表中，检查药品存放，保证先进先出，近期先出，防止压批		5	
药品抽查	1.药品名称：　　　　有效日期：	储存情况、外观形状是否符合标准　是□	大液体	
	2.药品名称：　　　　有效日期：	储存情况、外观形状是否符合标准　是□	抢救车	
	3.药品名称：　　　　有效日期：	储存情况、外观形状是否符合标准　是□	治疗室	
	4.药品名称：　　　　有效日期：	储存情况、外观形状是否符合标准　是□	冷藏柜	
其他问题		合计	20	

检查人：　　　　　　　　职能部门：　　　　　　　　护士签字：

表5-8　某医院建设工地安全因素分析表

安全影响因素	施工分部	安全问题扣分	安全隐患扣分	总分
泥浆	基本施工	2	2	4
尖锐施工废料	主体施工	3	1	4
边坡塌方	支护施工	1	3	4
大型设备施工	各分部	1	3	4

续　表

安全影响因素	施工分部	安全问题扣分	安全隐患扣分	总分
施工用电安全	各分部	2	3	5
高空坠落	深基坑，2层以上	1	3	4
高空落物	主体2层以上	2	3	5
积水	基坑施工	2	1	3
地质灾害	各分部	1	3	4
高大支撑	主体施工	1	3	4

第四节　6S管理知识扩展

在最早的整理、整顿、清扫、清洁4S基础，这一现场管理方法得以推广为5S、6S，甚至是12S，6S也与其他管理工具广泛融合，有主有辅，真正成为一种管理工具，根据医院管理的实际需要进行工具模块的集成、联合应用成为当前医院管理的一种趋势。本节介绍当前6S管理的发展，以及6S管理的综合应用。

一、6S管理的发展与扩展

最初的5S管理理念诞生于日本家庭管理方式，后来日本企业将其引进到企业内部管理运作中，根据需要又增加了更多“S”，最终形成了5S活动，在5S基础上加入“安全”“持之以恒”“坚信”就形成了6S、7S、8S。

国内外对6S管理的应用方法已经趋于成熟，在物品管理、器械设备使用管理、患者满意度、医务人员工作效率、时间消耗、药品安全、制度规范、作业流程优化等方面应用均取得了满意效果，而且不断融入其他精益管理技术，达到更精、更细、更优、个性化的管理品质。随着人们对6S认识的深入和广泛应用，又派生出“节约、坚持、习惯”等要素，或者将“整理”拆分为“分类、整理”，就出现了7S、8S、10S等管理活动。如“7S”管理，分别是整理（seiri）、整顿（seiton）、清扫（seiso）、清洁（seiketsu）、素养（shitsuke）、安全（safety）、节约（saving）的循环；“8S”管理，在“7S”基础上增加“服务（service）”；“9S管理”在“8S”基础上增加“满意（satisfication）”。

二、6S管理与其他管理工具整合

6S管理的本质是建立一种执行力的企业文化，强调纪律性的文化，不怕困难，想到、做到、做好，追求精益，其以其他质量管理理论为基础，也与其他管理相融合，与其他管理方法、工具联合应用。同时，6S管理得以较好地推行与落实，可为其他管理活动推行奠定基础，提供优质的管理平台。6S与医院全面管理的关系，如图5-9所示。

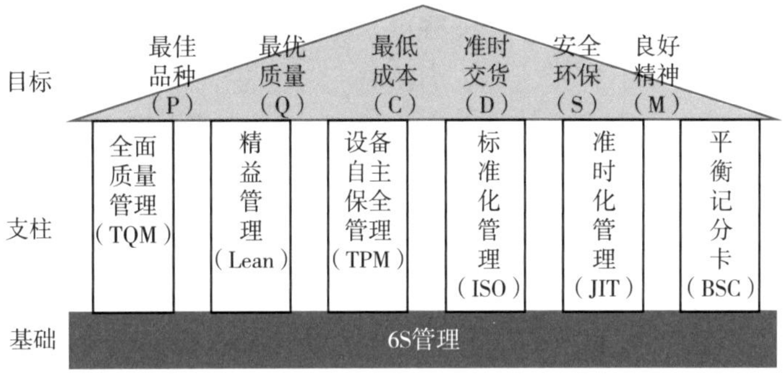

图5-9 6S与医院全面管理的关系

（1）6S管理与墨菲定律：做任何一件事情，如果客观上存在着一种错误的做法，或者存在着发生某种事故的可能性，不管发生的可能性有多小，当重复去做这件事情时，事故总会在某一时刻发生。即只要发生事故的可能性存在，不管可能性多么小，这个事故迟早会发生。6S管理强调做好每一件小事，保证工作现场安全、业务活动安全、工作人员及其服务对象安全。

（2）6S管理与海恩法则：德国飞机涡轮机发明者海恩研究得出，每一起严重事故的背后，必然有29次轻微事故和300次未遂先兆以及1000起事故隐患。避免严重事故发生应从防止事故隐患做起。6S管理强调：安全自始至终取决于整理、整顿和清扫（3S），安全的保证在于清洁、素养和安全，通过3S制度化、标准化、规范化，促进员工良好素养养成和安全意识的提升，为及早发现问题隐患，防范未然，为质量与安全提供保证。有人对5S管理模式在手术室护理管理中应用后对不良事件的影响进行研究，结果显示实施5S管理组较未实施组不良事件发生率有显著差异，两组不良事件发生率由16.33%降低至2.04%。

（3）6S管理与现场调查（contextual inquiry）：是经过培训的调查人员在现场完成的调查工作。6S管理中的整理、整顿、清扫、清洁活动的前期均需要开展现场调查，以摸清底数，如有什么物品、使用价值、使用频率；部署区域、放置位置；清扫范围、责任区划定；业务流程、点检要素等，为制订物品“要与不要”规则、区域规划、放置标准、标线划定、标识标记、巡检规则、业务规范等打下基础。有报道，将5S管理用于抢救车管理中，通过调查抢救过程必备的药品、器械需要品种、数量、业务流程、取用顺序和频率，制订抢救车“五定”管理规范。

（4）6S管理与目视管理：目视管理（contextual inquiry）是利用形象直观、色彩适宜的各种视觉信息和感知信息来组织现场生产活动，达到提高劳动生产率的一种管理方法，又被称为“看得见的管理”，能够让员工用眼看出工作的进展状况是否正常，并及时做出判断和决策。在6S管理的6项活动中，都可用到目视管理，起到区域划定、物品形迹、标识警示、库存存量、标准规范、宣传教育、激励鼓动等作用，是6S管理中的一种最常用的、有效的管理工具。有人探讨了“6S”融合目视管理法用以降低门诊抽血室不合格血标本，也有人将“6S”融合目视化管理应用于援鄂医疗队新型冠状病毒肺炎病区管理。

（5）6S管理与防呆管理：防呆（pokayoka，fool proof）管理是工业工程中常用的一种方法，又称防错法，指的是任何用来消除人为错误的方法，通过防呆设计消除不确定隐患，让任何人操作都无错误，做到“第一次就把事情做好”。6S管理中也应用了防呆管理理念，如在“整理”中，清除现场不必要物品腾出空间，防止误拿误用；在“整顿”中，物品“三定”管理；在“清扫”中，防止污染、灰尘影响；在“清洁”中，强调制度化、标准化；在“安全”中，彻底改善和消除“安全”隐患等。6S管理与防呆管理，可以互为融合，开展6S活动时，可以将防呆管理工具应用其中，反之亦然。

（6）6S管理与PDCA：PDCA是全面质量管理的基本工作方法，由美国质量管理专家戴明（W.E.Deming）首先提出并用于质量管理工作中，又称戴明环，包含策划、实施、检查、处置四个阶段。6S管理中“清洁”环节中制度、标准制定，需要实施PDCA；“素养”环节目的是前4S习惯养成，也需要一个相对长时间的PDCA循环；6S管理常态化执行更是要坚持PDCA模式。有报道将PDCA循环法联合6S管理模式在EICU噪声管理中的应用。

（7）6S管理与QCC：现场调查QCC（quality control circle）又称品管圈，是一种系统化的质量管理方法，有着固有实施步骤，具体方法详见本教材相关章节。在QCC应用和改善实践中，可以把6S管理可以应用与对策实施步骤，作为改善现场问题的对策，用以改善某一工作现场相关质量问题。

（8）6S管理与精益管理：精益管理（lean）是利用程序分析、作业分析和动作分析获得最佳程序和方法，然后再利用时间研究将所有作业制定出标准时间。精益管理追求的是最小的投入创造出尽可能多的价值，其以6S管理、目视管理、看板管理（kaban management）、设备自主保全管理（total productive maintenance，TPM）、快速换模（single-minute exchange of die，SMED）为基础，以价值流分析（value stream mapping，

VSM)、工业工程（industrial engineering，IE）为分析工具，以消除生产中的七种浪费和准时制生产（just in time，JIT）为核心。

（9）6S管理与标准化管理：标准化管理以获得最佳秩序和效益为目的，以工作中重复性事物和活动为对象，以先进的科学技术和实践经验的综合成果为基础，以指定和组织实施标准体系及相关标准为主要内容的有组织的系统活动。开展标准化活动的主要内容是建立、完善和实施标准体系。标准化是6S"清洁"环节任务之一，也为"素养"提供标准遵循和管理工具。在实践中有人进行了6S与标准化融合应用，取得了管理成效，如利用5S管理促进医院药剂科班组标准化建设；在急诊急救仪器管理过程中应用JCI标准结合6S管理模式进行干预，旨在使急诊急救仪器管理更加规范、科学、高效，能有效保障仪器性能及使用效率，提高急诊急救科室工作效率；探讨基于"三甲"标准，结合6S模式对麻醉药品进行规范化管理。

在质量管理实践中，还有医院将根因分析、6σ、平衡记分卡、风险评估工具相结合，用于改善医院不同业务质量。6S作为一种管理工具已广泛应用医院各环节、各项业务质量改善之中，目前有学者推出12S甚至是更多"S"，但是，追求"S"的多寡不是目的，改善质量安全是核心，所以本项管理工具内核还是"整理、整顿、清扫、清洁"，关键在于"素养"和坚持不懈。

本章小结

6S管理是一套实践性很强的质量管理工具，其核心是"整理、整顿、清扫、清洁、素养、安全"，通过工作现场整理整顿，建立工作场地物品摆放标准，通过规范员工行为、安全素养养成，提高风险防范意识。本节介绍了6S管理发展历程、6S管理模型、实施步骤、技术方法，详细介绍6S各阶段要素定义和实施原则、目的、对象、步骤、方法、注意事项，有助于帮助读者开展6S管理活动。但是有三点需要强调：一是6S管理要避免一蹴而就，"运动式"只能取得短期表面上的改善成效，但不能保持长久，6S管理需要经历一个长期的持续改进过程；二是6S管理应该纳入医院常态化管理，判断6S管理活动成功与否，在于医院安全风险防范文化的确立；三是随着医院员工对医院质量管理工具的掌握，6S管理工具可以与其他管理工具融合、综合应用，互为补充，互为作用，以取得质量管理的整体成效。

（冯　丹）

第六章　医院流程管理

学习目标

1. 掌握　流程管理和医院流程管理的概念、核心要素和实施阶段。

2. 熟悉　医院流程结构图的内容；开展医院流程管理的先决条件和医院流程管理能力成熟度模型以及实操方法。

3. 了解　流程管理的发展历程；医院流程管理的特殊性和目的。

当前，我国医院面临的环境日益复杂，特别是随着医保支付制度的改革和DRGs的引入，与其他国家医院一样，其生存压力日益增大，甚至医院运营中可能不会完全收回成本。因此，在确保提供高质量诊疗服务的同时，大力简化操作手段、增效降耗变得越来越重要。在制造、金融和物流等行业，采用业务流程管理（business process management，BPM）长期以来一直是应对激烈竞争和制度压力的方法。大量研究证实了BPM在获得和维持效率和竞争优势方面的能力（Kohlbacher和Reijers，2013）。受到这些行业成功经验的影响，20世纪末，医疗行业开始引入流程管理（Bragato和Jacobs，2003；Hurst，1996；Rohner，2012）。本章在简要介绍流程管理概念与演进历程基础上，探讨医院流程管理的实施、评价和相关案例。

第一节　流程管理与医院流程管理

一、流程管理的提出与演进

业务流程管理有两个主要前身。首先是休哈特和戴明（Shewhart，1986；Deming，1953）提出的统计流程控制（statistical process control），由此演化出现代质量运动及其当代化身六西格玛（six sigma）方法。统计流程控制旨在对结果进行量化衡量，使用统计技术来确定绩效问题的“根本原因”，并对这些问题产生的原因加以说明，从而减少工作绩效的变化。其关键内涵包括：①其核心假设是，运营是至关重要、值得认真关注和管理的；②利用绩效衡量指标来度量工作是否令人满意；③找出绩效问题的根本原因需要专注于客观数据而不是主观看法；④将责任归咎于过程而不是人，即绩效缺陷植根于可以识别和处理的客观问题；⑤改进永无止境，即解决了一组问题只是解决下一组问题的起点。

然而，这一质量控制方法有两方面局限。第一个是基本上任何一系列的工作活动均可被定义为流程。从这个角度看，一个组织将有数百甚至数千个流程，质量改进机制可以应用于任何一个流程，比如，将零件盒放在货架上，而专注于这种狭隘的流程对整个企业来说不太可能具有战略意义。另一方面，它可能会导致大量小规模项目难以连贯的方式进行管理。更重要的是，该方法将消除差异和实现一致绩效作为目标，而一致并不是“好”的同义词。

业务流程管理的另一个前身是业务流程再造（business orocess reengineering）（Hammer，1990；Hammer and Champy，1993），其本身具有相互补的优势和劣势。一方面，至少在早期，再造被定位为一种偶发性而非持续性的努力；它缺乏质量改进的持续维度，也没有严格的度量方法。另一方面，它给流程管理带来了两个新贡献。首先是它对流程的重新定义：在整个企业中能够为客户创造价值的从起始到终点的端到端的工作。按此定义，将零件盒放在货架上并不算是一个有意义的过程，它只是企业某一流程（如订单执行或采购）的一小部分。处理大规模、真正端到端的流程意味着关注组织运营的高杠杆层面的工作，从而带来更重要的结果和影响。特别是，通过处理跨越职能边界的流程，当某项工作跨越不同组织、不同优先级、不同信息源和不同衡量指标时，不可避免地会导致延迟、非增值性开支、差错和复杂化，而流程再造能够解决这种碎片化带来的弊端。流程再造引入的另一个新主题是关注流程设计而不是流程执行。流程设计对于质量管理人员来说并不是很关心。他们默认流程设计是合理的，认为绩效问题是由于执行缺陷造成的。流程再造认识到流程的设计实际上为其绩效设定了限制条件，一个流程不可能比其设计所允许的更好地持续执行。如果绩效要求超过了流程设计的最高能力，则必须放弃旧的设计代之以新的设计。

同时，与流程领域相关的三个传统领域，质量控制、管理和信息技术（IT），对BPM的发展产生重要影响。质量控制主要由生产工程师和质量控制专家倡导和实践。在1970年代以来，全面质量管理（TQM）是最重要的质量控制理念。在1980年代，应用六西格玛的持续质量改进（CQI）成为将流程与统计质量控制技术相结合的成功方法。在医疗保健方面，CQI/TQM在英国和美国的早期应用主要集中在非临床管理中，从组织机构层面改善医疗保健质量。然而，当将质量概念应用于临床领域时，整体效果非常有限，只有小范围的改进，且不持久，其原因被归结为缺乏高层管理责任和较低的临床所有权（clinical ownership）。

另一方面，面对缺陷、差错和事故在医疗保健中普遍存在的事实，20世纪90年代医疗保健中开始倡导六西格玛管理。事实上，Chassin提出了一个具有挑战性的问题："人类系统是否与其他已经实现或尝试过六西格玛的系统如此不同，以至于无法实现高水平的可靠性？"并鼓励采用它。Sehwail和DeYong提倡使用符合战略目标的六西格玛原则，以实现医疗保健组织的财务和运营绩效改进。六西格玛主要应用于感染控制、手术室、药物供应与使用，以及实验室检查项目的开展等临床领域。

21世纪以来，在全球金融危机的背景下，减少组织浪费已成为重中之重，组织机构开始重点转向精益管理与六西格玛的结合，运用定义、衡量、分析等多种技术、改进、控制和及时，但最重要的是强调员工对过程质量的责任。精益思想和六西格玛还结合应用于医疗保健领域，以应对不断上升的医疗保健成本并在减少浪费的同时提高质量。质量控制中更专业化的发展是软件工程研究所（software engineering institute）在20世纪90年代初期开发的能力成熟度模型（capability maturity model），以衡量组织机构对其自身流程的理解程度，医疗保健领域也引入该模型。该模型由五个级别组成，即初始、可重复、定义、管理和优化，后者是最高级别。丰田和GE等成功公司的管理人员和团队成员不断努力改进他们的流程，达到模型的最高级别。

管理的起源主要可以追溯到福特和泰勒。然而，学术起源可以追溯到20世纪80年代，波特价值链支持产品线、市场及其客户，而Rummier-Brache绩效改进集成了三个层次的分析（组织、流程和绩效层次），并关注测量、设计和实施以及管理。20世纪90年代的特点是业务流程再造（BPR）的出现，促使高级管理人员重新思考其业务战略。将BPR原则应用于医疗保健的一个例子是加拿大的一个案例研究，该案例通过电子医疗和IT进行了改进，以解决患者的等待时间、医疗差错、高昂的医疗保健成本和获得医疗保健的机会。此外，Kaplan和Norton设计了平衡计分卡（BSC），这是一种不断发展的战略绩效管理工具，以反映当前使用的方法的缺陷并满足利益群体的特殊需求。第一代BSC设计主要满足非部门性商业职能组织的需求，采用财务、客户、内部业务流程、学习和成长四个视角作为战略绩效衡量标准。在20世纪90年代后期出现的第三代BSC通过合并目标声明为战略目标提供更多的相关性和功能，即显示什么是"战略成功"或"战略最终目标状态"。BSC已被广泛应用于医疗保健领域，但是必须对其进行修改以包括诸如医疗质量、结果和可及性等重要属性。此外，BPM、流程框架和业务流程架构也在20世纪90年代后期出现。

第三个是快速发展的信息技术（IT），即通过使用计算机和软件应用程序来自动化工作流程。IT彻底改变了组织的思想和决策过程。特别是随着Internet和Web的出现，范式发生了转变，从将计算机视为实现内部业务流程自动化的工具，转变为通信工具，促进全新的业务模式与全球整合，工作变得越来越依赖流程，IT在很大程度上独立于核心业务运营，并将自身概念化为一种服务。IT的技术方法很多，包括结构化软件方法、IT架构、BPR（Hammer和Davenport强调BPR属于IT范畴而不属于管理范畴）、计算机辅助软件工程工具、业务流程建模工具、面向对象的软件、统一建模语言、业务流程模型和符号、工作流、业务流程管理软件、企业资源规划（ERP）和商业智能工具等。面对IT方面的这些重大进步，组织努力确保业务，IT经理参与以流程为中心的讨论，并确保他们对流程有共同和全面的理解。尽管许多组织主要在质量控制、管理和信息技术（IT）这三个领域之一开展工作，然而BPM的出现将这三个领域紧密连接在一起（图6-1）。

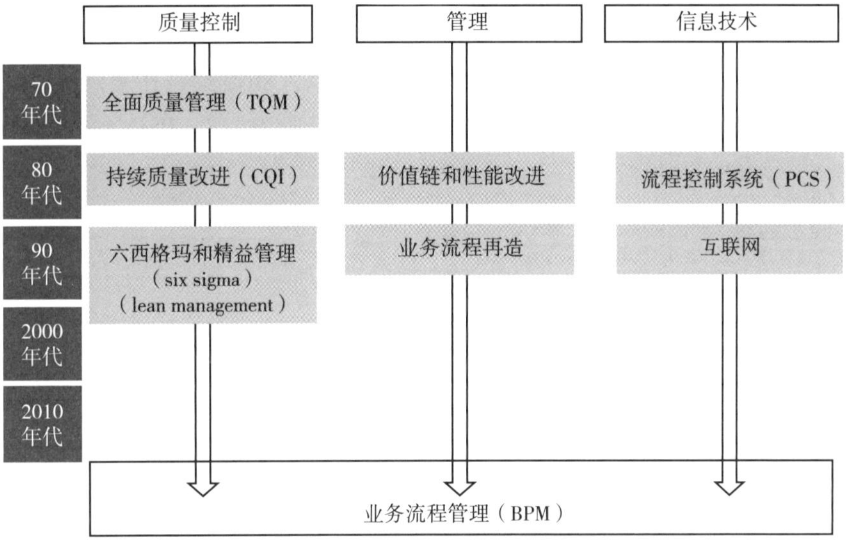

图6-1　BPM的历史发展

二、流程管理的概念与内涵

（一）流程管理的概念

业务流程是业务环境中的一系列执行/步骤，旨在创造商品或服务。根据业务流程概念之父迈克尔·哈默（Michael Hammer）的定义，业务流程管理（BPM）是“用于管理和转变组织运营的综合系统”（Hammer，2010）。这一概念建立在业务流程的概念之上，业务流程是为了共同实现预定目标而需要执行的一系列跨职能活动（Davenport，1993；Hammer，1990）。BPM是一种精心设计、实施、执行、集成、监控和控制的管理方法，旨在根据组织的战略不断改进和分析关键运营。BPM由以下六个核心要素组成：

（1）战略一致性：组织内的流程需要依据组织的战略重点进行设计、实施、维护和评估。

（2）治理：关注在管理流程的各个层面建立与角色和责任相关的问责制。

（3）方法：在BPM中支持和推动流程生命周期中的活动的一组工具和技术。

（4）信息技术：基于IT的解决方案已成为BPM中的重要元素，目前的焦点在于开发流程感知管理系统。

（5）人员：组织的人力资本对于BPM的有效实施很重要。没有人力资源的技能和知识，就无法改进业务流程。

（6）文化：构成组织一部分的员工的共同价值观导致了一个可以有效促进实施BPM的内部环境。

流程管理方法不同于医疗保健中采用的传统的基于结果的方法。Ellwood将结果管理定义为“一种患者体验技术，旨在帮助患者、付款人和提供者在更好地了解这些选择对患者生活影响的基础上做出与医疗护理相关的合理选择”。因此，虽然Ellwood已经强调患者、付费方和医疗机构选择与患者结果之间存在流程生命周期，但管理的重点是结果而不是流程本身。

（二）流程管理周期

在过去近20年中，这两种流程绩效改进方法逐渐融合，产生了现代业务流程管理——一个通过管理端到端业务流程来管理业务绩效的集成系统。图6-2描述了基本的流程管理周期。它从底部开始，创建一个正式的流程。这不是一个次要的、纯粹的正式步骤。许多组织发现其运营的某些方面存在巨大差异，因为它们缺乏任何明确定义的端到端的流程，对于产品开发或客户关系管理等小批量、创造性的流程尤其如此。从本质上讲，他们将每种情况都视为一次性的，用即兴的自我发挥代替了明确定义的流程的约束。这当然是不可靠和不可持续的。

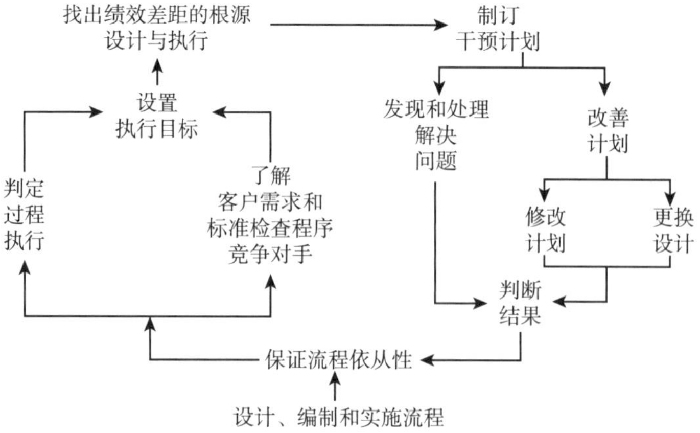

图6-2　基本流程管理周期

流程建立后，需要对其进行持续管理。就与客户需求和公司要求相关的关键指标而言，它的绩效需要与这些指标的目标值进行比较。此类目标可以基于客户期望、竞争对手基准、企业需求和其他来源。如果绩效未达到目标，则需要确定造成此缺点的原因。从广义上讲，由于设计错误或执行错误，流程无法满足性能要求；哪一个是首要原因通常可以通过检查绩效不足的模式来确定。普遍的绩效缺陷通常表明存在流程设计缺陷；偶尔的绩效缺陷通常是流程执行存在问题所导致的。如果故障是由于执行存在问题，那么需要确定特定的根本原因（例如，培训不够，资源不足，设备故障，或任何其他可能性）。这样做是一项具有挑战性的工作，因为可能的根本原因很多。但是，通常一旦找到根本原因就很容易解决。设计问题的情况正好相反：它们很容易找到（表现为绩效持续不足），但很难解决（需要对流程结构进行全面重新思考）。

这个循环基于戴明的PDCA循环（戴明，1986），将关注点放在流程设计上。虽然图很简单，但它代表了企业管理方式的革命性转变。它基于这样一个前提，即管理组织绩效的方式不是通过反复试验，不是通过推动人们更加努力，也不是通过财务操纵，而是通过对创造客户价值的端到端的业务流程进行的。事实上，BPM是一种以客户为中心的组织管理方法。客户既不知道也不关心大多数高管通常关注的许多问题：战略、组织设计、资本结构、继任计划等。客户只关心一件事：结果。这样的结果是业务流程的输出。客户、结果、流程形成铁三角；一个组织对这三方的任何一方面都应认真对待。

三、医院管理流程

医院流程要完成一项明确任务。例如，胸部X线检查这一流程的任务是对肺部进行X线摄影，目的是通过良好的X线胶片，发现肺部情况或提出诊断。触发该流程开始的一个外部事件，即所谓的输入，是收到进行X线检查的要求，或者是一个设定的时间和地点（如患者进入X线检查室）。流程的结果，也称为输出，如X线片的读片结果。这个输出又反过来可以触发一个后续流程（如一项特定的治疗）的开始。流程将一种输入（物资材料输入或信息输入）转换为另一项有形的物质输出或非物质输出，其中，输入至少有一个提供者，而这个输出又被传递给至少一个接收者。这个输出就可以被定义为产品或服务项目。

这种转换的发生依赖于按照一定顺序先后或同时实施的、在内容上相互关联的、针对目标的各项活动，并且这些活动是重复发生的。这一系列活动是形成流程的核心。例如“进行胸部X线检查”这一流程的活动包括：对设备进行调节和设置、拍片前确认、读片、X线片交付/保存等。这些活动是由行为发出者（人员和/或物资）借助于特定的信息依据，并按照特定方法实施的。

医院流程管理的目的在于对业务活动进行有组织的开发，并且以患者的愿望和需求为导向的经营方向，内涵是对医院内部的业务运行环节进行分析和优化。提供产品服务的过程往往很难做到清晰透明，在大医院尤其如此。如果流程中一道工序要由多个科室和部门互相交接而完成，交接双方往往因看不见对方而视对方为“黑匣子”。这样，各科室或部门只集中注意力完成自己一方的服务项目内容。因此，以患者为中心的、整体的、跨流程全面看问题的方法常常被忽视。到目前为止，在医院已经实施的流程优化通常仅限于某些部门业务，而且这些优化在流程节点处就终止了。这些节点常常是流程链条上的薄弱环节，因为这些流程节点处的工作环节常常是不透明的。因此，各部门在流程节点处的相互协调不畅，这就造成了机构臃肿和管理效率低下，后者又反过来导致各部门之间协调成本增加。为了避免这种情况，必须在部门和科室的界限之间对薄弱环节进行确认、分析和优化。

四、医院流程管理的特殊性

与制造业相比，BPM在医疗保健领域推行速度明显偏慢，这源于医疗保健系统的高度复杂、流程繁多、跨学科、孤岛现象严重的特点，BPM在该领域的应用已被证明更加困难。医疗保健部门不断面临挑战，需要通过必要的调整来应对这些挑战。在医疗保健提供中，策略是高度动态的，通常会采取临时决定来应对日常危机，例如，医院对意外和急诊部门意外过度拥挤的反应。另一方面，卫生部门通过制订应急准备计划以及在需要时实施的详细流程，在应对灾害方面变得更有组织。事实上，过去十年自然灾害的发生引发了全球卫生保健提供者在应急计划和获取专业能力方面的大规模重新思考。这些自然灾害提供了临床医生和管理人员如何在完美水平上协同发挥作用的最佳范例。如全球范围内的一个典型例子是卫生部门对埃博拉危机的反应。

从更一般角度考察，医院的大多数流程属于知识密集型流程（knowledge-intensive processes，KiPs）。该类流程是指相关行为和流程执行需要高度依赖于知识员工执行各种相互关联的知识密集型决策任务的流程。知识密集型流程以知识、信息和数据为中心，在设计和运行时需要很大的灵活性。此类流程的主要范围与知识员工的核心角色相关，知识员工被视为自主决策者，他们开展协作以执行有赖知识工件的信息和决策密集型任务的目标。知识密集型流程应当以有助于决策的信息、选择和建议的形式，为执行这些任务的员工提供指导和支持。行动和知识的整体流动是业务功能视角和决策驱动的流程结构之间相互作用的结果，前者定义了源自程序模式和指南的传统结构化流程，而后者包括驱动员工决策和影响流程的特定知识和信息。

知识扩展

在知识密集型流程通常不涵盖结构化的工作，而是包括创新和创造性工作，其中的重要部分是人为创造和运用专业知识的过程。与流程相关的知识的生命周期通常很短，并且很快就会过期，而建立这些知识却非常耗时。因此，知识密集型流程的任务、顺序和事件流从一开始就不清楚，不能精确地预定义，并且可以随着流程的进展以及参与流程的专业人员之间的沟通而演进，而这本身也是流程中不可或缺的一部分。

Dalmaris等人（2007）描述了知识密集型流程的特征（表6-1）：知识密集型流程包括知识路径和知识交易。知识路径是流程参与人员使用知识工具对知识对象执行的一系列任务。知识工具是产生知识转换（如创建、组合和修改知识对象）的技术工件；知识对象是在流程执行期间产生或使用的任何数据、信息和工件，都会被牵涉到知识交易中。知识交易是两个或多个流程参与者之间的知识对象传输。开展KiP，需要机构在数据、智力活动、规则约束、目标、流程、知识员工、环境等7个方面满足相应的要求。

表6-1　知识密集型流程的特征

序号	特征	内涵
1	知识驱动	数据和知识对象的状态和可用性驱动人的决策并直接影响流程动作和事件的流动
2	面向协作	流程创建、管理和执行发生在协作的多用户环境中，其中以人为中心和流程相关的知识由不同角色的流程参与者共同创建、共享和转移
3	不可预测	确切的活动、事件和知识流取决于情境和上下文特定的元素，这些元素可能事先未知，可能在流程执行期间发生变化，并且可能因不同的流程案例而异
4	过程性	实际行动过程在流程执行中逐渐显现，并在获得更多信息时逐步确定
5	目标导向	流程通过一系列中间目标或要实现的里程碑演变
6	事件驱动	流程进展会受到对知识员工决策产生影响的事件的影响
7	约束规则驱动	流程参与者可能会受到驱动行动绩效和决策的约束和规则的影响，或者需要遵守这些约束和规则
8	不可重复	为处理特定案例或情况而采取的流程实例几乎不可重复，即每个流程的执行都彼此不同

值得强调的是，医院流程管理的关注焦点是医疗服务质量。从BPM发展历程可以看出，质量管理、质量控制和质量改进，是其关注的重点。这与医疗保健领域具有特

定的相关性。医疗保健领域不断推动资源利用和减少浪费，同时保持医疗质量和患者结果。美国医学研究所定义医疗质量的六个维度需要精心设计、整合、监控和控制管理流程，这成为BPM在医疗保健中应用的基础。这些维度包括效率（最大限度地利用资源并避免浪费）、可及性（提供及时、地理上合理的医疗服务）、以患者为中心（考虑到个人偏好和其所在社区的文化）、公平性（服务质量不因患者个人特征而异）、安全性（最大限度地减少对服务使用者的风险和伤害）和有效性（按需提供基于证据并改善个人和社区健康结果的医疗保健）。

第二节　医院流程管理的实施

一、医院流程管理的技术工具

开展流程管理的一个重要工作是绘制流程图，或称流程模型，是按照不同流程层级关系，将发生的所有业务活动绘制成业务开展的路径图，显示出输入、输出和流程环节的相互联系，是组织流程的图形方式。为了保证流程的准确执行、过程控制、绩效监控顺利展开，结构图应当清晰描述，对业务流程要进行详尽的梳理，并应简单明了，通常包含不超过5~10个核心流程。然后将每个主流程分解为多个子流程，这些子流程进一步分解为各项活动。目前还没有标准的（甚至接近标准的）符号或体系结构来表示流程或多少层次的细节是合适的。

在制订流程方案过程中，需要通过流程建模，通过图示各子流程的方式而显示完整的临床治疗流程图。流程建模就是借图形符号和语言模块对流程进行图解说明，其目的是清晰透明地展现流程各环节及其相互关系。常用的流程图是决定式流程图，按照特定顺序用线条将各个文本框连接在一起（图6-3）。

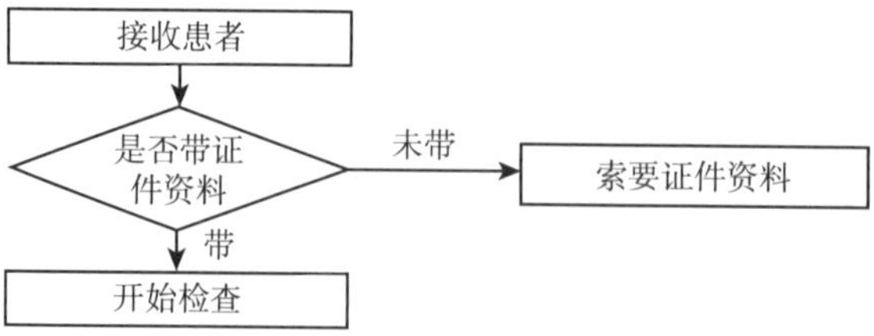

图6-3　决定式流程图示例

流程图不仅仅是为流程提供词汇表，更重要的是还提供了对组织运营的连贯且易于理解的描述。值得注意的是，组织的传统表述——组织结构图、损益表和资产负债表、使命和价值声明、产品目录和客户名单——并没有说明该组织的实际工作和员工在做什么。流程图为组织提供了这样的运营视角，因此，应该用作运营管理的基础。

对流程的内部结构进行展示的图称流程结构图。按照展示方式，可分为横向结构图和纵向结构图。横向结构图，如图6-4所示，是以流程链的形式绘制的流程图。从流程开始为输入端，通过流程处理过程（时间顺序展开不同业务活动），以流程结束为输出端。

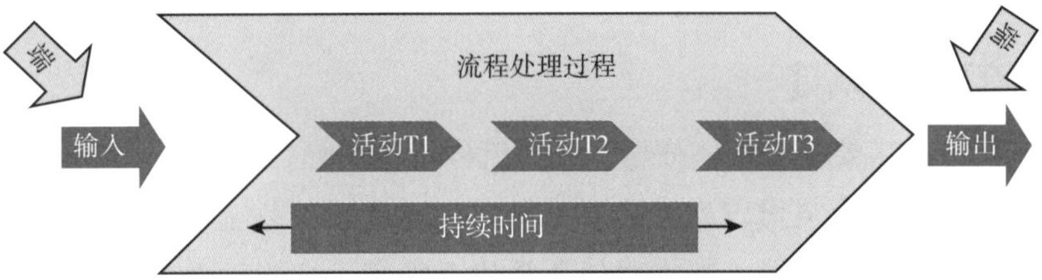

图6-4　横向流程结构图

纵向结构图将业务流程进行逐层分级，依次为主流程、子流程和活动，如图6-5所示。每一级分流程含有各自特定的内容，其详尽程度通过纵向结构图表示出来。纵向流程图中最高一级应包括患者按顺序接受医疗服务项目的所有大的流程。在流程图的下一级为主流程。例如，“入院”这一业务流程进一步细分为“入院管理”“入院治疗”和“入院护理”三个流程。

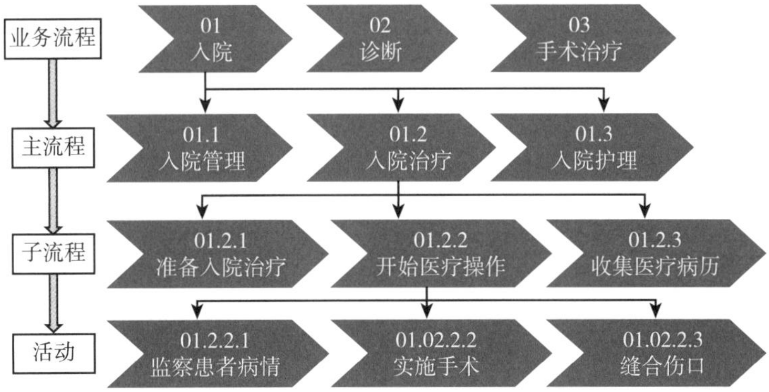

图6-5　纵向流程结构图

开展流程管理需要自动化工具的辅助。这工具被称为业务流程管理系统（business process management systems，BPMS），主要用于两种目的：创建流程描述（根据其组成活动），用于支持流程分析、仿真和设计工作；自动优化某些流程步骤，集成流程相关信息系统和数据库以及管理流程文档，生成支持流程管理的可执行代码。

在开展流程管理中，仿真方法的重要性日益突显。流程仿真允许对模块进行修改，然后针对这些修改进行试验，从而得出结论，说明修改对结果有何影响。随后，将仿真结果还原为真实场景，并将仿真获得的认识转化为具体措施。可借助软件绘制流程图。

二、医院流程管理实施步骤

实施流程管理可以分为五个阶段，即流程方案制订、现状分析、流程设计或改进、流程执行和流程评估。

（一）流程方案制订

制订流程方案需要基于整体战略，制订流程管理规划，明确建设路径，包括现状、目标、实施步骤等，应突出以患者需求为导向，以核心业务流程为主线，以精益化为目标，以信息化手段为支撑。其主要任务是建立临床治疗流程中各工作环节结构的透明度。要做到这一点，就要调查流程数据。这些流程数据包括多种不同的数据，大致分两类，一类反映流程结构和组成的特征，另一类反映时间、质量和成本等指标。制定流程方案时要使流程的运行符合逻辑顺序和时间顺序，使流程的交接和过渡都通过合理的流程节点来进行。流程方案还必须包含流程组织单元。对流程各环节的设置要讲方法，对流程各环节的描述要达到统一，在流程方案制订阶段，对于每个流程要完成什么任务、什么时候完成、由谁来完成等问题的规定都必须做到条例清楚。还要查明必须开展的服务项目范围，以及符合既定用途的IT软件系统。

制订流程方案时必须考虑到具有一定详尽程度的流程要素和运行环节，还要考虑流程节点、辅助设备和流程指标。首先，必须记录临床治疗流程中所有活动的名称，并将所有活动合并为若干子流程。要根据具体情况考虑以后应该将哪些流程要素设计到流程图中去，哪些为流程的重点要素。除此之外，还务必纳入流程的数据信息，例如流程负责人、流程环节交接点及所需要的资源、将所有子流程编制好后，还要给各子流程赋予其他指标值，这些指标值包括时间成本和质量等具体参数，而且要对实际运行中这些指标的实际值进行测定。

（二）现状分析

对医院核心医疗流程、辅助流程、管理与支持流程进行梳理和完整呈现，通过梳理，理清每个环节中的作业流和操作细则，挖掘存在的问题，分析这些问题的解决方案。对现有流程，可以依次根据时间、成本和质量这3个流程参数的实际值与设定指标的比较而进行分析和评价。经过这种分析和评价可以获得信息，从而控制、设计和改进流程。现状分析的目的是揭示流程在结构和技术上的薄弱环节，同时挖掘流程的优化潜力。

比如，可以分析流程的时间构成，其目的是缩短连续完成全流程的时间。在分析开始时应该对目标时间与实际时间进行比较，目的是找出真正具有优化潜力的流程。为这个目的，必须测定从流程开始点到规定的流程节点结束之间实际时间的长短，并将这个时长与设计时长进行比较，根据比较得出偏差大小，就可以确定修改流程的优先次序。现状分析可综合运用现场调查、专家访谈、问卷调查、个案追踪和系统追踪法进行。

（三）流程设计或改进

这一阶段主要是对流程进行实质性优化，可以选两种优化方式。一种优化方式是重新设计一套全新的流程，另一种是对现有流程方案进行改进。需要根据实际情况做出选择。只要能达到优化目的，在同一流程中各级分流程的优化中有可能同时用到新流程设计或现有流程改进两种方式，优化目的就是影响流程现有环节的实际运行，使之达到设定指标。

1. 改进现有流程　从对流程进行持续优化的意义上看，如果设定指标没有实现，或者运行结果与实际期望的服务产品有差距，就有必要对现有流程进行改进。为了这个目的，必须将流程方案中设计的数据，以及图形表示的流程图作为相互交流和制订流程改进方案的工具加以利用。改进现有流程还是另外制订一套新流程，至关重要的决定因素是要看最终指标未完成或出现偏离的程度有多大。

2. 设计新流程　如果流程提供的产品及服务长期明显偏离最终指标，或者产品及服务与患者期望值偏差较大，则必须设计新流程，重新设计流程方案时，就对流程的整体环节及最终指标都提出了质疑。对流程方案进行重新设计时，不应受流程现有环节的影响，而是应该另外制订一套全新的流程。在设计新的流程方案时，必须时刻考虑质量、时间和成本这3个流程参数及彼此依赖的关系。

（四）流程执行

流程改变计划的实施对流程优化的成败具有决定性意义。较为理想的方式是借助于软件系统来完成该流程的执行，该软件系统能通过协调各种活动、应用程序、数据资料和参与人员实施已经优化的业务流程的各环节。除了可用于改进业务流程方案和用作描述流程的工具之外，软件系统还可以发挥更广泛的作用。包括用作“规划和调度”，通过流程的可视化特点识别流程运行中的瓶颈因素，有助于提出修正措施；用作监视系统，对患者流量进行追溯，随时可看到每位患者当前所在科室的位置；用作控制系统和用户支持等方面。

流程改进的实施是流程优化成败的关键。应该由项目参与各方共同提出一个执行计划，详细规定执行流程的各个步骤。这些措施包括确定流程节点输出值、购置和分配资源、为提高员工技能而实施课程培训。此外，流程改进所涉及员工的认同感和积极性对流程的改进也具有极其重要的意义，这些员工必须从流程改进一开始就参与进来。管理者应想方设法使这些员工知晓如何获得信息、沟通技巧以及技能培训，以做好流程改进的个人能力和思想准备。

（五）流程评估

在新流程设计或现有流程改进完成后，以及在各个流程执行后，都应有一个流程评估阶段，检查流程的运行是否符合理想指标，这是非常重要的。如果在评估中发现运行结果与理想指标之间出现偏差，就有必要分析原因，并解决已经确定的问题。按这种方式反复实施执行-评估，就完成了对流程的持续改进。可借助基于软件的平衡计分卡，从流程本身、患者、经济效益和人力资源等方面对策略目标进行专业性控制和评估。在此过程中，可进一步开发流程目标，制订指标和提出改进措施。

第三节　开展医院流程管理的条件

在医院中推行流程管理困难的一个主要原因源于管理者和临床医生之间缺乏适当的沟通和理解，Shortell和Schmittidiel将此定义为“医疗保健系统的解体”。这意味着医生可能无法协同运作以实现一个共同目标，即为患者提供最佳医疗质量、有效利用卫生服务以及接受临床医生的个性化医疗。一家医院可能拥有很好的临床专业知识，但除非得到具有输入、流程和输出的强大操作系统的充分支持，否则很难在医疗质量提供方面形成闭环。这些操作系统需要有详细的流程背景，以便准确设计综合诊疗路径，充分明确医疗服务提供者和支持专业人员的角色。Vanhaecht等人通过建立患者管理流程来设计、实施和评估诊疗路径，从而提高医疗保健流程质量。

一、开展流程管理的推动因素

尽管业务流程管理性能强大，但许多组织在实施流程和流程管理时遇到了困难。其中一个重要原因是传统的组织及其体系对流程管理并不友好，除非对其重新调整以支持流程管理。Hammer强调开展流程管理需要5个关键推动因素同时发力，缺少任一因素，流程管理将无法持续运行（Hammer，2007）。

1. 流程设计　流程管理最基本的方面包括：指定要执行什么任务、由谁执行、何时执行、在什么地点、在什么情况下执行、精确到什么程度、使用什么信息等。设计是流程的规范，没有设计，其后果只能是个人活动不协调和组织混乱。

2. 流程指标　大多数企业使用功能性绩效指标，这会造成偏差、次优化和混乱。

流程需要源自客户需求和企业目标的端到端的指标。需要根据这些指标来设定目标，并针对这些指标开展监控。必须部署一组平衡的流程指标（如成本、速度和质量），以使得一个领域的改进不会掩盖另一个领域的下降。

3. 流程执行者　在流程中工作的人，需要具备与传统职能和部门的人所不同的技能和行为。他们需要了解整个流程及其目标、团队合作的能力以及自我管理的能力。没有这些特征，他们将无法开展端到端的工作。

4. 流程基础设施　如果执行者要履行流程职责，他们需要得到IT和HR系统的支持。功能碎片化的信息系统不支持集成流程，传统的人力资源系统（如培训、薪酬和职业等）使碎片化的局面更加强化。集成流程需要集成系统（如ERP系统和基于结果的薪酬系统）。

5. 流程负责人　在传统的组织中，没有人负责端到端的流程，因此没有人能够在端到端的基础上对其进行管理（即执行流程管理周期）。一个开展流程管理的组织必须要有流程负责人，应当是对整个组织的流程具有权威和责任的高级管理者担任，由他们执行整个流程管理工作。

二、开展医院流程管理的关键环节

Buttigieg等认为，推动BPM在医疗保健中发挥有效作用需要7个关键环节。

1. 对什么是医疗质量以及如何将其与数字时代联系起来达成明确共识。

2. 培训医疗保健专业人员，使其意识到他们要实现的目标——特别是明确相关概念和终点输出。

3. 让IT专家参与开发工具，作为达到终点的一种手段。

4. 在整个卫生保健行业的供应链中加强透明度、纪律、责任、激励和整合的原则。

5. 聚焦多学科的方法——将所有专业人员从他们的舒适区推开，无论他们的专业领域是IT、管理还是临床。

6. 在组织内实施变革性的领导，开展革新，同时不要失去对患者结果的关注。

7. 确保流程管理专业人员掌控方向，避免对技术的完全依赖。

三、开展流程管理应具备的条件

大量现实案例和经验表明，成功开展流程管理还需要组织具备四项关键能力，这是BPM成功开展所需的资源、决心和技能的先决条件（Hammer，2007）。

1. 领导力　引入流程管理意味着引入巨大的变化——重新调整系统、权限、运营模式等。有效部署流程管理的绝对必要条件是高层领导负责领导和推行该项工作，同时，需要最高主管授权流程实施所需的重要资源和变更，否则流程将会因惯性和阻力而搁浅。

2. 文化 专注于客户、结果和超越界限的流程，对专注于捍卫自己狭隘地盘的人来说必然是难于接受的。流程要求各类人员将客户放在首位，乐于团队工作，对结果承担个人责任，并愿意接受变革。这要求组织的文化重视这些原则。如果文化与此不一致，那么领导层就必须改变文化。

3. 治理 转向流程管理并将其制度化，需要一套治理机制来划分职责并确保流程相互集成，而不是变成新的孤岛。除流程负责人之外，还需要成立流程管理办公室（由首席流程官领导）来规划和监督整个项目并协调流程工作，以及由流程负责人、执行领导和其他高级管理人员组成的流程委员会，以确定方向和优先事项，解决跨流程问题，并将关注点转化为流程问题。

4. 专家 实施和管理流程是一项复杂且高风险的工作，在流程设计和实施、度量标准、变更管理、项目管理、流程改进和其他相关技术方面，公司需要具有深厚专业知识的人。这些人必须有正式的方法可以遵循，并且必须得到适当的职业开发和管理支持。

四、医院流程管理能力成熟度评价

迫于现实的财务和竞争压力，不少医院在流程导向和管理方面进行了大量投资。然而，迄今为止，对于医院需要获得哪些能力以成为流程导向型，需要经历哪些发展阶段等并未达成普遍共识，尚未形成对医院流程管理所需能力和成熟度水平的理解。能力成熟度模型（CMM）用于评估一个组织是否具备了开展流程再造或流程管理的相应条件。CMM将组织发展过程划分为不同阶段，即所谓的成熟度级别。Cleven等人（2014）提出一个医院实施流程管理能力成熟度模型（图6-6），将医院开展流程管理的基础能力和条件划分5个阶段，对每个阶段分别从文化、战略、组织、实践和IT技术5个方面开展评估。这5个阶段分别是：

第一阶段：鼓励流程导向。此阶段的特点是对流程管理的初步战略承诺，这反映在跨机构合作和信息交流是战略的基本要素，因此，得到医院管理层的积极推动。虽然鼓励员工提出改进工作实践的想法，但尚不清楚这些想法是否真正付诸实践。跨专业团队的定期建立也表明医院对面向流程的运营模式的肯定。

第二阶段：个案开展。此阶段的特点是进一步向流程管理迈进。不仅在同一机构的医师之间，而且在不同机构之间，都积极开展开放式沟通。然而，就流程管理而言，这一阶段仍具有特殊性，在持续审查是否坚持实施流程管理的战略目标的同时，这一阶段的跨部门问题仅以个案方式解决。

第三阶段：界定流程。在此阶段，流程导向遍及整个医院。流程被建模并记录，工作步骤被调整以跟随患者流程，医生和其他员工了解上下游部门和诊所的流程。部门之间可见或不可见的障碍明显减少，高层管理者和资深医师放弃了原先的威权式领导风格。同时，临床和管理流程得到IT系统的支持，有助于及时和高质量地提供所需的各类数据（包括患者数据）。

第四阶段：不定期开展纠正措施。此阶段代表了流程管理进一步深化。医院信息系统完备，整合良好，促进了患者诊疗。偶尔对流程的绩效进行测量，如有必要会调整或更改流程。关于患者诊治或医院组织的变更决定是由集体做出的。

第五阶段：闭环改进。此阶段的特点是信息系统易于被所有员工使用，并实现清晰易懂的交互。各级员工都积极支持将医院转变为流程导向型组织的战略决策。在此阶段，流程责任者不仅仅是一个角色，而是一个具有重要权威的实体组织，流程审查定期开展，并实现持续改进。

	第一阶段 针对过程管理	第二阶段 个案处理	第三阶段 定义流程	第四阶段 随机的纠正处理	第五阶段 闭环改进
文化	• 鼓励员工在流程改进过程中的贡献，要关注到他们的想法 • 跨越医院层的级（垂直）沟通	• 实行开放的沟通文化 • 跨越医院部门和临床界限的（水平）沟通	• 高级领导层不应使用独裁的管理风格	×	×
战略	• 战略中的一个基本要素是跨部门和临床合作 • 战略中的一个基本要素是跨部门和临床交流信息	• 战略目标是坚持持续不断的评估	×	×	• 战略是保持医院各层级水平的一致性
组织	• 是跨学科的医疗团队，成员来自不同的医疗专业	×	• 我们医院的部门（诊所）之间不存在或很少有壁垒	• 由集体做出决定（在患者护理和医院组织方面）	×
实践	×	×	• 我们医院的所有工作基本上都是过程导向的（遵循患者流程） • （护理）过程被广泛记录和/或建模 • 我们的员工能够命名和描述科室（诊所）不同的（护理）上下游流程	• 绩效测量结果是用来改变和适应（护理）流程	• 流程所有者（例如个案经理）有足够的权力 发出指令 • 所有（护理）流程绩效是定期审查的基础
信息技术	×	×	• 我们的IT团队促进及时和高质量所需（患者）数据的可用性	• 我们医院的信息系统很好集成并支持完整流畅的患者护理流程	• 我们医院的信息系统易于使用并支持清晰易懂的交互

图6-6　医院流程管理能力成熟度模型

第四节　国内外医院流程管理案例

一、国内案例

四川大学华西医院案例

国内医院流程管理的切入点大多为医院护理服务、管理过程、门诊服务、急诊服务，而其应用的主要目的在于：缩短患者等待时间，降低医院的缺陷，建立标准化服务流程。四川大学华西医院在国内较早提出医院流程管理和流程优化，提升医院核心竞争力。据文献报道，该院改变传统的医生固定管理病床的模式，实行医生跟着患者走，这种模式适合于病员资源丰富的大型综合性医院。科室的床位不绝对固定，医疗组的床位也不绝对固定，医生跟着自己服务的患者走，患者在哪个病房、在哪张病床上，医生就到患者所在的病房和病床边查房。实施这种模式后，患者在院外候床的时间大大缩短，患者满意度增加，床位使用率提高，入院人数和手术台次相应增加，平均住院日和单病种费用大幅减少。例如骨科患者在院外等候入院的时间降低了24天，下降率为84.2%；患者平均住院时间降低了10.1天，下降率为46.9%；患者的单病种费用降低了1918元，下降率为35.8%；患者的满意度上升了15.3%。同时促进学科发展，各个亚专业组医生都制订了疾病诊疗路径，使学科水平向纵深方向进一步深化。

据报道，华西医院在出院流程改进中，分析了原出院流程中的15个环节，清除了患者反复在病房、结算窗口和药房间跑动及排队等待这类没有增值价值的环节，实现结算窗口“一站式服务”功能，避免患者多次排队。原有流程得到有效简化后，出院手续办理时间由原来的134分钟缩短至40分钟，缩短患者等待时间共63分钟，节约路途时间10分钟，缩短工作人员操作时间21分钟。在出院人数不断增加的情况下，任何时间、任何窗口前等待办理出院手续的人员不会超过5个人，基本上能做到随到随结。而且各窗口的人流分布均衡，彻底消除了以前的结算高峰及窗口人流量不均衡现象，住院两次以上的患者对流程的满意度达到90.0%。同时，引入变频工作制，根据在同一时间内各部门各岗位工作量频度的变化和规律，灵活主动地选择可变动的工作岗位，预先调节工作，重新分配人流、物流，动态配置资源。如在门诊挂号缴费流程中，出现了挂号/缴费等候时间长现象，在分析了这两个环节的时间特点发现，挂号窗口的高峰期在早上7~9点，而收费窗口的高峰期在9~11点，这两者的高峰期并不重叠，因此，在7~9点将收费窗口开放为挂号窗口，最大限度满足患者挂号需求，而在9~11点将挂号窗口改为收费窗口，又可最大限度满足患者缴费需求。同时在患者挂号方式上，采用电话预约和现场挂号两种方式。经分析，该院患者50.0%来自于省内各区县的患者，40.0%来自于市内患者，10.0%来自于西南地区的患者，外地患者由于时间的不确定性和文化水平的差异性，比较倾向于现场挂号，因此医院根据患者来源，动态地调整号源的数量，使资源得到最优利用。整合现场挂号与收费柜台功能后，挂号高峰提前结束，收费高峰消失，患者最多排队不超过10人，有效改善了就诊区环境。

二、国外案例

（一）意大利医院案例

Antonio di leva等人（2017）介绍了利用业务流程方法（business process methodology，BP-M）对意大利一家医院的急诊科开展的流程分析。该医院是位于意大利北部地区城市的一家中等规模医院。BP-M法的主要特征是在对流程分析和重构中利用仿真建模的方法。

1. 基本情况分析　对患者从到达到急诊离院过程的有关数据进行了分析。首先对患者来院的时间分布进行分析，结果见图6-7，过去3年患者到达医院有非常相似的时间分布。

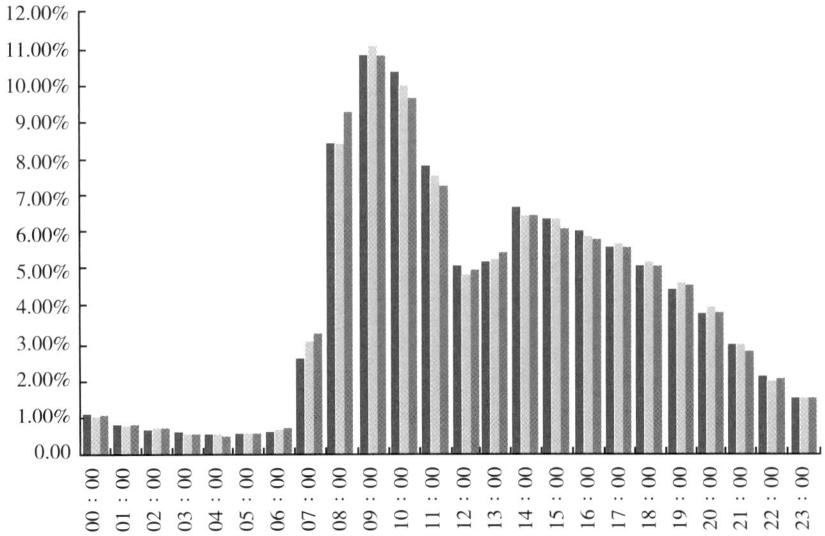

图6-7　过去3年患者到达的小时分布

根据紧急程度对出院类型的有关数据进行分析结果，如图6-8所示。急诊的正常出院主要与非紧急患者有关（急诊严重程度指数ESI水平为3和4），涉及90%以上的病例。相反，高度紧急的患者往往需要住院治疗。特别是，这一结果与70%以上的非常紧急患者（ESI 1级）和一半的紧急病例（ESI 2级）有关。

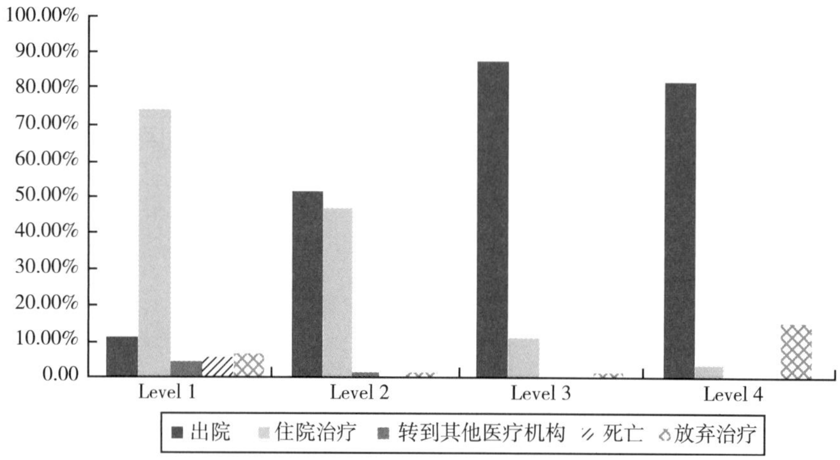

图6-8　按ESI水平划分的急诊患者出院情况

此外，还通过用例图（use case diagram）来描述业务过程。角色包括急诊室员工、患者、医生、分诊和急诊护士。对登记、分类、就诊、检查、离院、死亡和住院进行了分析（图6-9）。

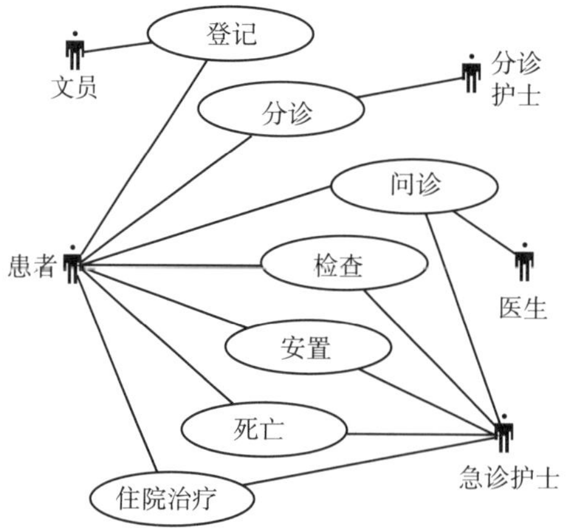

图6-9　急诊科的用例图

2. 业务流程分析　该急诊科每年为约55 000名患者提供服务。根据患者所需诊疗类型，他们会在科室各个部位流动，主要部位包括登记区、分诊区和急诊室（就诊区），急诊室由3个基本诊区（内科、骨科和外科）组成。

患者可以在登记区进入急诊室。然后，一名护士评估急诊严重程度指数

（emergency severity index，ESI），并提供预诊（在分流区）。严重程度分为四级，从“非常高”（1级）到“非常低”（4级）。实证数据分析显示，严重程度低（73.5%）的病例较多，其次是非常低（18.8%）、高（7.3%）和非常高（0.4%）。虽然一些患者可以离开急诊室（仅在非紧急情况下，如ESI3和ESI4级），但其他患者仍继续接受诊疗。

大多数病例在急诊科的三个基本诊区就诊：骨科、外科和普通内科，少数病例转到其他内科诊区（ic）。虽然大多数患者已出院（dis），但有些患者可以住院（hos）或转到外部医疗机构（ef）。最后，很少有患者死于急诊（dea）。分诊后，一些患者可能会立即被转移到专科诊区。

经过对管理者、医生和护士访谈，研究者通过准确的定量分析，构建急诊科现状流程模型，如图6-10所示。

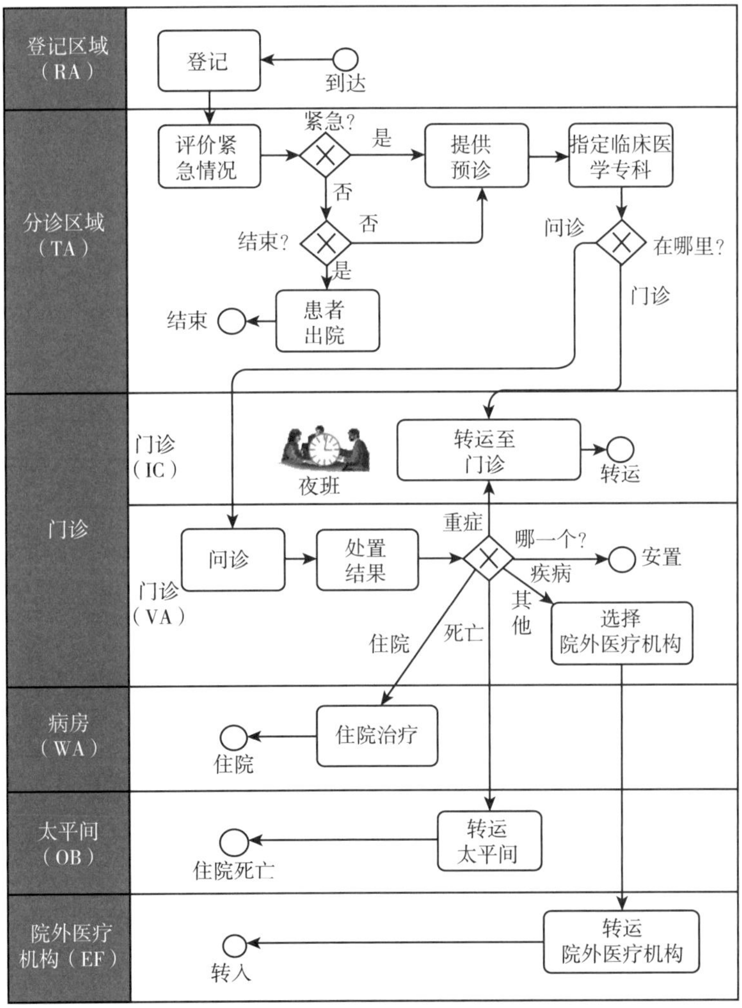

图6-10　急诊科现状流程模型

问诊是一项复杂任务，在图6-11问诊子流程中有详细说明。它包括收集患者病史、初步诊断和安排治疗。在就诊期间，可以要求进行检查（如血液检查）和/或放射检查。

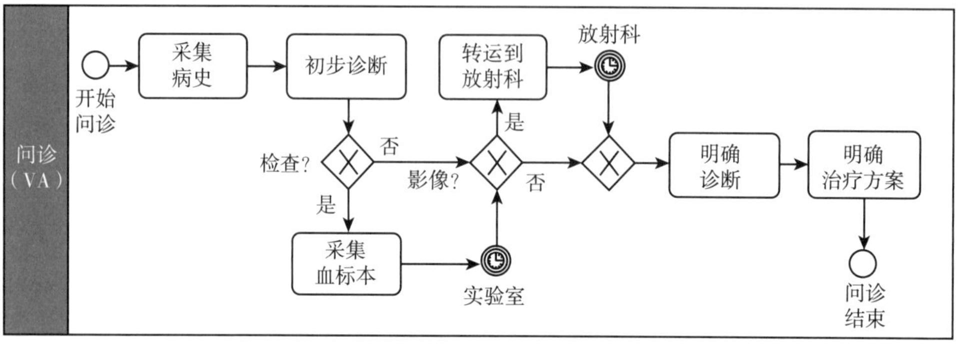

图6-11　问诊子流程

3. 人力资源　急诊流程包括从医生到普通操作员的多种人力资源。为了提供24小时服务，急诊科要求操作员分班工作（每班8小时，包括用餐休息时间）。通常情况下，从早上6点、下午2点和晚上10点开始有三个班次。根据表6-2中的员工成本，对14名员工进行了建模。夜班从晚上10点开始，包括2名医生、2名普通护士、1名助教专业护士和1名普通操作员。

表6-2　按泳道划分的急诊现行模式下员工数量和人均每小时劳动力成本

路径	工作人员	数量	成本
急诊科	医生	3	50
急诊科+分诊区	护上（通用）	2	27
病房	护士（专业）	3	30
登记区域+外部医疗机构	雇员	2	25
门诊+太平间+外部医疗机构	通用操作人员	4	20

4. 患者到达　患者的到达由三个主要特征驱动。首先，取决于季节性疾病或事件。其次，数量随一周中的几天而波动：周一和周五人数比一周的其他时间多。第三，上午/下午出现两个高峰。由于我们对汇总的患者流量数据感兴趣，我们不区分自行前来患者和救护车前接患者。采用小时分布对平均到达模式进行建模。

关于患者的定量信息涉及与不同类别或诊断相关的方面：

（1）诊断对应于4种不同的医疗护理。涉及的3个主要门诊是骨科（ort），占所有病例的31.5%，外科（sur）占15.7%，普通医学（med）占21.8%。其余患者（31%）直接送往内部专科诊区。

（2）患者可以不同的方式退出该过程。86%的患者出院（dis），12%住院到病房（hos），0.2%转移到其他诊区（ic），少数（0.03%）被转移到停尸房。此外，一些（1.7%）患者可能会选择离开急诊室，例如由于过度延误。这会导致医院收入损失，并给患者带来潜在风险。

5. 活动　急诊既包括标准化程度高的诊疗活动，也包括更复杂的活动。在BP-M*方法中，活动的属性是持续时间和所用资源。此外，一些活动也取决于病种。例如，对于骨科或外科患者来说，确定诊断更快，而其他患者可能需要额外的问诊，这会增加平均时间。

（1）活动持续时间：表6-3根据严重程度总结了不同的持续时间。在该表中，使用了两种不同的概率分布：三角形分布Tri（最小值、最大值、众数），以及其余情况下的均匀分布。

表6-3　按急诊严重程度级别划分的诊疗活动持续时间（分钟）

活动	紧急情况严重性指数3~4	紧急情况严重性指数1~2
患者登记	Tri（2,6,3)	0~2
评估紧迫性	Tri（1,4,2)	0
预接诊	3~10	1~3
管理结局	7~15	2~4
收住院	15	15
转移到太平间	7	7
搜索外部机构	60~480	60~480
转移至外部机构	10	10
收集病史	1~4	1~2
初步诊断	Tri（1,5,2）	1~2
采集血样	3~8	1~2
实验室（延迟）	5~15	3~5
转到放射科	Tri（5,15,8）	2~4
放射检查（延迟）	10~20	7~12
确定诊断［普通医学］	5~25	3~5
确定诊断［外科手术］	3~12	3~5
确定诊断［骨科］	3~7	3~5
确定治疗方案	2~5	5~10

备注：标Tri者为三角分布，括号内分别为最小值、最大值、众数；其余为均匀分布

在该模型中，活动（患者路径）的执行顺序通过一个枢纽进行控制。与活动持续时间一样，不同路径的激活比例可能取决于患者的严重程度。例如，在就诊子流程中，血液和/或放射检查的请求会根据患者的疾病类型进行建模。退出仅为非紧急患者进行概率函数建模，ESI水平为3或4（概率分别为0.7%和3.5%）。

（2）活动成本：活动成本包含在模型中。调查最昂贵的活动在组织管理中很重要。图6-12详细说明了不同活动的累积成本，包括劳动力和设备成本。其中涉及专业技能密集使用的活动成本高昂。事实上，涉及医生和护士的活动，如确定诊断、安排治疗、管理结果和提供就诊前服务，占总成本的70%。

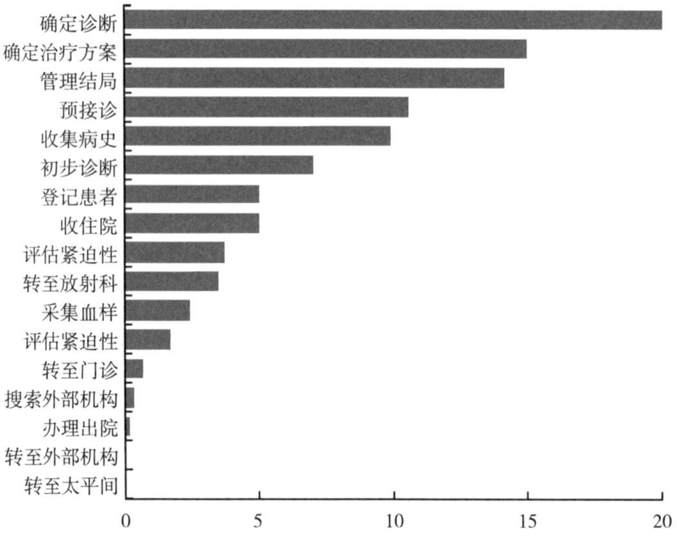

图6-12 每项诊疗活动的成本

6. 模型验证 如前所述，现状模型包括从医院信息系统获得的结果和结构KPI值。现状模型的验证包括两个步骤：①验证模型中是否正确考虑了与结果和结构KPI有关的数据。表6-4显示了该部门一年活动的仿真结果。可以看出，结果与实验值吻合良好；②比较关键KPI的真实数据和仿真数据。

表6-4 诊疗活动的仿真值和真实值

	仿真值		真实值	
	数值	%	数值	%
出院	46 557	81.47	46 047	81.21
转至门诊	3064	5.36	2977	5.25

续　表

	仿真值		真实值	
	数值	%	数值	%
收住院	6572	11.54	6640	11.71
放弃治疗	893	1.56	973	1.72
转至外部机构	44	0.08	49	0.09
转至太平间	19	0.03	15	0.03
总计	57 148	100	56 701	100

患者在科室的平均时间是最常用的指标。在我们的例子中，通过仿真获得的值约为82分钟，与从信息系统中的数据得出的实际值82.8分钟非常一致。

7. 假设情境分析　研究者在实验环境中，比较了几种不同场景。从基本的现状模型开始，改变了与资源（增加或减少一些专业人员）以及患者疾病相关的变量，获得了仿真结果，见表6-5。对于每种情景，给出时间和成本（成本与人员费用、医疗耗材和体检相关）与现状模型的差异。

表6-5　几种情境下的仿真结果

	b-D	b+D	b+N	il0%	i20%	Em.
时间	+137.2	−3.7	−1.2	+2.8	+7.9	+70.7
成本	−0.25	+0.2	+0.1	+2.6	+5.4	+12.7

（1）资源情境：假定了员工相关情况发生变化的三种不同方案，增加或删除一名医生（“b+D”和“b-D”），以及增加一名护士（“b+N”）。结果表明，医生的增薪使绩效提高了约4%，而护士的增薪提高了1%。减少一名医生会产生巨大影响，时间大约会延长130%。

（2）患者情境：本实验仿真了一些疾病患者增加的情况。例如，流感病毒在冬季的传播将增加有特殊需求患者的到来。实验略微增加了10个百分点（“i+10%”）和20%（“i+20%”）的患者到达普通内科门诊，而不是骨科或外科。最后一个场景（“Em”）仿真了紧急情况，紧急情况增加（ESI 2级为10%，ESI 1级为5%）。正如预期的那样，在这两种情况下，都会对绩效产生影响。

（3）对时间和成本的影响：这些变化的影响是显著的，尤其是对于与患者增加有关的问题（例如疾病流行期间）。上表给出的结果表明，考虑的六种情况在成本和流程平均完成时间方面存在一些差异。

（二）伊朗医院案例

Yarmohammadian等（2014）分析了伊朗马什哈德医科大学附属Qaem教学医院开展BPM项目的情况，检验实施效果。Qaem教学医院是主要的转诊医疗中心之一，位于伊朗呼罗珊省马什哈德市，有19个标准临床单元、21个诊区、20个科室和若干研究单位。

项目范围包括由流程改进委员会选择的3~5个优选流程。流程改进项目分4个阶段实施。第一阶段包括确定当前情况和优先流程。为了实施业务流程重设计，开展了四项工作：与高级管理人员进行专家访谈，培训流程相关概念，为选定的流程举办研讨会，并组织流程团队。首先确定了流程改进优先级。该步骤的结果总结在下表中（表6-6，表6-7）。

表6-6　流程优先级确定表

流程	与客户产生直接联系	重复性	时间	距离	复杂性	相关单元	不满意度	改进潜力	总得分	优先顺序
离院	5	5	3	3	3	4	4	4	31	2
入院	5	5	3	2	3	3	4	4	29	4
医院信息系统中的药品供应记录	4	4	5	5	2	2	3	4	29	5
患者从急诊室转至其他部门	5	4	3	2	4	2	4	3	27	
处方记录	0	5	5	2	2	3	5	5	27	
患者从康复中心转至病房	0	5	5	4	2	2	3	4	25	
社会工作者	5	5	4	5	3	5	4	3	34	1
放疗科住院患者	5	5	1	2	4	4	4	5	30	3
业务函件	0	5	3	0	5	4	5	2	24	
合成药物的制备	5	5	4	4	2	1	5	1	27	

表6-7　流程小组和负责人

负责人	流程名称
XX女士	社会工作者
XX女士	离院
XX先生	放疗科患者入院
XX先生	入院
XX女士	卫生信息系统中的药品和供应记录

第二阶段是选定流程的建模，包括如下4个步骤。

（1）提供流程概念的概述。

（2）训练建模技术。

（3）举办关于建模和记录试点过程的研讨会。

（4）对流程指标进行培训。

第三阶段旨在识别问题，总结和改进选定的流程，包括以下3个步骤。

（1）解决问题，最终确定流程的信息表格并绘制流程图。

（2）指导改进技术。

（3）组织关于如何改进试点流程和修改流程的研讨会。

第四阶段，总结和最终确定流程文件，此阶段包括以下4个步骤。

（1）完成改进建议。

（2）为选定的流程开发ID。

（3）制订和培训流程管理章程，包括文件指南、流程更新程序、记录和分析应用程序信息、构建分析表、测量和定义改进措施。

（4）展示组织中改进流程的成效。

在执行上述所有步骤后，为每个选定的流程填写“流程改进行动计划”表。最后，对每个流程提出的改进行动计划加以执行。

以下是Qaem教学医院不同单元“流程改进行动计划表”示例。对于每个单元，都明确了问题和改进措施以及行动计划（表6-8~表6-12）。

表6-8 从社工单位获得药物折扣的流程改进行动计划表

第一个流程：药物折扣

单元：社会工作部门	流程：从社工单位获得药物折扣	日期
存在问题	改进策略和行动计划	考虑因素
与复印有关的问题	购买复印机	
由于缺乏设备，在将折扣信息录入医院信息系统时需要等待	购买电脑	
与现金有关的问题	准备并发布指导客户的通知表格	
手动填写表格并再次在健康信息系统中录入	使用自动化软件的许可证	
缺乏标准时间	根据时间指示器确定标准时间	

表6-9　离院流程的改进行动计划表

第二个流程：离院

单元：各病区	流程：离院	日期
存在问题	改进策略和行动计划	考虑因素
患者出院流程时间长	合并医嘱执行和病历控制过程 通知相关人员	

表6-10　放疗科入院患者流程改进行动计划表

第三个流程：接受放疗的患者

单元：放疗科	流程：放疗科住院患者	日期
存在问题	改进策略和行动计划	考虑因素
资料不全的待入院患者	准备通知表格，并放置到位	
重复射线照相，检查胶片及劣质图像	开会协商解决问题 购买仿真器	

表6-11　入院流程改进行动计划表

第四个流程：入院

单元：全区	流程：入院	日期
存在问题	改进策略和行动计划	考虑因素
额外的通勤人员，用于转移患者	在患者进入科室之前分配一名医生或护士	
在诊所延误时间过长	分配一个采样器	
未能告知客户如何接受服务	为客户提供门诊服务的通知单 对护士开展培训	

表6-12　卫生信息系统中药品和供应记录流程改进行动计划表

第五个流程：药品和供应记录

单元：卫生信息系统	流程：在卫生信息系统中记录药品和供应	日期
存在问题	改进策略和行动计划	考虑因素
未能在系统中及时记录输入和输出	培训负责人 控制记录	

本章小结

本章第一节首先回顾了流程管理的发展历程，分析了流程管理如何逐步推广至医疗保健领域；提出业务流程、流程管理和医院流程管理的概念和六个核心要素；强调了医院流程管理的特殊性，主要源于医疗保健系统的高度复杂、流程繁多、跨学科、孤岛严重的特点，且医院流程大多属于知识密集型流程，其关注焦点是医疗服务质量。第二节介绍了医院流程管理开展所需的技术工具流程图的基本形式和示例，指出开展流程管理需要业务流程管理系统等自动化工具的辅助，详细阐述了实施流程管理的五个阶段，由于医院系统的复杂性，在医院推行流程管理存在很大困难。在第三节，详细分析了开展医院流程管理的先决条件，并介绍医院流程管理能力成熟度模型，将医院开展流程管理的基础能力和条件划分5个阶段，对每个阶段分别从文化、战略、结构、实践和IT技术5个方面开展评估。最后一节介绍了国内外医院开展流程管理的典型案例，包括四川大学华西医院的案例和来自意大利、伊朗的两个案例，从实操层面展示了如何开展医院流程分析、如何对医院流程进行优化改进的经验做法。

（李　林　高　岩）

第七章　根本原因分析

学习目标

1. 掌握　根本原因分析概念；根本原因分析原理与方法。

2. 熟悉　根本原因分析基本程序及相关逻辑关系。

3. 了解　根本原因分析发展史；根本原因分析与传统问题解决方法的比较。

第一节　根本原因分析概述

一、根本原因分析的基本概念

根本原因分析（root cause analysis，RCA），又称之为根因分析，是指运用发现问题的各种方法、工具和技术组合，来确定引发工作表现差异的基本要素或因果要素，并通过过程改进来消除问题的影响，防止问题再发生的方法。

知识拓展

在理解根本原因分析工具时，首先要了解对问题的定义。问题定义包括了①要求回答或解释的题目；②需要研究讨论并加以解决的矛盾、疑难问题；③关键、重要之点；④事故或意外；⑤造成差距的因素等5个方面。

这些定义说明了问题具有两个基本特征：一是发生问题实际上是对被某些困难或不希望的状态困扰的事件的陈述；另一则是指对期望的理想状态提出挑战，它鼓励对问题加以解决而创建一种更为渴望的状态。

从以上特征可以清楚知道，医院的问题可能会出现在工作场所中任一领域以任何形式和形态发生。它们可能是工作环境中的个人问题，也可能是工作过程中部门内的组织问题，RCA常应用于医院的不良事件管理。

医院的不良事件、医疗差错和医疗风险，这些与医疗活动相关，但又本可以避免的安全事件是全球患者安全领域的主要挑战。不良事件，特别是警讯事件发生后，需要通过全面系统分析方法对案例进行调查，找出相关制度、流程等与医疗安全体系之间的差距，明确不良事件发生的真相，并有针对性地采取强有力的纠正措施，避免相同、相类似事件的再次发生，或降低该事件发生的概率。

为了更好地掌握RCA分析原理与方法，需要进一步明确根本原因与问题症状（不良事件）的关系（图7-1），根本原因分析中的核心要素是根原因，即最高层次的原因，它启动了导致问题的整个因果反应，并最终引发问题症状表现。

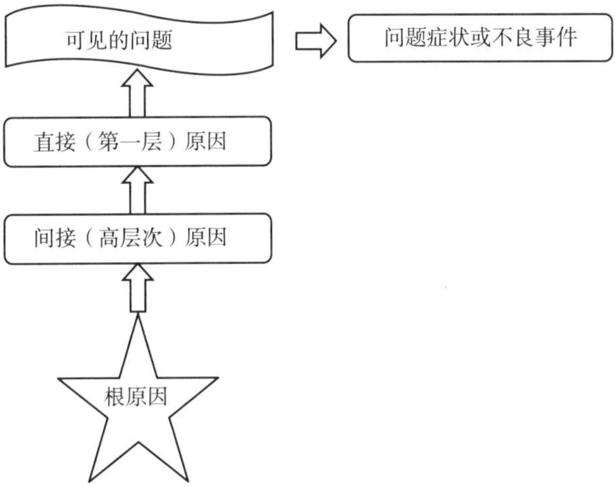

图7-1　根本原因与问题症状关系

知识链接

在医院不良事件管理中，根本原因分析在识别和预防警讯事件中发挥关键作用。不良事件是指导致患者伤害的事件、事故或状况，主要分类如下：

1. 警讯事件　与患者疾病自然发展过程或基本状况无多大关系，但发生在患者身上，导致患者死亡、永久性伤害或严重暂时伤害的不良事件。

2. 未造成伤害的事件　指已经发生在患者身上但并未导致伤害的不良事件。

3. 近似差错　可能发生在患者身上，但因及时采取阻止措施，而未发生在患者身上的不良事件。

4. 危险（“不安全”）状况　可能增加不良事件发生率的情况（不包括患者自身疾病发展或状况）。

对于医院管理者来说，反复发生不良事件会对医疗质量、医院形象、医院运营效益产生严重的影响，因此，识别和消除问题的发生原因以减少不良事件发生显得至关重要。以问题为中心，可以将事件发生的原因分为直接原因、间接原因和根本原因。

不良事件代表的是问题的某种症状，是问题的外在表现，不良事件的发生是系统存在问题的信号。单纯消除问题症状和表象并不能从根本上杜绝不良事件的发生。

直接原因是指对事物的发生发展起到最直接的推动，并直接促成其发生变化的原因，不经过中间事物和中介环节。

间接原因则是指潜在的可能是一个长期的过程导致事情发生的原因，间接原因可能促进医疗不良事件的发生，也有可能促进直接原因的发生，相对于直接原因来说，间接原因持续时间比较长。

根本原因是一个根本的随机因素，如果这个随机因素得到纠正或被剔除，将可以阻止类似情况的再次发生。根本原因是潜在的原因、可以被识别出来、管理者可以对其进行控制，而且可以对其制定有效纠正措施。

课堂互动

在医院工作过程中，常会碰上各种突发或非预期事件需要处理，如患者发现药师少发了药品，投诉后，药师给患者补发药品并道歉；门诊患者在胃镜检查候诊排队过程中突然发生低血糖反应，护士立即帮助患者喂服糖水以纠正低血糖。

请思考，药师补发药品后，护士帮助患者喂服糖水后，现场工作过程中的问题是否还存在？请结合RCA基本概念区分出问题与问题的表象（症状或不良事件）、问题原因的不同层次之间的关系。

传统问题解决方法中，收集、组织和分析数据的方法通常是非结构化的，所产生的结论和建议在预防或缓解不良事件方面通常无效，在处理建议上侧重于纠正个人行为，而忽略了个人执行任务的工作环境。

根本原因分析是通过额外的调查，探讨系统面、流程面的更深层次问题所导致的医疗行为差异，而非针对事件的个人追责，这也是根本原因分析之所以能够成功的关键。根本原因分析是一项结构化的问题处理方法，用以找出问题的根本原因并加以解决，而不是仅仅关注问题的表面征象。

根本原因分析是为找出事件的潜在错误，即组织中系统的问题而设。通过根本原因分析方法对问题事件进行更加深入地分析，包括以下3种类型。

第一种类型是针对警讯事件，警讯事件发生预示医院有必要直接开展事件调查并做出必要事件回顾分析，找出事件发生原因，并采取措施行动，以阻止不良事件的再发生。

第二种类型是针对可能产生严重后果的未遂事件，即近似差错事件，经评估假设发生后可以造成严重伤害的事件；对于这一类型事件要采用更为谨慎的做法，在事件发生之前利用根本原因开展主动调查，以期预防真正不良事件发生。

第三种类型是近似差错和未造成伤害事件，虽然暂时不会带来严重危害，但医院可以在已经建立不良事件上报系统中，收集和采集不良事件数据，整合不良事件信息，发现数据变异，分析根本原因，主动消除系统性故障和流程差异对患者产生的不利影响，以阻止严重伤害事件发生。

二、根本原因分析的起源与发展

1. 根本原因分析的起源　早在20世纪60年代初，全面质量管理由美国的菲根堡姆提出，它是在传统的质量管理基础上，随着科学技术的发展和经营管理上的需要发展起来的现代化质量管理，是一门系统性很强的科学。全面质量管理是指全面、全过程和全员参与的管理，以客户为中心，建立“以预防为主”的质量理念，用数据和事实说话，依据PDCA循环模式实施持续改进。根本原因分析承接了全面质量管理的系统理论和预防为主的质量思想，以探究事件根本原因为出发点，制订纠正措施，进行现场问题的解决和防止问题的再发生。

随着全面质量管理的不断发展，根本原因分析由日本工业家丰田佐吉（1867－1930年）在工业领域率先使用，并被广泛应用于航空、运输、核工业等领域，在完善系统建设和管理方面扮演了十分重要的角色。丰田佐吉最初提出五问法（5Whys）以追究问题原因。后来，丰田汽车公司在发展完善其制造方法学的过程中也采用了这一方法。5Whys法作为丰田生产系统入门课程的组成部分，这种方法成为其中“问题求解”培训的一项关键内容。1953年，日本东京大学教授石川馨提出因果图，又称石川图，因其形似鱼骨，又称鱼骨图。石川馨教授用这种方法分析影响质量问题的因素，由于其简单有效，很快在日本企业中推广，后被世界许多国家采用。因果图主要用于分析质量特性与影响质量特性的可能原因之间的因果关系，通过把握现状、分析原因、寻找对策来促进问题的解决。

1979年，美国宾夕法尼亚州的三里岛核电站发生了历史上首起核反应堆熔化事故，随之而来的美国国家实验室对核反应堆操作研究进行审查，使得根本原因分析在核工业及政府核武器研究领域得到了更加广泛地传播。经过30年的发展，根本原因分析开始渐渐渗入到核领域以外的管理体系中，供健康、安全专家使用。通过美国质量协会核能、环境部门对根本原因分析的实践性探讨，该方法越来越显现出可以使这些行业受益的特性，并很快得到了推广。

2. 根本原因分析在医院管理中的应用　医疗领域在早期的患者安全运动中，根本原因分析成为一项从错误中学习和制订强有力的预防措施的关键技术而备受关注。美国医学研究所医疗质量委员会于1998年成立，随后于2000年出版了开创性的《人非圣贤孰能无过》一书，该书引发了围绕患者安全政策和实践的全球性讨论。在过去的10多年里，从国家政策到个别程序均会提及委员会的建议，这些建议鼓励在医疗护理实践中采用综合分析方法，通过借鉴其在制造业的成功经验，根本原因分析已成为提高医疗质量的首选工具。

根本原因分析由美国退伍军人医院和美国医疗机构认证联合委员会率先应用。1997年，美国医疗机构联合评审委员会引入该方法用于医疗不良事件的分析。美国退伍军人《患者安全改进手册》第一版于1998年出版，旨在通过实施理解不良事件的新方法提供预防不良事件的指导，根本原因分析是所需的方法。美国医疗机构联合评审委员会于1998年4月规定，希望获得和保持认证的医疗保健组织必须满足与管理非预期变异相关的要求，根本原因分析被确定为分析不良事件所需的方法。

在过去10年中，对根本原因分析的重视程度和医疗机构在不良事件中应用RCA的要求大幅提高。2010年，我国医院开始将根本原因分析应用于医疗、护理不良事件管理，之后在医院的医疗、医技、护理、药学、设备管理等诸多领域得到广泛了应用。

2015年，美国国家患者安全基金会发布了《RCA2：改善根因分析与措施以防止伤害》，这份报告重点介绍了通过根本原因分析法确定系统缺陷和漏洞的最佳优先顺序，成功改善所有医疗环境中患者护理的技术和流程，根本原因分析将事件调查重点从“由谁负责？”转变为“需要改变什么？”，成为了高可靠性组织流程的一个不可或缺的一部分。

2016年，在出版的文献中，根本原因分析在医疗卫生领域中持续存在的问题受到关注，重点强调了很难测量根本原因分析对降低未来风险发生的影响。一些研究提出了改进“根本原因分析”的可能性，包括重新设计流程和使用的工具，确保组织领导的参与，关注更强有力的改进措施，检测结果的实施和影响，以及在适当的时候考虑使用简要事故回溯方法。

通过在根本原因分析（RCA）后加入行动——actions形成“RCA2”，将解决系统问题的根本原因作为目标，重点关注解决行动方案的制定、实施、监督、检测和反馈，力争避免类似事件的再次发生。RCA2作为根本原因分析（RCA）的进一步改良，将成为一种新的医院质量管理工具和方法，并更有效地提高医院管理质量，确保患者安全。

第二节　根本原因分析理论与方法

一、组织体系与方法

1. 组织的安全文化建设　患者安全文化是医疗质量与安全管理的重要组成部分，保证良好的安全文化氛围，对不良事件的持续监测，是根本原因分析的持续改进的前提。患者安全文化通常被定义为医疗组织机构内所有员工对患者安全问题的共同态度、信仰和价值倾向，包括以患者为中心、团队合作、组织学习、持续改进及不良事件上报等。

医院领导应致力于保障患者安全并确保组织成员践行医院宗旨、使命、愿景和价值观，构建鼓励报告患者不良事件、根本原因分析和主动防控风险的医院文化。同时，要了解人无完人，组织会存在系统性风险和医疗流程中每一步骤都存在出错的风险。

健全的安全文化是打造高可靠组织的重要因素，实现组织安全文化变革需要改变过去对警讯事件的响应，主要在于识别与事件关系最大的个人，并对涉事个人进行惩戒。应该从“谁”犯的错，转为探究“发生事件的原因是什么”，更好地去理解员工与流程、系统和工作环境之间的关系。

课堂互动

一名49岁女性患者，因“乳腺癌”术后第6次入院进行化疗。输液过程中意外将其他患者化疗药物输注给患者，出现白细胞计数降低、发热症状，并引发医疗纠纷。

医院开展了根本原因分析想要进一步了解纠纷成因及潜在系统性缺陷和流程失效模式。根本原因分析小组回顾分析医疗纠纷的发生过程，逐一排查了与事件相关的各个工作环节，还原事件原貌后对纠纷进行了妥善处理，然后分析导致纠纷发生的近端原因与根本原因。医院完善了高危药品管理制度、核查制度等相关制度，强化全员制度执行培训，并制定改进措施以加强输液流程的安全性，包括对身份识别、高危药品警示、改善诊疗环境等，让医疗服务为患者提供更安全的行为选择。

医疗纠纷形成有一定的社会环境因素，针对医疗纠纷案例开展根本原因分析会面临哪些困难？在医院的组织系统内如何构建公开透明的安全文化？面对纠纷进行系统性组织层面学习是一个痛苦过程，但事件可以为医院提升组织系统性分析能力提供机会，有助于提高医护人员的主观能动性和安全意识，促进医院安全文化构建。

2. 建立异常事件通报体系 医院不良事件上报的目的是为了减少医疗差错和医疗事故发生。有效的不良事件报告系统，不仅取决于信息收集技术，更取决于良好的医院安全文化环境。通过对于上报的大量数据进行格式处埋，经统计分析，通过系统内部直接反馈、公开发行出版物等方式公布数据信息，有助于为医院提供系统性整合性的事件管理经验。

报告系统在提升患者安全方面的根本原则是从错误中学习。从错误中学习是防范医疗损害，保障患者安全最有效、最直接的方式，而且要重视事件未发生前的预防学习，从而降低不良事件发生的可能性。

针对不同级别、不同程度的不良事件，可以考虑建立分层级管理模式，以医院、科室、班组的不同响应能力，建立不良事件的快速响应机制，在根本原因分析过程中，针对一些影响力大的表面原因也应及时采取措施，以防止伤害事件的进一步扩大。

3. 具体问题具体分析 根本原因分析是问题解决方法之一，从哲学方法论角度来看，根本原因分析思维逻辑对问题分析有实践指导价值。所谓具体问题具体分析，是在矛盾普遍性原理指导下，具体地分析矛盾的特殊性，从而提出解决这一问题的方法。所谓具体问题，就是指具体事物、具体矛盾。具体分析是说分析事物的矛盾特殊性。而要分析具体事物矛盾的特殊性，首先要承认矛盾的普遍性、客观性，在把握同类事物共同性的基础上，再具体分析矛盾的不同特点。具体问题具体分析是人们正确认识事物的基础，其之所以重要，还在于它是解决矛盾的关键。

4. 抓住主要矛盾和矛盾的主要方面　根本原因分析法是系统性解决问题的基本方法，在执行过程中要掌握抓住关键少数方法。在研究与认识复杂事物、问题时，关键少数是主要矛盾；在认识和研究一对矛盾双方时，关键少数就是矛盾主要方面；因此，抓住问题的主要矛盾和矛盾的主要方面，这一理论思想贯穿于根本原因分析方法的全过程。

根本原因分析以不良事件为起点；通过问题发现，找出关键问题；通过原因分析，找出关键原因；通过对策研究，制定关键对策，建立起以问题为起点、问题解决为终点的问题解决模式。

5. 持续的PDCA循环　PDCA循环反映了质量管理活动的规律。P（plan）表示计划；D（do）表示执行；C（check）表示检查；A（action）表示处理。PDCA循环是提高质量，改善管理的重要方法，是质量保证体系运转的基本方式。

PDCA循环是认识论与实践论的组合体，查找问题的根本原因是达到问题认识过程的飞跃、针对根本原因解决问题是达到实践过程的飞跃。由认识到实践，再从实践到认识，形成持续的管理循环。

二、根本原因分析程序与逻辑

1. 根本原因分析目标　根本原因分析是一项管理技术，用于指导事件调查人员分析调查各种类型事故，包括不良（异常）事件或未遂事件；识别、记录、解决事故和未遂事故的根本原因，并进行趋势分析；为组织提供结构化系统化的方法来优化管理体系，预防不良事件的发生或再发生。

2. 根本原因分析步骤　基于以上目标，根本原因分析过程包括了事件判定过程（事件报告、个案评估、消除影响、判定事件范围）、定义问题过程（理解问题并定义问题）、组织调研过程（发起调查、组成团队、制定工作计划、现场访谈、收集数据及资料）、建立事件的因果关系（事件时间序列流程、过程问题的查找、近端原因区分）、根本原因分析过程（根本原因分析与评价，根本原因查证）、方案设计、方案实施及监控评价、报告及反馈、检讨与改进过程（图7-2）。

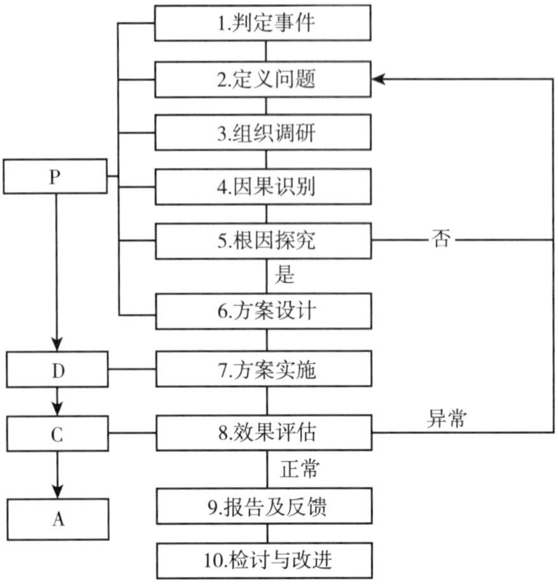

图7-2　根本原因分析步骤

3. 根本原因分析程序逻辑关系　根据以上实施步骤，根本原因分析方法可以认为符合以下程序特点（图7-3）。

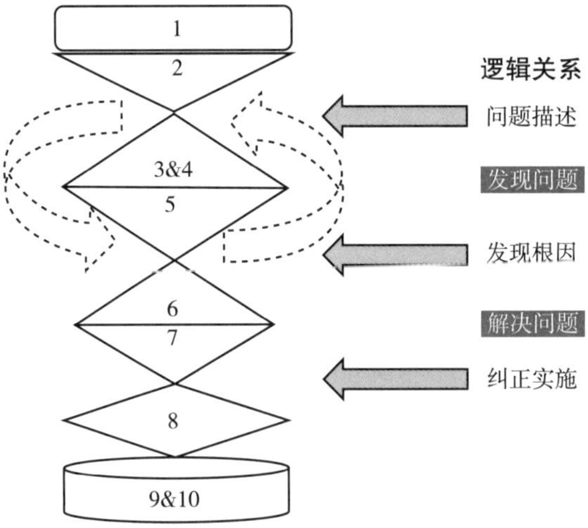

图7-3　根本原因分析程序逻辑

图7-3是改良版的DO IT2模型，该模型将根本原因分析法实施步骤分解为发现问题（find it）和解决问题（fix it）的两个阶段。该图1至10步骤包括了以上判定事件、定义问题、组织调研、因果识别、根因探究、方案设计、纠正方案实施、监测与评估、

报告与反馈、检讨与改进等十个步骤。在实施过程中，2、5、7步骤采用聚合思维方法；3、4、6步骤采用发散思维方法。

知识链接

发散思维，又称辐射思维、放射思维、扩散思维或求异思维，是指大脑在思维时呈现的一种扩散状态的思维模式。它表现为思维视野广阔，思维呈现出多维发散状，培养发散思维能力，发散思维是创造性思维的最主要的特点，是测定创造力的主要标志之一，具有流畅性、变通性、独创性3个特征。

聚合思维，又称之为求同思维法、集中思维法、辐合思维法和同一思维法等，是从已知信息中产生逻辑结论，从现成资料中寻求正确答案的一种有方向、有条理的收敛性思维方式。聚合思维法是把广阔的思路聚集成一个焦点的方法，具有同一性、程序性、比较性3个特征。

根本原因分析法中整合了发散性思维和聚合性思维方法，发散性思维方法是要通过广泛的调查研究、头脑风暴方法寻找问题发生的可能，因果关系和纠正方法；聚合性思维的方法在于找到问题的焦点、原因的关键和对策的可靠性等以有效解决问题。

三、根本原因分析各步骤程序过程比较

表7-1中阶段指根因分析按照PDCA循环设为计划、实施、检查、反馈四个阶段；步骤指实施根本原因分析的过程程序；目的指为每一个步骤明确关键项目实施方向和实施内容、介绍了其纳入RCA流程的主要原因和关键词；结果列出了执行一个步骤应该产生的关键“结果”；特性说明该步骤的主要思维模式的特征。

时间占比是持续时间的百分比，其根据所处理的事件或问题的类型而有很大的不同；在某些情况下，整个过程可能需要几天时间；在另一个极端，对某个问题实施持久的解决方案可能需要数年时间。各步骤的内部时间分配因根本原因分析流程不同而不同。因此，每个步骤的总过程持续时间的百分比范围差异很大，如定义事件通常是一个短期任务，可以定在5%~10%，而采取行动的步骤则很难描述，这可能是购买一件设备并安装的问题，也可能需要实施大规模的组织变革，因此，投入时间会在5%~50%。

成功因素指成功完成一个步骤需要遵守或确保的一些关键因素。工具指提供可在RCA流程的每个阶段可使用的一些相关工具列表。

表7-1 根本原因分析各步骤程序过程对比

阶段	步骤	目的	输出结果	逻辑特征	时间占比	成功因素	工具
计划阶段（P）	判定事件	事件报告 个案评估 界定性质	事件性质 SAC分级	聚合思维	5%~10%	正确事件描述 及时行动 消除影响	异常事件判定树
	定义问题	确定范围 定义问题 发起调研	问题定义	聚合思维	5%~10%	确定方向 形成具体可及目标 未对问题原因进行猜测	关键事件清单 绩效矩阵
	组织调研	组建团队 制订计划 收集资料 理解问题	RCA团队 调研计划 现场访谈	发散思维	5%~10%	合理的团队成员 计划应平衡时间和达成目标 应用访谈技巧	甘特图 访谈表 收集表
	因果识别	过程分析 创建因果关系	事件过程 所有可能原因	发散思维	10%~15%	获取事件和问题的数据和证据 能够创造性地思考 不对可能原因进行筛选	时间序列表 事件地图 头脑风暴法
	根因探究	发现导致事件/问题的真正根本原因	根本原因描述	聚合思维	20%~30%	保持冷静和分析的头脑 不要过早宣布找到根本原因 敢于直呼事物的真实名称	5Whys法 故障树 关联图
	方案设计	设计可行的解决方案以消除根本原因	描述解决方案	发散思维	15%~25%	集思广益提出解决方案 所需变更的创造性策略方法	头脑风暴 标杆管理
实施阶段（D）	方案实施	实施解决方案 确保长期有效	实施解决方案	聚合思维	5%~50%	实施工作流程变革 需要耐心和坚持	力场分析 甘特图
检查阶段（C）	监测评估	评估实施的解决方案的有效性	实施结果评价	聚合思维	5%~10%	对解决方案的评估至关重要	根因查证 数据验证
反馈阶段（A）	报告反馈	撰写根因报告及改进结果	根因及纠正情况报告	聚合思维	5%~10%	不要急于宣布成功	根因报告
	检讨改进	审查是否需要进一步努力	下一步行动目标	聚合思维	5%~10%	改进建议：为下一步深层次改进提供优先级策略	推移图

四、实施工具功能与适用阶段比较

知识拓展

根本原因分析基础实施工具与方法

1. 五问法（工具） 五问法（5Whys）是一种常见的头脑风暴分析方法。该方法通过建立不断深入的因果关系来确定根本原因。该方法作为最简单的根本原因分析方法，通过反复地提出问题来确定事故的根本原因。

2. 鱼骨图分析法（工具） 在品管圈又称为特性要因图，该方法用来合并、总结跨层面的因果关系。鱼骨图法在很多医院被广泛地使用。根据问题的不同情况，从不同的功能领域进行分析，如人、物、环、法等，它能确定所有可能影响事件的潜在过程和因素。

3. 变更分析（方法） 变更分析（change analysis）是一种多步骤的根本原因方法，该方法主要分析和比较在相同的条件下发生问题和不发生问题所产生的不同。该方法要求比较两种情况在时间、地点、人员、方式等层面所产生的不同，由此推论出根本原因，即为何产生了不同。

4. 故障树分析法（方法） 故障树分析法（fault tree analysis）是一种从不良事件结果到原因在系统中寻找根本原因的分析方法。该方法在设计阶段的使用较为常见，能够有效地寻找根本原因和不良事件之间的事件关系。故障树分析法既可以用于定性分析，又可以用于定量分析。

5. 事件和因果链（方法） 事件和因果链分析法可用于确定一系列导致不良事件发生的系列事件以及其相应的原因。通过将事件和原因清晰地整合在一条时间线上，该方法能够有效地分析调查复杂问题，将复杂的问题中的所有事件从头至尾的逻辑关系明确地展示，并且将事件和其对应原因结合在一起。

6. 逻辑树分析法（方法） 逻辑树分析法经常与事件和因果链一起使用，不同组织使用的逻辑树分析法名称各有不同。该方法通过收集大量的数据，将不良事件预先分为不同的种类，每个种类的事件都有各自的预先确定的原因列表，通过对问题的分析讨论，从列表中选择最合适的原因，即为“根本原因”。

以上介绍了6种根本原因分析最基础管理工具，就根本原因分析程序和工具选择而言，可以有更多种工具选择方法，以下对比分析了根本原因分析工具一些特点，可在实际应用中灵活选择。在具体工具选择过程中，不要因为对工具的关注而忽视了对目标的关注（表7-2）。

表7-2　根本原因分析工具选择比较

工具	功能特点			适用阶段			
	目的	优点/优势	缺点/困难	确定近因	确定根因	确定改进机会	实施监督改进措施
流程图	理解过程中各种活动顺序	容易使用 使用图表	确定细节困难	◎	◎	◎	◎
头脑风暴	尽可能多地产生想法	容易使用 允许多人参与	一人/几人主持 不可匿名			◎	
检查表	用系统方式记录数据	容易使用 确保获取所有数据	没有归类的数据可能会被忽略	◎			
鱼骨图（因果图）	产生问题的原因并对其分类	容易使用 提高结构化和创造性	一个人/少数人可能会主导讨论	◎	◎		
多轮投票法	区分想法的优先顺序	容易使用 允许每个人平等选举	在众多选项中难作出选择	◎	◎	◎	
亲和图	找到其他不易发现的关系	可揭示难以识别的关系	要求具有创造性、耐心和以往的经验 非结构化	◎		◎	
甘特图	找到影响最大的少数因素	图形显著	同一图中有多个轴	◎	◎	◎	◎
柱状图	用图形描绘数据	容易看出它的模式 运用图形	难以识别数据组	◎	◎	◎	◎
关联图	找出多个因素之间的关系	提供一种结构方法 给出一个清晰的提示	依赖于主观判断 图形有可能相当复杂	◎	◎	◎	
散点图	找到两个变量之间的关系	图形易于理解	难以选择独立和非独立的变量				◎

续 表

工具	功能特点			适用阶段			
	目的	优点/优势	缺点/困难	确定近因	确定根因	确定改进机会	实施监督改进措施
五问法	识别因果关系链	容易使用	要求具有创造性及对问题的深层次知识		◎	◎	
故障树分析	通过图表展示因果关系	洞察原因之间如何相互作用可利用五问法产生结果	在多层次多原因情况下，图表难以绘制和读懂	◎	◎		
矩阵图	分析因果关系	提供分析结构显示各种因素的复合影响	依靠主观判断有些图表使用起来比较复杂	◎	◎		
趋势图	概述过程绩效变化	提供数据趋势	确保图表单位比例正确	◎		◎	◎
变更分析	分析导致事故的预见和非预见变化，调查由不符合标准规范的非预期变化所导致的问题，通过对比分析每一项变化与实际事件序列的差别确定其发生原因	特定原因的鉴别十分有效	未清晰说明给定事件之间的关系和考虑复合效应的增加变化，仅简单分析变化出现原因，没有深入的综合分析	◎	◎		
时间序列图	考虑意外事故发生时段内的活动，将意外事故视为许多程序，分别以非期望的变动和损失作为开端和结束，构建所有与意外事件有关的人员时间表，强调人与人之间的互动关系	有良好的可靠性及有效性，有助于识别安全状况及提出安全建议	对调查人员要求高，不易使用	◎			

第三节　应用拓展

一、根本原因分析的应用步骤

根本原因分析方法根据采用分析方法的不同，应用步骤也有所不同。进行根本原因分析主要目标是要发掘：发生什么事？事情为什么会进行到如此地步？如何预防类似事件再发生？最好的根本原因分析可以涵盖特定事件的整个流程和所有支持系统，从而最大程度地降低流程相关风险，以及采用根本原因分析法预防相同事件再发生。

（一）判定异常事件

1. 事件启动时机　根本原因分析常根据医院的要求自行确定。一般推荐用于院内警讯事件：因任何原因造成的与患者所患疾病或自然病程无关的意外死亡或者器官重大损害或功能永久丧失；手术或侵入性操作错误；诱拐婴幼儿或将婴幼儿抱给错误的父母；异常事件严重度评估一级或二级的事件。

2. 根本原因分析启动流程（图7-4）

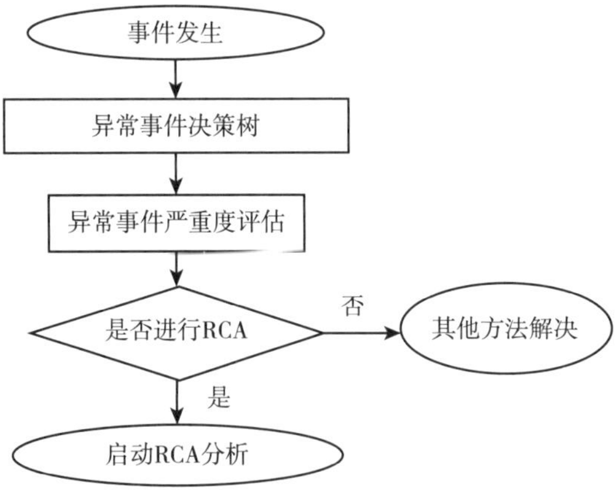

图7-4　根本原因分析启动流程

（1）异常事件判定树（incident decision tree，IDT）是根据流程图公平且一致的检视相关的个人，把焦点集中于组织系统而非指责个人，其中包含四个测试（图7-5）：此异常事件是否为蓄意造成；是否因个人健康或其他原因而造成事件发生；是否违反安全规范或标准作业规范而造成错误；换成另一个人是否会犯同样的错误。

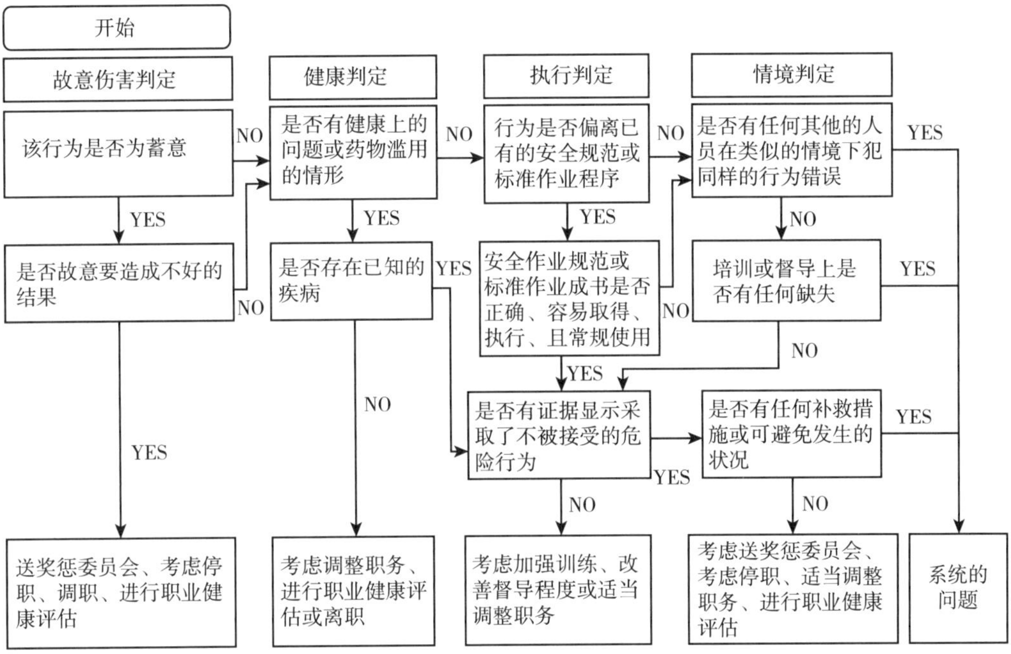

图7-5　异常事件判定树

（2）医疗安全（不良）严重程度评估矩阵：医疗安全（不良）事件严重度评估分级（severity assessment code，SAC）是依据损害严重程度与事件发生频率为两轴所呈现的风险矩阵。

各级行动策略建议：

级数1（严重风险）：立即采取行动进行根因分析，并研究改善方案，立即通报医院高层管理人员。

级数2（高度风险）：事件通报医院高层管理者并进行根本原因分析，或由该部门提出改善方案并持续监测。

级数3（中度风险）：告知职能部门管理者，但若有财务损失则须告知院方管理层，由该部门提出改善方案并持续监测。

级数4（轻度风险）：经由常规程序处理，由该部门提出改善方案并持续监测。

（3）严重程度评估矩阵（表7-3至表7-5）

表7-3　严重程度评估矩阵

发生频率	死亡	极重度伤害	重度伤害	中度伤害	轻度伤害	无伤害
数周	1	1	2	3	3	4
1年数次	1	1	2	3	4	4

续 表

发生频率	死亡	极重度伤害	重度伤害	中度伤害	轻度伤害	无伤害
1~2年1次	1	2	2	3	4	4
2~5年1次	1	2	3	4	4	4
5年以上	2	3	3	4	4	4

注：接近差错可以按照“错误如果实际发生，可产生的最严重后果”进行归类；当事件评估为3~4级时，可引起外界关注的事项仍需告知管理层

表7-4　严重程度评估准则——临床结果

	严重	重度	中度	轻度	轻微
临床结果	患者因非疾病因素死亡或有以下状况的： 1.手术部位或患者身份错误 2.院内自杀 3.器物或物料留置体内需手术移除 4.血管内气栓塞致死或导致严重神经系统后遗症 5.输血相关之溶血反应 6.药物错误致死 7.产妇致死或因生产所致之严重后遗症 8.新生儿遗失或抱错婴儿 9.现行法律所规定需报告之事项	患者因非疾病因素造成永久性功能丧失，或有以下情况： 1.因医疗意外致容貌毁损 2.心智障碍患者走失 3.对患者或医院员工发生身体或语言恐吓或威胁事件	患者因非疾病因素造成永久性功能障碍，或有以下情况： 1.因医疗意外事件造成住院时间延长 2.因医疗意外事件需后续手术处置	患者因非疾病因素导致医疗照护之增加，包括以下情况： 1.再评估或诊断 2.额外的医疗处置 3.转至其他医疗机构	患者虽发生意外事件，但是未造成任何伤害也无需额外的医疗照护

表7-5　严重程度评估准则——医院结果

	类别	极严重	重度	中度	轻度	轻微/无
医院结果	员工	1.因意外导致员工死亡 2.员工自杀 3.3名以上员工住院	1.因意外导致员工永久性伤害 2.2名员工住院 3.3名以上员工因病需停止工作	1.因意外导致员工需额外医疗处置或暂时无法工作 2.2名员工因意外无法工作	只需紧急处置，无其他后遗症或影响	未造成任何伤害
	访客	1.访客死亡 2.3名以上访客住院	1.2名访客住院	1.2名访客需额外医疗处置，但不需住院	仅需评估，无需额外医疗处置	不需任何评估或处置
	服务	服务作业完全终止	主要服务作业停止，如手术室停止作业、门诊停诊等	部分服务不完全	服务效率降低	服务未受影响
	财务	因意外导致财务损失估计超过100万	因意外导致财务损失估计在数10万	因意外导致财务损失在数万元以上	财务损失在万元以下	无财务损失
	环境	1.有毒物质外泄，导致中毒事件 2.火警需撤离	1.有毒物质外泄，但未发生中毒事件 2.火警需外部支持	1.非毒性物质外泄，需外部协助 2.火警初期即已控制	非毒性物质外泄，不需外部协助	

3. 启动根本原因分析　在判定事件性质，制订和实施警讯事件政策后，启动根本原因分析并确定问题方向，以制订纠正措施方案。

（二）定义问题

启动根本原因分析后，应确定问题和进行问题定义，并有针对性发起问题调研。定义问题即尽可能准确地描述已经发生的事件或几乎发生的事件，尽可能确定问题范围，明确解决问题的目的，帮助根本原因分析调查小组在分析问题及制订改善措施时能清楚地关注重点；如果团队清楚地确定和理解问题，就可以节省时间和精力，避免遭受挫折。

好的定义问题是要呈现“做错了什么事”及“造成的结果”，而不是直接放在“为什么会发生”。

（三）组织调研

1. 建立一个团队　事件发生后，领导应立即建立相关团队，防止延误根本原因分析时机。团队应在事件记忆犹新时向所有相关方收集信息，审查数据，确定明显的需跟进的问题。团队领导者要具有与事件相关之专业知识且能主导团队运作。

由根本原因分析运作的主要负责人担任会务主持，主导调研进展。

团队成员包括：有关流程之一线工作人员；员工可能会在警讯事件发生后感到内疚、悔恨、恐惧和焦虑，审慎考虑是否纳入与事件最直接的关系人；团队成员最好不超过10人，必要时可多加开放；成员的特质应具批判性观点，并有优秀的分析技巧。

2. 制订工作计划　甘特图是很好的项目计划工具。甘特图的主要目的是描述项目任务及其日程，并为监测进展情况提供基础。在根本原因分析中使用甘特图创建项目计划的步骤图表。

（1）列出所有任务或活动。

（2）对于每个活动，定义最晚完成日期和最早开始日期、持续时间，以及对其他活动的依赖。

（3）将任务放在一个空的甘特图中，时间线反映整个工期项目。

（4）通过绘制与活动持续时间相对应的条来安排活动。

（5）用菱形来描绘计划中的里程碑。

甘特图示例（表7-6），一家医院启动了根本原因分析，以消除频繁错误贴标签的问题从患者身上获取的标本。组建了一个项目团队，并在甘特图中概述了项目计划。

表7-6　根本原因分析计划任务表

步骤	内容	负责人	周期	2月		3月		4月		5月		6月	
1	判定事件		2W										
2	定义问题		1W										
3	组织调研		2W										
4	建立因果关系		1W										
5	原因树分析		1D										
6	根本原因分析		1W										
7	头脑风暴与解决方案		3W										
8	向管理层提出解决方案		1W										
9	制订实施计划		1W										
10	实施解决方案		2W										
11	确定解方案是否有效		1W										
12	撰写项目报告，结束项目		1W										

3. 事件相关信息收集　作为之后分析的佐证，事件相关信息最好是能尽快收集，以免重要的细节随着时间就淡忘了。信息收集包括目击者说明与观察资料、物证及书面文件证明三大部分。应用记事法、时序法、要因图、人事表格等RCA地图工具，使事实得以还原。

（四）因果识别

1. 以更细节具体的方式叙述事情的发生始末（包括人、时、地、如何发生），并确认事件发生的顺序先后。

可以画出时间线及流程图，来确认事件发生的顺序先后，协助小组成员将焦点放在事件的事实上，而不是一下子就跳到结论。

收集相关资料，绘制事件序列图、标识因果关系，作为随后分析的佐证。事件相关资料最好能尽快收集，以免重要细节随着时间而淡忘。

2. 列出可能造成事件的患者照护程序及比对执行过程是否符合规范，医院也许有制订执行与此事件相关照护技术的作业流程。需评估当时执行的步骤是跟设计的一样吗？当时执行的步骤跟平常做的一样吗？以此确认操作程序有无问题。

3. 列出事件的近端原因　近端原因可分为以下几类：人为因子；设备因子；可控制及不可控制的外在环境因子；有无其他因子直接影响结果。

4. 再收集资料以佐证近端原因　可由资料中的指针了解近端原因的趋势及现况，

该指针也可用于评价改善行动介入后的成效。从数据找出指针，需具备：

（1）稳定性：数据可持续收集，不会中断。

（2）可测量性：测量的单位容易表达，医院容易使用。

（3）可靠性：可精确完整的识别事件。

（4）对过程或结果的测量：测量活动或执行结果是否符合目标。

5. 针对近端原因做即时的介入措施　即使是在分析过程未完成，若已先找出近端原因，便可针对近端原因快速做出一些处理及反应，减少事件造成的影响。

（五）探究根本原因

1. 列出与事件相关的组织及系统分类　人力资源系统、信息管理系统、环境设备管理系统、组织领导及沟通系统以及其他。

2. 从系统因子中筛选出根本原因　筛选标准：可问以下问题，辨别是根本原因还是近端原因：当此原因不存在时，问题还会发生吗？若原因被矫正或排除，此问题还会因相同因子而再发生？原因矫正或排除后还会导致类似事件发生？答“否”者为根本原因，答“是”者为近端原因。

能清楚看出与错误的“因果关系”；尽量不要用负面的字眼，而是客观地描述；人为的因素应可再进一步追溯原因；流程的差异亦可再进一步追溯原因；流程执行的失败，可进一步探讨是否因原来的设计造成的结果。

3. 确认根本原因间的关系　避免只排除其中一个根本原因，而其他原因交互作用反而造成不同类型，但严重程度相当的事件发生。

（六）方案设计

针对识别出的根本原因，制订符合组织实际需要的改进计划和建议；方案设计中可包括多种防错防呆方法。

（七）方案实施以纠正改进

针对根本原因，执行改进策略，以预防错误再次发生。

（八）监测与评估

包括：判定纠正性行动是否在解决问题方面有效、可行。首先，应该对纠正性行为进行追踪，以确保其得到了恰当的实施并不如预期的那样发挥作用。其次，定期的对纠正性行动追踪系统进行结构化的评审，组建变更控制系统和事件追踪系统，以确保过去的更正性行动得到有效的实施。如果同样或相似的事件再次发生，必须对根本原因重新加以识别和分析。另外，还要评审事件报告和处理系统的数据库，以识别出好的实践及从其他组织得来的经验教训。当事件发展不断恶化时，要采取紧急行动或运用得来的经验和教训进行阻止。

（九）撰写根因分析报告

报告主要是对根本原因分析结果的汇总，要将报告分享至所有与被分析事件相关的人员或可能从分析结果中受益的人员。

（十）检讨与改进

提出进一步改进建议，该建议可能涉及更大的流程及选择RCA以外的工具，如FMEA、QCC、FOUCS-PDCA。

二、根本原因分析与传统问题分析的应用比较

（一）传统解决问题缺点

传统解决问题方式中存在问题类型不明、忽略问题定义、基于表单和检查表进行不完整分析，事件记录只注重“讲故事”等4个阻止个人和组织找出有效问题解决方法的误区。

1. 需调查的不良事件背后隐藏的问题类型不明确 不良事件分析小组成员，为了确保能彻底、准确地对问题进行分析，应该理解将要被解决的问题是什么类型的。问题类型可以理解为基于规则的问题和基于事件的问题。基于规则的问题常由惯例或清晰定义的一套规则来界定，比如医院在医疗核心制度中对紧急会诊的时间有限定时间值规定，基于规则的问题都有一个明确的答案。基于事件的问题通过因果原则可以进行的定义，比如“我们如何提高这个危机值报告系统的可靠性？”对于这类问题没有“正确”答案，但针对这类问题会有许多可能的解决方案。一些解决方案会比另一些要好，但是没有明确界定哪个是正确答案。如果不能理解这两类问题，会试图用基于规则的思维方式来考虑基于事件的问题，问题解决缺乏目标。

2. 未对问题进行清晰的定义 在不良事件处理过程中，我们会特别关注为问题提供解决方法，但却忽略了解决问题的第一步：对问题进行定义。面对问题，大多数情况下我们经常开始做的第一件事情就是寻求解决方法。然而如果我们准备找到有效的问题解决方法，清晰的问题定义是必需的。

3. 基于不良事件报告进行不完整分析 不良事件报告对于收集事件的重要信息非常有用，但这并不是分析。彻底、全面的问题分析需要对特定原因和影响关系有一个清晰的理解，在识别原因的时候要进行完整地分析。不良事件报告是必需的，但这并不能代替分析，收集数据的同时要做到对问题进行真正的分析。

4. 事件记录只注重“讲故事” 在不良事件发生后，大多数事件被记录成故事或

叙事，这种记录有时很难被人们认为是一种错误。故事或叙述是一系列的事件，传达了事件或事件中发生了什么事情。这种讲述是收集数据的重要开端，但是必须紧接着进行分析识别原因和影响关系。

（二）根本原因分析优点

根本原因分析将在识别障碍和导致问题发生的原因上找到永久的解决方法；识别组织当前和未来改进的需要；建立可重复的、循序渐进的一些过程等为医院持续质量改进带来帮助，在组织中实施根本原因分析可以获得很多益处。

1. 根本原因分析帮助医院建立预防文化　对“事件解决在于预防，而非抱怨”的理解，这对组织中的每位员工是非常重要的。“预防而非抱怨”的思想并不意味着在组织中做事没有纪律。当某个人违反了已经清晰界定并被大家认可的规定或方针政策时，就必须受到处罚。

2. 促进功能交叉部门和小组之间的合作　大多数医院一直都希望改善职能交叉部门之间的合作。根本原因分析过程依赖于职能交叉部门的合作，在解决问题这一共同目标下，通过各自提供不同领域的经验，朝着共同的最终目标努力，以取得成功。

3. 改善相互理解的能力　医院取得成功直接取决于其解决问题的能力。在运用根本原因分析的过程中，会看到不断增强的合作意识和对别人角色、职责及遇到问题的理解，进一步培养了“学习型组织”。

4. 改善分析问题的能力　分析就是把问题进行追根溯源，找到导致其发生的原因；通过对根本原因分析的了解与掌握，当人们在日常工作中遇到问题时，根因分析逻辑就变成了一个步骤定义清楚的过程。

5. 改善交流，减少“讲故事”　根本原因分析意味着明确、清晰的交流。在分析过程中运用“什么导致问题发生”和“为什么问题会发生”的语言，使每个人关注问题的原因。我们不能将故事性信息加入到不明确的地方。原因不允许我们讲故事。

6. 清晰、简洁的报告　根本原因分析过程的输出是一个总结报告和因果关系。这份报告包括了问题定义、分析过程和解决方案。

7. 反应式观念到预防式观念的转变　根本原因分析如果运用得当，可以成为一种预防性工具。

8. 消除浪费　坚持使用根本原因分析解决问题，通过个案分析和整合性根本原因分析，可以减少重复性工作、降低医疗成本和管理成本。

三、整合性根本原因分析的应用

整合性根本原因分析是指集结类似不良事件共同进行根本原因分析的工具。重点集合多个类似、频繁的事件，最早用于患者跌倒、给药错误、患者走失及企图自杀等事件，适时地运用整合性根本原因手法，对整体事件循序渐进地分析，从系统面找出根本原因拟定改善策略，以提升医疗照护品质，创造出一个优质、安全的医疗环境。

整合性根本原因分析常选择SAC分级的3至4级事件，流程包含全面分析高风险流程，选取改善对象及设计、评估介入成果。

整合性根本原因分析法可运用于各项照护方式，如住院、门诊、长期照护及护理之家等，尤其是发生量多或是高危险事件，如跌倒、用药错误与自杀。它可以透过许多不良事件的改进，继而构建安全的患者环境，而临床上，因为整合性根本原因分析法是集合众多相似事件进行共同讨论及分析，故可以减少临床人员的顾虑，增加探讨不良事件原因发言的踊跃程度。

四、根本原因分析与失效模式与效应分析的应用比较

失效模式与效应分析（failure mode and effects analysis，FMEA）类似于根本原因分析，因为它们都寻求发现流程和/或性能漏洞。然而，FMEA是一个用积极和前瞻性的方法来检查高风险的过程，并试图在问题发生之前预防问题发生。该工具分析潜在故障、故障发生的频率、即将发生的故障被检测到的可能性，以及如果发生一个或多个故障时故障的严重性。

事实上，在FMEA工具中经常使用RCA来确定流程中潜在负面变化的根本原因。RCA和FMEA分析对比见表7-7。

表7-7　根本原因分析（RCA）与失效模式与效应分析（FMEA）比较

RCA（根本原因分析）	FMEA（失效模式与效应分析）
皆为非统计性方法	
主要目的是为了减少患者伤害	
皆包括找出造成危害的情况	
事后反应型	前瞻性
焦点放在发生的事件	焦点放在整个流程
易有事后分析偏差	较无偏差
害怕排拒	开放性
问：为什么	问：若这样做，会发生什么

五、根本原因分析在质量评审体系中的应用

质量体系（医院等级评审标准、ISO国际标准化组织、六西格玛、卓越绩效准则）是组织用来比较和保持其过程符合某一标准或持续改进其过程的框架。作为过程改进工具包的一部分，这些系统可能会促进诸如根本原因分析等技术的使用，以使过程符合某些标准。

在卫生监管部门“规定”或要求使用根本原因分析作为工具来解决已经或可能伤害患者的意外事件。医疗不良事件作为哨点事件是卫生监管部门强制报告的一部分，需要有完整记录的RCA报告。

随着根本原因分析能力提升，由质控中心组织的医师同行评审，即医师对同一机构或同一专业的其他医师的医疗决策和实践进行评审和评论的过程带来帮助。如在我国对孕产妇救治案例、新生儿死亡案例，均由合格的专家真诚地进行同行评价，同行审查讨论，包括根本原因分析方法应用，对医疗系统跨院区工作联动和系统性改进极其有帮助。

针对发生不良事件的绩效处罚是医院的人力资源部门管理员工个人行为的负面管理过程。针对鼓励不良事件上报政策实施和对导致或可能导致严重伤害的错误的处理，必须在促进质量改进文化与罪责和责任文化之间取得谨慎的平衡。

第四节　应用案例

一、根本原因分析地图工具

根本原因分析（RCA）地图将事件发生过程绘制成有规律的一系列图表，用于还原事件过程，以便加深对问题的理解，RCA地图工具常用有流程图、叙事时间表、时间序列表、因果图、SIPOC流程等。

［案例1］56岁男性，因尿毒症，在某院血透室治疗已有4年，每周3次血透，有冠脉支架术史。8月12日7点50分，血透室护士准备给患者治疗时，发现血透床位上放有患者个人物品，未见患者，6分钟后仍未见患者，拨打患者联系电话未接通，联系家属，告知患者未在院内血透；45分后患者仍未返回，上报至护士长，医院行政总值班，联系安保人员至监控室查找患者去向，至9点30分在下一楼层的厕所内发现患者死亡（表7-8，表7-9）。

表7-8 叙事时间表

时间	事件
08/12 6：50	患者进入我院血透室
6：56	患者由血透室走出来（监控探头调取得知）
7：30	血透室护士进入病房开始治疗
7：50	发现最后一张床位上摆放有患者的个人物品，但未见其人
7：56	患者仍未返回，责任护士翻查登记联系电话，多次拨打未接通。告知大家帮助找寻该名患者
8：05	责任护士根据患者手机上的通话记录联系患者亲友，向其告知该患者走失情况
8：35	汇报科护士长，联系保卫科、警务站、监控室帮助找寻，但因同时处理其他紧急事件而无法联系到
8：45	汇报医院行政总值班、应急办主任。因警务站人员不在，故无法调取监控录像
9：05	行政总值班联系到保卫科负责人，由保卫科组织保安参与找寻走失患者的工作
9：20	调取血透室门口监控录像，显示患者走出血透室后由医院安全通道楼梯下楼，具体目标楼层不详
9：30	医护人员在门诊三楼北侧男厕所内的里侧方便间找到患者，发现患者已死亡并报警

表7-9 时间序列表

日期/时间	8/12 6：50	8/12 7：50	8/12 9：30
事件	患者进入我院血透室	发现血透患者走失	发现患者死亡
补充资料	患者早于护理人员上班前到达血透室，由工勤人员提早为患者开门	家属送达后离开，无陪护安保人员因处理其他事件无法联系	患者现场无呼叫监控，不能查找楼层，警方排除自杀与他杀
正确做法	患者报到进行评估后进入血透室	有紧急事件联系电话并24小时畅通	紧急呼叫
失误问题	无程序进入血透室	没有调配其他人员	患者未紧急呼叫 医院无监控设施

二、问题确认工具

问题确认是指RCA小组成员在充分理解问题的基础上，从有问题的业务过程或区域进行选择，并获得有权实施解决方案的领导层支持、获得问题发生过程的员工支持、获得可能的质量改进专家支持，以确定问题方向，正确定义问题。问题确认常用工具有名目团体法、差异分析法等工具（表7-10、表7-11），关键事件、雷达图、绩效矩阵等使其成为高级管理工具。

［案例2］重症医学科病房某病人使用全静脉营养注射、胰岛素注射与多巴胺注射液滴注。夜班护士交班后发现胰岛素滴完，换上新的点滴设定为每小时20ml。30分钟后监护仪发出警报，患者血压上升至210mmHg，当班主治医师查看后发现原来是胰岛

素点滴输液改为了多巴胺注射液滴注。经过事后调查，因当班护士误认为备好的点滴是胰岛素，实际上是500ml的生理盐水中加入了多巴胺。前一班护士认为，当天患者多，为了防止接班护士避免发生滴注药物滴空时来不及更换，因此为下一班预先准备好了。

表7-10　名目团体法

问题点：应注射胰岛素误注射多巴胺						
结论	分数				总计	排序
1.交班不完整	2	1	2	3	8	2
2.药物外包装不容易分辨	4	4	4	4	16	4
3.未按照标准流程执行	1	2	3	1	7	1
4.给药前未进行三查七对	3	3	1	2	9	3

表7-11　差异分析法

正常程序	异常程序	差异是否导致失误
静脉滴注药物须外包装上标明药物名称与剂量	该药物外包装上标识无误	否
必须亲自备药，若必要时需交班清楚	使用药物为前一班所备之药物，凭记忆交班	是
开始给药前需再三核对	给药前未进行核对	是

三、原因确认工具

原因确认是在问题确认的基础上，通过对问题的分析，以得到产生问题的一系列可能原因，并通过收集验证有用数据来证实根本原因的过程。原因确认常用工具有头脑风暴法、鱼骨图、原因树、推移图、是非矩阵、五问法等（图7-6、图7-7），更为高级的根本原因确认工具包括：关联图、散点图、帕累托图、问题集中图等。

［案例3］中药房药师错将妇科住院患者乙的中药灌肠煎剂发给中医科住院患者甲口服，致其腹泻。患者甲，女性，72岁。2020年5月9日因右侧膝关节气滞血瘀型痹症收入中医科病房，给予针灸、艾灸及配合中药口服等治疗。5月15日09：10中医科医师A给患者甲开具中药口服纸质处方，告知患者会将处方送至中药房调剂和煎制，次日直接到中药房窗口取中药煎剂即可。同日10：20，妇科住院患者乙，女性，52岁，与患者甲同名同姓，因“肠梗阻”邀请中医科医师B到妇科会诊。医师B开具中药灌肠纸质处方，告知患者次日到中药房窗口取中药煎剂，随后将处方送至中药房。5月16日09：46，妇科患者乙因病情恶化转入ICU，未取中药外用煎剂。10：00患者甲到中药房窗口取用中

药煎剂。5月21日09：00，患者甲家属将剩余中药煎剂提至中药房窗口，反映患者甲服药后腹泻。核查发现，煎剂包装袋标签上的信息除了姓名相符之外，其他均不符合（图7-6）。

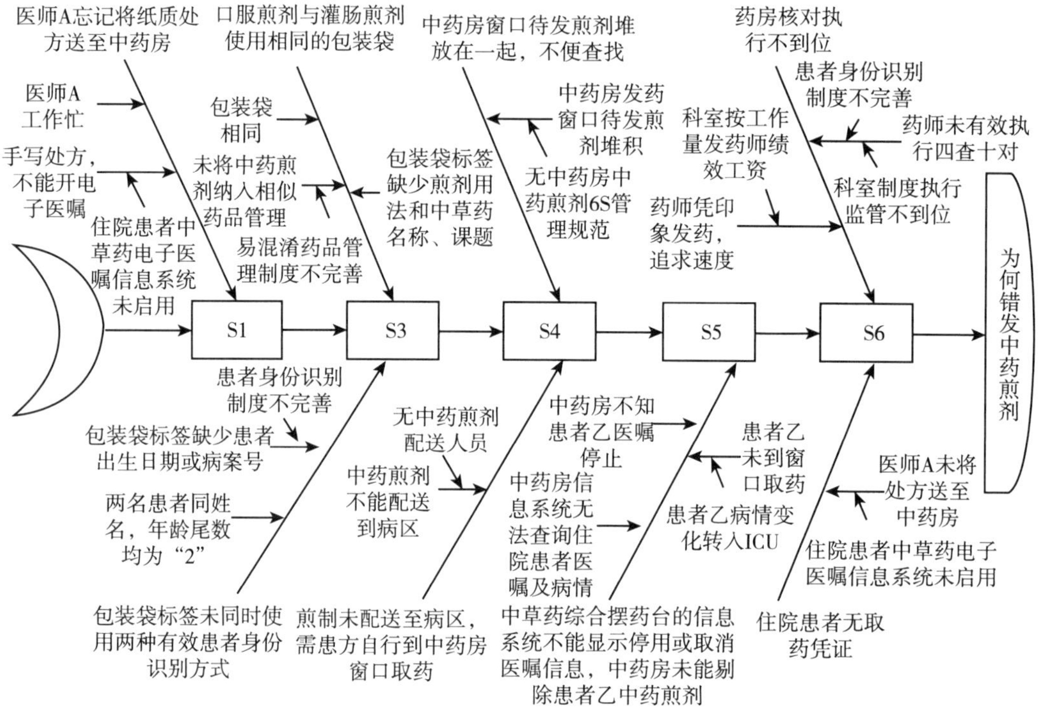

图7-6　鱼骨图

［案例4］患者，常某某，女性，25岁，于2019年12月，在我院呼吸科就诊，医师诊断为肺结核，开具3个月药品，患者居家服用。在2020年2月25日，患者再次服用药品乙胺丁醇片时，发现药品有效期标注为“有效期至：2020.02”，误认为医院发放过期药品，且自己已经服用，遂至相关部门投诉（图7-7）。

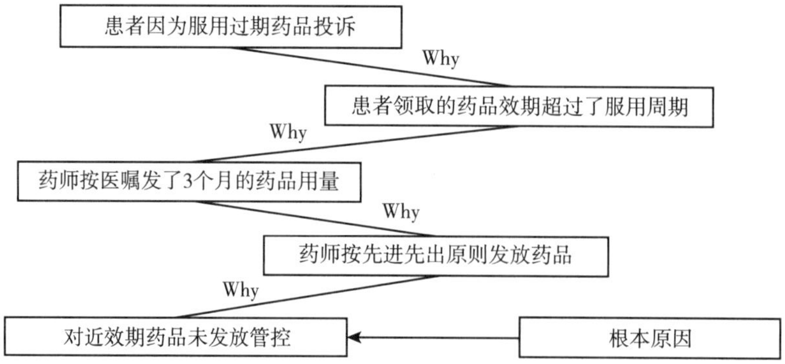

图7-7　原因树

四、方案设计工具

方案设计是针对根本原因，找到并消除根本原因以彻底解决问题，防止问题再发生，从而消除不良事件的方法。方案设计常用的管理工具包括：前瞻性屏障分析、反应性屏障分析（表7-12、表7-13），更为高级的管理工具包括六项思考帽、创造性解决问题理论（TRIZ）、系统发明思想（SIT）。

表7-12　前瞻性屏障分析

危害	屏障	失败概率 L/M/H	是否需要额外的屏障	如何改善	费用	负责人员/部门
过敏患者使用过敏药物	护士在首次护理记录单上记录，在患者病历夹、诊断卡、黑板、腕带、床头卡上用红笔或红色标识注明过敏警示标识	L				
	医生带病史询问模板询问并记录过敏史在入院记录中记录	L				
	医生查看过敏史记录后，开具药物治疗医嘱	M	是	系统增加拦截功能，不能开具过敏药物医嘱	低	信息科
	护士审核医嘱打印瓶签	M	是	护士处理药物治疗医嘱前查看诊断卡过敏标识	低	护理部
	PDA扫码核对	M	是	PDA扫码时，自动识别过敏药物	低	信息科
	首次使用易致过敏药物前再次询问过敏史	L				
	用药核对时，查看床头、腕带上的警示标识	L				

表7-13　反应性屏障分析

关卡/控制/防御机制	机制有无运作	为何机制会失效及失效的影响
指引描述外科医师或助理应该探视患者及检查患者，包括术前手术部位标识	无	1.指引没有说明谁及何时应该做，使沟通及信息传达不完全 2.因患者晚入院，未遇到主刀医师，因此手术标识由助理执行
正确及适当的手术部位标识	无	1.医师助理因未受训练而标错部位，且指引根本没有提前告知如何做标记 2.弹力袜将标识处弄模糊

续　表

关卡/控制/防御机制	机制有无运作	为何机制会失效及失效的影响
止血带由手术医师绑	无	手术室医师花较多时间在恢复室及麻醉过程，只好由主刀医师绑
手术按照核查表有填上止血带使用的部位及时间	无	因时间及工作压力，使文件未能完成
麻醉记录有篇幅可填上［原定步骤］［实际执行步骤］	无	1.麻醉记录遗失，因此麻醉师未在确实时间填写完成 2.［原定步骤］的资料遗失，所以记录提醒的机制未启动
半身麻醉准备	无	患者拒绝半身麻醉，使得借此提醒小组成员开刀部位的机制无法启动

案例讨论

【案例1】某医院患者某某，某年某月18日在产科门诊就诊，就诊后第三天，到医院注射室进行第三次的药物治疗，护士丙在核对患者身份信息后，进行药物查对，发现医嘱是万脉舒（低分子肝素钙注射液）4100IU皮下注射，而患者带来的药是赛博尔（促红细胞生成素）10 000IU，查看患者的发票和领药单是万脉舒（低分子肝素钙注射液）4100IU 3支，病历卡上已有前2天护士注射的标记和签名，立即与门诊药房负责人联系，同时汇报了科室护士长。

【讨论】此案例是否要做"RCA"分析？该案例如果需要成立RCA小组，其主要成员构成如何？应该收集哪些书面资料作为证据？应该收集哪些标准作业流程？如何调查/追踪/确认SOP执行情况？需要访谈哪些人？

【案例2】上述事件案例发生时间序列如下：

18日11：01　患者付费后到药房取药，其中处方上医嘱为低分子肝素钙注射液（万脉舒）3支。门诊药房配药岗位药师打印医嘱清单后，拿取3张万脉舒的领药标识牌，连同自动发药机出的其他药物放进药篮，传送至6号窗口；

11：09　6号窗口药师确认患者信息后，为其发药，发给患者3张万脉舒领药标识牌；

11：13　患者离开后返回药房窗口，说药物现在要用，要求把领药标识牌换成药物；

11：14　6号窗口药师查看患者发票及配药单，询问确认，接收3张标识牌后，自己去拿药，却到冰箱拿取3支赛博尔发给了患者；

11: 30　患者来到注射室，代班护士甲接过就诊病历，核对患者信息，查看医嘱为万脉舒注射液4100IU皮下注射；然后接过药物，从药物盒子内取出预充式注射剂，给患者进行注射；

19日11: 00　患者来注射室，代班护士乙从患者手里接过药物与就诊病历，核对患者姓名、出生日期、医嘱，发现患者是第二天进行注射，没有核对药物名称、剂量，就给予注射；

20日14: 50　患者第三天来注射药物，护士丙核对患者身份信息后，发现医嘱是万脉舒（低分子肝素钙注射液）4100IU皮下注射，而患者带来的药是促红细胞生成素10 000IU，查看发票和领药单，发现是门诊药房发错药物，前两天护士已经执行。

【讨论】整个案例的时间序列如何？相关人员之个人的时间序列如何？讨论已有的屏障为何失效或应设置而没设置的屏障有哪些？近端原因与根本原因是什么？讨论如何改善建议书？讨论RCA结果该如何让员工知晓？

本章小结

本章主要讲述根本原因分析理论及其应用，根本原因分析作为全面质量管理中问题解决的工具之一，它是一种系统性结构性的问题处理方法，用来深入挖掘问题的根本原因，找出问题解决办法，并制订预防措施来防止问题再发生，以减少医疗不良事件。

根本原因分析应用需要组织安全文化及建立积极主动的不良事件上报机制，鼓励员工层面在错误中学习。根据根本原因分析程序与逻辑，拟定了10个步骤，①判定事件；②定义问题；③组织调研；④因果识别；⑤根因探究；⑥方案设计；⑦纠正与实施；⑧监测与评估；⑨报告与反馈；⑩检讨与改进。

另外，本章还结合实践案例，对根本原因分析在根因地图工具、问题定义工具、原因分析工具、方案设计工具等进行了案例说明，以更好指导运用于医院实践中。

（曾艺鹏）

第三篇

设计型问题解决工具

Part 3

第八章 临床路径

学习目标

1. 掌握 临床路径的概念、理论基础和实施方法。
2. 熟悉 临床路径的意义及应用中的问题。
3. 了解 临床路径的发展历程及国内外应用情况。

第一节 临床路径的概念与发展历程

一、临床路径的概念

（一）临床路径的起源

临床路径发源并应用于工业领域的“关键路径法（critical paths method，CPM）”，最初是美国Dupont公司在1957年为新建化工厂提出的一种通过网络图制订计划的管理技术。20世纪70年代，美国的医疗费用逐渐上涨，达到国民经济生产总值的12%。经过分析发现，外部因素是促使费用上涨的主要原因，包括高速发展的医疗技术、未控制金额的按服务项目收费、政府补偿机制、老年人口增多等。Shoemaker最早提出将“路径”应用于临床医疗护理工作中并指出：“将医疗护理标准化是有益的，可促进服务的完整性，还能评估患者的病程及治疗的效果，同时也是一种教育工具。1985年，美国马萨诸塞州波士顿新英格兰医疗中心（the new England medical center，NEMC）的护士Karen Zander和Kathleen Bower运用护理程序与路径的概念，大胆尝试以护理为主的临床路径服务计划，将路径应用于医院的医疗护理。结果发现，这种方式既可缩短住院天数，节约护理费用；又可达到预期的治疗效果。临床路径（clinical pathway or clinical paths，CP）这个概念由此而生，并受到美国医学界的重视，不断发展逐渐成为医疗标准化模式。

（二）临床路径的概念

临床路径（CP），又曾被称作关键性途径（critical pathways）、照顾图（care map）、合作照顾（collaborative care）、协调照顾（coordinate care）、整合照顾（integrated care）、预期康复计划（anticipated recovery plans）等。在我国《临床路径管理指导原则（试行）》中将CP定义为：一种跨学科、综合、深化的整体医疗护理工作模式，指由医师、护士和其他人员对一定的诊断和手术做出的最适当的、有顺序的、有时间性的照护计划，以减少康复的延迟及资源的浪费，使服务对象获得最佳的照护品质。

CP作为一种医疗质量管理方法，可以理解为通过建立一套标准化的诊疗流程，使同种疾病按照同种标准化的诊疗流程进行诊疗活动，确保治疗的合理性和有效性，提高医疗效率，降低医疗成本，保证患者得到优质的诊疗服务。加强对CP管理的研究，有利于更好地提高医疗质量、合理高效利用医疗资源、缩短治疗时间、降低医疗费用，同时规范医生行为，更好地为患者服务。

（三）临床路径实施的核心要素

1. CP是针对某一特定的临床问题、特定的临床过程或特定的疾病时期制定标准化流程。

2. 有结构化的多学科诊疗计划，这些学科包括临床科室、护理部、药剂科、检验科、影像科、病理科、麻醉科、康复科、心理科、营养科等。

3. 将诊疗指南或循证依据转化为适合当地的诊疗规范，应用于CP的设计和制定中，建立一套标准化诊疗模式。

4. 将诊疗或照护的计划、路径、规则、指南、方案或其他行动清单细化为具体的步骤（有最佳时限和顺序的要求）。

二、临床路径的发展历程

（一）临床路径在国外的发展

临床路径（CP）在国外的研究和应用经历了很长时间，美国超过一半的医院将CP应用到日常的医院管理工作中，欧洲和亚洲的许多国家也开始逐步应用，现已基本形成完整的运行模式和评价体系，从单纯临床管理向医院各方面管理扩展。

CP在国外的发展大致经历了四个阶段：

（1）第一阶段：初期探索阶段。20世纪80年代中后期，美国医疗费用的持续上涨，政府面对不断上涨的医疗费用的压力，开始探索CP在临床上的应用，主要目的为了提高卫生资源的利用率，缩短平均住院日，将医保支付制度由后付制改为按疾病诊断相关分类（diagnosis related groups，DRGs）付费制。新英格兰医学中心是公认的首家采用CP的医院，该中心的研究表明：低劣质量的医疗服务往往与不合理、不规范的临床诊疗行为有关，推行CP后，医疗效果明显改进。这一阶段仅在少数外科病种中推行CP管理。

（2）第二阶段：基本形成阶段。20世纪90年代初期，主要代表国家有西班牙、新西兰和南非。这一阶段的主要特点为CP的病种范围在原来的基础上有所增加，主要探索CP在各自国家的运用，解决本国当时的医疗卫生服务问题，控制医疗费用。

（3）第三阶段：相对成熟阶段。20世纪90年代后期，主要代表国家有日本、新加坡、澳大利亚和德国。这一阶段的主要特点是：CP分布的国家广泛，覆盖面大；CP包含的病种范围进一步扩大，不仅限于外科手术病种，还涉及内科病种包括慢性病到急性病，从大医院开始逐步向社区服务中心涵盖。英国启动了路径“国际网络门户”来发展CP。

（4）第四阶段：广泛应用阶段。21世纪初，CP的应用已经相当广泛。这一阶段的主要特点是：不同医院具有不同的CP版本，个性化更加突出；实施过程中会产生许多变异，变异的产生会影响CP的实施效果，更加注重实施后的效果评价和对变异的控制。

（二）临床路径在国内的发展

国内对CP的研究起步较晚，大致分为两个阶段。

（1）第一阶段：探索阶段为1996—2009年。1996年，美国乔治梅森大学护理学院袁剑云博士首次将CP介绍到中国内地，同年四川大学华西医院首次将膝关节镜术和人工关节置换术患者纳入CP管理。1998年以后，国内各大医院相继引入CP管理模式，并开展了探索研究。2002年5月，“临床路径研讨会”在北京召开，编写了《临床路径实施手册》，北京大学附属第三人民医院制订出中国内地第1批CP表格病历。

（2）第二阶段：试点推广阶段为2009年12月至今。鉴于CP在国内部分医院的实施确有成效，卫生部于2009年10月出台了《临床路径管理指导原则（试行）》（卫医管发〔2009〕99号）和《临床路径管理试点工作方案》，对CP的组织管理、文本开发与制订、实施过程、评价与改进流程进行了规范。2009年12月印发了《关于开展临床路径管理试点工作的通知》（卫医政发〔2009〕116号），制订了22个专业112个病种的临床路径，并在全国16个省（自治区、市）遴选了86家试点医院启动CP管理试点工作。2010年1月和3月相继两次公布了《临床路径管理试点工作试点医院名单》。2010年4月又印发了《临床路径管理试点工作评估方案》（卫办医政发〔2010〕56号），对试点医院进行现场评估，实地考察CP的实施效果。这标志着国家卫生行政部门正式将

CP管理纳入卫生工作计划，并在全国范围内进行推广。2020年1月，国家卫生健康委办公厅发布《关于印发有关病种临床路径（2019年版）的通知》(国卫办医函〔2009〕933号)，对19个学科有关病种的CP进行了修订，形成了224个病种CP（2019年版）。2009年至此，国家卫健委共印发1212个CP，涵盖30余个临床专业，基本实现临床常见、多发疾病全覆盖，基本满足临床诊疗需求。

三、临床路径的意义

作为一种比较成熟科学的管理工具，CP从2009年起通过强有力的医疗卫生行政方式，CP得以推行与试点，并选择了典型和常见的病种为实施对象，加强医疗服务，减少临床处理的随意性，降低医疗成本，提高医疗护理质量，在医院高质量发展的过程中将得到不断完善与发展。

（一）控制医疗成本，降低医疗成本

CP是结合各医院自身条件设计的最佳诊疗护理标准化流程，减少非必要、不合理的诊疗行为，合理利用医疗资源，减轻患者经济负担，真正做到精准诊断、合理治疗和合理用药，通过降低医疗成本达到合理收费的目标。

（二）规范医疗行为，改进医疗质量

CP本身是程序化的操作流程，诊疗活动的计划性非常强，操作层面在各专业科室，管控层面则是专业科室和职能科室共同进行，对超出该路径外的医疗行为完全能有效管理和控制，有效防范了医生诱导患者需求的动机与能力，规范医疗行为，避免过度医疗，同时也避免遗漏和不合理的治疗，提高医疗服务质量。对实施过程中发生的变异，及时查找原因，分析总结，改进CP的管理工作，持续改进医疗质量。

（三）减少医疗差错，保障患者安全

医院中的误诊误治及护理差错，很多是因为医疗过程的随意性、人为性及多因素变异所导致。CP通过时间和顺序管理，降低各环节犯错误的可能性，将医疗服务中的各种差错减少到最少程度，从而保障患者安全。

（四）提高患者满意度，促进医患和谐

以往患者就医一般关注的重点是病情状态、诊断结论、治疗效果、风险预后及医疗费用等。随着医疗的发展，患方会更多关注医护态度、医患沟通及服务质量等方面的问题。CP管理模式给患者提供了一个诊断明确、治疗有效、风险可控、费用合理、态度良好、沟通到位的服务模式，对于诊疗过程中可能发生的变异，都有相应的处置

流程。同时患者可以事先了解诊疗护理的目的及过程、重要的检查安排，减少因医疗信息不对称造成的不信任、不理解，使患者主动参与诊疗过程，从而提高了患者的满意程度，也体现了以患者为中心的服务理念。

（五）提高管理水平，促进信息化建设

医疗服务的运行是个庞大复杂的系统，涉及医疗、护理、检验、药械、后勤、管理等，CP管理就是希望把这些子系统科学整合，这就对医院信息系统硬件和软件提出了更高的要求。信息系统的互联互通和有效重组才能使CP管理有效运转，这对于所有开展CP管理的医院都是管理创新和信息化建设升级。

第二节　临床路径的理论与方法

一、临床路径的理论基础

CP是一个标准化的工作流程，是由各学科的专业人员根据循证医学的原则将某疾病或手术的关键性治疗、检查和护理工作标准化，按照预计住院天数设计成的表单，将治疗、检查、护理工作的顺序以及时间安排尽可能地达到最优化，使大多数罹患该病或实施该手术的患者由入院到出院都能依此流程接受诊治。实施临床路径的目的是为了促进各专业之间的协作配合，确保治疗和护理的连续性，使患者得到最佳的服务，有利于服务质量的持续改进，保证医疗资源合理及有效的使用，减少医疗资源的浪费，缩短住院天数。

CP具有综合性、时效性、多专业合作性以及结果可测量等特点，具体内容包括预期效果、评估、多学科的服务措施，患者与其家人的相关教育，会诊、营养、用药、检验与检查、治疗和出院计划以及变异的记录等内容，而预期结果是整个计划的目标。

CP是“照顾式管理（managed care）”的延续，是现代管理理念在临床医疗和护理中的应用，包涵了沟通、冲突化解、品质控制与改良、结果测量、人本原理、质量管理、循证医学和PDCA循环（戴明环）等理论，已逐渐成为医疗规范化管理中应用最广泛的质量效益型医疗管理模式。

但应当注意，CP适用于在治疗比较规范的常见病和多发病，而罕见疾病或病情变化复杂的病例则不适合。即使是对于常见病和多发病，在运用CP的过程中，也应注意观察、处理和记录变异。

知识链接

"PDCA循环"是美国质量管理专家沃特·阿曼德·休哈特（Walter A.Shewhart）首先提出的，由戴明采纳、宣传，获得普及，所以又称戴明环。

PDCA循环是将质量管理分为四个阶段：

1. P（plan）计划，包括方针和目标的确定，以及活动规划的制订。

2. D（do）执行，根据已知的信息，设计具体的方法、方案和计划布局；再根据设计和布局，进行具体运作，实现计划中的内容。

3. C（check）检查，总结执行计划的结果，明确效果，找出问题。

4. A（act）处理，对总结检查的结果进行处理，对成功的经验加以肯定，并予以标准化；对于失败的教训也要总结。对于没有解决的问题，应提交给下一个PDCA循环中去解决。

以上四个过程是周而复始的进行，一个循环解决一些问题，未解决的问题进入下一个循环，这样阶梯式上升的。

PDCA循环是全面质量管理应遵循的科学程序。在质量管理活动中，要求把各项工作做出计划、计划实施、检查实施效果，然后将成功的纳入标准，不成功的留待下一循环去解决。这一工作方法是质量管理的基本方法。

二、临床路径的实施方法

（一）CP实施的过程

一般可划分为四个阶段：

1. 计划准备阶段

（1）成立CP管理部门，管理机制常态化：建议常设CP管理办公室由医院领导直管，在计划制定、实施监管、后期评价等环节进行工作汇报，建立长效监督机制。

（2）开展教育和培训工作：为确保医务人员正确理解CP工作意义、明确各自角色和职责，定期开展专题教育讲座、组织实施全员培训，可对培训内容进行考核。

（3）科学选择病种或技术：按照循证医学原则，在各科室主要病种中选择治疗方案明确、技术成熟的病种、或者广泛应用的技术，评估实施CP的可行性。管理部门应加对这一环节的监管。

2. CP制定阶段

（1）制定疾病诊断和治疗规范：首先要遴选和组织专家，收集整理资料数据，查循证据，发挥集体力量，反复汇总讨论、提炼出路径内容，将路径内容作为标准和规范，按时间先后顺序制作成表格或图表式的医疗护理流程性文件，借助于信息系统将路径（医疗护理流程图表）加入电子病历、表格病历、医嘱系统或其他记录系统等。为便于医、护、患三方交流和沟通，也可制订适用于医师、护理与患者的3种不同版本CP，将医师版嵌入医嘱系统执行，护理版可设计为表格式护理表单，执行完成后纳入归档病历保存，患者版可增进医患沟通，加强患者参与意识，促进其对医疗行为的监督，同时进行满意度调查。

（2）完善变异定义与分析：CP执行中的任何环节如没有及时完成，增加、减少治疗项目均可产生变异。变异研究是实施效果的重要反馈，通过记录和分析变异，可达到持续改进医疗质量的目的。在实际应用中对变异的界定和分析存在一定争议。

3. 实施检查阶段

（1）严格按路径执行和记录，采取专人监控或智能监控相结合，实时规范诊疗行为，保证CP实施的落实（图8-1）。

（2）分析变异，及时查明原因。尤其是注意分析路径、医务人员以及患者三者原因。

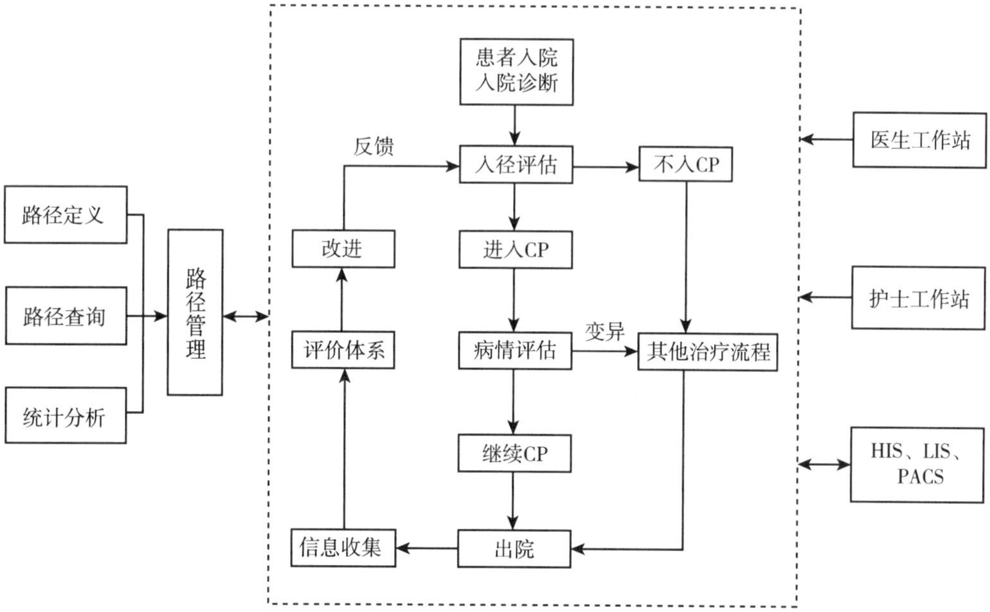

图8-1　临床路径实施流程图

4. 评价改进阶段

（1）变革管理模式：实施CP要整合检查、检验、治疗、护理等处置措施，并按既定顺序依次执行，任何一个环节受阻都会影响其实施过程。因此，要通过CP达到提高医疗质量和工作效率的目的，必须由医院高层管理者变革服务方式及管理流程，完善质量考核、药品材料比、绩效分配等配套措施，建立CP的保障机制，让患者真正获得高质量低费用的服务，同时对按照要求完成CP的科室给予奖励措施。

（2）完善评价体系：在CP实施一定时间以后进行评价分析，内容主要包括工作效率评价、医疗质量评价、经济指标评价以及患者满意度评价。通过评价分析，改进原有路径的内容或步骤，使用改进后新的路径后再评价，不断完善CP使其更符合临床实际情况。

（3）提升信息化管理水平：CP是整体医疗协作流程，要提高CP管理效率和工作效率，医院信息系统的集成化发展是CP最有力的支撑。

（二）CP实施的要点

成功地实施CP，既可以推行疾病诊疗规范和病种质量管理，优先使用基本药物和适宜技术，改善或缓解“看病难、看病贵”，又可以力求达到加强内部管理，提高医院运行效率，使医疗服务管理工作向专业化、精细化的高质量管理发展。

1. CP的制订和实施必须由一组多学科的专业人员共同参与 根据卫生部《临床路径管理指导原则（试行）》的建议，开展CP工作的医疗机构应当成立CP管理委员会和指导评价小组，实施CP的临床科室应当成立实施小组。CP作为一种新的管理模式要进入医院，必须首先让参与人员有一个清楚的认识。医院管理者首先要召集CP管理委员会、指导评价小组、实施小组进行学习，对CP的意义和过程有充分的了解，对于各科室在该CP实施中的责任更明确，同时也能了解实施过程中可能存在的实际困难，以便各科室之间能更好地协调与合作，确保CP顺利实施。

2. CP的制订必须应用循证医学的最佳证据 CP一定要符合医院实际情况以及疾病治疗的客观规律。CP的具体内容因不同疾病、不同手术而不同，但均应由相关领域的专家基于该专业的最佳循证医学证据、以促进患者的快速康复为核心目标而制订。国内外公认的疾病诊治规范和指南为实施CP提供了重要的基础和技术保证。国家卫健委发布的常见疾病的CP，各医院可参照执行，但是必须结合其各医院的实际情况，由CP管理委员会和实施小组的专家进行修改。这样，医务人员才能以符合该院实际的最佳方式开展诊疗活动，确保医疗质量，减少不必要的医疗行为，减少医务人员时间与劳动的浪费，控制医疗成本，提高工作效率。随着医学和实践的不断发展，CP需要定期进行修订。

3. CP实施过程中要加强管理、实时监控　CP的实施有助于弥补由于医务人员水平不同导致的医疗质量差异。医疗质量取决于诊疗过程中决策的质量和准确实施的质量，CP的实施不仅关注决策的质量，更多地关注准确实施的质量。决策质量体现在疾病诊治过程中，要严格遵守路径的纳入标准和排除标准，对不符合路径治疗的患者不得纳入，允许部分已经进入路径而因一个或多个理由需终止路径。准确实施的质量表现在一旦确定某病例适合按照某个CP治疗，临床医务人员就应按照CP的具体要求严格执行，不得随意和无故调整诊疗活动，确保患者诊疗活动的规范和一致性。CP作为一种诊疗活动标准化管理的质量控制工具，为诊疗质量实时控制提供了监控与管理。首先，通过CP标准化以及变异信息的记录与分析，实现对临床诊疗过程的反馈和现场控制；其次，通过CP信息化管理系统，可以实现对诊疗过程信息的实时提取、汇总与分析，发现患者诊疗过程的"瓶颈"，及时改进医疗服务流程，促进医疗质量持续改进。

4. 认真记录和分析变异　变异是实际进行诊疗活动时与原定CP不一致的偏差。CP不是一种行为标准，只是一种指导或建议，它适合大多数患者，但并不是适合所有患者。在使用CP时，也允许专业人员根据患者实际情况偏离路径，做出自主决策。变异代表了个体的差异，任何变异都是有价值的，有利于临床工作质量的提升。

变异分为正性变异和负性变异。正性变异表示患者在预计期限之前达到了目标。如果变异趋势朝着正性方向发展，这意味着CP最后期限需要重新考虑，可以缩短。负性变异表示患者未达到预期目标或治疗未完成，常被划分为系统或操作原因、健康照顾者或患者相关的原因等几类。与系统或操作相关的变异表现在系统或组织方面不利于目标的实现，如床位缺乏、医疗器械出现故障导致检验被延误、设备和物资的缺乏等；与健康照顾者相关的变异表现在由照顾者引起的变异，如工作人员对业务不熟悉、人员缺乏等；与患者相关的常见变异有患者拒绝治疗、病情复杂、患者自身原因导致延迟急诊手术等。变异分析过程是为CP提供信息反馈的过程。一旦发现变异产生，应详细记录，并分析产生变异的可能原因和结果。变异记录在CP实施中是一个很重要的部分，有助于研究和改善患者的医疗质量。因护士与患者接触最多，发现变异的机会也最多，有变异产生时应及时与医生讨论并加以修正。卫生部发布的《临床路径管理指导原则（试行）》建议：实施小组中设立个案管理员，由临床科室具有副高级以上技术职称的医师担任。个案管理员除了要负责实施小组与管理委员会、指导评价小组的日常联络、牵头CP文本的起草工作外，就是要指导每日CP诊疗项目的实施，指导经治医师分析、处理患者的变异情况，加强与患者的沟通，并定期汇总、分析本科室医护人员对CP修订的建议，并向实施小组报告。

三、临床路径的信息化管理

CP信息化管理是根据国家卫健委发布的CP模板为基础，由医护管理部门、临床科室共同参与，通过相对标准化和相对精细化的管理来优化和提高临床的诊疗过程，从路径的制定、执行、变异处理、质量控制和数据挖掘进行全程监控，可覆盖CP全生命周期——路径定义、路径执行、路径质控和路径统计，系统规范了路径的部署、反馈、改进流程。实现患者从入径到出径，整个诊疗过程的科学化、标准化、规范化管理（图8-2），体现的是医疗流程表格化，医嘱信息菜单化，医疗治疗监控实时化。

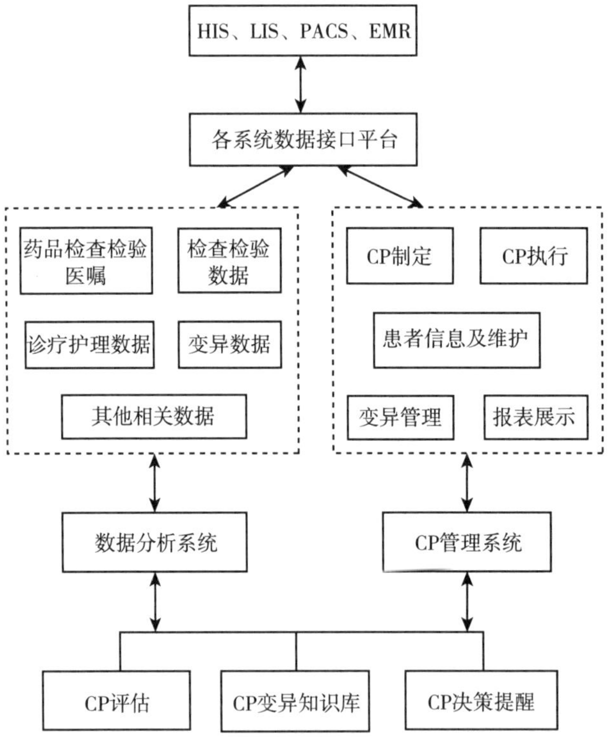

图8-2 CP信息化管理示意图

CP信息化管理系统主要有以下特点：

（1）标准化设计，符合国家卫健委CP表单要求和HL7国际标准。

（2）标准化多层次接口，与HIS、LIS、PACS和EMR完整对接。

（3）可视化路径图形制作，CP新建及入径操作简单便捷，方便医务人员快速上手制作新的CP。

（4）CP执行进程可视化，CP执行界面和制定过程一一对应，通过操作和观察CP的图形，就可以观察到路径执行到哪个阶段和该节点的详细操作。

（5）具有智能预警功能，根据预设的CP标准流程，对诊疗过程实时监控，对重点步骤进行实时提醒。

（6）路径执行过程全程监控，管理部门可以在监控平台看到所有临床科室从入径评估到出径的所有环节和数据，以便第一时间介入管理。

（7）数据分析智能化，数据呈现多样化。具有强大的报表管理功能，可以根据不同需求自行定制报表。

（8）符合学习型CP的概念，路径可以自我学习自我改进，为未来大数据下的临床路径的数据挖掘做好准备。

案例讨论

【案例】某二级医院在2012年时，对于有手术指征的“胆结石”患者可进行开腹手术。2017年时，医院购置了腹腔镜设备，同时有多名医生进修学习了腹腔镜手术，具备了腹腔镜下胆囊切除手术的能力，拟近期开展此类手术。

【讨论】请为2012年时拟行胆囊切除术的胆结石患者，设计临床路径流程图；根据2017年的情况，拟增加手术方式，请对原有的临床路径进行优化；更新后的临床路径流程图中，可能出现的变异情况有哪些；对于管理部门，评价此临床路径执行效果的内容包括哪些方面。

第三节　临床路径的应用

一、国外临床路径的应用

CP在美国首先被广泛接受，很重要的原因是医疗费用支付方式的改变。为了控制医疗费用过快地增长，美国政府采取了一系列控制医疗资源适当利用的措施和补偿限制措施。例如，早在1983年，美国国会颁布了联邦“社会安全法规修正案”，裁定用“预先支付系统（PPS）”为国家医疗保健体系受益人补偿医院的医疗费用支出。此系统的理论基础是由耶鲁大学开发的“诊断相关分组（DRGs）”作为付款基础的定额预付款制度。通过计算得到DRGs中某个疾病政府支付的诊疗价格标准，同时规定标准住院天数。如果患者因各种原因延长了住院时间、增加了住院费用，政府也只按规定标准支付固定金额，患者超支部分由医院负担；反之，患者的结余经费归医院所有。为了适应这种改变，医院纷纷推出各种控制成本的措施，CP就是其中一种最受关注的方法。此后，CP逐渐得到重视并迅速发展并完善。

早期开发的CP多仅侧重于护理干预，后期不同学科间治疗的协调、成本及质量的控制逐渐受到重视，CP得以逐步完善，并不断发展成为既能确保医院质量的管理标准，又能节约资源的治疗标准化模式。1995年，美国成立了直接由美国西南外科协会（SWSC）领导的CP委员会，专门指导医疗机构开展CP工作。据统计，美国应用CP的医疗机构数量由20世纪90年代的60%增长为2007年的80%以上。在美国之后，其他国家地区也相继开展CP的应用，中国台湾地区于1995年在开展“全民保健”的基础上产生了临床路径。

目前选入CP的病种已经不再局限于外科手术和常见病，而是从急性病向慢性病、从外科向内科、从单纯临床管理向医院各方面管理扩展发展。

二、我国内地临床路径的应用

我国CP的应用起步较晚，自1996年引入我国大陆，最先是在一些大城市的综合医院中开展，最初的应用结果显示CP对提高患者满意度、缩短平均住院天数和降低住院费用都有一定效果。发展适合自身的CP，有利于促进医疗体制改革、推动卫生资源的整合、改善医疗服务质量。国家卫健委也先后印发了多个病种CP，要求各地卫生行政部门等依照CP实施诊疗活动，并发布《关于开展临床路径试点工作的通知》，组织在部分医院开展，推动建立与我国国情相适应的CP管理制度。同时，《临床路径管理指导原则（试行）》的印发，提高了CP在控制医疗费用等方面的作用，以推进我国现有的支付方式为基础，充分借鉴国内外相关经验，结合我国实际，发展适合我国国情的CP，并在全国的各级医院加以推广，推进CP工作的发展。

随着覆盖面的逐渐扩大，国内对CP的研究也逐渐开始成熟，PDCA的运用使临床医师逐渐接受CP管理模式，使得CP真正成为全面质量管理的重要抓手。在CP的实施过程中，加强临床医务人员和管理人员的认知，各科室部门协调推动CP更好的在国内发展。目前，CP工作的推广已取得初步成效，基本满足了临床诊疗需要。

随着CP的广泛应用，减少了诊疗相同疾病时，由于医生对疾病的认知不同或诊疗的随意性，导致不同医务人员对同一疾病有不同的治疗方案，可以提高医生对疾病治疗的准确性，督促医务人员规范医疗服务行为，减少不必要的资源浪费，在治疗疾病的同时使患者获得优质的医疗护理服务。CP在实际施行过程中，始终需要遵循循证医学的发展，为患者提供最先进的治疗手段与最有效的治疗方案，同时减少由于治疗方案不统一而产生的治疗过程的随机性，CP的实施在医院管理方面还能提高医院资源利用率，对疾病治疗的费用起到了一定的控制作用，缩短了住院时间，在一定程度上提高了床位的周转率。也可以通过CP的实施过程加强医务人员之间相互学习经验，促进医学的发展。

三、临床路径应用中的问题

CP在实施过程中，面临下列问题。

1. 对CP认识不到位，缺乏足够的认可度 CP实施初期，由于卫生行政作用和一定的期望值以及新鲜感，各医院都给予了较高的重视程度，并很快开展起来。但是随着公立医院改革力度加大，如药品零加成和耗材零加成的推行，医院经济收入压力增加，由于担心实施CP会导致医疗收入下降，从而影响自身的经济利益；再加上与传统管理模式相比，CP手续繁琐，对CP实施的可操作性和实施意义存有较大疑惑，部分医务人员对CP产生抵触情绪，在临床实践中不能主动地实施CP管理，从而导致CP管理陷入困境。不少医院现在仅维持着少量的CP病例以应对上级检查。显然，这些医院和医务人员没有真正认识到CP管理长远性和综合性的利益。

2. 医院管理效能难以推进全面实施CP 如果实施全面CP管理，医院整体管理和细节管理都要做出重大改革，各科室和各部门利益需要重新调整，如将CP纳入医院绩效考核中带来的复杂博弈，医院领导层面存在着巨大的改革挑战。我国医疗服务主要是按项目付费，医院和医师缺乏控制医疗费用、实施CP的动力，一些经济欠发达地区的医疗保险单病种报销限额是基于既往实际费用进行测算，导致医疗保险报销限额低于按CP诊疗的费用，影响患者进入CP的意愿。因此，在目前的医院管理环境下，全面推进CP，上上下下都是“心有余力不足”。随着未来DRGs支付制度的推广，CP作为一种有效的质量效益型管理工具可能被更大程度上的接受。另一方面，CP的应用应该以不加重临床一线医务人员工作负荷为前提，并通过适当的奖惩机制，促使医务人员积极推动CP工作的开展。

3. 缺乏适应CP管理的标准化信息化平台 CP管理之所以能提高管理效率，降低医生劳动成本，关键是要有一个硬件和软件都匹配的综合信息化网络操作平台，将电子病例系统与CP管理系统整合并能正常运行。一方面，可以通过预警功能对发生的变异及时反馈并进行控制，尽早发现不合理的变异并及时纠正，确保路径管理达到最佳效果。另一方面，通过数据治理中心从医院数据库中提取需要的信息，包括住院天数、医疗费用、治疗效果等，实现资源共享，避免信息重复记录，减少错误的发生，也为医疗质量实时控制提供前提条件。但是信息化平台的建设需要大量经费、科学设计、专业开发、耗费时间、动用大量人力和物力。调查发现，很多医院“卡”在这个环节上，经费要素、管理要素、技术要素等都是不易逾越的障碍。没有强大的信息化平台来支撑CP的推行，则大大影响了医务人员对CP的接受度，当然这也反过来倒逼医院推进信息化建设，以满足医院管理的高速发展。随着智慧医院的建设，各大医院的信息化建设得以大发展，CP管理系统已逐渐开始应用，既可独立于医院信息系统运行，也可以通过改造嵌入医院信息系统中运行，在实践中不断完善系统功能。

4. CP限制了医生诊疗活动的自主性和判断力 临床医学发展数百年来，医生已经非常习惯自主临床思维，习惯应用个人经验和技能。从临床医学自身规律而言，个体化诊疗方案必然要发挥医生个体的聪明才智，这也是高水平医生专业能力的体现。在当前情况下，用CP来管束过度医疗和控制费用上涨是有益的选择。但是，医生自主诊疗与医疗管理发生了碰撞，医生必须按照CP设定的路线进行诊疗活动，不少医生想方设法规避CP管理，这也成为CP推广下去的普遍性难题。

5. 路径实施中的变异问题 CP本身存在差异性，在实际的临床工作中，疾病的多变性对医疗干预效果存在不可预测性。并不是每个患者都会按照CP预定的程序顺利康复，总会有部分患者偏离CP发生变异，医院允许医务人员根据患者实际情况偏离路径，做出自主决策。因此，在CP的运行过程中，对变异信息的收集和分析尤其重要。如果变异记录不能反映真实情况，就不能取得CP实施实际效果的信息，必然导致分析结果的失实，影响到对CP的评价与改进。变异代表了个体的差异，任何变异都是有价值的，医务人员要正确对待CP实施过程中产生的变异，通过分析总结变异情况有利于医疗工作质量的持续改进。

四、临床路径的展望

通过30多年的发展，CP已在国外形成了成熟的管理制度、工作模式、运行机制和质量评估和持续改进体系，并且能很好地控制平均住院日和住院医疗费用，提高患者满意度，规范诊疗行为，达到与医保付费制度相适应、相配套的效果，其经验值得国内借鉴和学习。国内的CP管理起步较晚，尚处于推广完善阶段，随着单病种付费制度的全面实施，更好地体现了CP管理的优势。在未来CP的实践过程中，需要做好以下工作：

1. 提高CP管理水平 CP的推行实施体现了我国当前与长远的医疗目标相结合，分阶段、有重点、逐步推进的思路，对于提高医疗质量，提升和保障全民健康水平有着重要而深远的意义。医疗质量管理是医院经营发展的重要组成部分，因此CP的管理要与医院质量管理相适应，不断提高患者满意度。

2. 加强医护人员对CP的操作培训 目前医院对CP的支持程度较高，医务人员对CP的使用频率有所提高，CP对提高医生的工作效率也有所帮助，因此CP的实施者就需要更加熟练的掌握CP的操作流程，对于新入职的职员需要加强培训CP操作，对于医院中人事的新调动后，CP操作的培训也是十分重要的，这方面的操作培训主要依靠医务科或者质量管理等相关科室来进行施行，需要定期开展临床工作的培训，将CP的操作流程作为一种医务人员的必备技能来进行学习掌握，提高医务人员对CP操作的熟悉度，进一步提高CP的使用率。

3. 加强对变异情况的管理 疾病在治疗过程中会因为疾病的多变性或者患者个体的差异产生并发症或者合并症等，使得脱离了原定的流程。在CP的治疗过程中，也会有许多变异情况的产生，变异情况的产生需要医生详细的进行记录，变异的记录通常会受到一些影响，由于医生对病情掌握程度不同，有的不属于变异的情况被记录成变异的情况，或者有一些属于变异的情况被医生遗漏，医生对变异的记录没有统一的标准，且医生对变异的记录过于随意，没有严格的文字解释，缺乏统一的标准导致变异情况记录不全面。随着CP的发展，越来越多的疾病被纳入CP的管理中，对变异情况记录的专业性要求越来越高，加强对变异情况的管理和统一，有利于医生增强对疾病相关信息的传递交流。

4. 推进CP与单病种付费相结合 随着单病种付费在我国的开展，我国医疗改革也逐步进入改革深水区，CP的覆盖面也越来越广。研究发现，单病种付费对于控制我国医疗费用的增长有直接的影响，随着我国医疗卫生体制的改革，目前的医疗卫生形式为单病种付费的开展奠定了基础，CP在单病种付费的前提下更全面的进行开展，且CP和单病种付费有许多重叠的部分，两者目的都是为控制医疗费用、提高医疗质量而采取的先进的管理手段。通过研究发现，CP对于控制医疗费用具有重要的影响，这和单病种付费有相同的作用，且单病种付费的推行一定程度上也影响着CP的发展，推进CP的覆盖，改善由于传统的医疗收费方式导致的科室之间的矛盾，加强对单病种付费的推广，对CP的发展有重要的意义。

5. CP表单制定与实际情况相结合 CP表单的制定需要专业的医疗工作人员，在对医院实际情况进行充分考虑的基础上，还要考虑当地的实际情况。我国地区间差异较大，且各个地区间经济发展不同，对于不同病种，治疗方式有很大区别。以某种疾病为例，不同地区对平均住院日的界定存在差异，部分医院为了缓解科室的压力，降低CP标准，导致CP管理的优越性很难体现；相反，部分地区将CP表单制定的相对严格，CP管理效果体现得十分明显。这就要求CP表单制定者，在制定CP表单时，欠发达的地区应该充分参考发达地区制订表单的标准，以此来提高医疗质量，更有效地降低医疗费用。

6. 明确CP相关人员的职责和权限 CP的实施不仅需要制定者的严格要求，领导者的组织实施，还需要管理者的监督，三方共同协作，一起促进CP工作的进行。任何社会系统都是由众多要素构成的，不断地与周围要素发生交换过程，系统的外部条件是不断地在随时变化的，CP的制定者需要充分吸取国内外CP实施经验，来促进自身的发展，CP覆盖面广，涉及很多科室，实施者需要协调各个科室，完成各个科室的对接工作，更好地为患者进行服务，促进CP更好的发展。同时，CP的实施是一项复杂的系统工程，涉及多科室多部门不同组织和群体之间的利益关系的调整，CP管理者需要协调各部门的大力支持，共同推进CP的发展。CP表单制定者、实施者和管理者需要统筹兼顾，协调推进，以多层次的具体政策措施推进CP的实施。

7. 持续改进CP 持续改进是医院质量管理的重要工作，持续改进的体系可以在CP各个过程中使用PDCA循环的方法实现，对于医院出现的有关CP的相关问题，可以组成CP质量改进小组进行专项研究，提出改进意见。

第四节　应用案例

本节将以“社区获得性肺炎临床路径（2016版）”为例，从临床医生的角度分析CP的具体实施方法和步骤。

一、制定临床路径的内容和流程

1. 组织呼吸科专家，对国家卫健委发布的“社区获得性肺炎临床路径（2016版）”的标准住院流程和表单（见附件）进行讨论，结合本医院和本科室的实际情况，对路径内容进行优化，制定出更具有可操作性的标准和规范，按时间先后顺序制作成流程图（图8-3），对可能产生的变异预设相应的诊疗步骤。

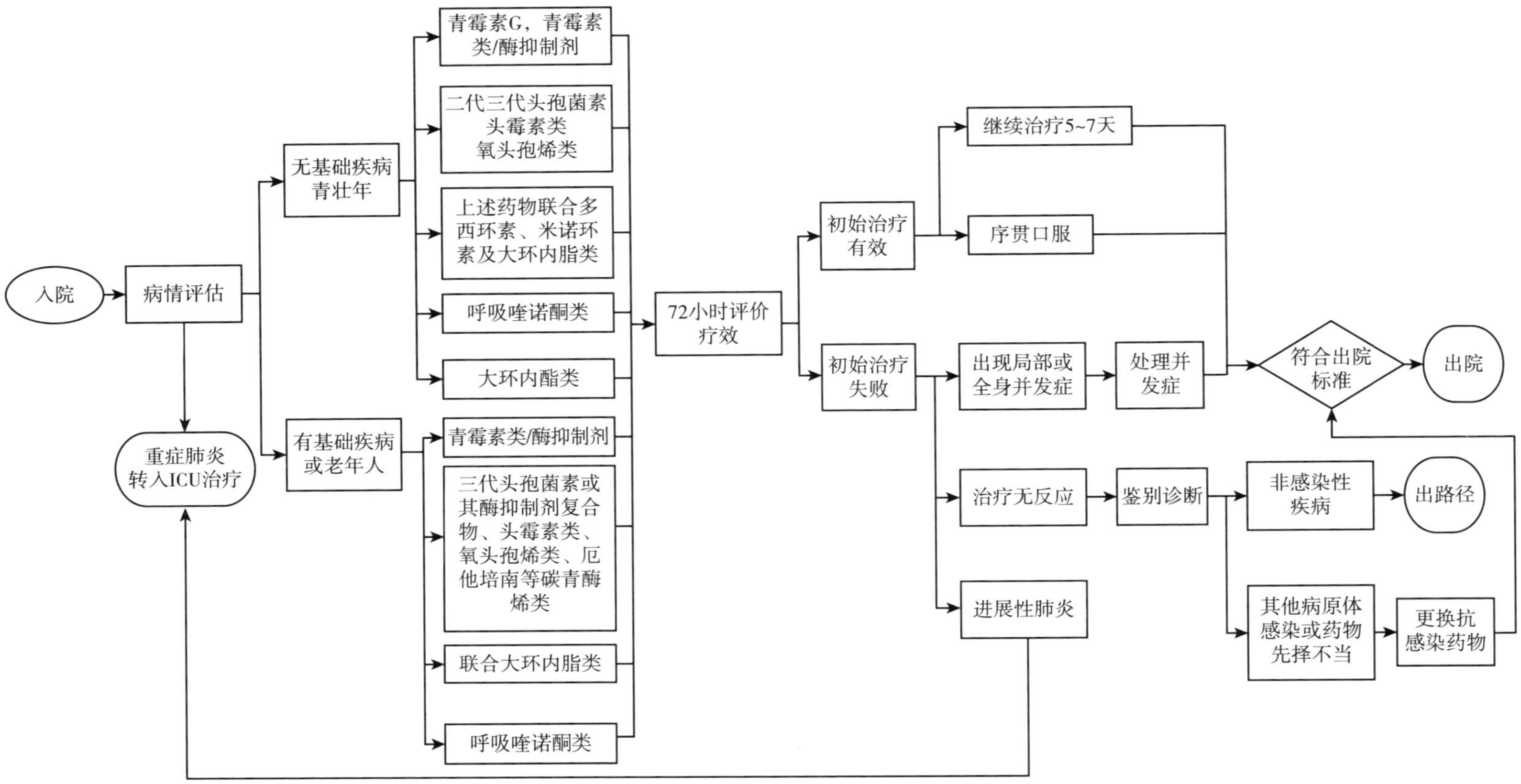

图 8-3 社区获得性肺炎临床路径的流程图

2．与信息部门充分沟通该路径的实施流程和信息化要求，将路径流程图加入电子病历HIS系统中，并与医嘱系统进行关联（图8-4）。如果医院有成熟的临床路径管理平台，可授权各科室的指定人员进行创建和维护本科室CP的方案，医务管理部门对新创建的CP方案进行审批。

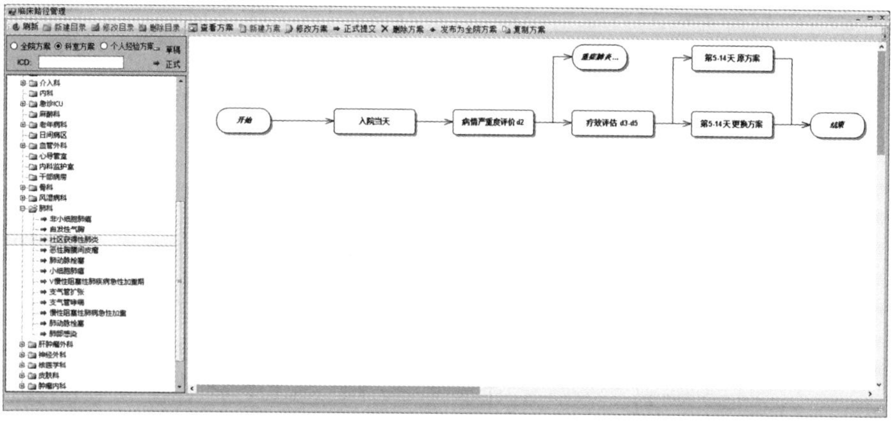

图8-4　创建社区获得性肺炎临床路径流程

二、临床路径的具体实施

1．当患者收住入院并输入入院诊断“社区获得性肺炎（ICD-10：J15.901）”，启动相应的CP，对患者病情进行初次评估后明确是否继续进入该路径（图8-5）。

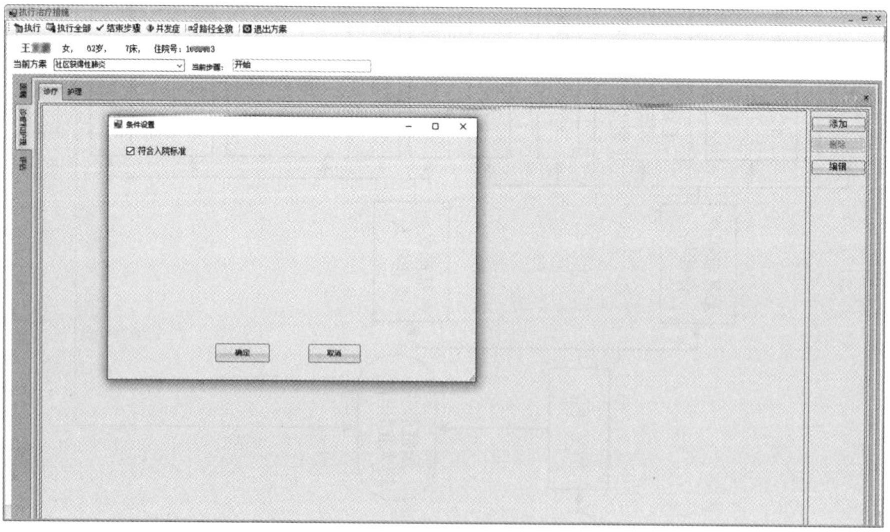

图8-5　入院后初次评估病情

2．根据CP的流程和内容，结合初次病情评估的结果，对该患者开具需要的检查检验项目（图8-6），执行所勾选的项目，则在医嘱系统会生成相应的检查检验医嘱，护理系统接收到医嘱并执行。同时给患者选择初始治疗的用药方案（图8-7），执行所勾选的药物，则在医嘱系统会生成相应的药物医嘱，护理系统接收到医嘱并执行。

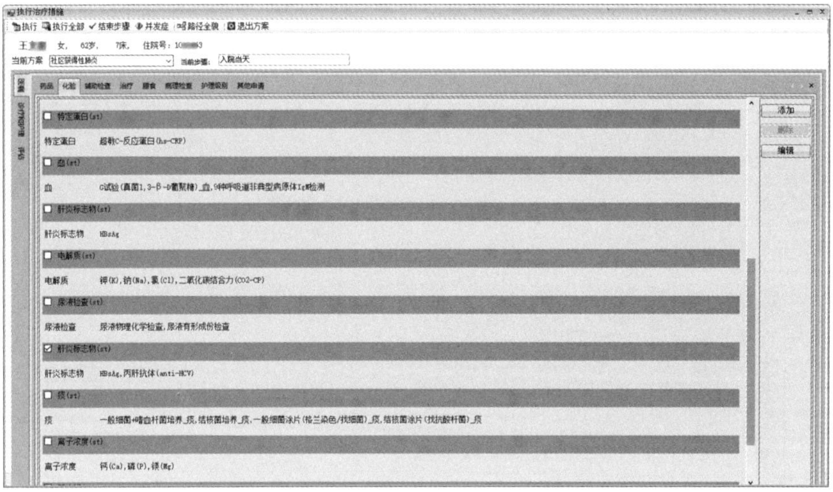

图8-6　勾选需要的检查检验项目

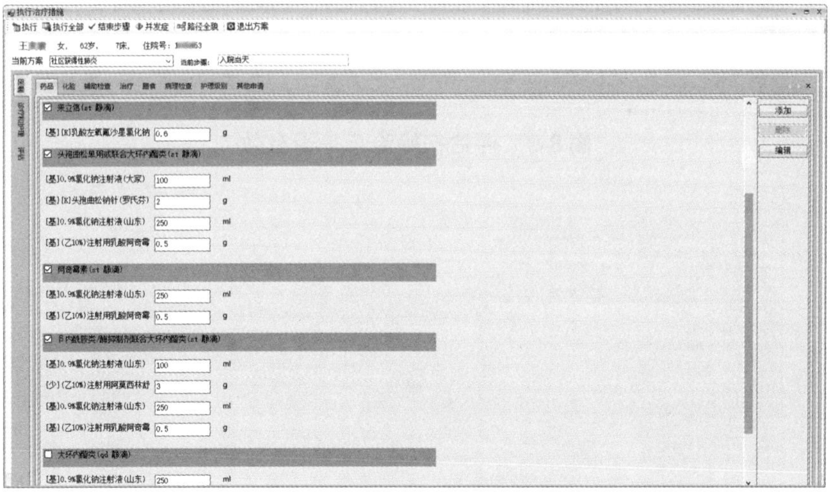

图8-7　勾选初次治疗用药

3．初始治疗后对病情变化进行再评估，是否存在变异、治疗是否有效，治疗有效继续原方案，治疗无效则更改治疗方案（图8-8~图8-10）。

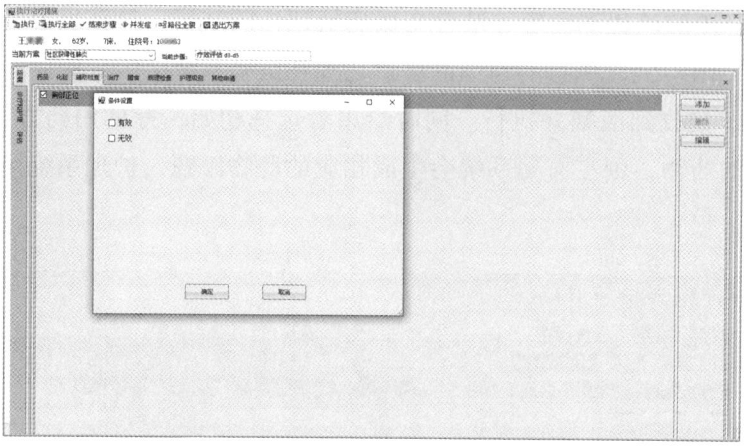

图8-8　初始治疗后进行再评估

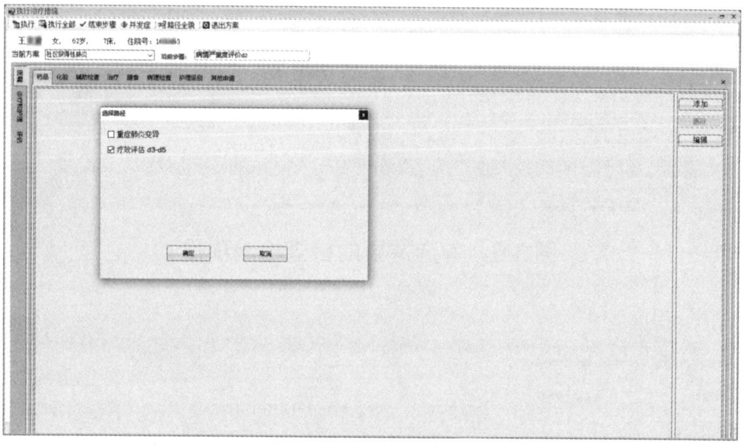

图8-9　评估初始治疗是否有效

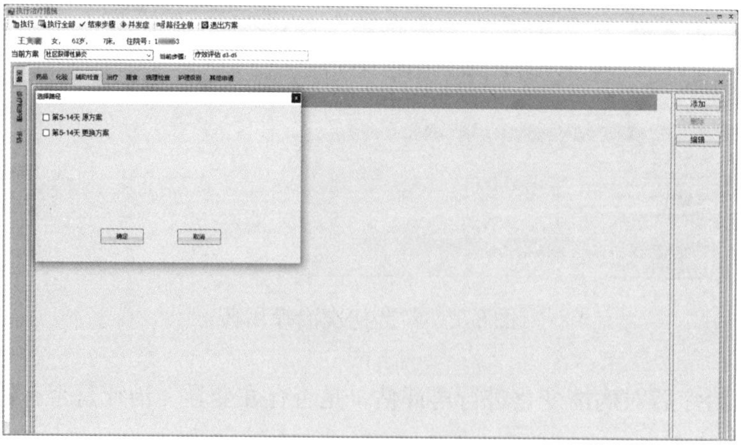

图8-10　评估后是否更换治疗方案

4. 出院前对患者病情再次进行评估，符合出院标准的给予出院，并结束CP（图8-11）。

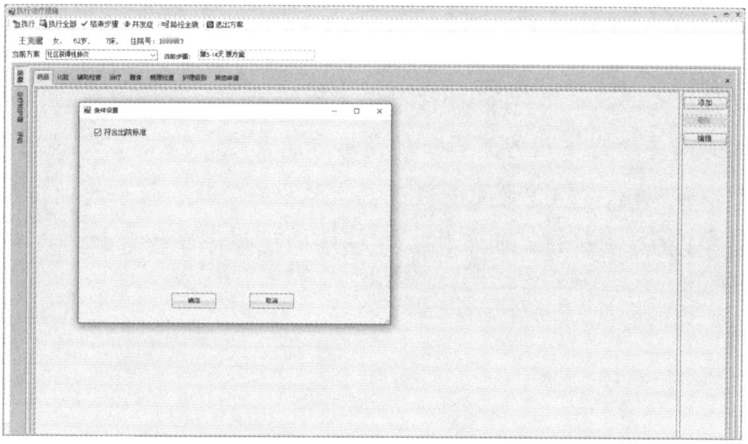

图8-11 符合出院标准后结束临床路径

三、评价改进临床路径流程

患者诊治结束并出路径后，医生操作界面可查看“路径全貌”（图8-12），了解路径执行过程中各环节的情况，是否存在计划外变异、是否按既定顺序依次执行路径内容，对存在问题的环节进行分析并整改，持续优化CP的内容和流程。

医务管理界面可针对本CP执行一段时间内的情况进行评价分析，包括工作效率评价、医疗质量评价、经济指标评价以及患者满意度评价。将存在的问题反馈给科室，改进原有路径的内容或步骤，使其更符合临床实际情况。

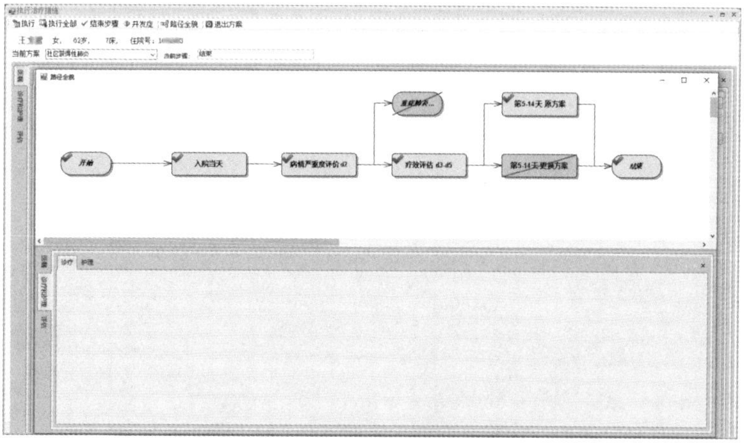

图8-12 临床路径执行的全貌

本章小结

本章主要介绍了临床工作中常用的管理工具——临床路径（CP）。CP是一种标准化、规范化、程序化的诊疗模式，融入了质量管理、循证医学、质量改进等先进理念和管理思想，通过开展CP可降低医疗成本、规范医疗行为、促进合理用药、提高医疗质量、减少医疗差错、提高患者满意度。CP的实施过程分为4个阶段：①计划准备阶段；②CP制定阶段；③实施检查阶段；④评价改进阶段。随诊单病种付费和DRGs支付模式的推广，CP管理的优势将日益突出。

（孙　湛）

附件

社区获得性肺炎临床路径（2016版）

一、社区获得性肺炎临床路径标准住院流程

（一）适用对象

第一诊断为社区获得性肺炎（ICD-10：J15.901）。

（二）诊断依据

诊断依据根据《社区获得性肺炎诊断和治疗指南》（中华医学会呼吸病学分会，2006年和2016年）。

1. 新近出现的咳嗽、咳痰或原有呼吸道疾病症状加重，并出现脓性痰，伴或不伴胸痛。

2. 发热。

3. 肺实变体征和/或闻及湿性啰音。

4. 白细胞数量>10×10^9/L或<4×10^9/L，伴或不伴细胞核左移。

5. 胸部影像学检查显示片状、斑片状浸润性阴影或间质性改变，伴或不伴胸腔积液。

满足以上1~4项中任何1项加第5项，并除外肺结核、肺部肿瘤、非感染性肺间质性疾病、肺水肿、肺不张、肺栓塞、肺嗜酸性粒细胞浸润症及肺血管炎等后，可建立临床诊断。

（三）肺炎严重程度评估

入院的社区获得性肺炎患者应进行病情严重程度评价，根据严重程度选择治疗地点和抗菌药物，并对预后进行预估。重症肺炎的诊断标准依照《社区获得性肺炎诊断和治疗指南》（中华医学会呼吸病学分会，2006年和2016年）。当患者出现下列征象中1项或以上者可诊断为重症肺炎，需密切观察，积极救治，有条件时，建议收住ICU治疗：①意识障碍；②呼吸频率≥30次/分；③PaO_2<60mmHg，PaO_2/FiO_2<300，需行机械通气治疗；④动脉收缩压<90mmHg；⑤并发脓毒性休克；⑥胸部X线片显示双侧或多肺叶受累，或入院48小时内病变扩大≥50%；⑦少尿：尿量<20ml/h，或<80ml/4h，或并发急性肾衰竭需要透析治疗。

（四）进入路径标准

1．第一诊断必须符合社区获得性肺炎疾病编码（ICD-10：J15.901）。

2．当患者同时具有其他疾病诊断，但在治疗期间不需要特殊处理也不影响第一诊断的临床路径流程实施时，可以进入路径。

（五）住院期间的检查项目

1．建议必须检查项目

（1）血常规、尿常规、便常规。

（2）肝功能、肾功能、血糖、电解质、红细胞沉降率、C反应蛋白（CRP）等。

（3）胸部正侧位X线片、心电图。

（4）呼吸道分泌物或血病原学检查及药敏试验（在医院实验室条件允许且患者可配合的情况下）。

2．根据患者情况进行的检查项目　感染性疾病筛查（如乙肝、丙肝、梅毒、艾滋病等）、血气分析、胸部CT、D-二聚体、B超、支气管镜、肺穿刺等有创性检查等。

（六）治疗方案与药物选择

评估患者和特定病原体感染的危险因素，入院后尽快（4~8h内）给予抗菌药物。药物选择：根据《社区获得性肺炎诊断和治疗指南》（中华医学会呼吸病学分会，2006年和2016年），结合患者病情合理使用抗菌药物。

1．轻、中度肺炎患者　①口服或静脉注射β-内酰胺类/β-内酰胺酶抑制剂（如阿莫西林/克拉维酸、氨苄西林/舒巴坦等）、第二代头孢菌素（如头孢呋辛等）、头孢噻肟或头孢曲松单用或联用大环内酯类。②口服或静脉注射呼吸喹诺酮类。

2．重症肺炎患者

（1）当无铜绿假单胞菌感染危险因素时：①静脉注射β-内酰胺类/β-内酰胺酶抑制剂（如阿莫西林/克拉维酸、氨苄西林/舒巴坦）或头孢曲松、头孢噻肟或厄他培南联合静脉注射大环内酯类。②静脉注射呼吸喹诺酮类联合氨基糖苷类。

（2）当有铜绿假单胞菌感染危险因素时：①具有抗假单胞菌活性的β-内酰胺类抗生素（如头孢他啶、头孢吡肟、哌拉西林/他唑巴坦、头孢哌酮/舒巴坦、亚胺培南、美罗培南等）联合静脉注射大环内酯类，必要时还可同时联用氨基糖苷类。②具有抗假单胞菌活性的β-内酰胺类抗生素联合静脉注射喹诺酮类。③静脉注射环丙沙星或左旋氧氟沙星联合氨基糖苷类。

3．初始治疗2~3天后进行临床评估，根据患者病情变化调整抗菌药物。

4．对症支持治疗　退热、镇咳、化痰、吸氧。

（七）出院标准

1. 症状好转，体温正常超过72小时。
2. 影像学提示肺部病灶明显吸收。

（八）变异及原因分析

1. 治疗无效或者病情进展，需复查病原学检查并调整抗菌药物，导致住院时间延长。
2. 伴有影响本病治疗效果的合并症，需要进行相关诊断和治疗，导致住院时间延长。
3. 病情严重，需要呼吸支持者，归入其他路径。

（九）标准住院日

住院时间7~14天。但社区获得性肺炎病情往往复杂多变，如出现并发症或合并症加重，住院时间可增加至14~28天。

二、社区获得性肺炎临床路径表单

适用对象：第一诊断为社区获得性肺炎（ICD-10：J15.901）

患者姓名：　　性别：　　年龄：　　门诊号：　　住院号：_______

住院日期：　年　月　日　　出院日期：　年　月　日　　标准住院日：7~14天

时间	住院第1~3天	住院期间
主要诊疗工作	询问病史及体格检查 进行病情初步评估 上级医师查房 评估特定病原体的危险因素，进行初始经验性抗感染治疗 开具化验单，完成病历书写	上级医师查房 核查辅助检查的结果是否有异常 病情评估，维持原有治疗或调整抗菌药物 观察药物不良反应 住院医师书写病程记录
重点医嘱	**长期医嘱：** 呼吸内科护理常规 一级/二级/三级护理（根据病情） 吸氧（必要时） 抗菌药物 对症支持治疗 **临时医嘱：** 血常规、尿常规、便常规 肝功能、肾功能、电解质、血糖、红细胞沉降率、CRP 病原学检查及药敏试验 胸正侧位X线片、心电图 血气分析、胸部CT、血培养、B超、D-二聚体、感染性疾病筛查（必要时） 对症处理	**长期医嘱：** 呼吸内科护理常规 一级/二级/三级护理（根据病情） 吸氧（必要时） 抗菌药物 对症支持治疗 根据病情调整抗菌药物 **临时医嘱：** 对症处理 复查血常规 复查胸部X线片检查（必要时） 异常指标复查 复查病原学检查（必要时） 有创性检查（必要时）

续 表

时间	住院第1~3天	住院期间
护理工作	介绍病房环境、设施和设备 入院护理评估，护理计划 随时观察患者情况 静脉取血，用药指导 进行戒烟、戒酒的建议和教育 协助患者完成实验室检查及辅助检查	观察患者一般情况及病情变化 注意痰液变化 观察治疗效果及药物反应 疾病相关健康教育
病情变异记录	□无□有，原因： 1. 2.	□无□有，原因： 1. 2.
护士签名		
医师签名		

时间	出院前1~3天	出院日
主要诊疗工作	上级医师查房 评估治疗效果 确定出院后治疗方案 完成上级医师查房记录	完成出院小结 向患者交代出院后注意事项 预约复诊日期
重点医嘱	**长期医嘱：** 呼吸内科护理常规 二级/三级护理（根据病情） 吸氧（必要时） 抗菌药物 对症治疗 根据病情调整 **临时医嘱：** 复查血常规、胸部X线片（必要时） 根据需要，复查有关检查	**出院医嘱：** 出院带药 门诊随诊
主要护理工作	观察患者一般情况 观察疗效、各种药物作用和不良反应 恢复期生活和心理护理 出院准备指导	帮助患者办理出院手续 出院指导
病情变异记录	□无□有，原因： 1. 2.	□无□有，原因： 1. 2.
护士签名		
医师签名		

第九章　医疗失效模式与效应分析

学习目标

1. 掌握　医疗失效模式与效应分析在医疗领域的应用范围和作用；医疗失效模式与效应分析改善医疗领域相关流程。

2. 熟悉　医疗失效模式与效应分析的操作程序和手法。

3. 了解　失效模式与效应分析的定义、内容、起源、发展与应用；医疗失效模式与效应分析的起源与发展；医疗失效模式与效应分析的定义与基本特征。

第一节　失效模式与效应分析的起源与发展

一、失效模式与效应分析的定义

失效模式与效应分析（failure modes and effects analysis，FMEA）由故障模式分析（failure modes analysis，FMA）与故障影响分析（failure effects analysis，FEA）演变组合而来的（表9-1）。

表9-1　失效模式与效应分析定义

失效	Failure	F	系统整体或部分未按照预期方式发挥作用
模式	Modes	M	事件（如失效事件）发生的方式或方法，失效模式即失效事件的发生方式
效应	Effects	E	失效模式导致的结果或后果
分析	Analysis	A	对流程各要素或结构进行详细检查

失效模式与效应分析是一种预防性的质量改进工具，能预测可能发生的问题，及

问题发生所致后果的严重性。核心原理是对所有列出的失效模式进行风险评估（即按严重度、发生率和检测率三项分别进行赋值，计算出危机值），根据所得出的半量化指标从高到低排列出风险优先级别，按照风险排序来选择需要改善的失效模式也就是我们常说的高风险因子，并制订出有针对性的预防和改进措施，落实到具体工作中，并跟踪监测、反馈实施效果，逐步采取进一步的改善方法，持续改进，直到将安全隐患减小到可接受的水平或者达到完全消除。

作为质量改进工具，失效模式与效应分析具备以下三大特点：①强调事前预防，及时改进；②优先解决最迫切的问题；③以持续改进的理念为动力，主动改进产品或服务，而非被动满足客户和市场的需求。鉴于此，可以使用失效模式与效应分析，基于团队，系统、前瞻且符合逻辑地对各种风险进行评价、分析，在流程和产品发生问题前进行预防，防患于未然，提高安全性。

二、失效模式与效应分析的起源、发展与应用

（一）失效模式与效应分析的起源与发展

“失效模式与效应分析”这一概念出自1949年美国军方MIL-P-1629《失效模式、后果和严重性分析程序》，用于“根据是否完成任务，及对人员和/或设备安全的影响，对故障进行分类”。20世纪50年代，美国古拉曼（Grumman）飞机公司运用这一方法分析海军新式战斗机操纵系统的设计及飞机主操控的失效问题。20世纪60年代早期，美国航空航天局（Nation Aeronautics and Space Administration，NASA）在大量流程分析中使用失效模式与效应分析方法，航天、火箭制造领域也引入这一方法降低小概率高成本差错事件的发生率。1966年，NASA发布了用于阿波罗计划的失效模式与效应分析流程。此外，失效模式与效应分析还被用于著名的维京计划、旅行者计划、麦哲伦计划、伽利略计划，以及美国第一个空间站计划。自此，失效模式与效应分析得到了初步的推动和发展。

1974年，美国海军发布舰艇装备的标准《舰艇装备的失效模式和后果分析实施过程》，首次将失效模式与效应分析应用于军事领域，之后，美国海军发布军用标准FMEA程序MIL-STD-1629（Ships）。1976年，美国国防部颁布了失效模式与效应分析的军用标准，但仅限于设计领域。70年代末，福特汽车公司在平托事件后，出于安全和法规因素，将失效模式与效应分析引入汽车行业。80年代初期，由于产品事故的起诉不断，相关费用突增，更多的企业及其供应商使用失效模式与效应分析降低产品事故发生率。80年代中期，汽车生产过程开始使用失效模式与效应分析。1988年，美国联邦航空局发布通报要求所有的航空系统设计及分析必须使用失效模式与效应分析。

1991年，ISO9000推荐使用失效模式与效应分析提高产品和过程的设计。1993年，包括美国三大汽车公司（通用、福特、克莱斯勒）和美国质量管理协会在内的美国汽车工业行动工作组（automotive industry action group，AIAG）组织采用、编制了失效模式与效应分析参考手册《潜在效应模式和效应分析》，统一了失效模式与效应分析的步骤与表格等。1994年，失效模式与效应分析成为质量体系（QS9000）的认证要求。1999年起，又成为国际汽车行业的技术规范（TS16949）认证的必备要求。

（二）失效模式与效应分析的应用

失效模式与效应分析最初是由航空领域所建立的方法，2000年之前主要应用于汽车工业和航空航天，2000年之后应用范围和维度拓宽，现已广泛应用于各种各样的行业，包括半导体加工、饮食服务、塑料制造、软件以及医疗保健行业。

失效模式与效应分析可以实现下列作用：①帮助组织建立实现失效可能性最小化的系统需求；②建立系统设计和测试方法，确保相应的失效得到消除；③评价消费者需求，确保这些需求的满足不会造成潜在的失效；④识别促成失效的某些设计特性，并最大程度地减少或消除相应的影响；⑤跟踪和管理设计之中的潜在风险，避免未来的项目当中同样的失效发生；⑥确保可能出现的任何失效不会伤害到消费者或者严重影响系统。

近年来，随着失效模式与效应分析价值的进一步体现，这一工具在我国的应用也越来越广泛，目前应用范围已包括我国航空航天、兵器、舰船、电子、机械、汽车、家用电器、医疗器械、软件等工业领域。

（三）医疗失效模式与效应分析的定义

医疗失效模式和效应分析（healthcare failure modes and effects analysis，HFMEA）作为面向医疗领域分析系统失误的前瞻性风险管理工具，通过对患者安全风险的辨识预先建立应对方法，确定需要优先改善的议题，“防患于未然”，适用于改善医疗机构高风险的照护流程，包括医师、护理、医技、行政等方面，涉及流程步骤功能、作业人员、作业使用的设备、器材、操作方式、作业规范等各类因素，在医疗事故发生之前对未造成伤害的意外事故进行改善，采取预防性措施谋求改善对策，降低事件/事故发生的概率或减弱不良影响，保障患者安全。

三、医疗失效模式与效应分析的发展

传统医疗系统仅仅依靠医务人员自身的行为规范来确保医疗安全，很少有保证患者安全方面的措施或方法，忽视医疗风险与事故预防，导致医院在错误面前往往只能被动地接受和改变，而非主动预防，因此，各类医疗事故频发，患者不断经历各类不良事件。随着公众对医疗系统提供安全服务能力的信任度的降低，医疗系统开始逐渐重视患者安全问题，并且将重点放在主动预防，即确保在发生伤害之前保障患者安全。然而，在医药行业以外，为了识别和降低风险，其他行业早已开发了许多卓有成效的工具，一些医疗卫生领域的专业人士也不断在其他行业寻找启发。

1998年，美国退伍军人事务部（United States Department of Veterans Affairs，VA）国家患者安全中心（National Center for Patient Safety，NCPS）开发并实施了一项患者安全计划。自这项患者安全计划实施以来，NCPS逐渐认识到，为了达到更好的效果，需要对医疗服务流程进行前瞻性分析。为此，2001年NCPS和美国医疗机构评审联合委员会（The Joint Commission Accreditation）对所有风险管理方法和失效分析进行了调查，包括“失效模式与效应分析（FMEA）”“危害分析和关键控制点（hazard analysis and critical control point，HACCP）”和“根本原因分析（root cause analysis，RCA）”三种方法。经过研究，确定并结合了每种方法最重要的要素和优势，最终组合成为适合医疗卫生的新方法，即“医疗失效模式与效应分析（HFMEA）”。表9-2总结了HFMEA概念的来源。由此可见，HFMEA的步骤与工具均来自FMEA、HACCP与RCA，属于一种集成工具。

表9-2　医疗失效模式与效应分析的组成及其来源

采用的概念	HFMEA	FMEA	HACCP	RCA
团队精神	•	•		•
绘制流程图	•	•	•	
失效模式及原因	•	•		
危险评分矩阵	•			•
严重性和概率定义	•	†		•
决策树	•		•	
行动与结果	•	†		•
负责人与管理层的支持	•	†		•

注：†表示虽然这些组成元素也存在于FMEA中，但它们在HFMEA模型中有大幅的调整

2002年国际医疗卫生机构认证联合委员会（Joint Commission on Accreditation of Healthcare Organizations，JCAHO）正式为医疗行业引入了医疗失效模式与效应分析，JCAHO Standard LD.5.2要求下辖的医疗卫生机构每年至少选定一项高风险的医疗照护流程进行预防性的风险评估分析，制订改善方案，防止事件或事故的发生，从而积极

推进HFMEA方法在降低医疗风险中的应用。在此基础上，2004年JCAHO要求经认证的所有医疗机构每年都应用HFMEA至少进行一次前瞻性的风险评估。之后这个工具从美国逐渐被推广到欧洲、亚洲（日本、中国台湾地区等），在世界范围内得到了广泛传播。

医疗失效模式与效应分析传承了失效模式与效应分析的内核，仍然坚持以流程为中心，主要针对与医疗照护相关的临床、护理、医技、行政等流程方面。同时，HFMEA根据医疗行业特点，将失效模式与效应分析三维的风险分析简化为二维的严重度与发生可能性的分析。另外，医疗失效模式与效果分析引入了决策树的分析方法，用于改善行动优先次序的决策中。有专家认为，医疗机构不应仅仅依靠其医疗失效模式与效应分析结果来确定患者安全问题的优先级，应使用多种识别危害的方法，并应整合来自不同来源的数据，以全面了解系统中的风险。目前较为前沿的研究有提出一种HFMEA的扩展版本，即增加了两种安全管理技术：系统人为误差减少和预测分析（SHERPA）和系统–理论事故模型和过程–系统–理论过程分析（STAMP-STPA）。另外，医疗失效模式与效应分析与六西格玛、品管圈等多种工具合成化应用也成为一种趋势。

案例讨论

【案例】输血可有效维持失血过多患者的生命体征，并挽救其生命，是临床抢救危重患者的一项重要治疗措施，而输血不当则会导致严重的不良后果，甚至危害患者的生命。作为侵入性治疗之一，输血在医院被视为高风险操作流程，属于严重的警讯事件。做好输血安全管理，才能保证患者安全。输血过程中可能导致错误发生的风险包括：备血、血液制品种类选择和输血执行。

文献研究显示，据英国输血的严重危害（Serious Hazards of Transfusion，SHOT）统计，1996—2003年输血错误率为1/16 500。21世纪初，美国纽约州造成输血错误的原因中，血库作业约占25%，合并血库及血库作业占17%，血库外作业占57%；14%的输血错误是因备血错误导致。中国台湾地区“卫生署”于2003年委托财团法人医院评鉴暨医疗品质策进会进行“中国台湾患者安全通报系统的评价与规划”。该系统2016年数据显示，全年共计自愿通报输血事件626件，对患者健康带来损害的事件共444件，包括1件极重度不良事件，3件重度不良事件，29件中度不良事件和397件未造成伤害的意外事件，数据统计分析发现，人为疏忽是引发输血错误的主要原因。

“确保用药与用血安全”是2019年中国医院协会患者安全目标中的第二大目标。

【讨论】中国台湾患者安全通报系统收集的输血事件属于异常情况吗？输血错误会对患者造成什么影响？输血错误会对医院有何影响？输血错误是不可避免的吗？如果可以避免，应该采取怎么的措施和方法进行改善？医疗失效模式与效应分析是否可以用于此流程的风险评估与改善？如何操作？

第二节　医疗失效模式与效应分析作业程序

医疗失效模式与效应分析主要分为五个步骤。第一步，选定医疗失效模式与效应分析的主题。根据院内资料或者国内外业界的参考资料，选定与患者安全密切相关的高风险医疗照护流程进行改善。第二步，组建跨部门的团队。与该流程密切相关的部门成员都应尽早加入并明确各自职责。第三步，绘制流程图。根据选定的主题确定主流程和子流程。第四步，进行危害分析。严格按照主流程——子流程——失效模式——失效原因的顺序进行分析。确定危险发生的严重程度和可能性，并进行评分；然后，利用决策树分析实现待改善问题的聚焦，针对失效模式是否需要采取下一步行动提供思路。第五步，确定改善计划并对效果进行评价监控。选择适宜的改善方案，实施并标准化，对结果进行控制。

一、选定主题

选定主题，即选定医院需要改善的流程，通常好主题的标准最好满足以下4个条件。

（一）高风险或高脆弱性领域

高风险或高脆弱性领域的主题通常给患者或员工造成的伤害程度较大，值得投入时间与资源进行改善。高风险性流程通常具有以下特性：

1. 实施步骤较多的复杂性操作。步骤越多，出现错误的可能性越大。
2. 高差异性的输入来源。
3. 未标准化的作业。
4. 紧密相依的作业。
5. 作业时间间隔太紧或者太松。
6. 高度依赖人员的判断或决定。

（二）发生频率高

发生概率越高，伤害程度越大，越是好主题。

（三）有很大改善空间且能够找到改善方案

如若选定的主题伤害程度大，发生概率高，虽然通过仔细分析找到失效模式，但是每个失效模式都找不到好方法去改善，那么前面的分析便无法应用。确定题目的改善空间大不大，选的题目好不好，最好的方法就是透过网络搜寻他人做过且取得巨大成效的题目。在美国，联合委员会定期公布的信息，确定最常见的事件类型和患者安全风险因素。收集与医院情况类似机构的资料，在网络上搜寻此类题目在国外、国内是否有医院做过改善且取得巨大成效。如若前人做过改善且取得了巨大成效，现在选定该题目进行改善也是容易成功的。

（四）改善方案的投入成本低，可行性高

任何改善方案都牵涉到资源的投入。制订并推进改善方案需要资金投入，因此，做好改善方案需要进行评估。对医院而言，花费100万元实现一个主题的改善并不划算，而花费10万元就能做出巨大改善的就是好主题。发生概率高，伤害程度大，又能够大幅改善，又能少花钱。前瞻性风险管理，确定选题可以参考医疗机构内部的品质管理资料，以及患者经常反映的问题。同时，对主题界定范围，尽可能详细并且包括流程定义。

二、组成团队

选好主题之后，就需要组建团队。组建跨部门的团队要求与改善流程密切相关的部门均应纳入，团队人数以7~11人最佳。团队成员囊括医疗、护理、医技、行政后勤四大重要部门，相关人员要求有至少数年的工作经验，确保熟悉选定的流程。此外，团队应纳入信息科室的人员。最好在团队成立之初，信息科室负责该流程部分的专业人员便能够加入，信息科室尽早参与，有助于该部门真正地理解我们的改善需求。可以邀请一位医疗失效模式与效应分析专家使得团队成员更加清楚改善过程如何深入执行，非专家成员对标准进行批判性审查，并确定他人可能忽视的潜在漏洞。通常，院方请外部专家指导一到两年，第三年便可由医院独立完成。团队的组长非常关键，组长确保团队高效运行。建议医院在实际运作中把医师当作专业的团队成员，当讨论到他的专业时再请他出席。不用每次出席，这样可能可以解决一些难题。可以由医院行政部门的工作人员或临床主任或护士长为组长。同时，可以罗列成员的年龄、学历、职称、年资和分工情况，如表9-3，将团队情况以表格形式清晰呈现。

表9-3 团队组建表

HFMEA编号			
开始日期		完成日期	
团队成员	1.		
	2.		
	3.		
	......		
团队领导			
是否包括相关部门的代表?		是	否
是否有不同知识背景的成员?		是	否
会议记录与文件档案			

三、流程绘制

可以根据横向展开的形式绘制流程图。待改进的流程包括主流程和子流程，对每个流程步骤进行编号。主流程可用1、2、3、4……表示，子流程以A、B、C、D……表示，将失效点编号为（1）（2）（3）……，失效原因用a、b、c、d……表示，通过头脑风暴看主流程是否出错。主流程只有1、2、3、4、5。主流程下面的A、B、C叫子流程。1A、1B、1C在主流程的“1”下面，可以把“1”分成三个子流程A、B、C，我们叫1A、1B、1C。“2”下面有A、B、C、D，“3”也是有A、B、C、D。以第三个子流程为例，再画下一张图的时候就变成横向的3A、3B、3C、3D，框里面写重要的文字，3A有可能有两个失效的模式，失效模式1、2，这时候我们再用到阿拉伯数字1、2、3，B下面有1、2、3、4。所以3B（1）、3B（2）、3B（3）、3B（4）即所谓的子流程，把失效模式把它写出来，（1）、（2）、（3）、（4）。清楚列出每一步骤可以帮助团队聚焦关键，以便及时完成改善，如表9-4。此外，主流程和子流程进行编码时要注意前后的一致性。

表9-4 主流程与子流程示范

1	2	3	4	5
P1 →	P2 →	P3 →	P4 →	P5
子流程 A.XXX B.XXX C.XXX	子流程 A.XXX B.XXX C.XXX D.XXX	子流程 A.XXX B.XXX C.XXX D.XXX	子流程 A.XXX	子流程 A.XXX

四、失效模式与危害分析

逐步进行失效模式与危害分析。失效模式与危害分析是抽丝剥茧的过程，从主流程——子流程——失效模式——危害分析——失效原因五个层面进行分析。

（一）列出可能的失效点

列出子流程下所有可能的失效点，并进行编号（比如1A（1）、1A（2）……），并将故障模式归纳为医疗失效模式与效应分析工作表中，如表9-5。失效模式被定义为特定主流程或子流程无法达到预期目的的问题与障碍。例如，子流程是中心药房药师调配药品，失效模式包括：数量核销错误、品种错误、规格错误和数量错误。子流程会在医疗失效模式与效应分析工作表的第1行汇总，失效点会在医疗失效模式与效应分析工作表的第2行汇总。

表9-5 失效模式示范

3A	3B	3C	3D
xxx →	xxx →	xxx →	xxx
失效模式 （1）XXX （2）XXX	失效模式 （1）XXX （2）XXX （3）XXX	失效模式 （1）XXX （2）XXX	失效模式 （1）XXX （2）XXX

（二）确定失效点的严重度和发生的可能性

对所有的失效点进行整理，并根据严重度和发生可能性的评分标准对其重要度和发生的可能性进行赋值打分，并且在医疗失效模式与效应分析工作表上记录严重度和可能性分数。

严重程度评分是衡量失败模式的潜在影响的指标，表示研究的情况一旦发生会对患者或患者护理产生何种影响。严重性类别分为灾难性（4分）、重大（3分）、中等（2分）和轻微（1分），分别从患者、访客、工作人员、仪器设备、火灾等产生的后果进行判断，严重性类别具体的操作定义（表9-6）。严重度在医疗失效模式与效应分析工作表的第4行记录。

可能性指失效发生的概率，可能性评级包括经常（一年中几次）、偶尔（两年内几次）、不常见（2至5年中的某些时候）和罕见（5至30年）（表9-7）。可能性在医疗失效模式与效应分析工作表的第5行记录。

表9-6 严重性等级评分表

严重性等级	分数	后果说明				
		患者	访客	工作人员	仪器设备	火灾
灾难性（catastrophic）	4分	患者死亡或永久性功能丧失，或以下情形： 1.院内自杀 2.溶血性输血反应 3.手术部位或患者身份辨识错误 4.药物错误致死 5.新生儿遗失或抱错婴儿	1.访客死亡 2. 3名以上访客住院	1. 1名员工死亡 2. 3名以上员工住院	损失等于或超过25万美金	火势不断扩大
重大（major）	3分	患者永久性功能降低，或以下情形： 1.因医疗意外致容貌毁损 2.异物滞留体内需手术移除 3.同时造成3名以上患者须延长住院时间或提高护理等级	1~2名访客住院	1.因意外导致员工永久性伤害 2. 1~2名员工住院 3. 3名以上员工因病须停止工作	损失等于或超过10万美金	不适用——见中等和灾难性
中等（moderate）	2分	患者短期功能障碍，或以下情形： 因医疗意外致1~2名患者延长住院时间或提高护理等级	2名访客需额外医疗处置，但无需住院	1~2名员工因意外暂时无法工作	损失在1万美金至10万美金	起火初期已控制
轻微（minor）	1分	患者虽发生意外事件，但未造成任何伤害，也无需额外的医疗照护	只需评估，无需额外医疗处置	只需初步治疗，没有其他后遗症或不良影响	损失少于1万美金或仪器设备的某项功能缺失不会对患者产生不利影响（如动力，天然气，电能，水，通信，交通，热度/空气条件等）	不适用——见中等和灾难性

表9-7 可能性等级评分表

可能性等级	分数	评分标准
经常（frequent）	4分	常常发生或短期的（1年内发生若干次）
偶尔（occasional）	3分	或许会发生（1~2年内发生若干次）
不常见（uncommon）	2分	可能会发生（2~5年内曾经发生过）
罕见（remote）	1分	几乎不会发生（5~30年内曾经发生过）

（三）危害评估

确定了每个失效点的严重度和发生可能性的评分后，就可以计算每个失效点的危害得分。危害得分由严重度得分与可能性得分相乘所得，详见公式：危害得分=严重性得分×可能性得分。也可以根据危害评分矩阵计算危害得分。通常，主要改善危害得分矩阵中超过8分的项目。最后，在医疗失效模式与效应分析工作表的第6行记录最终得分。

表9-8 危害评分矩阵

		严重度			
		灾难性	重大	中等	轻微
可能性	经常	16	12	8	4
	偶尔	12	9	6	3
	不常见	8	6	4	2
	罕见	4	3	2	1

（四）决策树分析

通过决策树分析实现待改善问题的聚焦，针对失效模式是否需要采取下一步行动提供思路。决策树确定团队需要缓解漏洞的区域，以及不需要注意的领域。

决策树分析包括三项检测内容，第一项，“单一弱点”；第二项“目前的管控的成效是否良好”；第三项“发生问题当下是否容易侦测？”“Yes”（用Y表示）“No”（用N表示），Y表明继续进入第5步操作；N表明不需要再进行第5步，在医疗失效模式与效应分析工作表第7行上记录“继续”或“停止”的操作，需要对每一个“停止”记录原因。通过决策树重新聚焦，改善最重要的部分，主要包括以下4个问题，一是这种危险的危害得分是否超过8分。超过8分，则进行第一个检测，看看现在流程的管控是否良好。即院方现行的管理制度包括该流程的标准化。如果管控良好，经过团队讨论以后认为控制效果良好不必进入第5步。管控的效果良好与否和标准密切相关。最高的标准是每个人都满意。如果管控效果不好，则进入下一个检测，即发生问题的时候是不是容易侦测？问题是否容易被发现是一个相对标准。如若被侦测到的可能性达到50%则不必进入第5步。如果是不容易侦测，管控又不是很好，才需要进入到第5步。经过这样的一一过滤之后，多个失效点可能只有一个需要设定改善方案。最终改善方案聚焦在最关键、不容易侦测而管控又不好，危害得分超过8分的失效点（图9-1）。

值得注意的是，8分以下的失效点可能也需改善。8分以下的失效点要做单一弱点测试。单一弱点（single point weakness）实际上可将其理解为流程中的必经之路，换句话说，如果流程在这里出错，出错造成的伤害严重度大于6分。比如，严重度4分乘以可能性1分，危害得分还是小于8分，可是有些情况一旦伤害，程度非常严重。危害得分在8分以下的单一弱点，也需要改善。

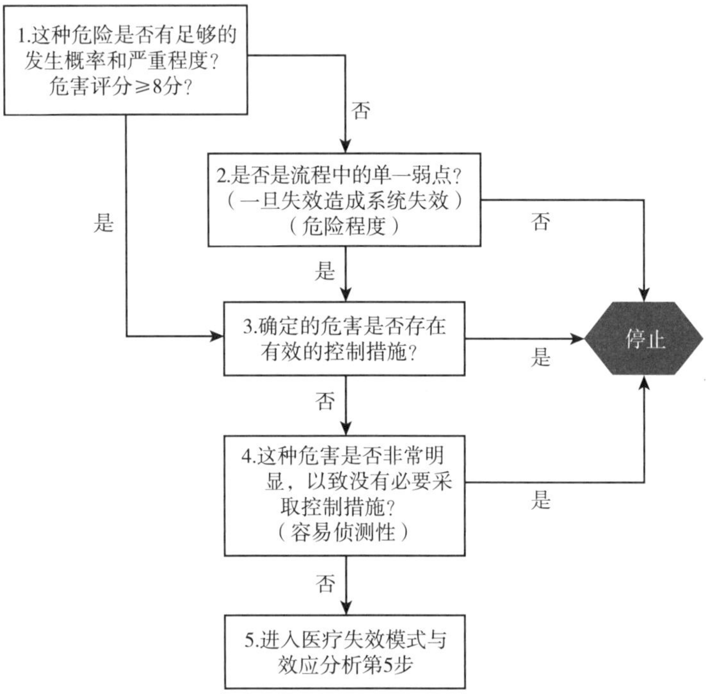

图9-1　医疗失效模式与效应分析决策树

（五）列出可能的失效原因和潜在影响

确定了需要改善的失效点，则需要通过头脑风暴法、鱼骨图法对失效点产生的原因进行分析，并且阐述其潜在的影响。这些内容会在医疗失效模式与效应分析工作表第3行进行记录。每个失效点可能有多个失效原因。失效点包括任何可能出错的内容，这些错误会阻止子流程步骤的执行。分析每一失效点对应的失效原因，有助于真正实现流程改善。

五、改善策略制订

根据潜在失效点及其失效原因提出改善方案并进行筛选，具体包含以下几个步骤：

（一）确定改善类型

改善类型共有3种，包括“消除”“控制”“接受”。在医疗失效模式与效应分析工作表第8行中记录。

1. 消除型　指能够彻底改善的，可以把发生的概率减到1分，可以把它伤害的程度减到1分，几乎是微乎其微的概率，以及最低的伤害，所以这是第一类型的改善方案，彻底的改善。当然这是最好的方案，但不是所有的问题都能够找到最好的改善方案。

2. 控制型　控制包含两个方面。其一，控制可能性，即控制发生的概率。其二，控制严重性，即控制伤害的程度，可以把其中的一个维度从4分减到3分或减到2分，不一定能够减到1分。控制型也可能可以同时控制概率跟伤害程度。

3. 接受型　即暂不改善，也就是目前暂时找不到好的彻底改善方案，也找不到好的行动。搁置也是一种方案，并不是所有的失效模式都能够找到最好的改善方案。

（二）拟定备选方案及改善成效指标

通过头脑风暴法、亲和图法等对每一个将要被消除或控制的失效模式进行改善方案拟定。在流程中尽早执行控制措施，单一危害可由多个控制措施控制。在流程中一项控制措施可多次使用。针对每一个失效模式的原因，我们都要制订一个及以上的改善方案，改善方案要充足，以避免没有选择性和对比性。同时，重新的设计或者改善方案需要建立有效的追踪指标或者改善成效指标，以评价最终的改善效果。如果流程中的涉及的人员不在团队中，要征求他们的意见。在广泛实施改善前，尝试模拟每项改善方案的流程改进来进行测试。

（三）改善方案选定与审核

确定将被用于分析和测试再造流程的改善方案后，可以根据测试结果，选择需要实施的措施。同时，实施方案需要经过医院相关管理层的审核通过。任何改善方案只是一个建议，要经过医院的行政体系认可后才能够正式的执行，所以我们再设计出改善方案之后，就得通过行政的流程取得院方的支持。由此可见，做好沟通才能确保提出的改善方案得到院方支持，从而得以推动和实施。

（四）制订改善方案实施的计划

确定好改善方案后，要制订详细的实施计划，使得方案措施明确，改善指标可测量，方案措施具体化，并指定责任人按照计划来完成改善行动。确定由哪一个科室或哪一个人在规定的完成日期内负责执行计划并且进行监督，由负责人员确保所有改善行动的建议均已执行或未实施而有合理说明。

表9-9　HFMEA危害分析与改善行动表

<table>
<tr><td colspan="15">HFMEA子流程步骤题目和编号：</td></tr>
<tr><td colspan="10">HFMEA第4步—危害分析</td><td colspan="5">HFMEA第5步—确定改善方案与措施</td></tr>
<tr><td rowspan="2">失效模式：确定潜在原因前评价失效模式</td><td rowspan="2" colspan="2">潜在原因</td><td colspan="3">危害评分</td><td colspan="4">决策树分析</td><td rowspan="2">改善类型</td><td rowspan="2">行动方案内容</td><td rowspan="2">改善成效指标</td><td rowspan="2">责任人</td><td rowspan="2">领导同意</td></tr>
<tr><td>严重度</td><td>发生率</td><td>危害评分</td><td>是否单一弱点</td><td>控制措施是否有效</td><td>是否容易侦测</td><td>是否继续推进</td></tr>
<tr><td></td><td></td><td></td><td></td><td></td><td></td><td></td><td></td><td></td><td></td><td></td><td></td><td></td><td></td><td></td></tr>
<tr><td></td><td></td><td></td><td></td><td></td><td></td><td></td><td></td><td></td><td></td><td></td><td></td><td></td><td></td><td></td></tr>
<tr><td></td><td></td><td></td><td></td><td></td><td></td><td></td><td></td><td></td><td></td><td></td><td></td><td></td><td></td><td></td></tr>
<tr><td></td><td></td><td></td><td></td><td></td><td></td><td></td><td></td><td></td><td></td><td></td><td></td><td></td><td></td><td></td></tr>
</table>

六、方案实施与效果评价

制订改善方案实施的计划后，就可以根据计划全面实施改善方案及其措施。实施前应该对实施人员进行相关说明及教育培训，保障改善方案的正确实施。同时，团队领导应当承担起指导与监督的责任，及时控制实施过程中的变异。如果发现实施效果不佳或者实施障碍较大，要重新调整实施方案再加以实施。最后，根据之前设定的改善成效指标的前后对比数据对改善方案的效果进行评价，部分有价值的改善方案，比如改善后的流程或者标准，可以进一步的标准化，纳入日常的管理体系，扩大其实施范围，并固定其实施效果。

第三节　运作医疗失效模式与效应分析经验分享

一、医疗失效模式与效应分析与失效模式与效应分析的区别

医疗失效模式与效应分析是在失效模式与效应分析的基础上发展出来的，对流程进行优化的风险管理方法。两种方法的基本步骤相同，主要包括选择研究主题、组建

团队、绘制流程图、执行危害分析、制订及执行改进措施并评价效果。不同之处主要体现在应用范畴不同，失效模式与效应分析的应用范畴更广泛，但医疗失效模式与效应分析更适合医疗行业，主要针对与医疗照护相关的临床、护理、医技、行政等流程方面。同时，医疗失效模式与效应分析根据医疗行业特点，将失效模式与效应分析三维的严重度、发生可能性和侦测度的风险分析简化为二维的严重度与发生可能性的分析。另外，医疗失效模式与效应分析除了应用危害分析，还引入了决策树的分析方法，用于改善行动优先次序的决策中，详见表9-10。

表9-10　医疗失效模式与效应分析与失效模式与效应分析的异同点

	项目	医疗失效模式与效应分析	失效模式与效应分析
同	方法	对流程进行优化的风险管理方法	
	步骤	研究步骤规范，主要包括选择研究主题、组建团队、绘制流程图、执行危害分析、制订及执行改进措施并评价效果	
异	运用领域	医疗行业	航空、汽车等多个领域
	风险优先级数计算方法	二维（HZ）	三维（RPN）
	失效模式优先次序决定方法	决策树（decision tree）决定HZ> 8 的失效模式是否需要改善措施，并且只列出需要进一步分析失效模式的根本原因	将每一失效模式从高到低排列优先顺序 RPN>100

二、医疗失效模式与效应分析的特点

医疗失效模式与效应分析的特点，与失效模式与效应分析非常类似，主要有团队性、系统性和前瞻性等特点。

（一）团队性

首先在组建团队时，团队人数及成员搭配便是需要注意的要点。合理的跨专业、跨部门的队伍有助于理顺流程，避免遗漏潜在失效点。信息部门专业人员的全程参与有助于信息化层面的改善，资深医疗失效模式与效应分析专业人士的引导和外部专家顾问适当的参与可以确保改善的纵深执行，而合适的团队队长将有助于团队成员发挥所长，保证团队的高效运转。

（二）系统性

医疗失效模式与效应分析继承了失效模式与效应分析解决问题的内核，通过画流程图，将主流程分解为子流程，并在每一个子流程中列出潜在失效点，寻找失效原因，进而确定需要改进的流程。这个过程需要充分考虑医院内部各种资源、各相关实体的协调和配置，因此要求有较好的系统性思维。

（三）前瞻性

与RCA事后总结不同，医疗失效模式与效应分析需要在医院的不良事件发生前，找出潜在的失效点，这种事前的防范机制对前瞻性思维要求较高。

三、医疗失效模式与效应分析的作用

医疗失效模式与效应分析是一种识别和分析系统中每种潜在失效模式的过程，其主要作用通过画流程图，将流程分解成细小的节点，逐步分析，更容易找到潜在的失效点，并通过危害评分矩阵，直观呈现每种潜在失效模式的严重度和可能性，计算得到危害得分，并进一步通过决策树的分析，重新聚焦于最需要改善的部分。最终，形成针对潜在失效模式的改进措施和行动方案，在医院的不良事件发生前进行改善，能够有效节省成本，持续地提高医疗质量。通过这个机制持续的运转，将有助于医院不断提高医疗质量和管理水平。同时，医疗失效模式与效应分析增进团队成员之间的沟通。医疗失效模式与效应分析是一个十分重视团队合作的方法，在这个方法的实施过程中，需要来自不同部门、科室的成员紧密合作，因此，有助于增进彼此的沟通和理解。另外，医疗失效模式与效应分析可以培育前瞻性思维和医院文化。通过在医院不良事件发生前主动出击，寻找潜在失效模式，可以培养团队的事前勘误能力与前瞻性思维方式，更有助于医院整体预防性问题解决文化的培养，进而有利于患者安全文化的形成。

四、医疗失效模式与效应分析的应用现况

由于失效模式与效应分析本身具有前瞻性和系统性等优点，在医疗风险的识别方面具备良好的应用前景，经改造后的医疗失效模式与效应分析适合作为医药卫生领域的前瞻性风险分析方法工具。

（一）国内外现况

医疗失效模式与效应分析自从引入医疗行业以来，在世界各国的医疗行业中持续发挥着作用。根据文献资料，应用医疗失效模式与效应分析的主要国家地区包括美国、英国、伊朗、西班牙、荷兰和中国台湾地区，主要涉及了外科、专科、手术室和中心供应室、肿瘤学和化疗、急诊、护理、检查等方面。

（二）国内应用范围

2003年，我国台湾地区便开始规范化应用医疗失效模式与效应分析工具对医院高

风险流程进行管理。我国大陆从2005年时开始关注失效模式与效应分析在医疗领域的应用，2010年之后研究出现迅速增长的态势，但是规范化高质量的应用相对较少。目前国内对医疗失效模式与效应分析的应用主要集中在护理科，专注护理流程的改善，也应用于用药风险、医疗流程改进、手术风险、医院感染等领域。相比于国外在临床诊疗流程、医院信息管理系统等方面使用医疗失效模式与效应分析进行系统性改善，我国目前对医疗失效模式与效应分析的应用还不够全面，应扩大应用领域。

相关文献表明，国内医疗机构2005年开始出现失效模式与效应分析相关研究，一直到2009年发表的文献都极少，2009年以后国内医院失效模式与效应分析相关研究日益活跃，年发文量呈现逐步上升的趋势。2009年以后我国医疗机构失效模式与效应分析研究的发文量逐年增长。研究热点内容主要集中在以下几个主题：手术室管理、输血输液安全管理、患者术后管理、ICU与气管拔管插管、医院感染管理、患者跌倒、经外周静脉植入中心静脉导管（PICC）等。2015—2018年期间，国内外共发表百余篇有关失效模式与效应分析或医疗失效模式与效应分析的论文，其中应用领域最多的是医疗行业，仅医疗行业应用失效模式与效应分析或医疗失效模式与效应分析的文章占到36%。相关研究如表9-11所示。表9-12列举了部分运用医疗失效模式与效应分析真实案例。

表9-11　医疗失效模式与效应分析研究领域

领域	具体研究
手术室	器械管理、预防手术错误、手术室护理风险、物品清点、术前消毒、体位安置等流程中潜在的风险事件
术后患者的安全管理及护理风险管理	预防术后并发症的发生，降低切口感染，提高术后护理安全管理水平、疼痛管理水平
输液、输血	门诊急诊输液安全管理，特别是儿童、老年患者等特殊群体输液的风险防范数量较多，通过持续改进，最终降低穿刺差错率和失败率，降低用药差错率、患者投诉率，防范输液不良反应，提高静脉安全用药和输液、输血安全防范
医院感染管理	呼吸机相关性肺炎，脑出血患者肺部感染，导管相关性感染等
流程管理	对现有流程的系统分析，包括转运流程、手术流程、护理流程等
患者跌倒	预防住院患者跌倒风险，主要涉及住院老年患者、脑卒中患者以及产科患者等
气管插管与拔管	预防非计划拔管风险
PICC	PICC的操作及维护风险管理、患儿PICC的安全管理，预防患儿非计划性脱管，减少各种并发症

表9-12　医疗失效模式与效应分析案例

负责单位	主题
病理科	运用HFMEA改善病理组织切片报告发送流程
医务部	应用HFMEA改善ICU患者呼吸器脱离时机
医务部	运用HFMEA改善手术前麻醉访视率偏低
护理部	运用HFMEA于患者辨识风险的流程改善
护理部	运用HFMEA提升躯干部位的管路安全
放射科	运用HFMEA分析改善置放体内植入物病患接受磁共振造影检查新流程
核医科	运用HFMEA提升核检查患者报到率
行政部	运用HFMEA提升疾病分类编码质量
行政部	运用HFMEA改善手术室灭菌锅故障率及使用安全
行政部	运用HFMEA改善病房布品洗涤作业流程

第四节　执行医疗失效模式与效应分析成功关键点

一、医疗失效模式与效应分析的关键点

应用医疗失效模式与效应分析需要发挥团队的协作力量提高系统的安全性，团队结构合理，具有多学科、跨部门的特点，团队成员应全过程参与，并能结合自身在流程实施中的工作经验对失效原因进行深入讨论，各尽其能，发挥所长，具有向心力才能保障改善方案的有效实施。此外，医疗失效模式与效应分析方法顺应前瞻理念，强调事前预防，但这种方法实施主要是凭经验法则和逻辑思维方法描绘作业流程，对结果分析具有一定主观性，与团队成员的认知存在较大的相关性，而且流程图的绘制及应用危害评分矩阵与决策树分析需耗费大量时间，一旦系统流程范围增大，医疗作业流程间的相关性所造成的影响不容易被检查发现。实施头脑风暴时需注意团队成员的认知度，尽量采用相对客观的方法确定失效模式，将有限资源聚焦在亟待改进的环节，避免主观性，保证改善方案切实可行。同时还应注意缩减步骤和风险管理范围，减少时间和降低成本，以体现医疗失效模式与效应分析前瞻性风险评估的价值。

二、医疗失效模式与效应分析在国内应用的误区

目前医疗失效模式与效应分析的应用和研究内容涉及护理质量管理、医院感染管理、设备及医疗器械管理、临床检验、药事管理等不同的医院管理领域。但研究热点集中在护理管理领域，在医院临床、行政、财务、信息、人力资源管理系统中相关研究相对较少，并且失效模式与效应分析管理工具在应用的过程中，操作方法上还欠缺规范性和一致性。

我国的医疗失效模式与效应分析还处于起步阶段，大多数医院在使用这一工具时，注重定量研究，但对医疗失效模式与效应分析的理解不深，在套用形式和步骤时只求“形似”，未能按照步骤严格执行等问题。

（一）选题不够精确

缺乏对选题范围进行尽量详细的界定。例如，医院以改善用药安全为题目，然而用药安全的涵盖范围十分广泛，包括门诊用药安全、急诊用药安全、住院用药安全等。选题的不精确使得后续的分析难以落实。

（二）团队结构不合理

我国医疗失效模式与效应分析的跨部门协作不到位，局限于本科室的工作人员。团队的作用发挥有限，相关专家、信息科人员的参与不足。

（三）流程图缺位

医疗失效模式与效应分析主要应用于医疗流程的改善，目前，国内较少对准备改善的项目画出清晰的流程图。没有主流程和子流程之分，造成分析思路的混乱。

（四）进行危害分析时，与失效模式与效应分析混淆

医疗失效模式与效应分析与失效模式与效应分析的一大重要区别在于使用危害评分矩阵时，医疗失效模式与效应分析只对失效模式的严重性和发生可能性进行二维分析，没有可侦测性这一维度。可侦测性衡量归入在医疗失效模式与效应分析的决策树中，以“失效模式是否具有可侦测性？”的形式出现。经过文献梳理发现，在我国现阶段，只有极少数的医院使用严重性得分与发生可能性相乘的二维分析方法进行危害得分矩阵计算，大多数仍然应用失效模式与效应分析三维风险优先指数（RPN）进行危害得分计算。应用决策树分析聚焦于亟待改进的失效点的绝无仅有。有许多医院甚至只凭借危害得分的高低来确定优先改善的环节。

（五）改善方案选择具有随意性

即使采用决策树进行分析，也缺少改善效果评估标准化的成效指标体系，运用医

疗失效模式与效应分析进行医院持续性改善的更是少之又少，并缺少对改善方案的可行性分析。

因此，需要通过规范化培训等方式将医疗失效模式与效应分析在我国进一步的推广和应用。

本章小结

本章首先讲述了医疗失效模式与效应分析（HFMEA）的基本理论，主要介绍了医疗失效模式与效应分析的实施步骤和作业程序，并讲述了医疗失效模式与效应分析与失效模式与效应分析的区别，以及医疗失效模式与效应分析的应用现况。最后，本章展示了具体的应用案例，为实际操作过程提供详细指南。

（郝宏恕）

第十章　质量功能展开

学习目标

1. 掌握　质量功能展开的概念、理论与方法。
2. 熟悉　QFD创新型品管圈的特点和活动程序。
3. 了解　质量功能展开的发展动向。

第一节　质量功能展开概念与发展

一、质量功能展开的基本概念

（一）质量功能展开的基本定义

质量功能展开（quality function deployment，QFD），是质量展开（quality deployment，QD）与狭义的质量功能展开（质量职能展开）之总称。

质量展开（QD）由赤尾洋二定义为："将顾客的需求转换成代用质量特性，进而确定产品的设计质量（标准），再将这些设计质量系统地（关联地）展开到各个功能部件的质量、零件的质量或服务项目的质量上，以及制造工序各要素或服务过程各要素的相互关系上"，使产品或服务事前就完成质量保证，符合顾客要求，它是一种系统化的技术方法。

狭义的质量功能展开（职能展开），由水野滋定义为："将形成质量保证的职能或业务，按照目的、手段系统地进行详细展开"，通过企业管理职能的展开实施质量保证活动，确保顾客的需求得到满足。它是一种体系化的管理方法。

TQC的提倡者费根堡姆（A.V.Feigenbaum）将质量系统定义为：质量系统（quality system）是按既定质量标准生产，以及为了交付产品所需的管理、程序的集合。另一方面，朱兰（J.M.Juran）将质量功能定义为"形成质量的职能"。

质量展开与质量功能展开的概念，如图10-1所示，它下侧的“规划”“设计”等都可表示为形成右侧箭头所指的质量的职能，那么费根堡姆的上述质量系统就是指职能的明确化，也就是指对确保质量的组织、程序、过程进行体系化，即为满足组织内部管理的需要而设计的质量保证体系。

这里将图10-1中的下侧部分称为“职能展开”。由此可以构造费根堡姆所定义的质量系统。ISO9000国际标准也是针对图10-1的下侧部分以企业管理职能为中心的一种质量保证系统（质量职能展开体系）。但论及质量的系统，不仅是组织程序的集合，明确质量本身的集合也是必要的，也就是说图10-1的上侧部分也很重要。因为产品整体的质量保证，是建立在产品各个零部件质量都得到保证的基础之上。这里将图10-1的上侧部分称为“质量展开”。

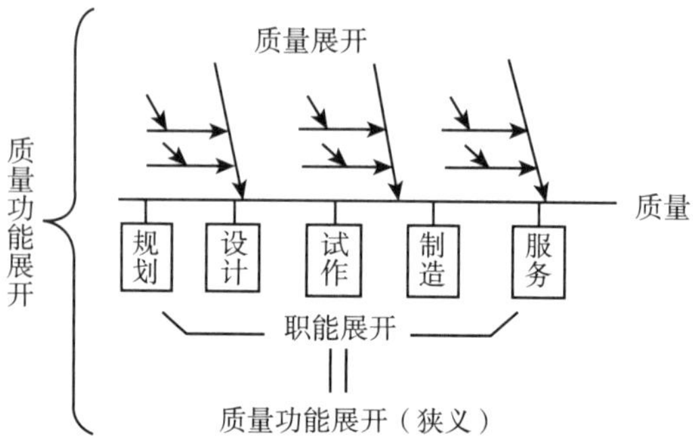

图10-1　质量展开与质量功能展开

广义的质量功能展开（QFD），包括质量展开（QD）和狭义的质量功能展开（质量职能展开）。广义的质量功能展开也就是广义的质量职能展开。广义的质量职能指企业为使产品、过程或服务满足规定的要求或用户的需要而进行的全部活动的总称。在整个质量工作中，企业各部门应该发挥什么作用，承担什么职责，开展哪些活动，都是广义的质量职能所要研究的内容。

质量功能展开（QFD）被引入中国时，其名称有从日本直接传入、也有从英语翻译来的，还有经中国台湾、香港地区的译名演变而来。所以质量功能展开（QFD）目前在中国的名称有“品质机能展开”“质量功能展开”“质量职能展开”“质量功能配置”“质量功能部署”“质量功能与发展”“质量机能展开”等。日语的“品质机能展开”是一个引入误解的名词，相同的名词的所有不同译法仅是为了从加强其原本内涵的译义出发。目前，国内使用最多的是“质量功能展开”的名称。

（二）质量功能展开的作用

综观国内外质量功能展开（QFD）的应用与实践，质量功能展开的作用可以归纳成如下14点。

（1）QFD是一种顾客驱动的产品开发方法。

（2）QFD是一种目标明确的工作协调方法。

（3）QFD是一种新产品开发的质量保证方法。

（4）QFD是一种有效的资源优化方法。

（5）QFD是一种先进的设计技术方法。

（6）QFD是一种集成的系统工程方法。

（7）QFD是一种科学的现代管理方法。

（8）QFD是一个强有力的竞争决策手段。

（9）QFD是一个有效的降低成本的手段。

（10）QFD是一个实践全面质量管理的重要工具。

（11）QFD是一个有效的技术创新工具。

（12）QFD是强有力的综合策划技术。

（13）QFD是并行工程的支撑技术。

（14）QFD是质量工程的重要组成部分。

（三）质量功能展开的效果

QFD的有效性总结如下。

1. 有形的效益

（1）大大减少研制时间。

（2）有效地减少后期的设计更改。

（3）在开发设计阶段就开始降低成本（注：产品成本的70%在开发设计阶段就已经决定了）。

（4）提高设计可靠性。

（5）降低企业的管理成本。

2. 无形的效益

（1）使顾客更加满意。

（2）健全企业质量保证活动。

（3）QFD数据库：可应用于同一系列或类似的其他产品上；开发设计和生产工序中各种技能、技术诀窍的积累。

（4）改进产品规划的基础。

3. 积累的价值

（1）强化了当前的研制过程：在市场和经营需求的基础上，尽早明确目标；同时注意产品和工艺技法；使主要问题一目了然，以便优化资源分配；改进部门间的协作与联系；提高了企业开发设计人员的水平。

（2）有效的获得了用户真正所需的产品：可以更好地满足了顾客的需求；且产品更具竞争优势。

二、质量功能展开的起源

质量功能展开（QFD）产生于20世纪60年代末的日本。当时，日本在制造阶段的质量保证活动中实施从美国引进的统计质量管理（statistical quality control，SQC）取得了巨大成效之后，日本迎来了新产品开发的新时代，质量保证活动的重点被迫向产品设计开发的源头方向移行。在规划设计这种产品时，就需要判定该产品是否能让顾客满意。因此，从事产品规划和设计的技术人员，需倾听开始主张多样化价值观的顾客需求。这种移行变迁，使质量保证活动面临了难题。在此之前，检查方面有抽样检查理论，工序管理方面有控制图及各种统计方法而取得成果。然而，进入新产品开发时代之后，本来与质量保证活动无缘并统治技术领域的规划和设计部门，被认为是质量保证的最重要的对象而受到关注。日本工业正经历着从二战后的模仿产品开发模式到自主创新开发模式的转变，为此，日本开始寻找一种用于新产品开发过程的质量保证方法。

在新产品开发过程中，规划和设计部门应该基于何种思路，进行怎样的质量保证活动才能使顾客满意呢？这种疑问是赤尾洋二萌发质量功能展开（QFD）想法的起因。在新产品开发中怎样规划、设计、制造为满足顾客需求应该具有的质量，即在产品投产之前对关键的质量保证工序进行展开，以确保设计质量在生产过程中得到贯彻。在几家企业试行的结果表明，这种想法对新产品的开发是非常有效的。于是，赤尾洋二等总结了1966年以来在各公司的合作研究成果，并于1972年发表了“新产品开发与质量保证——质量展开的系统”一文，首先使用了“质量展开”一词。此文中给出了17项工作步骤，它显示了今天的质量展开的基本内容。但是，对于设计质量应该如何设定的想法与方法还不够充分。三菱重工神户造船所在水野滋和布留川靖指导下开发了质量表（quality tables）的雏形，在西方又被称为质量屋。参考和整合了这些理念和成果，赤尾洋二教授对质量展开概念进行了补充完善，形成了今天的质量展开（QD）。

与此同时，另一个汇入质量功能展开的思想是价值工程（value engineering，VE），石原胜吉把价值工程中的产品功能分析扩展到业务流程的功能分析，提出了业务展开（business deployment）的概念，后来发展成为狭义的质量功能展开。

从总体上来看，以质量保证中管理点的明确化流派形成的质量展开（QD）和以价值工程（VE）的流派形成的狭义质量功能展开，再加上质量表，三者被统合形成了质量功能展开（QFD）。这样我们现今称之为质量功能展开（QFD）的方法论便诞生了。它成为日本式质量管理最重要的特点之一。

三、质量功能展开的发展

质量功能展开（QFD）在日本诞生以后，一些企业进行了试用。丰田公司使用QFD方法能够获得顾客的心声，更重要的是这种新方法使公司将顾客的愿望偏好通过设计和制造的工艺得以实现，根据关注顾客的需求，在企业组织中的每一位成员都有了比较清晰的目标，即如何使他的工作来满足顾客们的需求。QFD方法证实了这家日本汽车制造商的成功。丰田公司于20世纪70年代后期使用QFD取得了巨大的经济效益，新产品开发起动成本累计下降了61%，而开发周期下降了1/3。看到上述的成功典范，70年代日本的其他公司相继完善QFD方法并使之很好地被掌握。

1978年水野滋和赤尾洋二将各企业的应用成果汇编成《质量机能展开》，该书出版后推动了质量功能展开的迅速普及和发展。1977年，日本质量管理学会成立了质量展开研究会，此后10年对QFD相关的问题进行了广泛的研究。1987年，日本规格协会也编集发行了以应用案例为中心的QFD单行本，并在美国和德国出版了翻译本。QFD系列丛书（日科技联出版社，1990年出版）被许多企业参考。1983年在日本生产科学协会（2日）QFD培训班之后，日本规格协会（3日），中部质量管理协会（2日），日科技联（4日）培训班相继开设，开展QFD普及活动。

日本科学技术联盟1988年设立了QFD研究会，1991年以研究会成果报告为基础，第一届质量功能展开专题研讨会开始启动。1995年第五届研讨会同时作为第一届国际研讨会（ISQFD）在东京召开，海外许多代表到会，本书编委之一的熊伟也发表了当时正在撰写的部分博士论文。第二届国际研讨会在美国的底特律举行，来自世界各地的250名代表发表了机械工业以外的许多行业中的应用案例。从这次会议开始，美国QFD研究会后移交给ICQFD，设立了“Akao Prize”（赤尾奖），对全球质量科学领域特别是QFD研究和推广中有突出贡献的专家学者颁奖。第三届国际研讨会由瑞典主办，著名的VOLVO公司等介绍了应用案例。在本次会议期间，成立了国际质量功能展开组织（international council for quality function deployment，ICQFD）。以后，每年国际QFD研讨会（ISQFD）在世界各地轮流举行，成为一项重要的国际性活动。“Akao Prize”奖也在全球质量界形成巨大影响力，历年该奖颁给日本、美国、德国、英国、意大利、瑞典、瑞士、澳大利亚等国家的专家学者，其中包含美国著名运筹学家、层次分析法（analytic hierarchy process，AHP）创始人、美国国家工程院院士T.L.Saaty教授等，2017年度首次颁发给华人学者——浙江大学熊伟教授。

随着日本企业在美国占有越来越多的市场份额，美国人开始研究竞争对手成功背后的各种原因。1983年，赤尾教授在美国著名质量管理杂志《质量进展》(*Quality Progress*)上发表了QFD文章，并且他本人也被邀请去美国芝加哥开设讲座，这成为QFD在美国传播与发展的开端。1984年美国的King从日本回国后，把QFD方法介绍给福特汽车公司。之后，美国供应商协会(American Supplier Institute，ASI)、劳伦斯成长机会联盟/质量与生产力中心(Growth Opportunity Alliance of Lawrence/Quality，Productivity Center，GOAL/QPC)、持续改进协会(Kaizen Institute)等组织开始向美国的工业企业介绍推广这种方法，并且在汽车制造业首先得到了应用。美国的《质量进展》和《哈佛商业评论》从1986—1989年发表了一系列关于QFD研究的文章，引起了美国学术界和企业界的极大关注，对QFD在美国的迅速传播起到了促进作用。除了最早采用QFD的福特汽车(Ford)公司外，惠普(Hewlett-Packard)、通用汽车(General Motors)、国际商业机器公司(IBM)、科达(Kodak)、宝洁(Procter & Gamble)等企业也先后将这种方法引入到产品的设计开发过程中，并且很多企业将其实施QFD的过程写成了应用案例。今天，在美国，许多公司都采用了QFD方法，在汽车、家用电器、船舶、变速箱、涡轮机、印刷电路板、自动购货系统、软件开发等方面都有成功应用QFD的报道。

1987年以来，意大利应用QFD的企业迅速增加，1993年第一届欧洲QFD研讨会召开，之后德国等国家相继成立了QFD研究会。在韩国，1978—1985年韩国标准化协会每年举办QFD培训班，此后引起了广泛关注，1994年1月成立了QFD研究会。巴西在1989年的ICQC国际会议上介绍了QFD，此后QFD迅速普及。1996年澳大利亚举行关于质量功能的首届泛太平洋会议(First pacific rim symposium on quality deployment)之后，QFD引起极大关注。

QFD真正为国人所知是20世纪90年代以后，当时在日本留学攻读博士学位的熊伟，作为日本科学技术联盟QFD研究会的唯一华人成员，参与了以创始人赤尾洋二教授为首的QFD研究活动，并最终在赤尾洋二教授主持答辩下成为全日本QFD方向博士学位获得者第一人，同时接受赤尾洋二教授和新藤久和教授的建议和协助，从QFD理论的发源地日本向国内介绍QFD理论。

从1991年开始，熊伟在《中国质量》《世界标准化与质量管理》《上海质量》《工厂管理》《管理工程学报》《计算机应用》《软件学报》等介绍QFD和发表QFD的研究成果数十篇。通过发表论文的形式向国内介绍QFD理论，同时追踪国际上QFD的最新发展动向，为以后QFD在国内的逐渐铺开奠定了基础。

后期来日本研修的张晓东回国后也在《中国标准化》(1996)发表文章，并出版了《质量机能展开——质量保证的系统方法》(1997)一书。赤尾洋二教授受国家质检总局质量司邀请在北京（1994年，1997年），上海（1995年），中国香港（1998年）举行QFD讲习班。1996年大藤正教授来华举办QFD培训。另外，新藤久和教授也在大连、无锡等地讲学。

几乎与此同时，邵家俊等国内质量专家，利用赴美国进行质量保证技术考察的契机，从美国引入QFD技术。邵家俊翻译出版了《质量功能展开概论》以及编写了《质量功能展开指南》资料。1994年又在《航空标准化与质量》杂志发文介绍QFD理论。中国航天标准化研究所的李跃生等结合航天的工作实际也进行QFD应用和研究。

这两个渠道引入的QFD内容和介绍形式也不相同，熊伟等人介绍的是QFD理论创始人赤尾洋二的综合质量功能展开理论，早期介绍形式以发表论文为主；而邵家俊等人引进的是美国的QFD简化版模式，引进形式以翻译美国的QFD著作开始，但实际上是把美国人所理解的QFD理论引入了中国。

2003年底回国工作的熊伟，在浙江大学组建以QFD为中心的研究团队，2006年开始首次招收QFD方向博士研究生，2009年成立质量与绩效管理研究所，2013年升格为校级浙江大学质量管理研究中心，在国家质检总局的支持下，联合中国质量协会，后又联合亚洲质量功能展开协会（AQFD）和中国医院品质管理联盟，全面研究和实践中国QFD模式，浙大QFD团队发展成为国内权威，世界规模最大的QFD研究基地。

在QFD理论研究方面，浙江大学熊伟团队以QFD为核心重点开拓质量创新、生态质量、食品质量安全、医疗质量、供应链质量、神经质量管理学等质量科学研究新领域，同时围绕我国当前重大和热点现实质量问题展开应用研究。熊伟结合中国实践提出基于儒家文化的中国式QFD理论与方法，形成顾客满意定量实现方法和产品/服务创新系统化实现方法。QFD系列研究被列入国家基金“十一五”重大研究计划，得到国家自然科学基金（面上项目和重大研究计划）、国家社会科学基金重大项目（至今质量方向仅两项）的连续资助，从而引领国内QFD研究的新方向。东北财经大学唐加福教授、西北工业大学同淑蓉教授、山东大学温德成教授、天津大学何祯教授等也对QFD展开了有益的研究，这些成果使中国QFD学术研究跨入国际先进行列。

QFD应用实践方面，在浙江省质量技术监督局的支持下，浙江省数十家企业应用QFD并获得“浙江省质量创新项目”的资助。省质监局主办，浙大团队承办的2014—2018年每年一期的“浙江制造”训练营中，有数百家企业应用了QFD理论。中国质量协会设立全国优秀质量功能展开项目，每年在全国质量技术大会上表彰。浙江大学质量管理研究中心咨询了数十家企业的QFD应用项目。目前中国在汽车、机械、电器、生物、医药制造、房地产、软件、玻璃纤维、教育、餐饮、旅游、医院等领域均有QFD应用案例。

所有这些工作都对QFD在中国的普及和应用起到积极作用，今天，QFD理论已在中国各界引起了广泛的重视。中国质量协会于2005年3月组织成立了全国QFD研究会（赤尾洋二教授担任顾问、熊伟教授任副主任），浙江大学熊伟教授作为创始成员设立的亚洲质量功能展开协会（AQFDA）为QFD理论的本土化，以及进一步推动中国QFD的理论研究和实践提供了平台。

为了进一步推动中国QFD的发展，并致力于将中国“品管圈”事业推上新的高度，清华大学刘庭芳教授与浙江大学熊伟教授共同研究，提出一种面向患者和相关方价值实现的系统化创新的品管圈新模式——QFD创新型品管圈。它既传承品管圈（课题达成型和课题研究型）的特点，又发挥QFD的优势，期望能系统化地解决品管圈发展面临的新问题。为推动“QFD创新型品管圈”的研究与推广，中国医院品质管理联盟特成立“QFD创新型品管圈专业委员会”，并从2020年第八届全国医院品管圈大赛和第五届亚洲医疗质量改进与创新大赛开始设立“QFD创新型品管圈”专场。

随着对QFD理论认识的不断加深，同时顾客意识、科学管理意识在企业家的心目中不断觉醒，QFD技术在中国各界引起了越来越广泛的重视，我们可以看到QFD理论在中国应用的美好前景。

第二节　质量功能展开理论与方法

一、质量屋

（一）质量屋的基本概念

质量功能展开（QFD）是一种思想，一种产品开发和质量保证的方法论，它要求我们在产品开发中直接面向顾客需求，在产品设计阶段就考虑工艺和制造问题。质量功能展开（QFD）的核心内容是需求转换，它是通过一系列图表和矩阵来完成的，其中起重要作用的是质量表，也称质量屋。质量屋（House of Quality，HOQ）将顾客需求转换成产品和零部件特征并配置到制造过程，是质量功能展开（QFD）方法的工具。

质量表，也称质量屋：“是将顾客要求的真正的质量，用语言表现，并进行体系化，同时表示它们与质量特性的关系，是为了把顾客需求变换成代用特性，进一步进行质量设计的表”（赤尾洋二教授定义）。

由上述定义可知，质量表如图10-2所示，它是由质量需求与质量特性构成的二维表。需求质量本来是客户方面的东西，由顾客提示，生产者把它们忠实地融入在产品中，这是真正意义上的面向消费者。但仅根据顾客的语言难以构筑产品，这里将它们变换成质量特性。质量特性是制造者的语言，是技术领域中的东西。质量表的意义在于对不同的领域，用关系矩阵进行变换，即从顾客的世界转换成技术的世界。

质量屋是建立质量功能展开（QFD）系统的基础工具，是质量功能展开（QFD）方法的精髓。典型的质量屋构成的框架形式和分析求解方法不仅可以用于新产品的开发过程，而且可以灵活运用于工程实际的局部过程，例如，可以单独应用于产品的规划设计或生产工艺设计等过程。

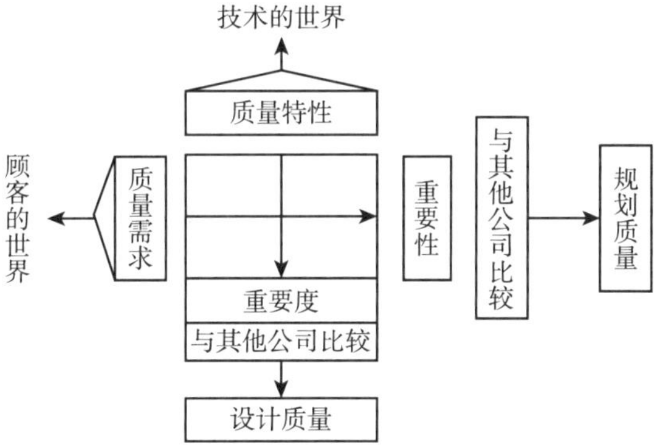

图10-2　质量表/质量屋

（二）质量屋的形式

质量屋是一种直观的矩阵框架表达形式，它提供了在产品开发中具体实现这种需求转换的工具。

通常，狭义的质量屋/质量表，如图10-3所示。一般情况下狭义的质量屋作为质量功能展开（QFD）过程的第一个质量屋在产品规划阶段中使用，而广义的质量屋是指质量功能展开（QFD）过程中的一系列矩阵，广义的质量屋，如图10-4所示，它的一般形式由以下几个广义矩阵部分组成。

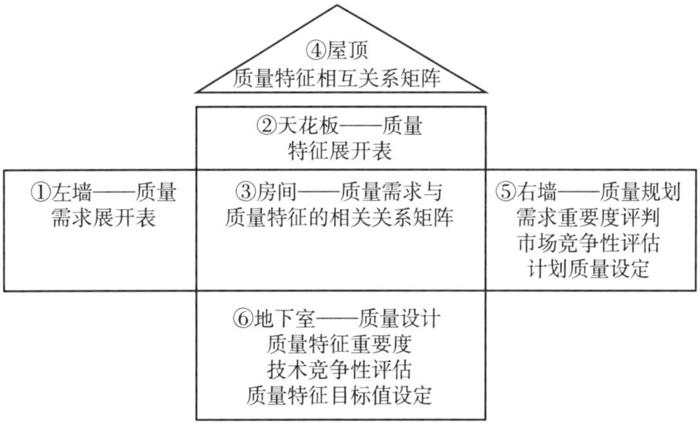

图10-3　狭义的质量屋

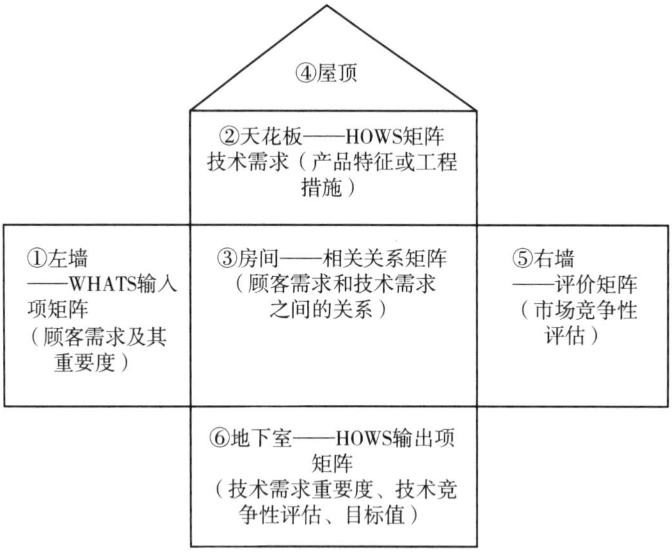

图10-4　广义的质量屋

1. 左墙——WHATS输入项矩阵　它表示需求什么，包含顾客需求及其重要度（权重），是质量屋的“什么”。

顾客需求：由顾客确定的产品或服务的特性。

重要度（权重）值：顾客对其各项需求进行的定量评分，以表明各项需求对顾客到底有多重要。

2. 天花板——HOWS矩阵　它表示针对需求怎样去做，是技术需求（产品特征或工程措施），是质量屋的“如何”。

技术需求（产品特征或工程措施）：由顾客需求转换得到的可执行、可度量的技术要求或方法。

3. 房间——相关关系矩阵　它表示顾客需求和技术需求之间的关系。

关系矩阵：描述顾客需求与实现这一需求的技术需求（产品特征或工程措施）之间的关系程度，将顾客需求转化为技术需求（产品特征或工程措施），并表明他们之间的关系。

4. 屋顶——HOWS的相互关系矩阵　它表示HOWS（技术需求）矩阵内各项目的关联关系。

相关矩阵：表明各项技术需求（产品特征或工程措施）间的相互关系。

5. 右墙——评价矩阵　评价矩阵指竞争性或可竞争力或可行性分析比较，是顾客竞争性评估，从顾客的角度评估产品在市场上的竞争力。

市场竞争性评估：对应顾客需求进行的评价，用来判断市场竞争能力。

企业产品评价：顾客对企业当前产品或服务满意的程度。

竞争对手产品评价：顾客对企业竞争对手的产品或服务的满意程度。

改进后产品评价：企业产品改进后希望达到的顾客满意的程度。

6. 地下室——HOWS输出项矩阵　它表示HOWS项的技术成本评价等情况，包括技术需求重要度、目标值的确定和技术竞争性评估等，用来确定应优先配置的项目。通过定性和定量分析得到输出项——HOWS项，即完成“需求什么”到“怎样去做”的转换。

技术需求重要度：表示技术需求（产品特征或工程措施）的重要程度。

目标值：为了具有市场竞争力，企业所需达到的技术需求（产品特征或工程措施）的最低标准。

技术竞争性评估：企业内部的人员对此项技术需求（产品特征或工程措施）的技术水平的先进程度所作的评价。

同市场竞争性评价一样，“地下室”包括对本企业技术的评价和对手企业的技术的评价及改进后技术的评价。他们所不同的是，市场竞争性评估是由顾客做出的，是对产品特性的评价；而技术竞争性评估是由企业内部人员做出的，是对技术水平的评价。

通过上述组成建立质量屋的基本框架，给予信息输入，通过分析评价得到输出信息，从而实现一种需求转换。

二、四阶段模式

四阶段模式是美国供应商协会（American Supplier Institute，ASI）提倡的四阶段展开方法，它从顾客需求开始，经过四个阶段即四步展开，用四个矩阵，得出产品的工艺和生产（质量）控制参数。四阶段模式，如图10-5所示。

1. 产品规划阶段　通过产品规划矩阵（质量屋），将顾客需求转换为质量特性（产品特征或工程措施），并根据顾客竞争性评估（从顾客的角度对市场上同类产品进行的评估，通过市场调查得到）和技术竞争性评估（从技术的角度对市场上同类产品的评估，通过试验或其他途径得到）结果确定各个质量特性（产品特征或工程措施）的目标值。

2. 零件配置阶段　利用前一阶段定义的质量特性（产品特征或工程措施），从多个设计方案中选择一个最佳的方案，并通过零件配置矩阵将其转换为关键的零件特征。

3. 工艺设计阶段　通过工艺设计矩阵，确定为保证实现关键的质量特性（产品特征）和零件特征所必须保证的关键工艺参数。

4．生产控制阶段 通过生产控制矩阵将关键的零件特征和工艺参数转换为具体的生产（质量）控制方法或标准。

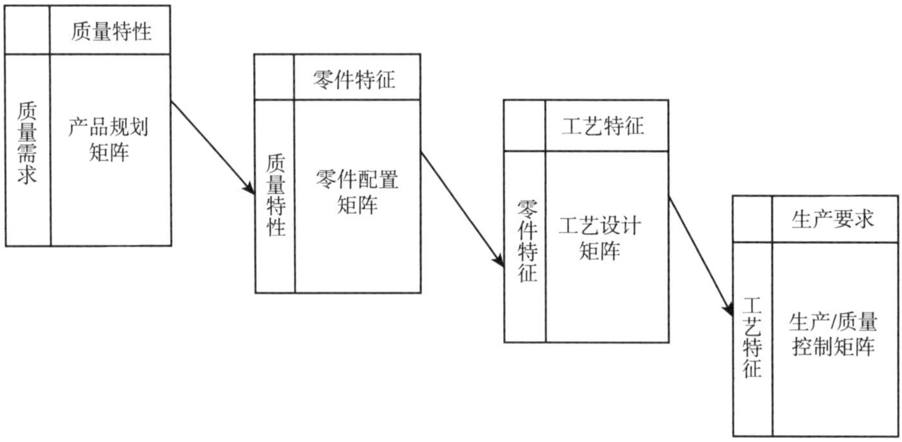

图10-5 QFD的四阶段模式

根据下一道工序就是上一道工序的“顾客”的原理，四阶段模式从产品设计到生产的各个过程均建立质量屋，且各阶段的质量屋内容上有内在的联系。在此模式中，上一阶段的质量屋“天花板”的主要项目将转换为下一阶段质量屋的“左墙”，上一步的输出就是下一步的输入，构成瀑布式分解过程。QFD的展开要将顾客的需求逐层分解，直至可以量化度量。同时采用矩阵（也就是质量屋）的形式，将顾客需求逐步展开、分层地转换为质量特性、零件特征、工艺特征和生产（质量）控制方法。

三、综合质量功能展开模式

综合QFD模式也被称为赤尾模式，是由赤尾洋二归纳得出的。赤尾洋二最初发表的质量展开表中，针对狭义的质量归纳了17步工作步骤，但是，在产品开发过程中，实际上并不只是质量，还有为了实现质量所必需的技术和所需要的成本，必须考虑和平衡这些因素。另外，如果产品在有可靠性要求的情况下，必须针对可靠性进行特别的重点管理。这样，在新产品开发中，因为设计部门担负着主要的作用，所以，质量保证活动必须适应设计部门的业务。为此，赤尾洋二等归纳了以设计阶段为中心，由64步工作步骤组成的综合性质量展开的框架（赤尾模式）。其中，包含有成为质量保证核心的质量、技术、成本和可靠性。赤尾模式，如图10-6所示。

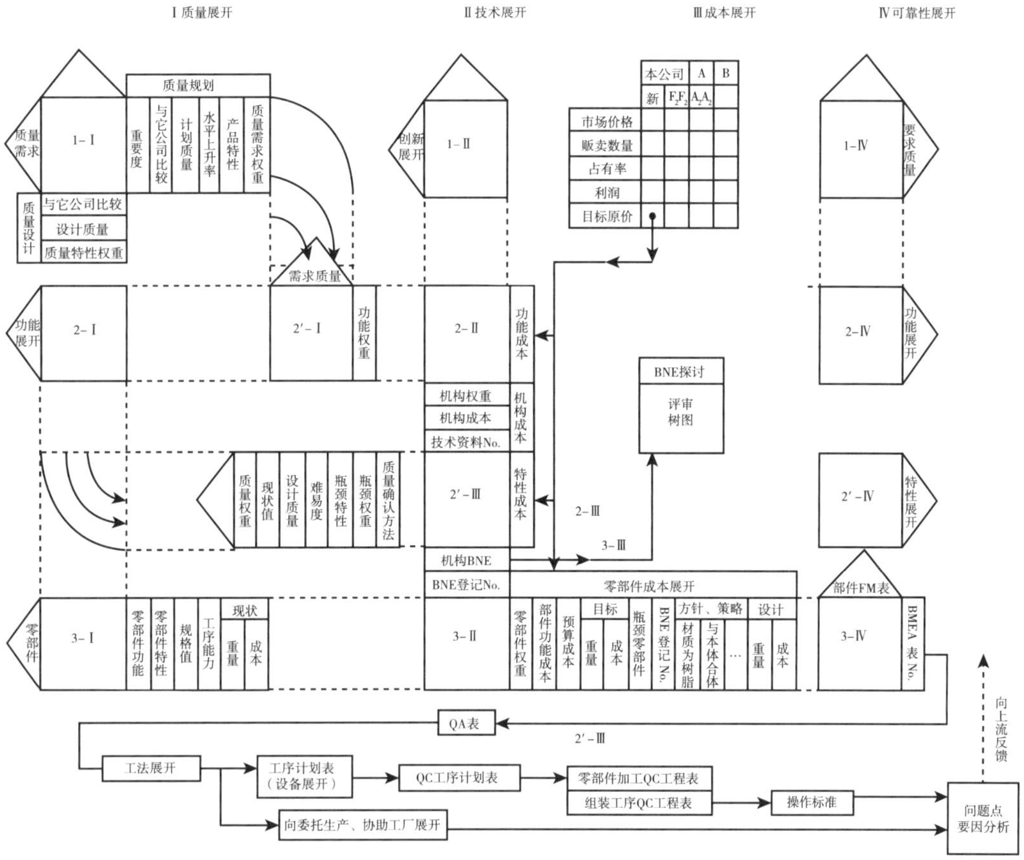

图10-6　赤尾模式（包含技术、可靠性、成本的综合质量功能展开）

第三节　质量功能展开创新型品管圈新模式

一、质量功能展开与品管圈的融合

品管圈（quality control circle，QCC）由日本东京大学石川馨于1962年提出以来，最初的改进项目均聚焦于问题解决，直到1996年在日本东京举办的第10届国际质量大会（international conference on quality）上，对应原有的问题解决型品管圈活动，将“开拓与适应新业务”“突破现状”“魅力质量”3种具有创新意义的挑战性选题区分定义为课题达成型，并推出了课题达成活动的7个步骤，后扩展为8个步骤。

中国自从1978年从日本引进品管圈后，在国内得到广泛应用，取得大量成果，其中大部分是问题解决型，包含“现场型”“管理型”“服务型”“攻关型”。课题达成型品管圈被引入中国在工业、产业界等被称为“创新型QC小组”，基本沿用了日本的理论框架和步骤。

在医疗行业，清华大学刘庭芳教授在课题达成型的基础上，提倡模式构建、开发定量化评价量表和方法、研制了可操作性很强的成果评审标准，改进成为“课题研究型品管圈”，并在专业性比较强的医疗行业取得成功。2013—2020年已成功举办了八届“全国医院品管圈大赛”，比赛规模不断扩大，圈组质量逐步提升。但我国医院品管圈活动仍存在一些问题，例如，部分地区活动类型与选题范围相对单一、规范性与严谨性不足、多维管理工具的科学应用偏少等。多维管理工具的科学运用是达成组织目标的有力保障。在现代医院中，质量是医院管理的生命线和永恒主题，而管理工具的科学、合理应用是保障、控制、提升医疗质量的基础。目前我国医院对于质量管理七大手法等基础管理工具的应用已初具规模。另外，品管圈如何与追踪方法学（TM）、根本原因分析（RCA）、质量功能展开（QFD）等其他管理工具集成应用，并在此基础上融合成模式框架、建立起应用的长效机制，促进质量持续改进，是有待于进一步探讨的课题。

“课题达成型品管圈”充分发挥品管圈的特点，解决了许多小而实的课题，“课题研究型品管圈”解决问题难度大、涉及部门多、辐射范围广，但对于新项目开发和新服务设计等比较复杂的课题，需要运用更多和更系统性的创新方法，而作为3个目标之一的“魅力性质量的创造”在实现过程和具体方法上也显得不足，品管圈发展面临的新问题呼唤着新的理论和方法的探索需求。

质量功能展开（QFD）在20世纪90年代初由浙江大学熊伟教授引入中国后，被人们逐渐认识。之后，熊伟教授团队在国家自然科学基金（面上项目和重大研究计划）、国家社会科学基金重大项目（至今质量方向仅两项）的连续资助下，拓展研究了QFD框架下的数十种方法，并进一步结合中华传统文化提出了中国式QFD理论与方法，发表100余篇研究论文，出版6本QFD系列专著。同时，咨询了数十家企业的QFD应用项目，在航空航天、大型装备、汽车、机电、化工材料、厨电、软件、生物医药、医院、房地产、教育、餐饮、旅游等领域均打造了QFD典型应用模式和案例。熊伟基于理论研究和实践积累，逐步将QFD定性为一种系统化创新方法和顾客满意定量实现技术。虽然QFD已成为国际标准（ISO16355），在国内外得到有效应用，近年也受到医疗领域的关注，但QFD相对品管圈而言，方法和步骤程序都比较复杂，能力要求比较高，没有像品管圈这种群众性活动一样得到轰轰烈烈的普及。

品管圈（课题达成型和课题研究型）与质量功能展开（QFD）的目标都是为了解决创新型问题，QFD在创新过程和方法上更系统，内在过程逻辑严密性更强。

品管圈（课题达成型和课题研究型）与质量功能展开（QFD）达成创新目标的整体思路基本一致，只是路径和方法不一样。品管圈是设定目标及可行性分析、提出方案并确定最佳方案、制定对策、对策实施；QFD是质量规划（考虑需求重要度排序、质量水平提升率和魅力质量值导出设定目标）、质量设计（将外部需求转化成内部质量特性、通过竞争性评估分析导出设计值，提出方案）、质量优化（运用多维工具从风险安全、矛盾冲突等多角度进行优化，确定最佳方案）、质量传递（展开至环节和流程中探讨制定对策）、质量实现（对策实施并形成规范制度）。

课题研究型品管圈的课题明确化与QFD的质量规划在思路和路径上极其相似，只是实现方法不一样。通过对比分析发现品管圈（课题达成型和课题研究型）与QFD两者是可以融合的。

因此，熊伟与刘庭芳用以在系统化创新和顾客满意定量实现方面比较擅长的质量功能展开（QFD）理论为核心，改进魅力质量量化和实现方法，结合层次分析法（AHP）、失效模式与效应分析（FMEA）、发明性问题解决理论（TRIZ）等先进质量管理方法，融合品管圈（QCC）和质量功能展开（QFD）两者的优势，提出一种面向顾客（患者）和相关方价值实现的系统化创新的品管圈新模式——QFD创新型品管圈。它既传承品管圈（课题达成型和课题研究型）的特点，又发挥QFD的优势，期望系统化地解决品管圈发展面临的新问题，成为中国品管圈今后发展的方向之一，也有望将中国“品管圈”事业推上新的高度。

二、质量功能展开创新型品管圈概念

QFD创新型品管圈（QFD innovative QCC）由熊伟和刘庭芳定义为：一种针对顾客（患者）及相关方的需求，运用QFD（质量功能展开）及集成多维质量工具，创新地设计服务或产品，打造魅力质量竞争力的面向顾客（患者）及相关方价值实现的系统化创新的新模式。

它既传承品管圈（课题达成型和课题研究型）的步骤明确、可操作性强、PDCA循环等特点，又发挥QFD的顾客（患者）满意导向、系统化创新方法、量化打造魅力质量等优势，为渐进型创新和突破型创新提供了实用的工具。

QFD创新型品管圈的概念图，如图10-7所示：

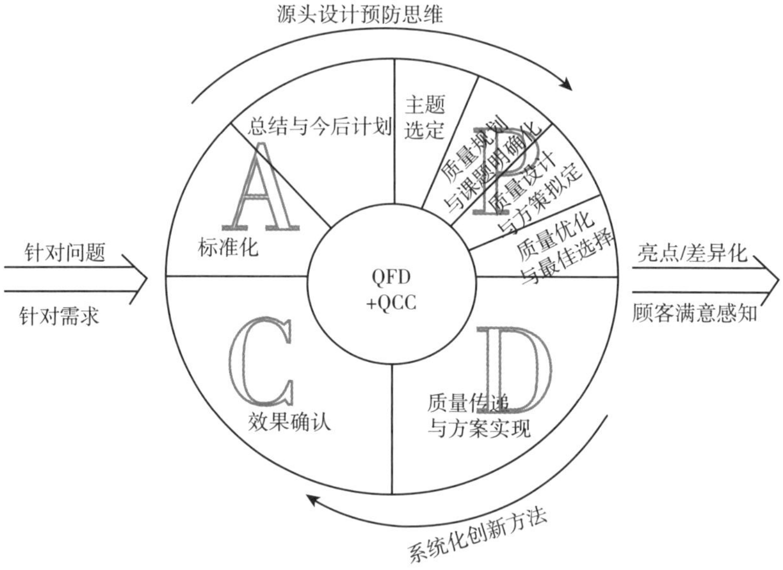

图10-7　QFD创新型品管圈的概念图

三、质量功能展开创新型品管圈活动程序

QFD创新型品管圈从客户（患者）及相关方需求出发，为满足需求，提升满意度或打造魅力质量创新点，而确定课题目标，进而通过一系列工具和流程进行分析并实现预定目标。其活动程序是由主题选定、质量规划与课题明确化、质量设计或方策拟定、质量优化与最佳选择、质量传递与方策实现、效果确认、标准化、总结与今后计划这8个步骤依次进行，其中，这8个步骤根据不同环节的目标要求可依次确定不同的实施详细步骤，并通过集成其他质量管理工具和方法系统地确保目标的实现。QFD创新型品管圈总程序图，如图10-8所示。

（一）主题选定

QFD创新型品管圈主要是从挖掘并识别客户（患者）及相关方需求出发而进行系统化创新、打造质量魅力、提升满意度，在制订方案并开展相关活动之初即要根据目标及其实现可行性确定本次方案或活动的主题并制定相应活动计划，确保目标可以实现，其主题选定包括提出问题、课题选择或评估、QC STROY、QFD模式构建以及拟定活动计划5个步骤。

1. 提出问题　品管圈根据客户（患者）需求、潜在需求、组织内部发展需求以及与行业内先进性对比等要求分别从①科室、职能部门、环节；②产品、服务、体系满意度；③模式、流程/临床路径等方面识别组织内部现存在的问题或需要改进的地方。

如在科室、职能部门、环节方面，可以是科室、职能部门的合并优化或细分、某种模块或功能分享、环节优化、替代或转变等；在产品、服务和体系满意度方面则分析哪些关键点的改变或优化可以提升满意度；在模式、流程/路径方面，则主要是根据实际开展情况，识别可能有助于提升工作效率或满意度的节点，重塑流程/路径等，同时，品管圈成员需将急需要解决或改进的地方罗列出来。针对提出的问题，品管圈成员可以通过头脑风暴进行分析讨论，提出为达到目的的所有解决途径和办法，并形成参考课题。

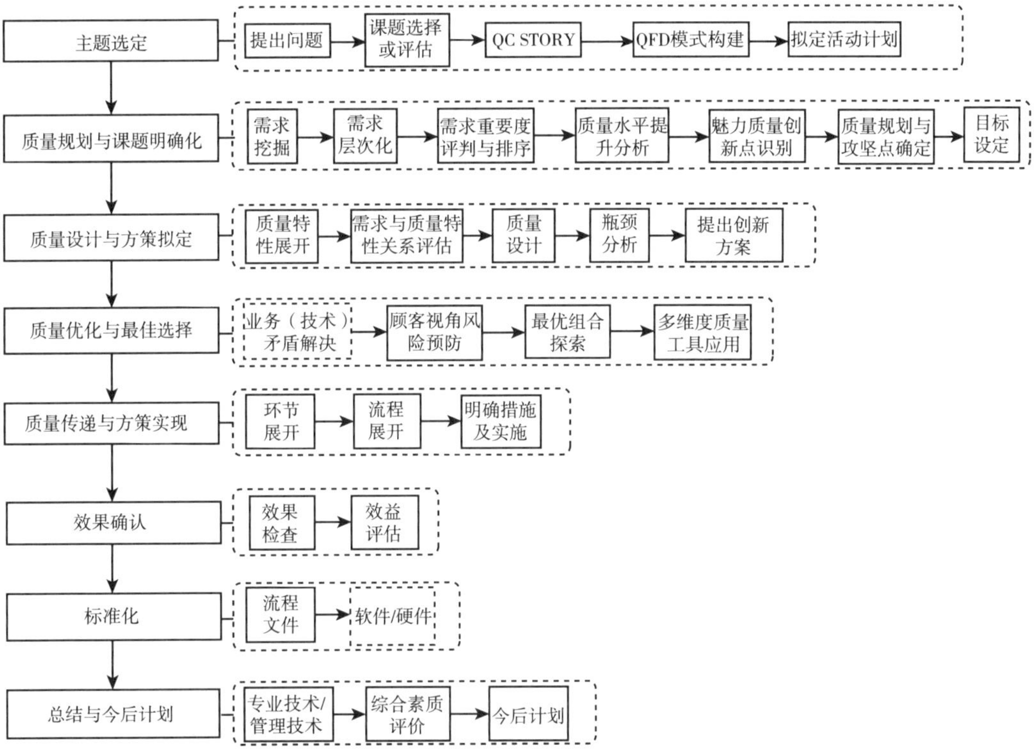

图10-8　QFD创新型品管圈总程序图

2. 课题选择或评估　在提出主要问题后，团队成员需要从各方面进行评估、筛选出项目的对象、范围及选题。可以采用流程开始/结束表、SIPOC分析法、满意度调查、排列图和矩阵评估法来进行评估。

（1）流程开始/结束表：根据流程开始/结束表，将解决所提出问题的课题所需开展的流程明确化，明确从流程开始到结束所需的各个步骤、指标、资源配置等条件，品管圈从实现目标出发，通过流程开始到结束的明确化要求，对此课题的可行性、有效性、经济性及时间性等各方面进行评估，以选择适宜课题。

（2）SIPOC分析法：按Supplier（供应者）—Input（输入）—Process（流程）—Output（输出）—Client（客户）的顺序对课题进行流程梳理，明确选择此课题的目的，并通过对供应者（提供流程作业所需的资料/材料/其他资料的人或组织，可为内部或者外部）、输入（在流程中消耗或转换的资源）、流程（转换为投入的系列步骤）、输出（客户使用的产品或服务）以及客户（接受流程产出的人/组织或其他流程，可为内部或外部）的分析，识别流程角色，了解流程供应者、以及流程的真实客户。客户只有其需求得到满足，才会满意与忠诚。

品管圈成员从流程中的客户需求、由此展开的一系列活动和步骤以及投入的资源等出发，评估课题工作开展的有效性、经济性、可行性等对课题开展进行评估，以选择合适课题。

（3）满意度调查：提升满意度是QFD创新型品管圈所需解决的核心问题之一，品管圈成员根据所提出的问题进行满意度调查问卷设计，通过对调查结果进行统计分析后，取最关键的影响因素作为改进课题，进行分析改进。

（4）排列图：排列图是将出现的质量问题和质量改进项目按照重要程度依次排列而采用的一种图表，用双直角坐标系表示，左边纵坐标表示频数，右边纵坐标表示频率，分析线表示累积频率，横坐标表示影响质量的各项因素，按影响程度的大小（即出现频数多少）从左到右排列，通过对排列图的观察分析可以抓住影响质量的主要因素。通过排列图分析，品管圈能区分“微不足道的大多数”和“至关重要的极少数”，从而使组员关注于重要的类别并进行选题评估与抉择。

（5）矩阵评估法：圈员通过KJ（亲和图）法等方法将需要解决的问题所要考虑的因素分别列出，通过将这些因素分别置于矩阵图的行和列上，行和列的交叉点中用数量（一般为1~9）来描述这些因素之间的对比关系，某一交叉点行上的因素与列上的因素同等重要则打1分，行上的因素比列上的因素重要则给正分，行上的因素没有列上的因素重要，则发过来给重要分数的倒数分，由此可得出每行的总分，通过汇总统计，可以定量的给各个因素的重要性进行排序，再通过每个选题对于解决这些要素的重要性进行评估后打分，通过加权平均得出最优选题。

3. QC STROY　在明确选题后，我们需要判定其是否为QFD创新型问题。在此，我们分为两步加以判断，首先分析该选题是解析型问题还是创新型问题，若为创新型问题，则继续加以判断其是课题研究型或是QFD创新型。

解析型活动主要针对既有的、延续的工作中现状与标准出现的差距（问题），以既有的工作方法为前提予以解决，在实施中追寻原因，对现状工作进行部分改进。而创新型问题主要针对新的、无既往经验的工作，在新的期望与目标产生后，通过新的工作方法达成新的期望值（表10-1）。

表 10-1　解析型问题或创新型问题判定表

课题研究型	关系程度		问题解决型
1.以前未曾有过经验，首次面临的工作欲顺利完成（新规业务的应对）			1.欲解决原来已在实施的工作中的问题
2.欲大幅度打破现况（现况打破）			2.欲维持、提升现况水平
3.欲挑战魅力的质量，魅力性水平（魅力性质量的创造）			3.欲确保当然质量、当然水平
4.欲提前对应可预见的课题			4.欲防止再发生已出现的问题
5.透过方案、创意的追究与实施可达成标的			5.透过问题的原因究明与消除原因，可获得解决
判定结果	合计分数		判定结果

注:（1）关系程度三阶段评价中，大=5分，中=3分，小=1分;（2）圈员___人，实到__人，各自评价给分合计后确定

对于创新型问题，我们根据目标、问题、工具、顾客（患者）导向、魅力质量打造具体方法、方案优化及障碍消除等进行课题研究型及QFD创新问题判定（表10-2）。

表 10-2　课题研究型与 QFD 创新型判定表

课题研究型	关系程度		QFD创新型
1.目标：开拓新业务、突破现状、打造魅力质量			目标：提升满意度、系统化创新（新模式、新服务）、打造魅力质量亮点
2.问题：问题难度大、涉及部门多、辐射范围广			问题：主要聚焦创新和满意问题（如满意度提升，新服务、新方案设计，考虑多因素影响的改进问题，改进创新的系统性、科学性提升等），涉及部门和辐射范围与创新和满意问题相关
3.工具：PDCA及QC手法			工具：QFD及其与AHP、TRIZ、FMEA等的集成
4.顾客（患者）导向：内部改进点与外部顾客（患者）需求有关联			顾客（患者）导向：用质量屋（HOQ）系统地将外部需求转化成内部业务改进点，并给出价值排序，关联性更强，并提供内部改进与创新的科学依据
5.魅力质量打造：以“魅力性质量的创造”为目标，但具体方法不明确			魅力质量打造：量化魅力质量值并嵌入QFD质量规划，提供具体定量化的魅力质量/创新点打造方法
6.方案优化：用“方策拟定评价表”制定多个方策，用“最适方策探究表”进行优选一个			方案优化：运用质量屋（HOQ）工具，进行质量设计，系统地导出一种具有魅力质量/亮点的新方案，并从风险、冲突等多角度对这一种方案的内部参数组合优化
7.障碍消除：应用PDPC法，进行障碍和副作用判定，制订消除障碍措施			障碍消除：借助行业外数百万件专利提炼的TRIZ创新规律和发明原理，推导出矛盾冲突解决策略，不需要经验也能有科学依据地导出最佳解决方案
	合计分数		

注:（1）关系程度三阶段评价中，大=5分，中=3分，小=1分;（2）圈员___人，实到__人，各自评价给分合计后确定

4. QFD模式构建 圈组根据主题选定步骤，确定了要开展项目的对象、范围及选题，在这阶段圈成员对要解决的问题进行初步的讨论，通过课题研究型与QFD创新型品管圈的对比打分，对问题有了更清楚的认识，逐步明确了课题的范围、顾客与相关方，需要通过QFD模式构建，来理清相互之间的逻辑关系。最典型的通用QFD模式有四阶段模式和64个步骤构成的综合（AKAO）模式，而应用于不同行业、对象及范围，所需要构建的质量屋类型和数量，以及集成应用的质量工具，有所不同。

5. 拟定活动计划 在确定选题及构建模式后，为了更好的进行活动进程管控，提高活动开展效率，根据5W1H原则构建活动计划表甘特图，确保各项工作有序进行。

（二）质量规划与课题明确化

1. 需求挖掘 质量功能展开（QFD）的输入来自顾客（患者）和价值相关方的需求，一切服务的设计都是围绕这些需求展开的。需求挖掘是整个质量屋技术（HOQ）运用的始端，前期需求挖掘的充分与否，关系到需求展开和质量特性展开的全面性。

2. 需求层次化 在使用调查问卷、访问、深度访谈、电话、焦点小组、情景分析等方法获得顾客（患者）和价值相关方需求以后，许多需求在表达上可能存在差异，但在实质上表达的同一种意思，或者有的需求包含了一个和多个的需求。因此，有必要对相似的或者同一类的需求进行归类和整理。可以用KJ法（亲和图法）或树图等将需求聚类或层次化方法，以便于理解。

KJ法（又称亲和图法，Affinity Diagram），是由日本学者川喜田二郎于1970年提出的一种创造性问题解决思考技法。川喜田二郎在多年的野外考察中总结出一套科学发现的方法，即把看上去根本不想收集的大量事实如实地捕捉下来，通过对这些事实进行组合和归纳，发现问题的全貌，后来他把这套方法与头脑风暴相结合，发展成包括提出设想和整理设想两种功能的方法，就是KJ法。具体来说，就是针对某一问题，充分收集各种经验、知识、想法和意见等语言、文字资料，按其相互亲和性归纳整理这些资料，将信息分类，求得统一认识和协调工作，以利于问题解决的一种方法。

KJ法的分组示例，如图10-9所示。圈组成员先收集三次水平的需求，然后将意思相近的亲和、归类为二次水平，所有的需求亲和归纳为一次水平。通过层次化，圈组对需求的理解更清晰，也通过层次化，可以检查需求收集的完整性，防止需求的遗漏。

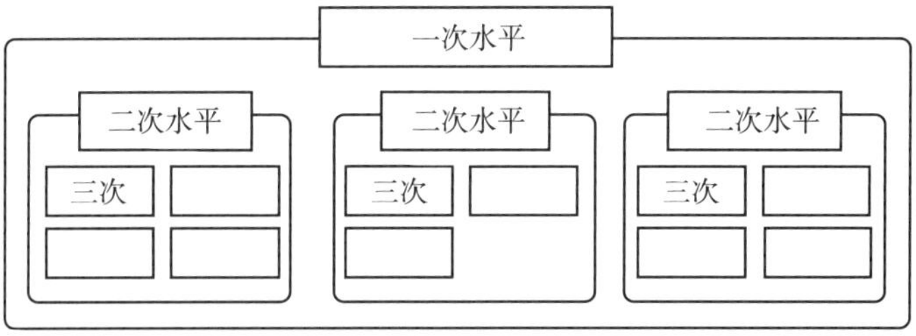

图 10-9　患者与相关方需求分组示意

3. 需求重要度评判与排序　在将需求层次化以后，还需要确定患者与相关方需求的重要度。需求重要度评判的方法有李克特法、德尔菲法、模糊AHP理论、粗糙集AHP、神经网络等。

4. 质量水平提升分析　在确定好需求的重要度之后，需要设定与需求相对应的质量水平。在QFD创新型品管圈中，质量水平提升分析需要以患者及相关方的角度对本医院的水平与竞争医院的水平进行对比评价，从而设定提升后的质量水平（表10-3）。

表 10-3　质量水平提升分析表

需求	需求重要度评判	质量水平提升分析			
		本医院水平	竞争医院水平	计划质量水平	水平提高率

5. 魅力质量创新点识别　利用卡诺（KANO）模型识别魅力质量创新点。KANO模型将顾客的质量需求分为魅力质量需求、一维质量需求（也称为期望质量需求）、当然质量需求（也称为基本质量需求）、无关心质量需求（图10-10）。

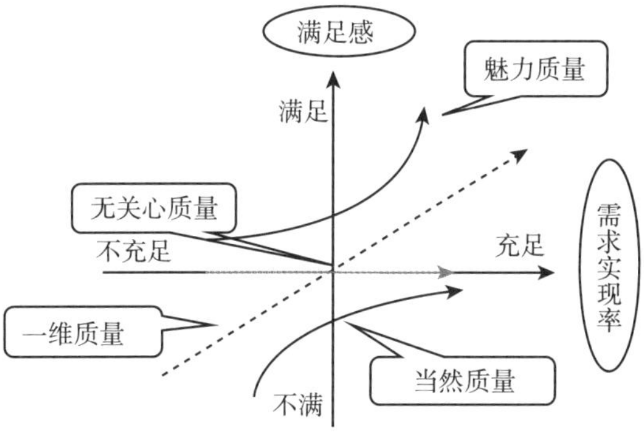

图 10-10　KANO 模型

圈组成员根据所选课题邀请圈组成员或者外部专家团队组成KANO分析小组，对收集的需求进行讨论，确定需求的KANO分析结果。根据KANO模型的分类方法，对每个需求按照不同的实现程度所对应的患者与相关方的满意程度进行分析。

通过定性的方法能将需求作初步的分类，但同类需求的魅力值会有差异，用定性的方法无法进一步分析，所以引入定量分析的方法。

KANO定量分析方法需要设计调查问卷，通过一定数量的调查问卷来获取各需求的魅力值。首先要选定放入问卷的内容，建议选定的数量不要过多，一般20个以内，过多的需求放入问卷，会增加问卷填写的时间和难度，影响回收的数量。对已经明确需求属性的可不放入问卷进行调查。在问卷设计步骤要确保问题清晰明确，每个问题只能有一个特性，问题要根据顾客能够获得的好处来表达，减少以我们能够做什么的方式来表达。在实施过程中，问卷调查可以与访谈结合加以综合运用判断。对每个需求都通过正向、反向两个提问来判断此需求是哪一类。

6. 质量规划与攻坚点确定 圈组成员完成需求收集、KJ法层次化、重要度评价、质量水平提升分析、KANO模型评价后，综合上面的内容可确定本次研究课题的质量规划及攻坚点确认。

质量规划过程就是将需求进行相对权重计算的过程，综合重要度、水平提升率及魅力值对需求进行质量规划。计算需求权重包括需求绝对权重W_{ai}和相对权重W_i的计算，对魅力值S_i，并乘以重要度K_i及水平上升率R_i，得出需求的绝对权重，公式为：

$$W_{ai} = K_i \times R_i \times S_i \qquad (10\text{-}1)$$

其中魅力值S_i的值与KANO模型得出质量需求分类相关，通过KANO定性分析得出的魅力值赋值为：魅力质量需求赋值1.5，一维质量需求赋值1.2，当然质量需求与无关心质量需求赋值1.0。

将绝对权重求和，各项目所占的百分比就是顾客需求的相对权重，相对权重表示了需求的最终权重。

$$W_i = (W_{ai} / \sum W_a) \times 100\% \qquad (10\text{-}2)$$

对需求的相对权重进行排序，经过圈组的讨论，结合实际情况，可选择相对权重较高的几项为攻坚点。在课题中，一般选择的攻坚点为3~5个比较合适。

7. 目标设定 目标设定可以从质量规划中的攻坚点的需求来设定，也可以从项目的最初选择的范围入手，从更高层次设定目标。从攻坚点设定目标时，由于攻坚点是从需求的相对权重得出，无法直接对需求设定可测量的目标，圈组可以将攻坚点的需求先行转化为可测量的质量特性，如跌倒损伤发生率、压疮发生率、插管患者非计划拔管发生率等，对可测量的质量特性设定目标。

（三）质量设计与方策拟定

1. 质量特性展开　质量设计与方策拟定包括质量特性展开、需求转化为质量特性、质量设计、瓶颈分析和提出创新方案。质量特性是指成为质量评价对象的特性、性能。质量要素是指评价质量的尺度，当这种尺度可以计量时就称为质量特性。质量要素是大概念，其中能够明确测定方法、计量方法，能用具体数值表示，并明确单位的才是质量特性。

将需求转换为质量特性的要点：

（1）针对性：质量特性是针对相应的需求而确定的。

（2）可测量性：尽可能抽出能测量的质量特性。

（3）全局性：质量特性不能涉及具体的设计方案。

质量特性抽出完成后，用KJ法整理，构造质量特性展开表。要提醒的是，质量特性展开时要包含上一节的目标设定步骤中已经展开的攻坚点所对应的质量特性。

2. 需求转化为质量特性　相关关系矩阵即是将需求与质量特性进行重要度变换，将需求的重要度转化为质量特性的重要度。在进行重要度变换之前，需要对"需求－质量特性"二维关系矩阵进行评判打分，将定性的关系评价转化为定量的关系评价。一般使用"◎为强相关=5；○为相关=3；△为弱相关=1；空白为不相关=0"进行打分。之后通过采用比例分配法或独立配点法，计算出质量特性的重要度。

相关关系评价时的注意事项：

（1）对每一对进行对立评判。

（2）对于各项需求，至少有一个"◎"。

（3）"◎"不能集中于某一个地方。

（4）没有过多地记入"◎""○""△"项目。

（5）不能仅在对角线上记入"◎""○""△"。

3. 质量设计　在质量设计阶段要完成质量特性重要度的转换、质量特性竞争性评估、设定质量特性的设计值。

步骤一：重要度转换

根据需求与质量特性的相关关系，可以将需求权重转换为质量特性权重。重要度转换的方法一般有比例分配法与独立配点法，通常独立配点法比较常用。

（1）比例分配法：在质量屋中，对◎、○、△进行数值化，求行（需求项）的重要度总和，将总和根据◎、○、△数值的大小按比例进行分配，然后将纵向合计作为质量特性重要度的方法，称为比例分配法。比例分配法的优点是求得的数值结果直接就是百分比的形式。缺点就是◎、○、△数目和分布会影响质量特性重要度的计算结果。

（2）独立配点法：独立配点法能解决比例分配法的缺点，它是将需求重要度直接与◎、○、△的数值相乘，再纵向合计的方法。◎、○、△符号的数值一般用5：3：1。也有用4：2：1或3：2：1。

独立配点法的映射算法为：设CIR_i为第i个需求的重要度，R_{ij}为第i个需求和第j个质量特性之间关系符号所对应的数字值（5，3，1），TIR_j为第j个质量特性的重要度，则

$$TIR_j = \sum_{i=1}^{n} CIR_i \times R_{ij}, j = 1,2,\cdots,m \quad (10\text{-}3)$$

步骤二：质量特性竞争性评估

如需求竞争性评估中对需求实施比较分析一样，对质量特性也必须进行比较分析。通过试验、查阅有关文献等方式评估本组织与竞争对手的质量特性指标。质量特性的竞争性评估由圈组成员或内部专家实施，是对质量水平的评价。

一般来说，需求竞争性评估同质量特性竞争性评估结果是一致的，但是在某些情况下，两者也可能相互矛盾。主要存在以下几个原因：

（1）特性测试并没有真正反映患者与相关方的需求。

（2）除了已选择的质量特性外，还有某些尚未列入的质量特性对该需求存在“强”的关系。此时，应该补充新的质量特性。

步骤三：设定质量特性设计值

根据从需求权重变换得到的质量特性权重，和对各质量特性的竞争对手现状的调查结果，以及本组织与竞争对手的比较情况，来设定质量特性设计值。

在质量特性表中，只有一部分质量特性被掌握，而有一部分是不清楚的。对于没有充分掌握的质量特性，可以先进行调查，或者查阅文献，把握竞争对手的动向。

根据质量特性的重要度来确定质量保证的重点方向，以便将时间、资源集中地用于真正需要的地方。综合考虑质量特性重要度、质量特性竞争性评估结果、实施成本和可调配资源设定具体的质量特性设计值，使其成为具有市场竞争力而所需达到的规则值的最低标准。这是质量设计中最复杂也是最关键的决策过程。

4．瓶颈分析 圈组根据质量特性的重要度、对比分析之后，设定出质量特性的设

计值。由于成本、时间、能力等各种资源的限制，圈组在实现质量特性设计值时需要进一步分析，找出能快速实现顾客需求的方案，避开风险，优化选择（图10-11）。

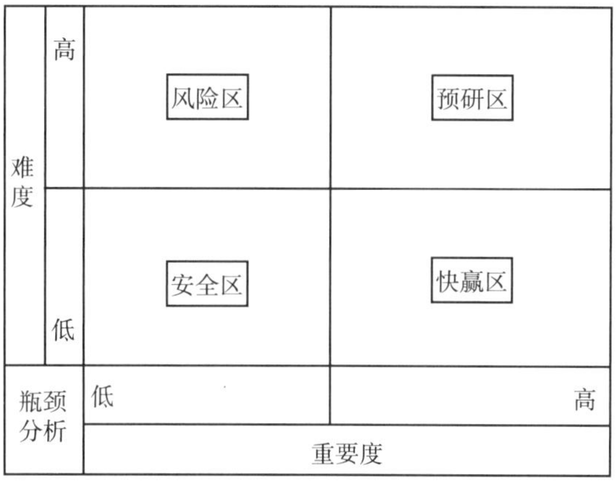

图10-11 瓶颈分析

瓶颈分析是质量特性的重要度与难度的二维分析图，在质量特性重要度的基础上，分析每个质量特性实现设计值的难度，从1~10分进行评估。“1”表示无难度，可直接实施；“10”表示现在无解决方案，需要外部开发。难度值可以根据圈组所在组织的情况给予更准确细化的定义。

5. 提出创新方案 质量设计值的组合就是整体改进方案或服务（产品）设计方案。质量特性重要度揭示了外部顾客（患者）和价值相关方导向的改进方向或设计重点，也就是改进什么、重点设计什么要素；质量特性的设计值是改进或设计达成的目标尺度，尺度标准就是具有市场竞争力而所需达到的最低质量水平，也就是改进到什么程度、设计要素需要达到怎样的水平值。圈组可以结合最新的互联网、人工智能、物联网等技术与医院的管理相融合，有必要时也需要通过文献查询、循证医学等方法来确认方案是否合理。最终通过瓶颈分析，圈组能确定不同类型质量特性的应对措施，选择不同的策略来实现质量特性的设计值，为后续的方案优化和实施具体措施提供基础。

（四）质量优化与最佳选择

1. TRIZ业务矛盾解决 利用质量屋（HOQ）找出了质量特性之间的相关关系后，对于质量特性自相关矩阵中的负相关问题，用TRIZ进行冲突分析，冲突判定及冲突解决。首先，对质量屋中相关矩阵中呈负相关关系的质量特征进行冲突分析；其次，根据不同冲突的判定准则判断冲突的种类，查找阿奇舒勒矛盾矩阵表，得到推荐的发明原理，根据发明原理探讨矛盾解决思路，从而优化方案（图10-12）。

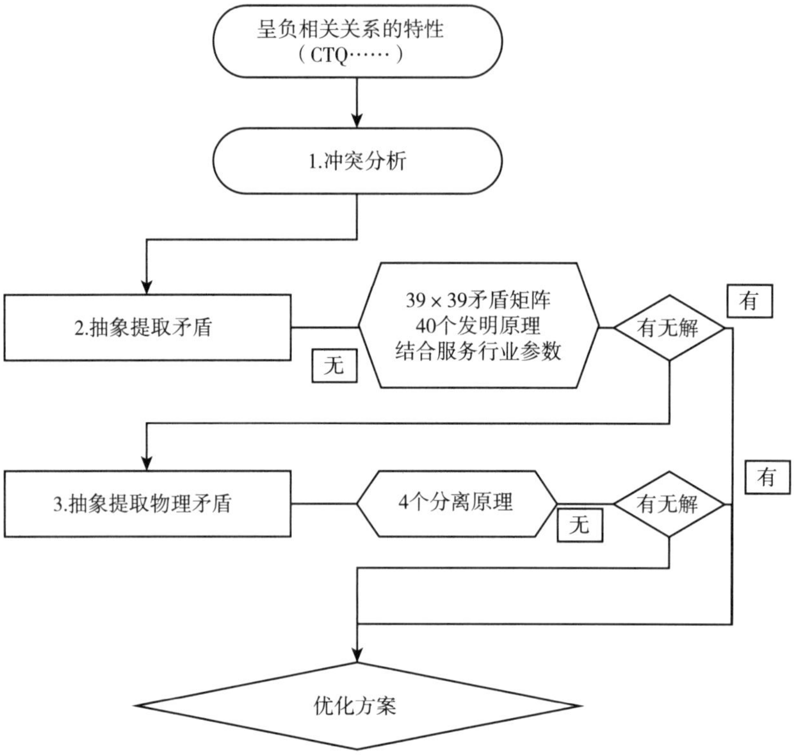

图10-12　QFD与TRIZ融合的矛盾解决路径

2. FMEA患者视角风险预防　失效模式与效应分析（FMEA）是在汽车、航天等领域广泛运用的风险管理方法。它能用来找出过程中潜在的质量问题或失效模式，分析所造成影响的严重性，发生频率及现有控制手段所能检出的难易程度，以便及时采取预防措施。

构建质量特性-失效模式质量屋整理分析失效模式，识别顾客敏感度高的失效模式（图10-13）。首先，用QFD方法将顾客（患者）需求转化为质量特性，进而通过质量特性-失效模式质量屋，进一步展开至失效模式，得到风险控制重点。失效模式分析是从产品或服务设计过程中可能出现的失效角度，即自下而上对失效进行分析，进而建立失效模式与质量特性的关系，识别出顾客重点关注的失效模式。

QFD与FMEA结合的风险管理优化路径，如图10-14所示，新设计将经常提出什么是有效的新系统。QFD与FMEA结合能用来分析业务开展方案的风险能否满足顾客（患者）的需求，分析与新服务系统相关的失效，过程关联的失效，以及环节及其相互连接有关的失效。对所有失效模式进行在线评审，关注与验证是否所有失效模式都有了恰当的控制方法（预防和探测），并且有效的运作。

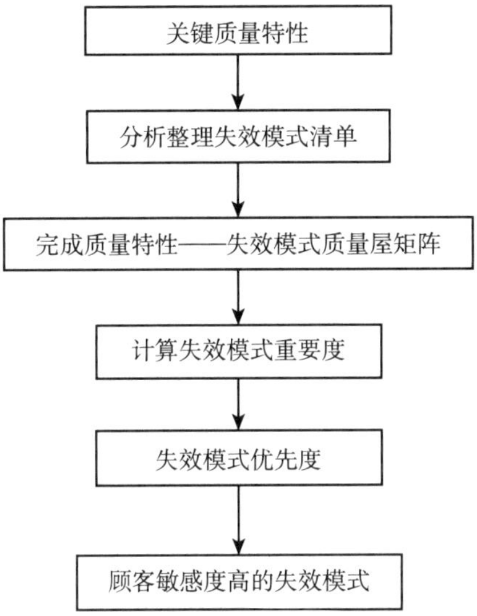

图10-13　质量特性——失效模式质量屋构建路径

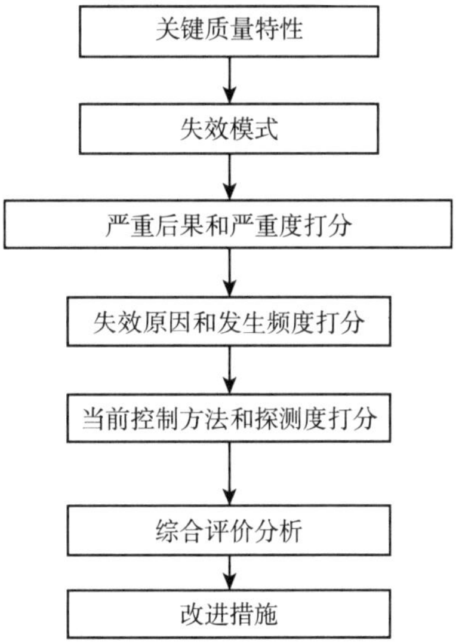

图10-14　QFD与FMEA结合的风险管理优化路径

（五）质量传递与方策实现

质量传递与方策实现包含方案的分解、对策具体制订与实施等。对于多阶质量屋的使用遵照了不同域之间映射的思路，如“需求－质量特性”“质量特性－环节/流程”“环节/流程－措施”，在实际项目中可以根据项目特点对质量屋进行添加或裁减，如采用“需求－质量特性–FMEA–措施”简化版的QFD Ⅰ与FMEA结合的形式；如“需求－质量特性－环节－流程－对策－实施要求”多阶版的QFDI–Ⅱ–Ⅲ–Ⅳ与FMEA、TRIZ结合的形式；以下对“QFD Ⅱ：质量特性－环节/流程”“QFD Ⅲ：环节/流程－措施”进行论述（图10-15）。

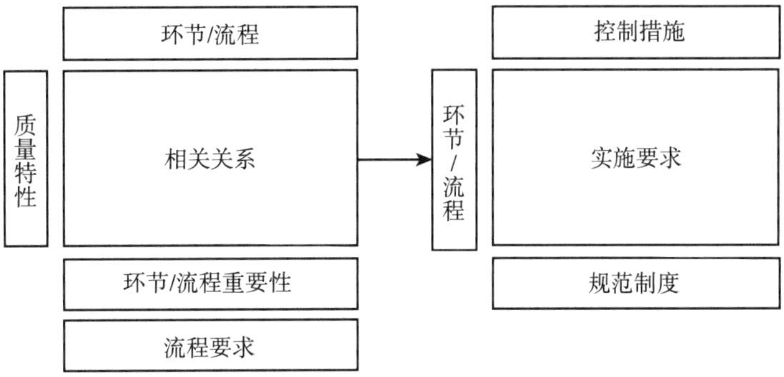

图10-15　质量传递与方策实现

1. 质量特性与环节/流程质量屋 质量特性可以通过质量屋传递到与之相关的环节或流程中。当对象比较复杂的时候，质量特性可以按照质量特性–环节质量屋，环节–流程质量屋逐次传递，找出关键流程，必要时开展流程改进或流程重组。质量特性–流程质量屋构建步骤如下：

（1）定义、整理、分析欲改善科室的流程，绘制初步流程图。所有的设计流程形成一个完整流程体系，表现为系统具体的运行模式。采用流程建模，用对应的流程来实现需求，达到顾客满意。

（2）通过质量特性进一步分解得到相关的环节/流程，进行层次化。

（3）将环节/流程作为质量屋的屋顶，构建质量屋。在评判“质量特性–流程质量屋”的相关关系过程中分析现有流程的缺失与多余，增加缺失流程，消除多余流程，即基于需求的关键流程，对关键流程进行优化。

2. 流程–措施质量屋 通过“流程–措施质量屋”找到重点控制措施。根据重点措施制订具体化的可实施对策，确保质量设计值的实现，最终达到满足需求的目的。制订的措施应尽可能充分，并具有针对性和可操作性。在选择最优措施时会涉及措施比较、选择最佳组合的过程。

整个措施/实施要求展开阶段遵循PDCA循环：首先，在事实和数据的基础上，需要制订详细的实施计划，如采用5W1H来明确实施要求，根据参数等特点制订详细的试验计划及验证方案；其次，在实施过程中，应需注意实施的各步骤，从试点进行实施；然后，观察每项措施的实施效果，根据实施效果，进行调整，确保最终达到理想效果，最终将措施铺开，替换原来的环节/流程。

（六）效果确认

效果检查是指所有对策全部实施完毕后，根据方法或服务项目，通过搜集的客观数据进行效果检查，以确认品管圈明确的课题目标是否达成。如果达到了课题目标，说明QCC活动取得了较好的成效；如果未达成，就需要查找原因所在，必要时需进行新一轮的PDCA循环。

（七）标准化

对实际的或潜在的问题制订共同的和重复使用的规则的活动，称为标准化。它包括制定、发布及实施标准的过程。对于经过改进的活动确认达到了预期目标并取得了相应的成果，则表明改进活动所实施的方策是有效的。为了使有效方策得以维持、取得的成果得以巩固，同时便于在一定范围内推广应用，最终实现持续改进的目的，就需要实施标准化管理。我们可以形成如质量控制流程图、统计过程控制、控制标准、临床路径等流程文件，也可以建立符合实际工作需要的硬件/软件的管理标准。

（八）总结与今后计划

品管圈成员经过共同努力，充分发挥自身的智慧和力量，成功完成了整个项目的全部过程。当项目结束时，项目组成员需要回过头来对所做的工作认真地分析研究一下，肯定成绩，找出问题，归纳出经验教训，提高认识，明确方向，以便进一步做好工作，亦可为后续工作计划提供指导和依据。

项目组成员可以从专业技术、管理技术以及综合素质评价3个方面来进行总结。专业技术方面所涉及的是专业知识和专业技能的总结和评价。管理技术方面所涉及的是数据推理和科学的逻辑性问题。综合素质评价方面所涉及的是对团队整体能力的确认。对本次活动进行全面总结和分析后，品管圈可以以现有课题为基础提出下一次QCC活动的主题，从而将QCC活动持续开展下去；或者从现有的项目活动点出发，提出一个全新的活动主题。如在进行现有课题的选择和问题分析时，原有的关键少数问题得以解决、留下的一些次要问题就会上升为主要问题，即可将这些问题作为下次活动的主题；亦可以将本次活动流程作为下次活动开展的指导和参考，在计划开展下次改进活动时，在设计阶段就可以减少本次改进活动走的一些弯路等。

第四节 应用案例

江苏省某医院为构建磁性护理工作环境提升护士职业获益感，在2018年10月至2019年10月期间全院共同开展了QFD创新型携手圈。施携手圈的过程依据QFD创新型品管圈活动程序，分为主题选定、质量规划与课题明确化、质量设计与方策拟定、质量优化与最佳选择、质量传递与方策实现、效果确认与标准化。

一、主题选定

采用“权重评价法”，在主题选定前进行权重评价，得出领导重视程度、重要性、迫切性、圈能力的权重。基于权重评价，对4个备选主题进行主题评价，选定基于QFD创新型品管圈的磁性护理工作环境的构建选定为本次主题。该主题也符合时代背景，对医院、患者和护士而言都具有非常重要的意义。利用QC STORY判断为创新问题，要用QFD创新型品管圈来解决。基于以上构建磁性护理工作环境提升护士职业获益感，采用QFD+FMEA的模式，如图10-16来提升护士满意度。

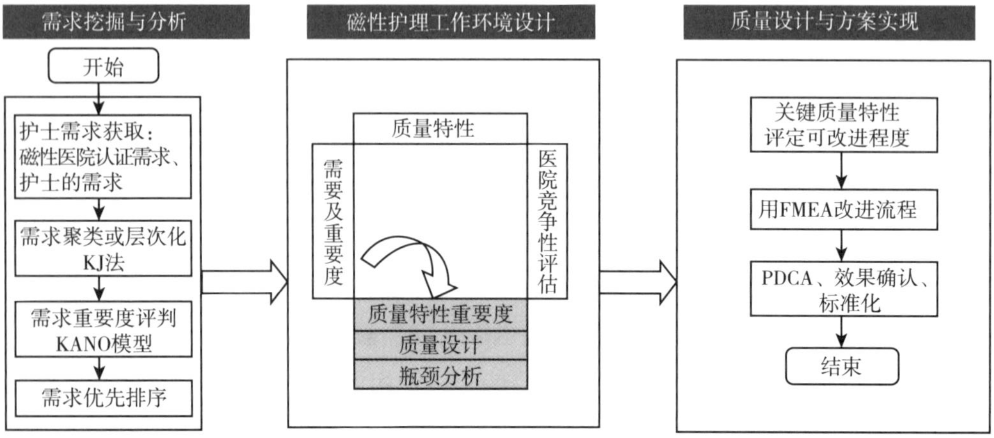

图10-16 QFD模式构建

二、质量规划与课题明确化

通过需求分析把握项目现况，护士的需求主要来自4个方面：文献中磁性护理工作环境的构建、护士满意度调查、护士亲友满意度调查与护士的深度访谈。通过情景展开法将收集来的原始数据转化为护士的质量需求。运用KJ法进行需求层次化分析（图10-17）。对第三层次需求采用李克特法进行判定，得到第三层需求最终的重要度分值。在确定护士质量需求重要度之后，项目改进小组又通过专家打分法，与护士共同探讨等方法，对本医院质量水平与竞争对手医院质量水平（竞争对手为同市两家医院）进行了评价。并根据自身实际能力，对质量水平提升做了规划。

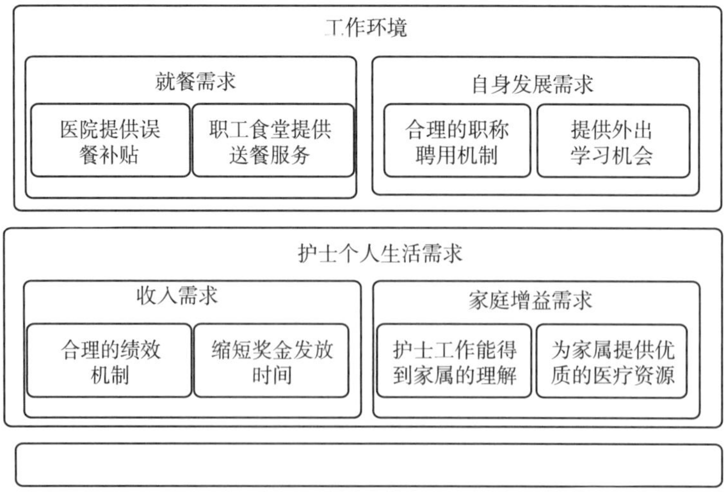

图10-17 运用KJ法将需求层次化

圈组成员根据KANO模型的分类方法，对每个需求按照不同的实现程度所对应的患者满意程度进行分析。例如，“为家属提供优质的医疗资源”，如果医院做得好，护士感到惊喜，如果医院做得一般，与正常水平一样，护士并没有不满意，则此需求为魅力质量需求；对于“工作能得到家属的理解”，家属的理解程度越高护士的满意度就越高，根据KANO模型判断此需求为一维质量需求；对于“合理的职称聘用机制”如果该需求实现了，也就是说职称聘用机制合理，护士并没有满意，如果没有得到实现，护士就非常不满意，判断此需求为当然质量需求。对所有需求运用KANO模型进行评估，对三类需求赋值（魅力质量赋值1.5，一维质量赋值1.2，当然质量赋值1.0）代入质量规划表中。考虑需求重要度价值排序、质量水平的改进提升以及魅力质量/亮点的打造，对需求进行质量规划。每个需求的绝对重要度=需求重要度×质量水平提高率×魅力值，相对重要度是将绝对重要度进行了归一化处理，化作百分比。发现：制定针对年轻护士的晋升机制（0.073）、提供专科发展途径（0.067）、合理的绩效奖金机制（0.065）、增加教师角色（0.063）、工作得到家属的理解（0.062）、为家属提供优质的医疗资源（0.061）等为排名较高的需求项，重要度高的需求即为攻坚点的具体方向。

全体圈员通过查阅文献、学习标杆医院后设定目标为“在2019年10月18日前，将全院护士职业获益感由84.22%提高到90%”。并根据以往文献对该目标合理性进行了论证。将质量规划中相对重要度高的需求，转化成可测量的质量特性值，即为底层的攻坚点。增加教师角色、提供专科发展途径，制订针对年轻护士的晋升机制属护士自我价值认知；合理的绩效奖金机制转化成全院护士月平均奖，属护士收入；工作得到家属的理解，为家属提供优质的医疗资源，属家庭增益；为此，进一步聚焦攻坚点，确定为护士收入、家庭增益和护士自我价值认知三个方面。

三、质量设计与方策拟定

为了将外部的需求转化成内部的业务要素，全体圈员，首先针对护士质量需求的每一项进行抽取与转化，例如“良好的护患关系”转化成为服务质量特征则为“患者满意度”；“工作有成就感”转化成为服务质量特征则为“护士正向职业感”；“提供专科发展途径”转化成为服务质量特征则为“每年专科护士培训合格人数”等。使用质量特征转换表，列清护士质量需求中抽出的质量特征。然后再对由第三层次护士质量需求指标转化而来的质量特征，利用KJ法进一步聚类分析，最后便得到质量特征展开表。在完成以上工作之后，接着构建磁性护理工作环境“护士需求——质量特征”质量屋。在质量设计中，应针对各项质量特性取竞争医院或行业的数据进行逐个对比分析，设定最合适水平的质量特性设计值，本案例中对关键指标进行实际测量，对非关键指标采取五级打分制进行描述，最终设定质量特性设计值。然后进行瓶颈分析（图10-18）。

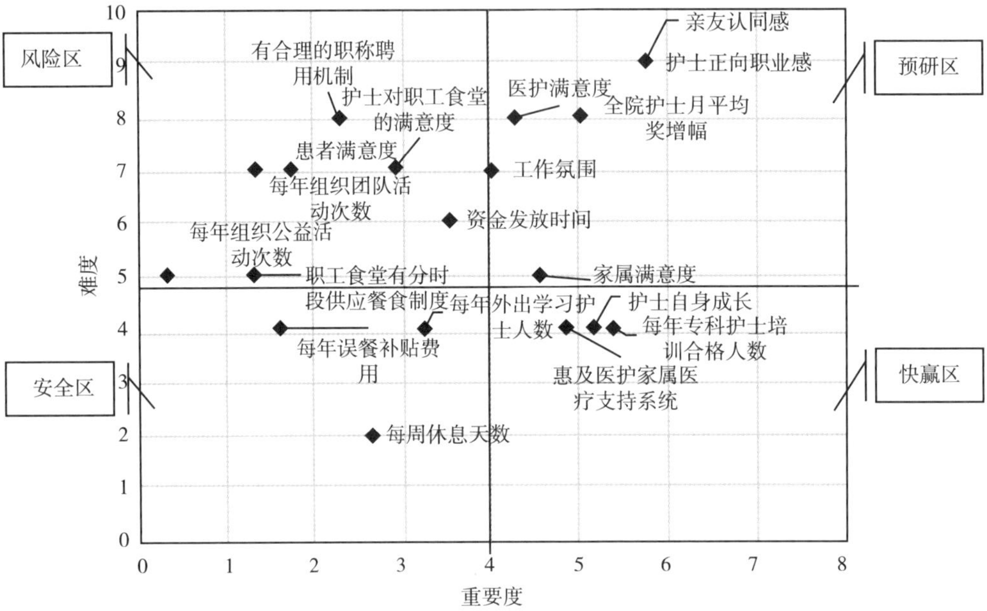

图10-18　瓶颈分析

根据瓶颈分析结果：快赢区和安全区的质量特性可以采取快赢的方式迅速解决，预研区需要制订攻关策略方案，风险区可以选择性地放弃或适当降低设计值。本案例中在预研区的特性点有护士正向职业感、全院护士月平均奖增幅，通过专家咨询后判定改进可行性较高，予以实施，这些内容也与前面的攻关点基本一致，进一步验证了需要攻关的质量特性；快赢区和安全区的特性点较多，决定护士自身成长设为优先实施，其他特性点重要度较高的点列为B类改进点，另外的质量特性通过改善提案予以解决；重要度一般的特性点基本维持其目前水平。

质量屋将外部护士需求转化成内部业务（质量特性）的重要度排序，根据这个排序确定满意度改进方向，即重点改进护士收入、家庭增益系统、护士自我价值认知等几个方面，而改进尺度就是质量屋中的质量设计值，对于实际测量值如全院护士月平均奖增幅、护士亲友认同感等，需要监控改进值；对于定性描述的质量设计值，如设计值等级“5”的特性点，需制订相关标准；这几个方面的内容也与前面的攻关点基本一致。

本案例中质量设计值为：全院护士月平均奖增幅大于50%；护士亲友认同感大于88%；护士正向职业感大于90%；护士自身成长大于90%；工作氛围等级“5”。这些构成了磁性护理工作环境改善整体方案，也就是说这些是护士职业获益感的关键影响因素，只需要控制和改进这些因素，就可以大幅改善护士的满意度，为此，后续步骤将通过方案优化、传递、实施进一步在过程中追踪和控制这些因素。

四、质量优化与最佳选择

关键影响因素的失效模式，用FMEA方法进行原因分析，计算其RPN值，确定改进措施。对亲友认同感的影响主要表现为三个环节的失效：工作强度大、待遇低、晋升机会少，根据以上三个失效模式开展FMEA分析（表10-4）。

表10-4　亲友认同感失效模式

要求	潜在失效模式	潜在失效后果	严重度（S）	失效原因	发生率（O）	预防控制方法	探测度（D）	风险优先数（RPN）	建议措施
亲友认同感高	工作强度大	不能有效兼顾家庭照护角色	6	工作忙	3	工作流程控制	5	90	优化工作流程
				夜班多	3	人员合理分配	5	90	弹性排班
				专科知识缺乏	4	专科的知识的掌握	5	120	加强专科知识培训与考核
	待遇低	工作得不到家属的理解	8	绩效考核不完善	5	完善护理绩效考核机制	3	120	制订合理的护理绩效考核机制
				无家属就医优惠政策	5	职工家属就医有相关优惠政策	3	120	医院制订职工家属就医相关优惠政策
				合同制护士工资低	4	提高合同制护士待遇	3	96	优秀合同制护士选拔机制
	晋升机会少	影响工作积极性	8	年轻护士晋升机会少	4	增加年轻护士晋升机会	4	128	护理储备人才选拔
				专科学习机会少	3	重视培养专科人才	4	96	完善专科护士选拔与培养机制
				缺乏自我价值认知	3	构建护士自我价值认知	4	96	构建护士自我价值认知系列活动方案

五、质量传递与方策实现

基于上述分析以及为达到设计值，拟定改进措施为：完善我院绩效考核系统，引进标杆医院绩效考核办法；建立惠及医护亲属医疗支持系统，对本院职工直系亲属实行免挂号费用，每年对45周岁以上直系亲属体检费用部分减免；有计划地组织全院护士积极参与我院开展的各项“总有天使在身边”品牌服务、社工志愿者服务活动，户外拓展活动，增进护士对自我价值的认识，并且建立奖励制度，鼓励全体护士参与；在我院门诊开展伤口和PICC护理门诊；制订专科护士选拔方案及考评细则、优秀合同制护士选拔及考核细则、修订护士分层级管理方案。制订护理人才选拔机制，设立护理人才储备库。对策实施后再次构建FMEA发现亲友认同感失效明显改善（表10-5）。

表10-5 对策实施后亲友认同感失效模式

要求	潜在失效模式	潜在失效后果	严重度（S）	失效原因	发生率（O）	预防控制方法	探测度（D）	风险优先数（RPN）	建议措施
亲友认同感高	工作强度大	不能有效兼顾家庭照护角色	6	工作忙	3	工作流程控制	5	90	优化工作流程
				夜班多	3	人员合理分配	5	90	弹性排班
				专科知识缺乏	4	专科的知识的掌握	5	120	加强专科知识培训与考核
	待遇低	工作得不到家属的理解	6	绩效考核不完善	5	完善护理绩效考核机制	3	90	制订合理的护理绩效考核机制
				无家属就医优惠政策	3	职工家属就医有相关优惠政策	3	54	医院制订职工家属就医相关优惠政策
				合同制护士工资低	4	提高合同制护士待遇	3	72	优秀合同制护士选拔机制
	晋升机会少	影响工作积极性	6	年轻护士晋升机会少	4	增加年轻护士晋升机会	4	96	护理储备人才选拔
				专科学习机会少	3	重视培养专科人才	4	72	完善专科护士选拔与培养机制
				缺乏自我价值认知	3	构建护士自我价值认知	4	72	构建护士自我价值认知系列活动方案

六、效果确认与标准化

有形成果方面，通过前后问卷调查结果显示：改善后护士职业获益感达标率为119.37%，护士职业获益感进步率为8.19%。全院护士奖金平均月收入达标率为106.4%，进步率为75.8%。全院护士亲友认同感、正向职业感及自身成长也明显改善。离职率也显著降低。在无形成果方面，项目组成员和谐程度、积极性、沟通配合能力、解决问题能力、愉悦感、团队精神、个人能力和质量工具掌握程度也得到了极大改善和提高。

本期活动有3个方策列入标准化，修订护士岗位层级管理制度、制定专科护士管理制度和优秀合同制护士制度。

本章小结

本章首先讲述了质量功能展开（QFD）的基本概念和作用效果，以及起源与在国内外的发展过程；其次阐明了质量功能展开中质量屋的构建过程和理论模式；然后介绍了由熊伟和刘庭芳共同提出的一种面向顾客（患者）及相关方价值实现的系统化创新的品管圈新模式——QFD创新型品管圈，为患者满意定量实现和医疗服务创新提供了实用的工具。最后，展示了作者与江苏某医院合作的应用案例，为实际操作过程提供了详细指南。

（熊　伟）

第十一章　平衡计分卡

学习目标

1. 掌握　平衡计分卡的基本概念、由来及发展；平衡计分卡实施的基本步骤；成功实施平衡计分卡的策略。

2. 熟悉　平衡计分卡在国内外的应用背景、特点；战略地图绘制的方法，平衡计分卡应用中维度的选择，指标选择与设计应注意的问题。

3. 了解　平衡计分卡的应用趋势。

第一节　概念、起源及发展

一、平衡计分卡的概念

平衡计分卡（balanced scorecard）是一种战略绩效管理工具，其日标是支持以战略为中心的组织的发展，围绕整个价值链在组织内部实现整体的协同。平衡是其概念及其应用过程的核心。它利用围绕着四个维度，即财务、客户、内部流程和学习与成长的概念框架（图11-1）和一系列核心原则将组织的愿景转化为一套全面的战略绩效目标和措施或指标，以及战略规划和行动。该框架在短期和长期目标、财务和非财务指标、滞后和领先指标、外部和内部绩效衡量以及个人和组织目标之间实现了平衡，它可以更好地帮助来自不同地方的利益相关者围绕彼此的目标以及自己的目标进行协同。平衡计分卡被认为是20世纪最重要的管理创新，在过去20多年中，在管理中已得到广泛采用。

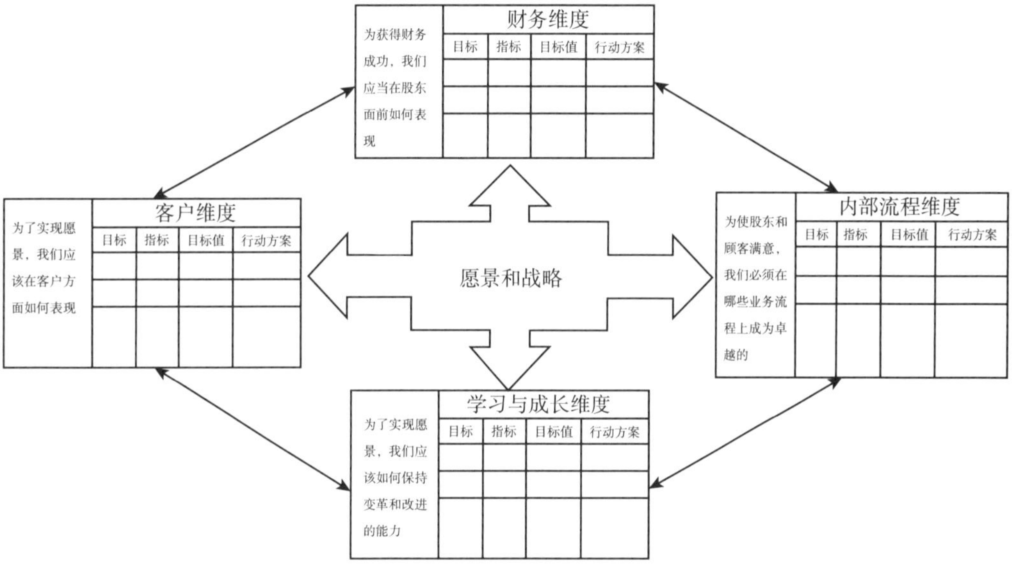

图11-1　平衡计分卡的四个维度

二、平衡计分卡的起源

平衡计分卡最初的起源可以追溯到20世纪60年代。当时，法国学术界开始倡导一种被称为“仪表盘”（tableau de bord）的衡量公司绩效的新的方法。仪表盘使用了类似平衡计分卡的财务和非财务指标衡量体系。然而公司在使用仪表盘的实践中仍然主要依赖于财务指标，基于仪表盘的公司的绩效评价系统仍然是短期控制为导向的，与战略脱节。

20世纪80年代，许多研究发现了单纯依靠财务指标来提高企业绩效的局限性，指出对财务指标的过度关注，会使企业聚焦于获取短期财务结果，过于重视投资于短期的行动，而忽视对无形资产和知识资产等创造企业未来发展的具有长期价值的活动的投资。人们普遍认识到需要改进传统绩效衡量系统来实现可持续发展。企业开始重视采用全面质量管理、实时生产系统等，产生了对改进绩效衡量以支持其持续改进的需求，并开始应用诸如百万分之一缺陷率、非一致性成本、过程周期时间、制造周期效能、产出时间、客户投诉和员工满意度等指标进行衡量。但对于在绩效评价中如何给予这些非财务绩效指标与传统财务指标相当的重视，当时尚缺乏理论支持。

1987年，模拟设备公司（Analog Devices，Inc.）的阿特·施奈德曼（Art Schneiderman）开发并实施了一个企业计分卡，使用该计分卡来评估公司的整体绩效和改进情况。该计分卡除了包括传统的财务指标外，还包括客户绩效指标（与交付周期和准时交付有关的运营指标）、内部流程指标（产量、质量和成本）和新产品开发指标（创新）。当时，施奈德曼邀请哈佛大学的罗伯特·卡普兰（Robert.S.Kaplan）教授帮助他的公司启动一个基于作业成本法（ABC成本法）的项目。在对其公司的访问期间，卡普兰了解到该公司实施的计分卡，并将其纳入到卡普兰与诺兰诺顿研究院（Nolan Norton Institute）的执行总裁大卫·诺顿（David.P.Norton）于20世纪90年在“未来组织绩效衡量方法”研究中。该研究以一个多公司的研究项目为基础，对在绩效评估方面处于领先地位的12家公司进行了研究，发现完全依赖传统的财务指标不能全面反映一个组织的整体健康状况，无形资产在这些公司的价值创造中起了核心作用。卡普兰和诺顿认为，可衡量对于管理者来说是至关重要的。如果公司要改善其对无形资产的管理，就必须将无形资产的衡量纳入其管理体系。卡普兰和诺顿发现，这些公司从很多维度来报告他们的运营绩效。在研究中，他们扩展了施奈德曼的思想，找出了超越传统以财务会计度量为主的绩效衡量模式，于1992年在哈佛商业评论上发表了题为“平衡计分卡——能够推动业绩表现的衡量工具”的文章，提出了“平衡计分卡”的概念。这是关于平衡计分卡的第一篇文章。从此以后，不再从企业的财务指标来衡量它的业绩的好坏，而是从包括财务、客户、内部业务流程以及学习与发展4个方面来考察企业，逐渐为管理界所接受。1996年，关于平衡计分卡的第一本专著《平衡计分卡：化战略为行动》出版，标志着这一理论的成熟，将平衡计分卡由一个业绩衡量工具转变为战略实施工具。

根据平衡计分卡理论，衡量一个组织的业绩好坏不应该只从财务指标来进行评判，而是应从包括财务、客户、内部业务流程以及学习与发展4个维度来考察企业业绩。

平衡计分卡给高层管理者提供了一个快速且全面审视业务的视角。其中，财务指标是已经采取的行动的结果，有关客户满意度、内部流程和组织创新和改进活动的运营指标的完成情况则是未来财务业绩的驱动因素。

通过应用平衡计分卡，可以阐明组织的战略并将之传达给组织内的每一名成员；组织可以识别驱动组织成功的关键内部流程，使组织在人员、技术、组织资本上的投入产生最大的收益；可以及时发现组织战略上的问题，并尽早地采取相应行动。

组织通过应用平衡计分卡可实现财务与非财务评价之间的平衡、长期目标与短期目标之间的平衡、外部和内部要求的平衡、结果和过程的平衡、前导指标与滞后指标的平衡、组织目标与个人目标的平衡等，最终实现组织的战略与使命。

自从平衡计分卡概念被提出以来，很快就得到管理者及研究者的青睐，在十多年的时间里，平衡计分卡在实践领域得到了越来越多的认可。目前，平衡计分卡成为世界上应用最普遍的管理工具之一，根据美国高德纳咨询公司（Gartner Group）1998年的调查，在《财富》杂志公布的世界前1000位公司中，有40%用了平衡计分卡，随后卡普兰和诺顿报告说，财富1000强公司中50%的北美公司和40%的欧洲公司采用了平衡计分卡，平衡计分卡被《哈佛商业评论》评为75年来最为有力的管理工具。

三、平衡计分卡的发展

自从卡普兰和诺顿提出平衡计分卡概念以来（表11-1），它就有了自己的批评者。人们关注的范围从这样一个概念是否适用于更多的技术问题到其应用的成本，例如，平衡计分卡被批评为复杂、昂贵和耗时的。

作为一种战略管理工具，平衡计分卡因其概念上的弱点而受到批评，比如其没有帮助组织建立因果战略模型的特定方法。而且，战略与运营之间也缺乏联系。

平衡计分卡“因果关系”的核心原则也被认为是有问题的。有学者认为，卡普兰和诺顿对平衡计分卡中非财务指标因果关系的断言不是因果关系，而是这些领域之间的逻辑关系。比如客户满意度本身并不一定能带来良好的财务业绩。就像在社会系统中一样，组织中的因果关系更加复杂，有时甚至是模棱两可的，平衡计分卡被认为过于简化。一项研究表明，在美国，有76.9%的平衡计分卡用户对因果策略模型几乎没有依赖。在芬兰、奥地利、马来西亚和德国的研究中也可以找到类似的发现。

有观点认为，平衡计分卡更侧重于衡量战略，而不是决定战略，并且没有显示如何识别新客户和新市场。平衡计分卡对非财务绩效指标的强调也被认为是成为财务绩效的破旧替代品。平衡计分卡的学习和成长观点也被认为是其最薄弱的方面，在实践中难以落实。

尽管有人对平衡计分卡持批评态度，但它已成为一种在世界范围内具有影响力并被广泛采用的绩效衡量方法。

表11-1　卡普兰和诺顿对平衡计分卡概念的发展

时间/类型	题目	要点
1992/论文	平衡计分卡——能够推动业绩表现的衡量工具	引入平衡计分卡作为发展的基础 平衡计分卡是一个使用财务和非财务指标的卓越的绩效衡量框架 提出四个维度：财务；顾客；内部业务；创新与学习 平衡计分卡具有前瞻性（平衡长期绩效与短期绩效）
1993/论文	让平衡计分卡发挥效用	平衡计分卡不仅是一种衡量系统，更是一种激励突破性改进的管理体系 平衡计分卡在推动变革过程时影响最大 确定透明度对平衡计分卡的成功至关重要 平衡计分卡必须进行订制化设计以适应公司的使命、战略、技术和文化
1996/书籍	平衡计分卡：化战略为行动	平衡计分卡已经从一个业绩衡量系统演变为一个战略管理系统 确定成功实施平衡计分卡的四个主要步骤 重新分类“内部业务流程”和“学习与成长”，将创新转移到内部业务流程，并为员工学习添加增长要素 与以往不同的是，措施是根据因果关系相互联系的，并与战略和愿景相联系

续 表

时间/类型	题目	要点
2001/书籍	战略中心型组织：平衡计分卡的致胜方略	提出有助于创建“战略中心型组织”的成功执行战略的五个领导和管理过程： 通过行政领导推动变革 将战略转化为运营术语：构建战略地图 使组织与战略保持一致：创建业务部门协同效应 激励员工在日常工作中制订战略：培养战略意识、定义个人和团队目标、平衡薪酬 使战略成为一个持续的过程：规划和预算、反馈和学习
2004/书籍	战略地图：化无形资产为有形成果	进一步拓展战略地图的使用： 可视化地图战略 以公司每个人都能理解的方式，直观地解释什么有效，什么无效 帮助整个组织参与战略
2006/书籍	组织协同：运用平衡计分卡创造企业合力	拓展如何创造组织协同实现更大价值： 协同：经济价值的源泉 公司战略与结构 协同财务和客户战略 协同内部流程和学习与成长战略：综合战略主题 阶梯式衔接：过程 协同董事会和投资者 协同外部合作伙伴 管理协同过程 全面战略协同
2008/书籍	平衡计分卡战略实践	将平衡计分卡框架作为一个组成部分嵌入到一个将战略和运营相结合的综合管理系统中： 整合战略制订、规划和运营执行的6个阶段管理体系： 制定战略；规划战略；组织协同；规划运营；监控与学习；检验与调整与战略规划 将战略规划和运营规划、执行、反馈、学习有机地链接为一个整体 设置战略管理办公室（OSM）专职监管战略执行所涉及的各个流程

平衡计分卡概念自1992年被提出以来，针对平衡计分卡实践中的问题与批评，卡普兰和诺顿一直在从事对平衡计分卡的发展研究，平衡计分卡概念在实践中不断得到演变与发展。从他们的系列著作中可以发现，他们将平衡计分卡的概念从强调平衡非财务指标的绩效管理工具逐渐扩展为描述、沟通传达和实施战略的战略管理工具，成为一个将战略规划与运营管理相结合的综合管理系统。

在文献中至少存在三代平衡计分卡的概念。文献中达成共识的第一代平衡计分卡是将财务和非财务指标与财务、客户、内部业务流程和学习与成长四个维度结合起来。

在这个阶段，具有上述特点，指标与战略没有因果关系的绩效管理体系也可能被称为平衡计分卡。

有观点认为第二代平衡计分卡强调指标和战略目标之间的因果关系，计分卡成为一种通常采用战略地图来说明指标和战略之间的关联的战略管理工具。在文献中还有另外一种观点，认为第二代平衡计分卡的主要贡献是战略管理与绩效管理的正式关联。

第二代平衡计分卡具有阐明与传达战略、使战略可以操作、驱动战略执行、识别并与战略举措协同、根据战略匹配资源及把组织与战略关联等特点。

关于第三代平衡计分卡，目前有三种观点。第一种观点是通过整合“目的地声明”和“活动”与“结果”两个战略联系模型来发展的战略控制系统是第三代平衡计分卡。其中“目的地陈述”描述组织在未来确定的日期里的总目标，这与愿景陈述是类似的。其中“活动”维度取代传统计分卡的学习和增长以及内部业务流程维度，“结果”维度取代传统计分卡的财务和客户维度。

关于第三代平衡计分卡的第二种观点（图11-2）是：第三代平衡计分卡是在第二代计分卡基础上增加了行动计划/目标，并将其与激励相关联。

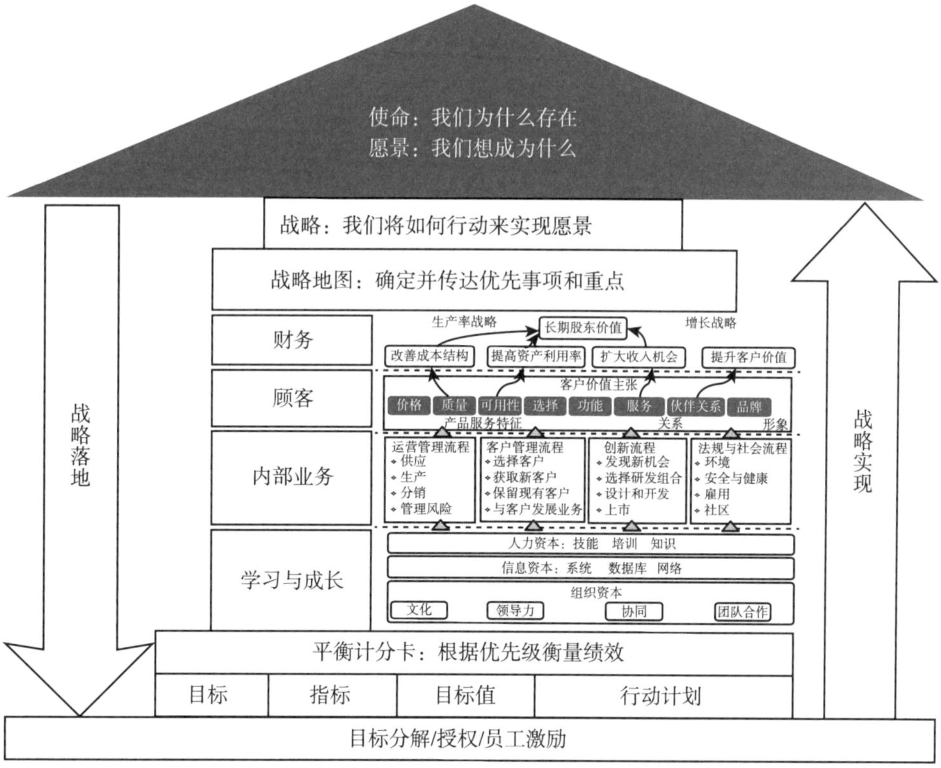

图11-2　第三代平衡计分卡示例

第三种观点认为战略中心型组织的概念反映了平衡计分卡的第三代应用。第二种观点目前在文献中占主导地位。

第二节 理论与方法

一、平衡计分卡的理论框架

平衡计分卡作为战略绩效管理工具，它突破了只以财务指标来评价组织绩效的传统绩效管理工具可能带来的无法实现组织战略的局限性。

（一）平衡计分卡的四个维度

卡普兰等认为财务（financial）、客户（customer）、内部流程（internal business processes）、学习与成长（learning and growth）这四个方面是组织长期成功的关键因素，并且在这四个方面可设立关键绩效指标进行评价。平衡计分卡出发点就是对以上四个方面进行绩效评价，通过绩效评价和引导来促进组织战略的实施及业绩的增长。作为一种战略绩效管理工具，平衡计分卡理论认为提高组织经营业绩，并不应该仅仅局限于财务运作，因为组织财务结果的获得来自于组织满足顾客要求的能力、组织内部流程的改进及组织的学习和成长。

平衡计分卡提供了一个全面评价组织绩效的框架，它从财务、顾客、内部流程、学习和成长维度向组织内各层次人员（从最高管理层到一般员工）传达组织的战略以及每一步骤中他们的使命，最终帮助组织实现战略目标。平衡计分卡四个维度的目标和衡量指标来源于组织战略，它把组织的使命和战略转化为有形的目标和衡量指标，从而实现把战略转化为行动。

1. **财务维度** 组织要生存必须满足其对财务的需要，然而，仅仅关注财务方面是不够的。首先，这往往会导致人们在决策时短视，而采用最简单、直接的方法来改进绩效，在实践中表现为倾向于减少成本胜于鼓励成长，比如采取增加对广告、市场的投入来增加收入，削减研发投入以控制成本的做法。在短期看，这可能是有益的，但从长期的角度看，削减对投资、研究和发展方面的投资将损害组织的业务。其次，财务指标是一种“结果指标”，这就是说，它们反映了一个所有其他已经被执行的活动的好与不好的程度。财务指标无法告诉你如何改进绩效，这就是为什么仅靠财务指标来管理公司业务是不够的。

营利性组织的财务维度将显示组织战略在其他维度中实施和执行的结果。根据不同的行业标准，投资回报、收入的增加及改进的生产率、竞争地位、市场份额等都可以作为合理的财务指标。在非营利和公共部门中，它将表明该组织以最小化成本的有效方式实现其结果。提升组织的财务业绩有两个基本路径，增加收入与提高生产率（图11-3）。从这个角度来看，财务维度应包括两组衡量指标：收入增长指标和生产率指标（表11-2）。

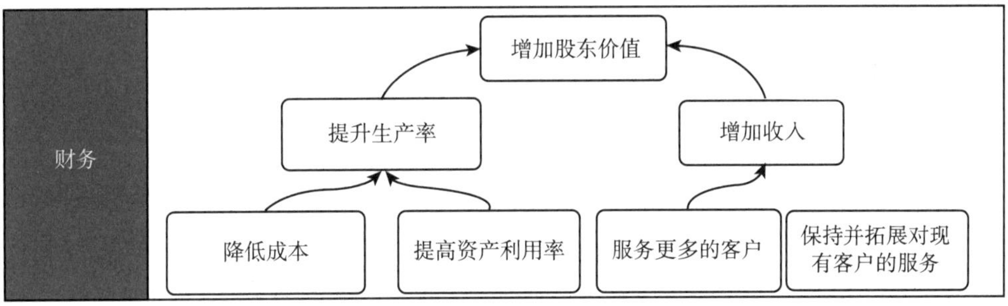

图11-3 财务维度展示对股东的价值

表11-2 医院财务维度使用的指标示例

财务维度	指标
收入增长指标	净收入增长，主要服务线的销量增长，募集资金的金额/来源，收到的合同数量，合同增加，与竞争相关的合同百分比，新合同带来的收入，患者普查，竞争地位，市场份额，转诊和使用，从社区筹集的资金（公司礼品的数量和资金、医院筹款活动的水平等），为设施改善筹集的资金，门诊量、研究经费、每月心脏病病例等
生产率指标	利润，营业利润率，折旧，摊销和费用占净收入的百分比，按净收入计算的总资产，流动比率，单位盈利能力（每个病例成本、每位患者出院成本），供应费用和药房费用，人员成本，减少的现金支出，预算内的运营（加班、单位支出），平均住院日，每手术病例的手术室供应花费等

值得注意的是，这个维度里有一些与长期相关的指标，例如竞争地位、市场份额、从社区筹集的资金和研究资助。市场份额，尤其是针对目标客户群的市场份额，揭示了医疗机构渗透所需市场的能力。目标客户的市场份额衡量将平衡纯粹的财务信号（销售），以表明基于平衡计分卡的战略是否产生预期结果。

2. **客户维度** 客户维度描述如何满足客户对价值的需求，及为什么客户愿意为此付费。客户是企业生存和发展之本，他们的购买与支付是企业业务存在的原因。因此，理解当前和预期的客户的需要对企业是非常重要的，因为可以了解为什么他们购买某类产品或服务，以及什么将决定他们将来是否还从你这里购买产品。该维度从价格、质量、可用性、选择、功能、服务、伙伴关系及品牌等方面描述组织如何为目标客户创造可持续的、差异化价值，也就是客户价值主张（图11-4），以实现获得新客户及保持老客户的目的。这是为什么需要客户维度的原因。

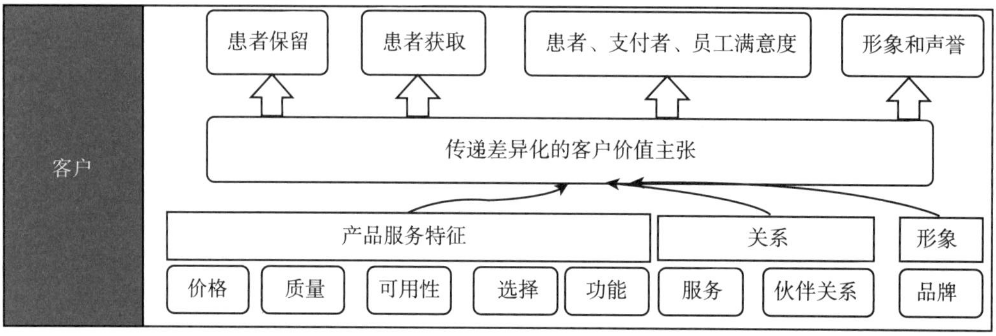

图11-4　客户维度展示差异化的客户价值主张

表11-3的示例显示了客户维度的一些重要因素，例如患者保留率、患者获取率和患者满意度、形象和声誉。有关员工的指标有时也被列在这个维度下，因为它们对患者满意度有重要影响。

表11-3　医院客户维度的指标示例

客户维度	指标
患者保留	例如，患者保留率、患者推荐服务给其他患者的百分比、续签合同的数量等
患者获取	例如，每期新合约数量、市场份额等
患者满意度	患者满意度及相关因素：在一项医院计分卡研究的40个例子中，29例采用患者满意度。患者转诊率反映了患者的满意度 影响患者满意度的因素：例如，患者等待时间，访问，准确诊断率，事故，院内感染，出院及时性，非计划再入院，医院食物，最佳实践举措的数量等
支付者满意度	医疗保险公司满意度（合同数量），利益相关者对服务（服务质量、投诉、舆论）的满意度等
员工满意度	员工满意度、医生满意度、留任率、缺勤率、离职率等
形象和声誉	声誉、转诊次数、社区满意度、增加的社区支持、增加的捐赠、以医生/员工为主角的有利新闻报道、每床的广告预算等

医院的食物供应被英国医疗保健委员会（心理健康信托基金和心理健康服务提供者）和美国一些医院院长确定为影响患者满意度的重要指标。另外，与形象、声誉相关的指标对医疗保健组织健康的运作也很重要。

3. **内部流程维度**　为了使客户满意以及产生财务回报，组织要做的业务必须是有效率的和有效的。因此就需要有第三维度——内部流程维度。这个维度的目标不是要擅长每一件事，而是要在提供准确满足客户需求的产品或服务上成为卓越。在内部流程维度，一个组织能实现其战略的两个重要部分：产生和提供给客户的价值，及从财务角度改进工作流程和减少成本实现财务维度的目标。表11-4通过示例对这些进行了概述。这些运营指标实际上可能是患者满意度以及客户满意度的驱动因素的衡量指标。

表11-4 医院内部业务流程维度的指标示例

内部流程维度	指标
患者满意度	平均住院日，预约取消，等待时间，出院再入院率，死亡率指数，患者跌倒的数量，呼叫中心响应时间，理赔处理准确性，每周患者投诉，急诊患者到达后15分钟内分诊率，计费和收款/过账时间等
安全与健康	风险管理，如感染率、编码错误率（诊所和医院）、每剂用药错误、职业伤害、身体约束的使用、严重事故等
生产率	每病患日费用；每诊断成本；每工序成本；患者人均花费，每日人员占用；资源利用率；床位使用率；资源利用率（产出价值/净运营成本）；合同绩效（产出价值/合同价值）等
创新	产品创新；员工培训；启动和完成的研究项目数量等
组织资本	员工满意度指数、员工留任指数、员工离职率、员工旷工指数等

内部流程又可以分为运营管理流程、客户管理流程、创新流程、法规与社会流程（图11-5）。其中，对医院而言，运营管理流程有关向客户提供医疗产品和服务，如生产率指标；客户管理流程则涉及如何建立并使用客户关系，如客户满意度指标；创新流程指医院如何研发新技术、服务流程和关系，如创新指标；法规与社会流程涉及医院如何遵守法律法规，满足社会对医院的期望，如安全与健康指标。

平衡计分卡将创新流程纳入内部业务维度，而传统绩效体系只关注面向现有客户提供服务的流程，这是平衡计分卡与传统绩效体系之间的区别。

4. **学习与成长维度** 为了满足顾客不断增长的需求，以及竞争对手不断提高的绩效，组织需要持续创新和学习，需要对未来进行投资，包括对员工能力、信息系统、组织文化等的投资。组织在上述各方面的成功必须转化为财务上的成功，才能为组织带来利益。

学习与成长维度有助于组织确保其长期运行以支持战略实现的能力（图11-6）。它展示了组织的无形资产及其在战略中的作用，并将无形资产分为以下3类：

人力资本：支持组织战略所需的技能、人才和专业知识的可用性。

信息资本：支持组织战略所需的信息系统、网络和基础设施的可用性。

组织资本：组织动员和维持执行其战略所需的变革过程的能力。在这个维度里所有上面提到的指标都可以在表11-5的示例中找到。

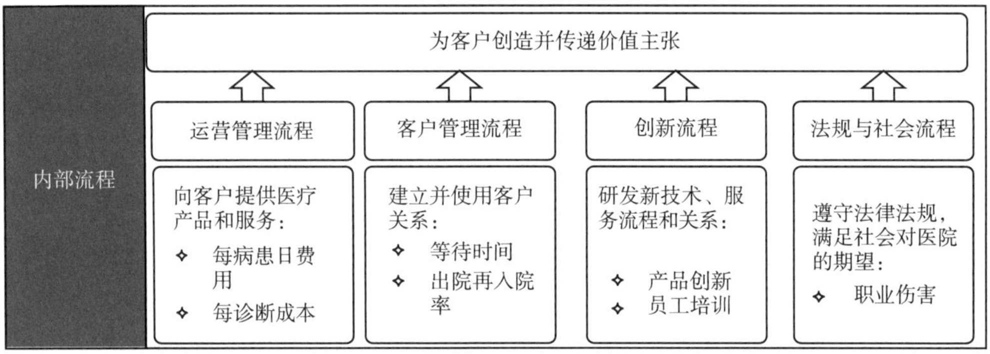

图11-5　内部流程维度展示为股东及客户创造价值的流程

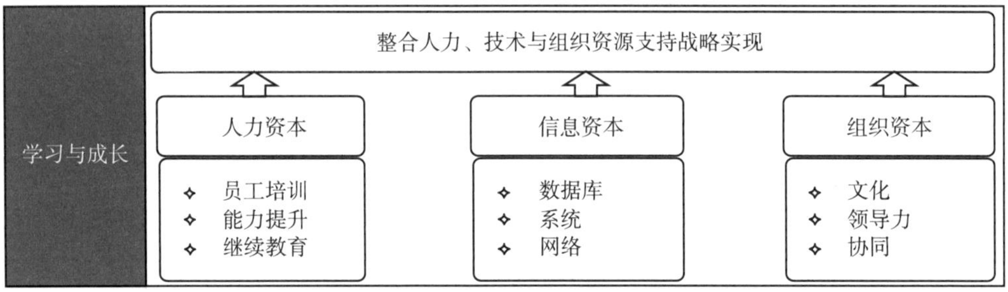

图11-6　学习与成长维度展示组织无形资产如何支持战略实现

表11-5　医院学习与成长维度的指标示例

学习与成长维度	指标
人力资本	员工发展，包括培训时间、每名全职员工的继续教育学分、参加学术会议的医务人员百分比（%）、出版物、年度花费的学费报销金额、接受变革管理培训的临床人员百分比、董事会领导/技能和知识等
信息资本	战略数据库（可用性、使用）；工作设计；计算机网络和培训；关键基础设施目标等
持续创新	过去五年提供的新服务的数量和质量；新的研究项目；参与合作活动的机构的数量等
组织资本	员工满意度；员工调查评分；员工流失率；员工保留率；患病率；缺勤率；领导力调查；战略联盟；改进文化；沟通；增强员工激励和授权（决策参与、绩效改进活动）等

表11-2~表11-5的示例，使用了卡普兰和诺顿在《战略地图》一书中建议的结构对40家国外医疗机构平衡计分卡使用的每个维度的指标进行分组。在不同的维度使用的指标有时在特定的上下文中被赋予特殊的含义。指标分类的理由如下：

首先，它依赖于作者对特定指标的描述。例如，健康体检（财务角度）被归入收入增长组，这是因为医院选择健康体检作为指标来使用单位的过剩产能，通过增加收入来改善其短期绩效；同样，增加的捐赠成为客户维度的形象和声誉指标，这是因为它是平衡计分卡中社区形象目标下的指标。折旧作为财务维度的生产力指标，表示净收入的百分比。

其次，按功能对指标进行分类。例如，降低成本可以提高生产率，因此，从内部业务流程的角度来看，每个流程的成本成为生产率的指标；竞争地位与支出收入机会有关，因此，从财务角度将其归类为收入增长组的指标。

通过这些指标示例，可以发现形式多样的平衡计分卡，有些指标出现在不同的维度中，一个指标可以与多个目标相关。例如，患者满意度作为一个整体指标可以用于客户维度或内部流程维度。也可以通过等待时间、呼叫中心响应时间或每周患者投诉来进行部分解释。

在建立平衡计分卡的过程中，确定关键的成功指标是非常重要的一步。对于医疗保健组织尤其是这样，因为他们通常习惯于收集大量数据，而没有真正分析这些指标是否会影响绩效。关键指标的选择应取决于其预测机会和问题的能力。

卡普兰和诺顿指出，平衡计分卡本身仅仅是一个框架，在实践中不能把它当成一件紧身衣来机械地使用这四个维度。如何确定使用几个维度、确定维度名称及维度内的指标是组织内部的人来决定的事。

（二）系统的平衡计分卡

平衡计分卡被认为是一个系统，是由很多元素组合起来形成的强有力的统一整体。平衡计分卡系统通过基于因果关系的4个相互统一的元素帮助组织有效执行战略：目标、衡量指标、目标值和战略举措。目标存在于战略沟通工具——《战略地图》中，而衡量指标、目标值和战略举措则位于平衡计分卡之内。

1. 因果关系　平衡计分卡概念的重要一点是对因果关系的强调。它强调战略与四个维度之间、四个维度之间的指标之间的因果关系，这是通过平衡计分卡作为一个系统促进组织战略实现的重要前提条件。

2. 目标与战略地图　目标是组织为能实现其独特战略，在财务、客户、内部流程和学习与成长维度分别要做好哪些事情的简明陈述，其目的是在战略和举措之间搭建桥梁。战略地图成为搭建这一桥梁的重要战略沟通工具（图11-7）。战略地图可被定义为：描述组织为了成功执行战略，如何实现平衡计分卡的每个维度的目标要求的一页纸图形化展示。战略地图是一个描述战略的通用框架，用来阐述组织战略及实现组织战略的主要路径，指出必须把什么做好，以及将战略转化为行动计划所必需的关键目标。它通过图形化来展现无形资产和关键流程与价值主张、客户和财务结果的关联，展示战略目标之间的因果关系，展示从学习和成长维度的组织的无形资产（如人力、信息和文化等）

如何推动为组织的客户创造价值主张的关键流程的改进，到客户维度的成功转化为财务维度的最终结果指标，来描述组织的战略故事，实现组织就战略实现的文化共鸣。

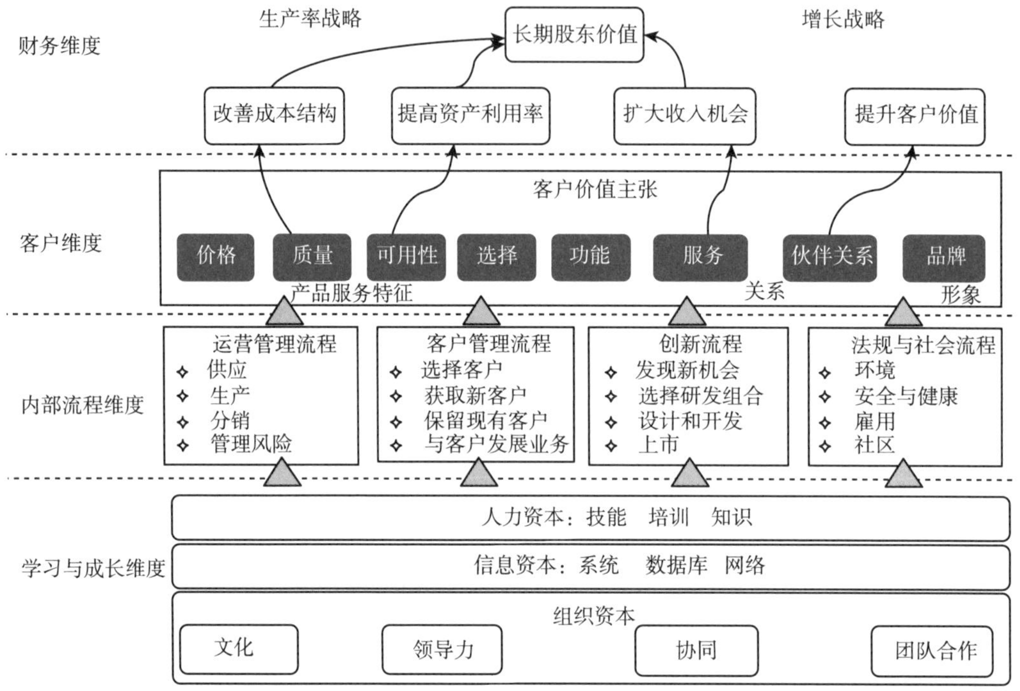

图11-7 战略地图示例

战略地图和平衡计分卡弥补了传统绩效衡量体系只关注有形资产衡量的不足。战略地图的使用有助于组织各个业务单元及全体员工理解战略并就组织战略达成共识，使组织能够更有效地管理、实现战略执行的收益。

3. 衡量指标、目标值和战略举措 为了实现战略地图上的目标，需要用可量化的衡量指标来评价组织绩效达到预期结果的程度，目标值则是每个衡量指标的预期成果。战略举措是为了达到目标值必须采取的具体行动计划。平衡计分卡则是通过将战略转化为战略地图上的目标和计分卡各维度的关键绩效衡量指标、目标值、战略举措，以促进组织战略的执行。

二、平衡计分卡的适用性

平衡计分卡的基本框架所涵盖的各个维度几乎覆盖了一个组织健康运行的所有方面，而其强调的平衡与战略转化为行动的理念，适用于几乎各种类型的组织或服务提供者。平衡计分卡可以用于任何类型的业务，并且可以在组织的任何级别使用，也就是说它可以被应用在从组织最高层面到个人层面。

一个有效和成功的平衡计分卡将从组织的战略计划或目标开始。然后，根据平衡计分卡所属组织的级别来重申这些目标。与为部门管理者设计的平衡计分卡相比，整个组织的平衡计分卡在目标和衡量标准方面将更加广泛和通用。员工个人层面上的平衡计分卡，既可以作为一种评估机制，也可以作为员工设定和监控个人目标达成的一种手段。

因此，尽管平衡计分卡最初是从对企业的研究中总结出来的，除了在企业界得到快速、广泛的应用外，目前已经在世界范围内被包括政府、非营利性组织（如医疗机构、大学）在内的各类机构广泛应用。

平衡计分卡被认为特别适用于医疗等面临环境动荡变化的行业组织。有专家指出，当剧烈的变化不可避免时，制订战略重点并以可衡量和可重复的方式监测医疗保健的业务和质量成为每个组织的机会。

在卫生保健领域，自1994年第一篇关于平衡计分卡的实践文章发表以来，在卫生服务和管理文献中出现了许多平衡计分卡应用的文章。平衡计分卡已被广泛应用于包括医院系统、医院、大学部门、长期护理、人力资源、精神卫生中心、保险公司、制药公司、国家医疗保健系统等在内的医疗保健组织。

三、平衡计分卡在国外医院中的应用

（一）平衡计分卡在国外医疗保健行业的应用背景

在21世纪，成功的医疗保健组织管理将取决于组织能否在质量和客户满意度与充足的资金和长期目标之间取得平衡。不同国家的医疗保健行业实施平衡计分卡的基本原因是相似的。

例如，在美国，医疗保健提供者组织的管理人员面临着越来越多的付款人权力和限制性法规，他们必须在成本、质量、准入和消费者选择之间进行复杂的平衡。在加拿大，随着筹资环境的变化和公民对世界一流服务的期望，医疗保健组织开始应用现代管理工具来解决其财务问题。在英国，随着对提供有价值的客户服务的需求不断增加，非财务指标衡量对国家卫生服务（NHS）变得越来越重要。在瑞典，进入21世纪，医疗保健行业在经历了广泛的重组后，采取了降低成本、缩小规模和权力下放等举措。为了改进各单位的后续流程，并使组织将专注于经济资产以外的其他价值上，一些县议会开始实施平衡计分卡。以上所有的例子表明了平衡计分卡对医疗行业的价值。

（二）平衡计分卡在国外医疗行业应用的收益

有许多研究提到了在卫生保健行业中应用平衡计分卡的好处，有研究认为，一个真正的平衡计分卡至少可以为医疗保健提供者带来六个好处：它可以增加对客户的洞察，加强内部运营，激励内部利益相关者，加强客户获取努力，增强客户关系，提高忠诚度和价值回报。一项研究指出，实施平衡计分卡对卫生保健组织可能有以下好处：它使组织战略更加强调以市场为导向和以客户为中心，促进、监测和评估组织战略的实施，在组织各层级分配绩效责任，提供有关战略的持续反馈，并促进针对环境变化的调整。

在9个实施平衡计分卡的医疗机构进行的一项调查中，受访者表示，平衡计分卡的实施过程迫使他们阐明战略并就战略达成共识，从而提高了管理层和董事会成员之间的信任度；平衡计分卡的四个维度提供了一个框架，帮助管理层做出决策，通过识别、合理化和调整举措来确定优先事项，使战略与资源分配相一致，培养更大的责任感（特别是当它与管理者不确定的计划相联系时），促进学习和持续改进。受访者表示，他们的组织实现了绩效改进，受访者表示，他们的财务绩效提高了76%，领先指标提高了64%。

美国杜克儿童医院（DCH）被认为是第一家成功实施了平衡计分卡的大型医疗机构。1996年，杜克儿童医院陷入严重困境。该院每年1100万美元的运营亏损迫使管理人员削减开支，一些医务人员感到医疗质量在恶化。在确定了组织的15项管理要求后，该院首席医疗主任决定在儿科重症监护室（PICU）应用平衡计分卡（表11-6）。在6个月的时间内，该科室将每个病例的费用降低了12%，患者满意度提高了8%。到2000财政年度，通过在全院实施平衡计分卡，杜克儿童医院成功地将每个病例的成本降低了5000美元，并实现了400万美元的净收益。

表11-6　杜克儿童医院的平衡计分卡

<table>
<tr><td colspan="4">使命：为患者、家庭和初级保健医生提供最好的、最富有同情心的治疗，并擅长沟通</td></tr>
<tr><td colspan="2">顾客维度</td><td colspan="2">财务维度</td></tr>
<tr><td>患者</td><td>初级保健医生</td><td colspan="2">运营利润</td></tr>
<tr><td>· 满意率
· 推荐率
· 治疗方案父母知晓率
· 出院及时性</td><td>· 沟通满意率
· 父母识别杜克儿童医院医生率</td><td>· 患儿人均花费</td><td>· 新生儿治疗收入</td></tr>
<tr><td colspan="4">内部流程维度</td></tr>
<tr><td>等待时间</td><td colspan="2">质量</td><td>生产率</td></tr>
<tr><td>· 入院
· 出院</td><td colspan="2">· 感染率
· 血培养污染率
· 临床路径使用（前10位）</td><td>· 平均住院日
· 再入院率</td></tr>
</table>

续　表

使命：为患者、家庭和初级保健医生提供最好的、最富有同情心的治疗，并擅长沟通	
研究教育与教学维度	
激励计划	战略数据库
· 意识 · 实施	· 可利用性 · 再入院率

圣玛丽德卢斯医学中心（SMDC），一个位于美国明尼苏达州的区域卫生保健系统，提供了平衡计分卡实践的另一个成功案例。当该中心完成重组兼并，面临收入下降的情况时，它决定应用平衡计分卡并获得成功。在平衡计分卡实施的第三年，该中心实现了13%的初级保健诊所预约准入改善，15%的患者总体满意度改善，并获得了2300万美元的利润增长。平衡计分卡已成为关注其整个卫生保健系统的有效工具和战略管理的基石，为其日常决策提供指导。

还有很多的文献提到平衡计分卡在其他医疗机构的成功应用。例如，皮尔纪念医院（PMH）（加拿大）、梅奥医学中心（美国）、蒙特菲奥雷医院（美国）、WMG初级保健医疗集团（美国）、哈德逊河精神卫生中心（美国）、西公园医疗中心（加拿大），布里奇波特医院（美国）、新加坡樟宜综合医院等。

（三）平衡计分卡在海外非营利医疗机构中的应用

虽然平衡计分卡已经在世界范围内得到广泛实施，但要在组织中成功应用平衡计分卡仍是一个重大挑战。有研究声称平衡计分卡实施的失败率为70%。因此，识别成功实施平衡计分卡的医疗组织的做法是非常重要的。平衡计分卡维度的使用、指标的选择及计分卡代际问题是平衡计分卡实施需要了解的基本问题。

有许多文献都涉及在卫生保健领域成功应用平衡计分卡的案例。表11-7展示了截至2021年9月的英文文献中发现的17个国家和地区的51家非营利性医疗机构的平衡计分卡的案例研究，提供了非营利性医疗机构应用平衡计分卡的缩影。

表11-7　51家非营利医疗机构的平衡计分卡概况

组织类型	名称	大概日期	平衡计分卡代际	战略或绩效管理工具	维度数量	顶层维度	指标数量
医院系统	梅奥医学中心，美国	2000	第二代	战略	8	未知	13
	剑桥健康联盟，美国	2000	第一代	绩效	4	未知	44
	圣玛丽/德卢斯医疗集团，美国	1999	第二代	战略	5	财务	25
		2006	第二代	战略	4	顾客	23
	ALERT医疗集团，埃及	2013	第二代	战略	4	社区	未知

组织类型	名称	大概日期	平衡计分卡代际	战略或绩效管理工具	维度数量	顶层维度	指标数量
医院	杜克儿童医院，美国	1999	第二代	战略	4	顾客与财务	22
	社区纪念医院（CMH），美国	2000	第二代	战略		未知	13
	布里奇波特医院，美国	2002	第二代	战略	5	未知	18
	瀑布纪念医院，国际瀑布城，美国	2004	第二代	战略	4	质量与安全 员工与临床医生	37
	皇家渥太华医院，加拿大	2005	第二代	战略	5	创新与成长，医疗与服务	32
	皇家布里斯班妇女医院，澳大利亚	2005	第二代	战略	4	患者、客户和员工、流程	26
	银十字医院，美国	2005	第二代	战略	4	质量与财务绩效	27
	马偕纪念医院（MMH），中国台湾	2001	第二代	战略	4	顾客	18
		2004	第二代	战略	5	财务	未知
	H医院，印度尼西亚	2004	第二代	战略	4	财务	未知
	I医院，印度尼西亚	2005	第二代	战略	4	财务	未知
	GHD医院，希腊	2007	第二代	战略	4	未知	24
	西日德兰医院，丹麦	2008	第二代	战略	4	效果	15
	的黎波里总医院（GPHT），希腊	2008	第二代	战略	4	顾客	15
	The GHD医院，希腊	2006	第二代	战略	4	财务	24
	一家社区卫生中心，印度尼西亚	2016	第二代	战略	4	利益相关者	20
	费拉拉大学医院，意大利	2009	第二代	战略	4	社区	28
精神卫生中心	哈德逊河精神卫生中心，美国	1998	第二代	战略	4	财务与顾客	15
医院部门	科罗拉多大学健康科学中心烧伤中心，美国	1999	第二代	战略	4	未知	12
	圣艾利斯医院临终关怀单元，美国	2001	第二代	战略	4	财务	11
	霍格兰医院的一个诊所，瑞典	2001	第二代	战略	4	未知	16
	瑞典医院的一个科室，瑞典	2004	第二代[a]	战略[a]	4	未知	21
	一家医院的急诊科，中国台湾	2004	第二代	战略	4	未知	9

续　表

组织类型	名称	大概日期	平衡计分卡代际	战略或绩效管理工具	维度数量	顶层维度	指标数量
医院部门	食品和营养服务，苏马卫生系统，美国	2005	第二代	战略	5	未知	24
	护理管理，桥点卫生系统，加拿大	2008	第二代	战略	5	未知	41
	老年癌症患者坠床管理，一家医学中心，中国台湾	2011	第二代	战略	4	顾客	18
	法赫德国王专科医院（KFSH），沙特阿拉伯	2013	第二代	战略	4	顾客	17
	耶拿大学医院放射科，德国	2021	第三代	战略	4	推荐人和患者	10
	辛辛那提儿童医院医疗中心麻醉科，美国	2006	第二代	战略	5	未知	10
	梅奥医学中心人力资源部，美国	2006	第二代	战略	4	财务与顾客	31
	一家医院的护理部，中国台湾	2009	第一代[a]	绩效[a]	4	未知	11
大学部门	耶鲁大学医学院麻醉学系，美国	1997	第二代	战略	4	财务	36
	加州大学旧金山医院分部，美国	2012	第三代	战略	4	质量、安全与运营	18
国家卫生保健系统	医院监测局，新西兰	2004	第一代[a]	绩效[a]	4	未知	16
	心理健康信托基金和心理健康服务提供者，医疗保健委员会，英国	2004	第一代[a]	绩效[a]	3	未知	35
	荷兰卫生系统，荷兰	2004	第一代	绩效	4	财务	20
	卫生服务，阿富汗	2004	第二代	战略	6	患者与社区	29
	心理健康服务，新西兰	2006	第二代	战略	4	未知	21
	一项公共心理健康项目，新加坡	2001	第二代	战略	4	顾客	未知
地方政府	延雪平县议会的长期规划，瑞典	2001	第二代	战略	4	用户和流程/生产力	14
	昆士兰卫生部（护理），澳大利亚	2002	第一代[a]	绩效[a]	3	未知	26
	布拉德福德PCT，英国	2003	第二代	战略	4	客户与内部流程	30
	布拉德福德HIMP，英国	2003	第二代	战略	4	客户与内部流程	29
	南坎特伯雷区卫生局，新西兰	2003	第一代[a]	绩效[a]	4	未知	16
	西南约克郡心理健康NHS信托基金，英国	2006	第二代	战略	4	临床风险	23
	安大略省急诊医院，加拿大	2007	第二代	战略	4	系统集成与变革	40
	谢菲尔德的戒烟服务，英国	2005	第二代	战略	5	战略和服务用户	17
	坎帕尼亚地区政府，意大利	2009	第二代	战略	4	顾客	14

1. 平衡计分卡的维度 卡普兰和诺顿认为，组织应该制订反映其战略的一套最佳维度。对于非营利组织，他们建议把客户或顾客维度，而不是财务维度，放在他们的平衡计分卡的顶部。表11-8显示了51个案例的维度使用情况。

表11-8 维度使用情况

维度	案例数量	比例
财务（及同义词）	48	94.1
顾客（及同义词）	41	80.4
内部业务流程（及同义词）	47	92.2
学习与成长或创新和学习（及同义词）	35	68.6
其他维度	27	52.9

可以看到，这51个案例中（表11-8）大多数使用了财务和内部业务流程维度。有3个例子的计分卡中没有财务维度，但它们在医院层面或计分卡之外有财务指标。

只有80.4%的案例有客户或患者的维度。这似乎是医疗行业计分卡应用的一个问题，在计分卡中，患者的健康结果似乎不是关注焦点。一项研究发现，在加拿大医疗机构的计分卡中，财务和客户维度的权重是相等的。

只有68.6%的案例使用了学习和成长（或创新和学习）的维度，比例相对较低，但这与该维度实践中比较难以把握的问题相一致。在51个案例的计分卡中，39个有四个维度，8个有五个维度，2个有三个维度，1个有六个维度，1个有八个维度。一个案例没有使用维度，而是使用了12个非财务指标和一个财务指标。维度名称的一些主要变化如表11-9所示。可以发现，大部分医疗机构都使用了卡普兰和诺顿推荐的四个维度，尽管它们在实践中对维度的具体名称进行了修改。

表11-9 改变平衡计分卡维度名称的情况

示例	更改的维度名称
杜克儿童医院，美国	研究、教育与教学
瀑布纪念医院，国际瀑布城，美国	员工与临床医生；质量；患者与社区；业务与发展
布里奇波特医院，美国	销量和市场份额增长；质量改进；流程改进；组织健康
皇家渥太华医院，加拿大	创新与成长；研究；医疗与服务；系统集成
费拉拉大学医院，意大利	社区；财务资源
银十字医院，美国	质量；运营效率；工作场所卓越
安大略省急诊医院，加拿大	系统集成与变革；患者满意，临床利用率、结果和财务；绩效与条件

续 表

示例	更改的维度名称
西日德兰医院，丹麦	效果；用户；流程；员工和资源
马偕纪念医院（MMH），中国台湾	社会承诺
皇家布里斯班妇女医院，澳大利亚	患者、客户和员工
法赫德国王专科医院（KFSH），沙特阿拉伯	组织能力
梅奥医学中心，美国	临床生产力与效率；相互尊重和多样性；社会承诺；外部环境评价；患者特征
圣玛丽/德卢斯诊所卫生系统，美国	运营；人员；技术
ALERT医疗集团，埃及	社区；资金生成；能力建设
剑桥健康联盟，美国	满意；临床；访问/连续性；成本/利用率
加州大学旧金山医院分部，美国	质量、安全与运营；教育；教员发展；学术和研究
护理管理，桥点卫生系统，加拿大	护理资源管理；护理交付和临床实践；结果；护理组织能力
瑞士医院的一个部门，瑞士	学习/创新；顾客/患者；流程/生产力
耶拿大学医院放射科，德国	推荐人和患者；员工
霍格兰医院的一个诊所，瑞典	经济
辛辛那提儿童医院医疗中心麻醉科，美国	临床治疗；功能状态；服务质量；成本/效率；工作生活平衡
一家社区卫生中心，印度尼西亚	利益相关者
昆士兰卫生部（护理，）澳大利亚	患者/客户指标；员工指标；组织指标
医院监测局，新西兰	组织健康与学习；流程与效率；患者与质量
南坎特伯雷区卫生局，新西兰	质量与患者满意；流程与效率；组织健康
心理健康信托基金和心理健康服务提供者，医疗保健委员会，英国	临床焦点；患者焦点；容量与能力
延雪平县议会的长期规划，瑞典	用户
布拉德福德PCT，及HIMP，英国	客户（政府与用户）；成本
卫生服务，阿富汗	患者与社区；员工；服务提供能力（结构投入）；服务提供（技术质量）；财务系统；卫生部门的总愿景
心理健康服务，新西兰	临床质量（结果）；生产力（效率）；学习与组织健康（质量）
西南约克郡心理健康NHS信托基金，英国	临床风险；服务现代化；劳动力
一项公共心理健康项目，新加坡	员工学习与成长
谢菲尔德的戒烟服务，英国	服务用户/利益相关者；战略；运营卓越；创新与学习
食品和营养服务，苏马卫生系统，美国	质量；服务；员工工作生活；财务；业务增长
荷兰卫生系统，荷兰	创新
坎帕尼亚地区政府，意大利	创新

从这些真实的案例来看，只有少数组织（16个案例）使用了具有传统四种维度的平衡计分卡。大多数组织根据自身机构的现状和对平衡计分卡四个维度概念的不同理解，对四个维度进行了修改。例如，一家机构有客户维度、成本维度、学习和成长维度和内部流程维度，而另一个机构有财务、创新和成长、关怀和服务、系统集成和研究维度。

有平衡计分卡实施者认为这些维度叫什么并不重要，捕捉所有关键的成功因素更重要。在计分卡中涵盖这些因素比怎么称呼它们更重要。

平衡计分卡是一种概念工具，这四种维度从未被视为“紧身衣”，它的适应性是其吸引力的一部分。

与其他行业相比，医疗机构的平衡计分卡呈现出不同的景象。例如，大多数医疗机构案例在其平衡计分卡中使用了其他维度，但根据一项在德语国家的调查，只有17%的公司使用了其他维度。对学习和成长维度的使用是相似的，但使用客户维度的较少。在医疗保健领域，平衡计分卡的应用似乎比商业和学术领域更加多样化。

有人认为，当人力资源对战略实施非常关键时，应该将其视为一个独立的维度。在非营利和公共部门，重点应放在客户和服务他们的需要上，以实现这一使命。然而，对于医疗机构来说，仅仅关注顾客或客户是不够的，因为他们必须在社区和患者之间取得平衡。例如，在许多公共卫生项目中，因为该服务面向整个社区，很难确定对某项服务有需求或能从中获益的客户或顾客。一些服务，如防疫是强制性的，必须在不考虑公众意见的情况下予以执行，否则将导致公共卫生灾难。公共卫生服务的消费者由于其预防性和长期性的特点，有时很难对服务进行判断，此外，消费者对服务的判断可能无法反映出总人口中的风险。与此同时，卫生保健系统必须努力根据健康需要向公众提供公平的服务。因此，“社区”作为一个独立的维度出现在卫生保健组织的平衡计分卡中并不奇怪。

在医疗保健行业，提高效率是一个有限的视角，因为在实践中，他们必须平衡效率和公平。这是医疗保健和其他行业的一个显著区别。

平衡计分卡可以满足每个组织的独特需求，因为它可以被修改以适应组织的战略。因此，平衡计分卡维度的层次结构以及维度本身在不同类型的医疗保健机构及其存在的环境中可能不同。

2. 关键绩效指标数量 在实践中，每个组织在应用平衡计分卡时都面临最高层的平衡计分卡应该包括多少指标的问题。在这些案例中指标的数量覆盖了9~44个的范围。其指标数量的上限似乎远高于文献中推荐的水平，超出了管理者能够关注的范围。

3. 平衡计分卡的代际 在应用平衡计分卡的过程中，因果关系对于成功实现组织的目标非常重要。强调因果关系是第一代和第二代计分卡之间的分水岭。表11-7显示，超过71%的计分卡强调因果关系或战略与其要素之间的联系（把平衡计分卡作为战略管理工具使用）。这表明大多数案例是第二代计分卡。由于受文献中的信息有限，无法确定它们是否都在使用完整的战略地图。然而，有20个例子声称他们使用了战略地图，其中18个是在2005年之后发布的。这表明越来越多的医疗保健组织在其战略管理中使用了战略地图。这与加拿大的一项研究的发现一致，即医疗保健机构开始越来越多地使用战略地图。同样受文献所提供信息的限制，无法判定部分案例是否满足第三代计分卡的概念。但正如有研究者指出的是，近年来，医疗保健领域越来越倾向于使用第三代平衡计分卡进行战略调整和战略管理。

对计分卡的改变导致了平衡计分卡的发展。无论未来发展多少代计分卡，它们都将基于卡普兰和诺顿提出的基本原则。在医疗机构的实践中，战略地图的使用呈现出上升趋势。随着时间推移，应用第三代计分卡的医疗机构将会越来越多。虽然双维度平衡计分卡已经被引入和应用，但是卡普兰和诺顿建议的四个维度仍然对医疗机构的实践产生了重要的影响。

4. 顶层维度　按照常理，非营利性医院和政府办医院可能会将患者置于其战略地图的首位。在这51个计分卡案例中，有34个可识别维度之间的层次关系，但只有6个案例中的客户（或患者）维度位于平衡计分卡的顶层。相比之下，34个案例中有8个将财务维度置于其计分卡的顶端。我们在两家医院的战略地图的演变过程中，也有一些有趣的发现。自2002—2006年间，圣玛丽/德卢斯诊所卫生系统的平衡计分卡的顶部维度从财务转变为客户。相反，麦凯纪念医院平衡计分卡的顶部维度在2001—2004年间从客户转变为财务。

从这些案例可以看出，尽管所有的例子在某些部分都包括了患者，但大部分案例没有将患者或顾客维度放在平衡计分卡的顶端。医疗保健服务的核心——改善患者的健康状况和关注患者的生活，并没有成为这些计分卡的主要焦点。不难理解圣玛丽/德卢斯诊所卫生系统平衡计分卡的顶层维度的变化，因为这与卡普兰和诺顿对非营利组织的建议是一致的。然而，应该如何理解麦凯纪念医院平衡计分卡顶部维度的变化？案例中没有直接解释这种改变的原因。案例第一作者关于同一家医院实施平衡计分卡的另一篇论文指出——通过实施平衡计分卡构建基于使命的战略管理体系，有利于实现收入增长和使命实现，这可能是麦凯纪念医院改变计分卡维度层级关系的原因。

研究表明，削减和减少资源非常容易导致财务焦点成为主导的管理原则。在医疗服务的平衡计分卡中，患者处于首位并不取决于医疗机构是否为非营利组织，而在很大程度上可能取决于医疗机构的财务状况。

多年来，伴随着医疗费用的不断上涨的是医疗保健组织获得的资金资助的减少。因此，他们不得不采取严厉的措施来削减费用。这应该是许多国家的共同情况，并反映在卫生保健组织的平衡计分卡维度层级结构中。即使在那些政府为公立医院提供全额资助的国家，财务维度也一直是平衡计分卡最重要的部分。例如，加拿大的研究表明，财务和客户维度被评为同等最重要的部分。在澳大利亚，财务维度是最重要的，因为澳大利亚卫生支出占国内生产总值（GDP）的比例略低，实现政府和健康保险基金的财务目标的压力似乎更大。因此，并不奇怪在那些非营利性医院无法获得足够资金运营的国家，财务维度成为医疗机构平衡计分卡的首要任务。

这可能在一定程度上反映出，在公共部门组织中，组织变革是获得令人满意的预算控制工具而不是优化绩效和质量的工具。因此，当非营利性医疗机构不得不与财务问题作斗争时，如何将客户（患者）的维度放在平衡计分卡的顶层以完成其使命是一个挑战，尽管这可能被视为一个合乎逻辑的选择。这不仅是卫生保健组织的挑战，也是其利益相关者的挑战。

平衡计分卡的核心原则仍然是平衡。在应用平衡计分卡的过程中，尤其是在医疗行业，组织寻求长期与短期、财务与非财务、个人与组织、内外部因素、因果关系、效率与公平之间的平衡与和谐。生命很难平衡，大多数国家都在努力控制医疗费用。即使在这种情况下，对于非营利组织和政府机构来说，患者的需求也应该是平衡计分卡的核心。

通过上述的分析，对平衡计分卡在海外医疗机构中的应用有了初步了解，下面将了解平衡计分卡在中国医院传播及应用情况。

四、平衡计分卡在我国医院中的传播及应用

（一）平衡计分卡在我国医院中的传播

平衡计分卡于20世纪90年代中期首次引入中国企业界。2000年，第一篇关于介绍医疗卫生领域平衡计分卡的文章正式发表。2001年，中日友好医院成为中国第一家报道实施平衡计分卡的医院。此后关于平衡计分卡在中国医院的论文呈现上升趋势。2005年被看成是计分卡在国内医院传播的一个里程碑，无论是发表论文总数还是发表的医院计分卡实践论文数量都呈现跳跃性上升，在实践中应用计分卡的医院越来越多。

有研究发现，国内初期主要的计分卡论文作者是医院职工和大学学者。发表的第一篇介绍平衡计分卡在国外医疗机构应用情况的论文的作者是来自一所大学附属医院。医院职工和大学学者在传播平衡计分卡中的主导作用可以说明教学医院的平衡计分卡在中国医院中传播和应用的重要地位。

2012年之前，外部顾问在中国医院平衡计分卡的推进中的作用没有得到足够认可。比如，有研究指出，在接受采访的24家医院中，有5家医院获得了外部专家（顾问）对平衡计分卡推广的支持。然而，由于顾问费支付及对顾问能力的置疑等原因，其中只有1家使用顾问帮助他们实施平衡计分卡。而8年以后，参加中国医院品质管理联盟平衡计分卡比赛的大部分医院使用了顾问来帮助他们推动计分卡实施。

有研究认为，法规、监管或政府压力似乎是会计创新在公共部门扩散的最重要原因，政府支持的会计创新更有可能被成功采用。2008年，海南省等多个省份的卫生部门开始将平衡计分卡作为一种重要的绩效管理方法推荐给医院。

自2018年起，中国医院品质管理联盟成立了平衡计分卡专业委员会，通过培训与比赛在中国医疗机构中推广平衡计分卡，并于2019年举办了中国首次医疗机构平衡计分卡比赛。目前该比赛已连续举办2年，吸引越来越多的中国医院加入到平衡计分卡应用队伍。

有研究对344篇有关键词的平衡计分卡论文进行了分析，前五个出现频率最高的关键词（不包括医院和平衡计分卡）有关绩效管理、财务、战略、薪酬、人力资源。这实际上是中国公立医院在管理中面临挑战的主要领域。

（二）平衡计分卡在我国医院中的应用

1. 应用计分卡的背景　研究表明，大部分医院使用计分卡的原因是为了提高医院绩效，特别是解决财务问题。近10年来，随着医改的不断深入，公立医院面临越来越多的运营压力。比如参加2019—2020年两届平衡计分卡比赛的医院谈到导入平衡计分卡的背景时，都提到了医改政策，特别是医保支付制度改革带给医院提高运营管理效率的压力。

2. 计分卡应用的领域　研究表明，大部分医院将计分卡用于医院绩效管理，包括院级、科室级及个人级绩效管理，一部分将计分卡用于医院战略管理。另外计分卡也被应用于护理绩效、社区卫生服务、人力资源、医院文化、医院品牌等领域。

3. 负责实施计分卡的部门　在2012年的一项研究中表明，人事或财务相关部门是负责实施计分卡的主要部门。通过对2019—2020年平衡计分卡比赛参加医院的资料分析，负责实施计分卡的部门开始倾向于设立专门的部门负责计分卡的实施。这更加符合卡普兰和诺顿提出的设立战略管理办公室成功推进平衡计分卡实施的推荐。

4. 计分卡维度　一项研究表明，有36%的医院使用了非标准四个维度的计分卡，比如一家医院使用了质量效率、效益、服务、学习成长四个维度。其中5家医院使用了五个维度，比如有医院使用了患者与社会、外部客户、健康的财务、内部流程与效率、员工、文化、学习与成长维度。

有4家医院没有应用学习与成长及相关维度；没有使用财务及相关维度的只有1家，其只将计分卡用于部门奖金分配。

在计分卡维度使用方面的发现与先前的研究一致——即医疗行业的计分卡维度应用与其他行业相比是不同的，医疗行业的应用则更多地采用了标准四个维度之外的维度。

5. 计分卡应用层级　研究表明，除很少医院外，大部分应用计分卡的医院将计分卡用于科室的绩效管理。有部分医院建立了个人计分卡。大部分医院没有使用个人计分卡的原因是缺少人力或受限于其信息系统无法提供必须的信息。

有研究表明中国医院部门计分卡的应用占据了重要位置。因为部门层级的管理在医院运营中扮演了重要的角色，这与在其他行业的发现一致。然而这与在加拿大医院的发现不同，在那里尽管有95%的医院发展了医院级别的计分卡，仅仅有三分之二的医院发展了部门计分卡。其认为这可能是在加拿大医院因为缺乏设计计分卡的专业知识，但其主要原因也许是缺少中国医院面临的运营压力。为了解决严重的运营压力，文献中的一些中国医院仅仅选择建立了部门级的计分卡，因为部门的运营的结果是医院运营的基础。

6. 计分卡指标数量 一项对44家医院计分卡提供详细指标的研究中，28家的指标在20个以上，小于10个的只有2个。这些指标的数量上限明显超过了文献建议的水平，并超过了管理者可以集中精力控制指标的能力。指标数量的选择确实是个长久的难题，比如参加2020年中国医院品质管理联盟平衡计分卡比赛的一家医院总指标达到34个。

7. 计分卡是否被应用为战略绩效管理工具 2012年的一项研究表明，样本医院的大部分将计分卡与医院战略相关联（74家），其中6家使用了战略地图。在这6家中，有4家将财务维度放到其战略地图的顶端，只有2家像卡普兰建议的那样——公立机构的计分卡应该是以顾客为关注焦点的，将顾客维度放到了战略地图的顶端。

一项对24家应用计分卡医院的访谈中，两家医院承认它们在开始时并没有将战略与计分卡联接在一起。一名管理者解释没有使用战略地图的原因是其使用起来太困难。

这点在2019—2020年参加计分卡比赛的医院中得到了一些改变，所有参赛医院都使用了战略地图，但几乎所有医院都将财务维度放在计分卡顶部。

公立医院必须实现满足医院运营的财务需求和患者需求的平衡。尽管，国家逐步加大了对公立医院的投入，公立医院仍将在很大程度上继续依靠自己改进绩效来克服财务困难。因此，不难理解由于财务压力，在计分卡的应用中医院把更多的精力花费在财务维度。

根据卡普兰和诺顿的建议，顾客维度应该位于一个非营利组织的计分卡的顶端。但是研究发现当经费额度不足时，顾客维度可能不会成为一个非营利组织的计分卡的中心。

8. 计分卡维度的权重 一项研究中，有8家医院提供了关于计分卡维度权重的信息。5家医院的财务维度权重高于其他维度，没有医院的患者或客户维度权重高于其他维度。一家医院计分卡的财务维度的权重呈现上升趋势，而患者维度的权重在2004—2007年间呈现下降趋势。在这家医院的部门计分卡，财务维度的权重达到50%。其作者指出因为来自政府的拨款不足，医院不得不通过实施收入增加项目来增加医院收入维持医院运营。因此，财务维度成为计分卡最核心和最重要的维度。

9. 计分卡的实施效果 有研究表明，中国医院实施平衡计分卡后，帮助医院在医院收入、业务发展方面取得积极效果；实现了医疗质量的改善；提高了医院职工的工作积极性；实现了患者满意度的改进；实现了学习成长与教学的改进；取得管理的改善；实现患者花费下降等。

10．计分卡与奖金的关联　需要说明的是，根据卡普兰和诺顿的研究，将计分卡和奖金系统结合起来有助于增加计分卡实施的有效性，中国的研究表明大多数医院计分卡的应用与奖金分配关联起来。这与在西方国家医院中的发现不同。比如，在瑞典的急诊医院中，计分卡几乎从来没有被用于医院的绩效系统。这主要是因为在我国现行公立医院医务人员的薪酬体系中奖金扮演了一个十分重要的角色。

与海外医疗机构的经验相比，我国的平衡计分卡实践既体现了医疗行业的共同特点，又独具特色。其共同点包括：

（1）在实施的背景上是类似的，医疗机构都面临着环境变化带来的巨大运营压力，需要在质量、效率、安全与发展上实现平衡。

（2）由于运营的压力，大部分医院没有选择将客户或患者放在其计分卡的顶端。

（3）在计分卡实践上，与其他行业相比，医疗行业的复杂性体现在对计分卡维度选择上的灵活性。

（4）在计分卡关键绩效指标选择上都有指标数量过多的问题。

（5）随着时间的推移，越来越多的医疗机构在计分卡实践中使用了战略地图，使计分卡成为支持其战略实现的工具。

不同点包括：

（1）中国医疗机构的实践中，更强调将绩效奖金与平衡计分卡相结合，平衡计分卡的一个重要作用是支持绩效奖金分配。

（2）在中国医疗机构的实践中，部门计分卡的应用占据了重要位置。

（3）在计分卡医院实践的推进中，顾问在中国所扮演的角色远不如在海外医疗机构中所扮演的角色重要。

五、平衡计分卡的实施方法

平衡计分卡本身是一种管理系统，实施平衡计分卡也是一项系统工程。启动医院平衡计分卡项目之前需要做充分的准备，才能确保正确的实施，并获得预期的效果。

（一）平衡计分卡的实施步骤

1．实施前准备

（1）获得医院批准：获得医院最高领导的认可与支持是首要的，也是最重要的。在医院实施平衡计分卡的国内外文献中，最高管理者的支持是影响实施平衡计分卡实施成功与否的至关重要的因素。在这里，必须让医院领导者了解实施平衡计分卡可以给医院带来的收益。

某医院列出的实施平衡计分卡可能带来的收益：①可以帮助医院及科室理清发展战略；②可以使医院与科室搭建管理沟通平台，同时促进科室内部的沟通；③可以使医院、科室工作目标导向明确；④建立统一的绩效评估体系，改变多个考核体系并存的情况，使软指标变硬；⑤促进合作、学习与成长问题的解决，促进科室及可持续发展；⑥改善医院及科室绩效，为改进医院及科室管理提供有力工具。

从上面可以看到，这些作用对于改善医院管理来说是非常有意义的。

这一阶段常常需要回答两个问题：

1）平衡计分卡是什么?

这个问题是平衡计分卡实施初期会被问到的问题。或者可以换一种说法，也就是平衡计分卡是如何发挥作用的?

在医院层面来说，通过实施平衡计分卡，明确发展战略及实现这些战略的需要关注的关键维度；之后要明确每一个维度下面的具体的战略目标及目标值；再之后就是要实现这些目标要采取的战略行动；并将绩效和资源配置与这些行动及结果相关联；最后要落实这些行动，观察目标的实现情况。同时不断地评价行动的结果和战略目标实现的关系，修正行动或战略目标。这是一个双向的循环，也就是从战略设计、实施、反馈、修订战略，到战略实现的双向循环，从而实现医院的长期持续改进与协调发展。对医院来讲成功的平衡计分卡就是一个指挥棒，如果应用成功地话，它的方向应始终指向医院的战略目标。

对医院内部科室来讲，平衡计分卡是帮助他们实现科室学科战略和加强绩效管理的一个有力工具。实施平衡计分卡科室需要参照医院总体战略规划制订本科室学科发展规划，在制订规划的过程中要分析科室的现状，包括人力资源、设备资源及门诊病房设施等；要分析科室在所在地区的地位，明确科室的发展定位；确定科室将要发展的重点专业，并提出具体计划；找出影响科室发展的需要医院解决的主要问题，及解决办法，寻求医院对科室发展的支持。然后根据医院院级平衡计分卡的要求，对属于科室工作范围的院级指标进行分解，同时提出支持院级指标实现的具体科室指标，形成自己的平衡计分卡。通过对平衡计分卡指标的完成情况的监控把握科室的绩效运营情况及科室战略规划的实现进程，同时根据监控结果的反馈对科室战略及计分卡进行修订。

一般说成功的平衡计分卡的实施可以构建一个科学的绩效评价体系，因此科室的奖金分配与平衡计分卡的完成情况挂钩，将使医院拥有一个科学的奖金分配体系。这也是目前中国国医院管理者关心平衡计分卡实施的重要原因之一。

2）平衡计分卡真的有用吗?

随着平衡计分卡知识的不断传播，知道平衡计分卡的人越来越多。但是当打算在一所医院推广平衡计分卡时，一个常常无法回避的问题是平衡计分卡真的有用吗？确实，实施平衡计分卡不一定能实现预期的效果，有的医院的平衡计分卡实践似乎效果也不理想。其实，平衡计分卡就是一个工具，就像一支金笔一样，在书法好的人手中可以写出漂亮的作品，而在未受过书法训练的人手中写出的字可能很难看。实施平衡计分卡需要遵循成功的策略来进行，以确保能获得预期的效果。

（2）组建平衡计分卡实施团队：一旦获得医院的批准，就要着手组织医院实施平衡计分卡的团队。一个强有力的工作团队是平衡计分卡成功实施的有效保障。这个团队应该得到最高领导的授权，直接对最高领导负责，有一定的决策权。人员组成上应该包括有医院行政管理背景的管理者、医疗管理背景的管理者、护理管理背景的管理者、医院经营管理背景的管理者。人员组成上不宜太多人，3~5人为宜，否则需要开会讨论问题时，人员有时会很难凑齐，影响工作效率。

有条件的医院可以根据卡普兰和诺顿的建议设立战略管理办公室，负责全院的计分卡实施及战略管理。

（3）制订平衡计分卡实施计划：完成上述步骤后，要着手制订实施平衡计分卡的时间表，包括实施前培训及实施中院级、部门级平衡计分卡的设计和试点的启动及全面推行等阶段。一般而言，实施平衡计分卡至少需要1年左右的时间，具体情况可以根据医院的具体要求进行设置。实施平衡计分卡的过程是逐步推行，通过成功实施的科室的经验来获得医院内部对平衡计分卡的理解与认可，因此，需要相对较长的时间。

（4）实施平衡计分卡培训：培训的形式应充分使用医院所拥有的各种资源，可采用讲座、发放书籍、相关论文、院内报纸、网络专栏、线上视频发布等形式。培训的对象应该包括各级领导及医院全体职工。培训是一项长期的工作，因为对于平衡计分卡的了解与掌握并不是通过短期培训就可以解决的，随着实施工作的开展，人们对平衡计分卡的认识才能逐步深入。也就是说，在整个实施阶段，都有对平衡计分卡培训的需求，需要平衡计分卡专业人员的指导。培训工作的好坏将影响到平衡计分卡实施的成功与否。

培训的内容涉及平衡计分卡理论的介绍、平衡计分卡在医疗机构中的应用情况、实施平衡计分卡会对医院和个人带来的收益等。一般而言培训内容应该回答如下问题。

（1）平衡计分卡是什么？

（2）为什么我们选择平衡计分卡？

（3）实施平衡计分卡对医院和个人的收益是什么？

（4）与我们以前使用过的管理工具相比，平衡计分卡有什么不同？

（5）实施平衡计分卡我们需要做什么？

（6）对于个人来讲，平衡计分卡的实施意味着什么？

通过培训应该争取使管理和员工团队把使用平衡计分卡看作一种使更多人参与的用关键绩效指标体系来管理业务绩效实现医院、学科及的个人发展的更好方式。为了实现这点，必须强调实施平衡计分卡会对个体带来的收益。

2. 明确使命、愿景与价值观

（1）使命：医院使命说明组织存在的原因，可以通过回答下列问题来界定：

业务范围：我们的医院是干什么的？我们的业务是什么？我们的业务应该是什么？

业务范围可以从3个方面加以确定：顾客群、顾客需要和技术。

目标客户群：我们的顾客是谁？

所能提供的价值（产品和服务）：我们对顾客的价值是什么？

发展前景：我们将来的业务是什么？应该是什么？

这些问题看似很简单，却是医院运行需要回答的最大难题。成功的医院往往非常注重员工使命感的塑造。使命感可引导员工明确目标、方向和机会，使之朝着组织的共同目标而努力工作。有效的愿景陈述应该是简单明确、激发变革、长期的、易于理解的。

根据这些要求，某医院确立的使命是：通过在临床医学、医学教育、医学研究方面的快速发展，为患者提供以患者为中心的优质医疗、预防、保健服务，创建国内一流、专科特色突出的区域研究型医学中心。

（2）愿景：医院愿景是医院战略发展的重要组成部分，是指根据医院现阶段运行与管理发展的需要，由医院内部的成员所讨论、制订，获得医院上下一致的共识，形成大家愿意全力以赴的未来方向，是对医院未来发展方向的期望、预测与定位。

医院愿景的内容应该回答未来的目标、存在的意义，以及未来的发展是什么样子等根本性的问题。

如某医院制订的愿景：国内一流医学中心；患者生命相托港湾；职工幸福温暖家园。

愿景中确定的目标应该是可行的，经过努力能够实现的。否则，愿景的制订就失去了意义。

（3）价值观：医院价值观反映了对组织真正重要的元素，是指医院在实现其使命与愿景过程中所尊崇的基本信条和奉行的准则或原则，是支持医院愿景和使命实现的基础。价值观的制订应经过全院上下反复讨论的过程，并达成一致。价值观陈述应该是特有的、永久的、稀少的、清晰的。

又如某医院经过认真讨论，最终确定的四项核心原则组成的价值观：

诚实：坚持诚实做事，做到守信与遵循职业道德。

奉献：坚持爱岗敬业与无私奉献，始终履行救死扶伤的神圣使命。

团队：坚持团队合作精神，发挥自我潜能，分享经验，建立相互信任、相互支持的团队文化，实现我们的共同目标。

创新：坚持追求把工作做到最好，致力于通过鼓励发现问题和提出创新的解决方案，保证卓越的品质和服务。

3. 制订与传达医院战略

（1）制订战略规划：战略规划的制订是成功实施平衡计分卡的关键一步。作为战略实施的工具，平衡计分卡的使命就是实现组织的战略，如果战略规划对组织是不适宜的，成功实施平衡计分卡也无从谈起。制订并传达战略规划可使用如下方法（图11-8）。

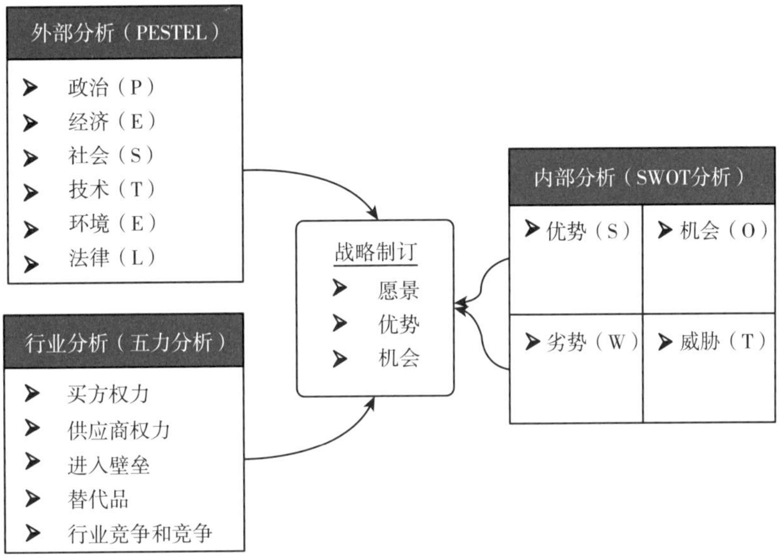

图11-8　常用战略分析工具

通过PESTEL分析和五力分析进行外部环境分析，对国家宏观医疗政策及医院现状和竞争对手的全面分析，分析医院的优劣势，总结行业成功经验和失败教训，发现行业关键变化驱动因素；用SWOT方法，分析医院内部优势、劣势、机会和威胁，确定医院核心资源和核心能力；确定医院的愿景、使命和价值观，在此基础上确定业务范围和地域范围，明确医院发展方向，确定医院的业务组合。并由此详细规划医院总体战略、业务战略、职能战略，形成医院的战略体系，并制订详细的战略实施计划和监督控制方法，确保战略的有效执行。其他分析工具如波士顿矩阵分析也可运用于制定战略。

（2）绘制战略地图，传达战略：战略地图的架构提供了一个综合的、有逻辑的设计、执行战略的框架，形象化描述组织的战略及实现路径。由于先前已经制订了使命、愿景及战略规划，战略地图的绘制并不象理论上那么困难。战略地图描述的战略实现路径是以逻辑因果关系为基础的。首先，最上面是使命，支持使命实现的愿景，然后是支持使命及愿景实现的关键区域，也就是平衡计分卡的关键维度（以平衡计分卡四个经典维度为例），这几个维度之间的逻辑顺序要以各医院对各个维度重要程度的认识来安排。一般而言，对公立医院，患者维度应该放在最上面，之后是财务维度和内部流程维度，最下面是学习与成长维度。

每一个维度的目标及实现这些目标需要关注的关键点（平衡计分卡的关键指标）明确后，整个战略地图也就可以绘出了。可以组织全院针对战略地图进行讨论，对医院战略达成共识。

达成战略共识是十分重要的。在计分卡实践中，经常会出现由少数领导制订了战略规划及目标，没有进行全员充分讨论达成共识，就直接在组织内推行。尽管确定的战略方向是正确的，但在实施中发现员工不愿投入精力或责任去为之努力，导致最终计分卡实施的效果不佳。战略达成共识是员工愿意为之努力付出的前提。因而，在战略制订阶段一定要尽可能让更多的员工参与讨论，提出他们的建议，全员达成战略共识，这是计分卡实施成功的一个重要但容易被忽略的前提。

在卡普兰和诺顿推荐的最佳实践中，要基于战略主题来构建战略地图。战略主题是一组相关战略目标的组合。比如包含确立作业优势（运营管理）、增加客户价值（客户管理）、开创运营优势（创新）或成为良好的企业公民（法规与社会）。每个战略主题有聚焦的战略目标，且在四个维度之间有相互的因果关系（图11-9）。

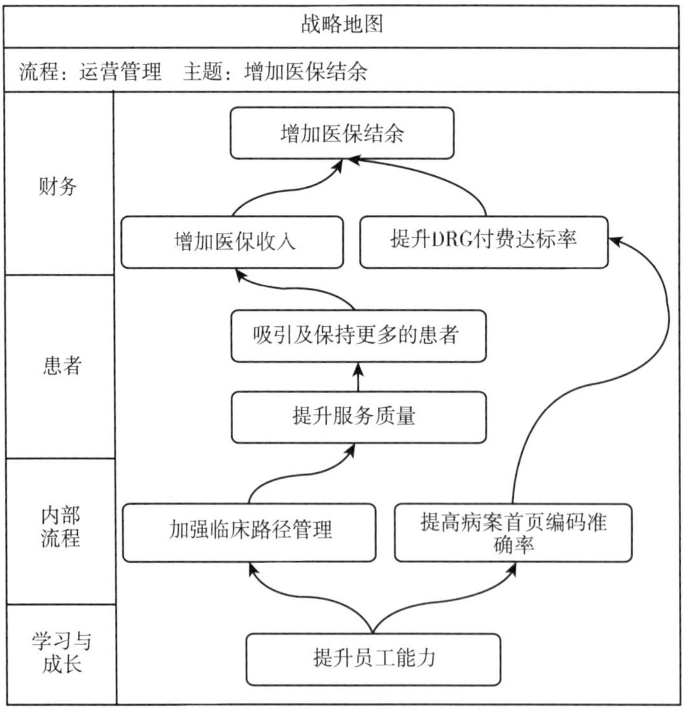

图11-9　战略主题示例

战略地图是平衡计分卡实施中达成战略共识的一个重要沟通工具。它可以在一张图上把医院或科室复杂的战略清晰的、有逻辑的展现出来，使人对医院或科室的战略一目了然，促进达成战略共识。绘制战略地图的过程也是医院或科室战略形成的过程，可以基于战略地图进行全员讨论，最后达成全员共识。最终确定的战略地图可通过各种形式进行展示，随时提醒员工持续关注医院或科室战略。比如，可以在每个病区设置战略墙，展示战略地图及重要指标的完成情况。

根据确定的战略地图以及相对应的不同目标、指标和目标值，再来制订一系列的行动方案，配备资源，形成预算。这样就可以采取相应战略行动了（图11-10）。

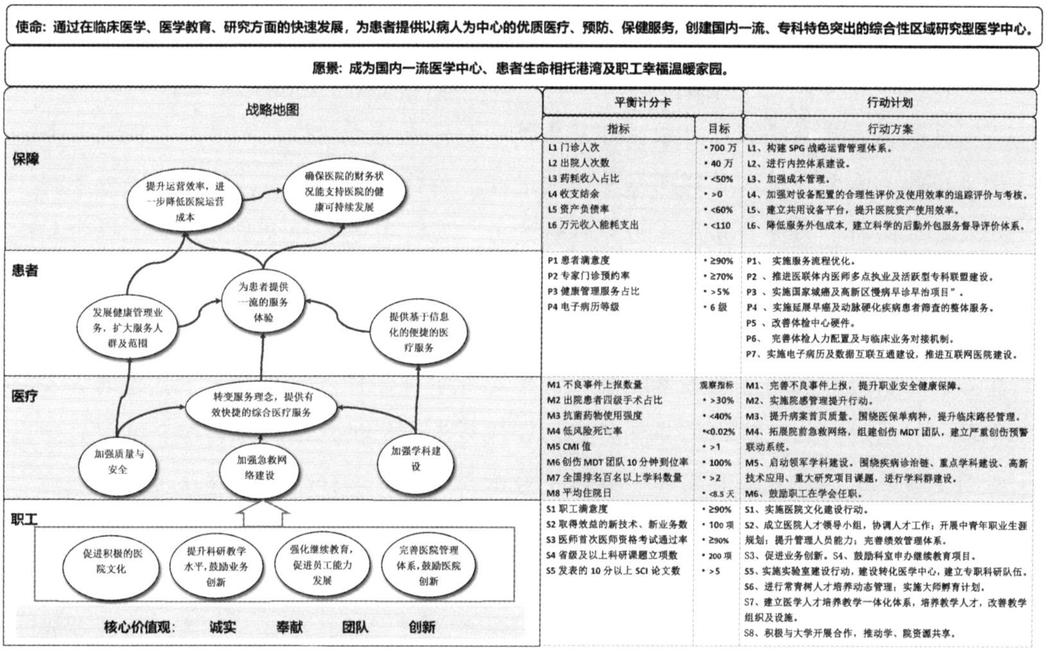

图11-10　某医院（2018—2023）战略地图、平衡计分卡及行动计划

绘制战略地图时，要注意使用动词描述目标。例如，患者忠诚度，是提升患者忠诚度还是利用患者忠诚度等。在设计战略地图上的目标时，首先应思考在该战略的执行上存在的问题与短板，并对此进行充分、透彻的分析。对讨论过程中大家提出的创意要持开放态度，充分包容，鼓励大家投入到目标制订中。绘制战略地图时要时刻注意简化，一个良好的战略地图应当能通过归纳至关重要的目标及它们之间的因果关系讲述组织的战略故事。可使用图11-10作为战略地图模板进行参考，以确保不遗漏对战略实现有重要影响的要素。

4．制订各级平衡计分卡　制订平衡计分卡可遵循如下简要步骤。

（1）根据战略重点确定计分卡维度。

（2）确定每一维度战略目标。

（3）找出支持每一战略目标实现的关键指标。

（4）确定每一关键指标的目标值。

（5）明确支持每一关键指标目标实现的战略举措，并为之匹配相应资源。

案例讨论

【案例】某医院在临床科室中推进平衡计分卡，该院的平衡计分卡执行团队帮助一临床科室发展学科规划。在座谈中，该科主任提出与当地主要竞争对手相比，其人员队伍素质需要提升。医生都需要做计划完成博士学位，同时，为促进业务能力提升，需要安排人员到高水平医院进修。为提升科研能力，需要引进专职科研人员。同时，为提升临床能力和科研能力，还将引进客座专家定期来院进行指导。为给科室职工更多的职业发展空间，还将鼓励职工在专业学会担任职务。在业务方面，明确了四个亚专科发展方向，将围绕这四个方向配置人员，安排进修学习，及引进相应的客座专家。同时，确定多学科合作为该科与同行竞争的重要手段，将通过科内、院内的多学科密切合作为患者提供病症治疗的综合方案。为吸引更多患者，将充分利用各种媒体平台加强院内外宣传。通过建立医联体联盟及疾病联盟，扩大科室在同行中的影响，吸引更多的患者来院就诊。充分利用互联网医院平台开展诊疗业务，维系良好的医患关系，获得更多忠诚顾客。为实现上述这些，将推广精益管理，消灭浪费，优化流程，提升质量与效率，争取获得更好的财务回报，支撑学科的可持续发展。最终将该学科建设成为省级重点专科，成为区域医学中心。但该主任认为这些想法有些凌乱，想让计分卡团队专家帮助绘制战略地图用于科室讨论。

【讨论】通过上述表述，你需要花多长时间理解该主任的学科发展想法之间的逻辑关系？请根据平衡计分卡的四个维度，利用以上信息及本章前面介绍的知识，帮助该科室绘制一份战略地图。然后，再看看通过战略地图是否能更容易系统理解科主任的学科发展思路。

第三节　应用趋势

一、平衡计分卡实施的挑战

研究表明，平衡计分卡实施的失败率达到70%。除了前面提到的成功实施计分卡的策略，在计分卡实践中，还面临着一些更具体的执行问题。平衡计分卡自身的优势在于明确组织战略，并将战略层层分解落实，落实到具体关键指标的改善上。但如何改善指标，并不是平衡计分卡这个概念本身的优势。比如，如何降低平均住院日，这涉及很多影响因素，如何评价这些因素的影响，并提出解决这一问题的系统方案，并不容易。因此，借助一些其他管理工具来促进计分卡关键指标的目标的实现，逐渐成为一种趋势。平衡计分卡与精益、六西格玛的结合就是其中之一。

二、平衡计分卡与精益等多维管理工具的结合

精益生产（lean production）通常简称为“精益”，是在生产过程获服务提供过程中最大程度消除浪费（Muda），提高质量，减少生产时间和成本，以提高客户获得的整体价值的系统方法，是衍生自丰田生产方式（TPS）的一种管理哲学或思想。精益医疗体系是利用有限资源，围绕患者的需求提高医院运营效率与质量的重要管理哲学，已经在经济发达国家或地区的医疗组织中得到广泛地应用。

精益思想的关键原则在于从客户角度看待价值。价值是在合适的时间以合适的价格提供正确的产品或服务的能力。凡是没有为产品或服务增值的活动都被认为是非增值活动或浪费。当然，如交通运输等一些非增值活动是执行增值活动所必要的。精益思想通过一系列原则和技术，实现“精益”工作流程，消除不必要的非增值活动，并显著减少必要的非增值活动，而不会浪费其效率。从系统的角度来看，精益思想是通过驱动组织不断增加产品或服务价值来实现竞争力的战略。

一个组织的成功有两个重要路径，一是做正确的事，二是正确地做事。做正确的事比正确地做事更为重要。只有这两点同时实现，做事的结果才会对组织有积极的意义。平衡计分卡做为一个战略绩效管理系统要发挥作用，必须与医院的战略紧密连接在一起，在开始就必须保证做正确的事，平衡计分卡的指标应该确保与战略目标有因果关系，否则，平衡计分卡的“成功”实施对实现组织战略毫无意义。平衡计分卡可以帮助组织明确战略，并将其转化为行动，明确方向，这是做正确的事。精益等管

理思想与工具则可以帮助组织正确地做事，实现组织的目标。因此，将平衡计分卡与精益管理、六西格玛等管理工具组合起来作为多维管理工具进行应用，已经成为一种趋势。

本章小结

本章首先介绍了平衡计分卡的概念、由来及其演变，阐述了其理论框架、适用性与收益；然后介绍了平衡计分卡在国内外医疗机构的应用情况、实施平衡计分卡的步骤和成功实施平衡计分卡的策略。最后本章讨论了实施平衡计分卡所面临的挑战，以及在实践中平衡计分卡与多维管理工具结合应用的趋势。

（高　天）

References
参考文献

[1] 程绪平，唐雪峰，银盾，等.根本原因分析法用于一例错误输液所致医疗纠纷的分析[J].中华肺部疾病杂志（电子版），2020，13（05）：714-716.

[2] 丁香月.6S管理法在医疗机构中的应用研究进展[J].当代护士,2020,27（25）：9-11.

[3] 高天.医院成功实施平衡记分卡的策略研究[J].中国研究型医院，2017，4（004）：13-17.

[4] 顾建钧，王家瑜.临床路径管理策划与实施[M].上海：复旦大学出版社，2014.

[5] 刘庭芳，刘勇.中国医院品管圈操作指南[M].北京：人民卫生出版社，2012.

[6] 刘庭芳.我国医院品管圈活动综述[J].中国医院，2015，19（7）：1-3.

[7] [美] 迈克尔·L.乔治.服务业精益六西格玛实践指南：用精益速度和六西格玛质量提升服务与业务水平[M].王朝应，杨东，浦亮元，等，译.北京：机械工业出版社，2019.

[8] 汪五二.六西格玛DMAIC理论及实践[M].北京：中国标准出版社，2019.

[9] 夏萍，翟理祥，王桢钰，等.精益医疗管理现状调查与分析：以广东省中医院为例[J].中国卫生质量管理，2021，28（04）：29-33.

[10] 熊伟，刘庭芳.QFD创新型品管圈[M].北京：中国标准出版社，2020.

[11] 姚琳，王薇.医疗失效模式与效应分析在护理安全管理中的应用现状[J].护理管理杂志，2015，15（04）：260-262.

[12] 约瑟夫·M.朱兰，约翰夫·A.德费欧.朱兰质量手册：通向绩效的全面指南[M].6版.北京：中国人民大学出版社，2014.

[13] Behrouzi，Farshad，Shaharoun，et al. Applications of the Balanced Scorecard for Strategic Management and Performance Measurement in the Health Sector[J]. Australian Health Review，2014，38：208-217.

[14] Bjørn Andersen，Tom Natland Fagerhaug. ASQ Pocket Guide to Root Cause Analysis[M]. Milwaukee，Wisconsin：ASQ Quality Press，2013.

[15] Bjørn Andersen，Tom Fagerhaug，Marti Beltz. Root Cause Analysis and Improvement

in the Healthcare Sector a Step-by-Step Guide [M] .Milwaukee, Wisconsin: ASQ Quality Press, 2009, 05.

[16] Buttigieg S, Dey PK, Gauci D. Business Process Management in Health Care: Current Challenges and Future Prospects [J] . Innovation and Entrepreneurship in Health, 2016, 3: 1-13. https: //doi.org/10.2147/IEH.S68183.

[17] Cleven, Anne, Robert Winter, et al. Process Management in Hospitals: an Empirically Grounded Maturity Model [J] . Business Research, 7(2014) : 191-216.

[18] Di Ciccio, Claudio, Andrea Marrella, et al. Knowledge-Intensive Processes: Characteristics, Requirements and Analysis of Contemporary Approaches [J] . Journal on Data Semantics, 2014, 4: 29-57.

[19] Gantt H L, Gantt H L. The Gantt Chart, a Working Tool of Management [M] . Nabu Press, 1922.

[20] Gao, T..The Impact of the Balanced Scorecard in Chinese Hospitals [D] . University of South Australia, 2012.

[21] Institute L M. What is Lean or Lean Management ? [EB/OL], 2020.

[22] Jim Mc Cambridge, John Witton, Diana Elbourne. Systematic Review of the Hawthorne Effect: New Concepts are Needed to Study Research Participation Effects [J] . Journal of Clinical Epidemiology, 2014, 67 (3) : 267-277.

[23] Joseph, D., et al. Using Health Care Failure Mode and Effect Analysis: the VA National Center for Patient Safety' s Prospective Risk Analysis System [J] . The Joint Commission Journal on Quality Improvement, 2002. 28 (5) .

[24] Kano, N., Seraku, K., Takahashi, F., et al. Attractive quality and must-be quality [J] .The Journal of the Japanese Society for Quality Control, 1984, 14 (2), 39-48.

[25] Raval, S.J., Kant, R., Shankar, R.. Benchmarking the Lean Six Sigma Performance Measures: a Balanced Score Card Approach [J] . Benchmarking an International Journal, 2019, 26 (6) : 1921-1947.

[26] Reilly James B, Myers Jennifer S, Salvador Doug, et al. Use of a novel, Modified Fishbone Diagram to Analyze Diagnostic Errors [J] . Diagnosis(Berlin, Germany), 2014, 1 (2) .

[27] Taleghani, Y., et al Application of Prospective Approach of Healthcare Failure Mode and Effect Analysis in the Risk Assessment of Healthcare Systems [J] . Eurasia J Biosci, 2018, 12: 95-104.

[28] Tian G , Bruce G . Meeting the Challenge in Performance Management: the Diffusion and Implementation of the Balanced Scorecard in Chinese Hospitals [J] . Health

Policy & Planning, 2015 (2) : 234.

[29] Woods D. Market Driven Health Care: Who Wins, Who Loses in the Transformation of America's Largest Service Industry, by Regina Herzlinger [J] . BMJ, 1997, 314 (7091) : 1424-1424.

[30] Xiong Wei.Credibility Assessment Study on QFD Technology Software [J] . Computer Application and Research, 2010.